Logische
Untersuchungen
(V, VI)

胡塞尔著作集
第 7 卷
李幼蒸 编

第五、第六逻辑研究

李幼蒸 译

中国人民大学出版社
· 北京 ·

LOGISCHE
UNTERSUCHUNGEN

VON

EDMUND HUSSERL

ZWEITER BAND

ELEMENTE EINER PHÄNOMENOLOGISCHEN
AUFKLÄRUNG DER ERKENNTNIS

II. TEIL

——

ZWEITE, TEILWEISE UMGEARBEITETE AUFLAGE

HALLE a.d.S.
MAX NIEMEYER
1921

此为译者购于灯市口内部书店的旧版《第六逻辑研究》的图片

总　序

中国新时期三十多年来，胡塞尔学从初始绍介到今日发展到初具规模，其学术理论的重要性以及对中国人文科学理论未来发展的意义，在此已毋庸赘叙。在中国人民大学出版社鼓励和支持下，在与出版社多年愉快合作、相互信任的背景下，译者欣然决定在个人余留时间及完成计划日益紧迫的迟暮之年，承担此"胡塞尔著作集"的编选和翻译的任务。"胡塞尔著作集"8 卷包括：

卷 1　《形式逻辑和先验逻辑》

卷 2　《纯粹现象学通论》〔纯粹现象学和现象学哲学的观念　第一卷〕

卷 3　《现象学的构成研究》〔纯粹现象学和现象学哲学的观念　第二卷〕

卷 4　《现象学和科学基础》〔纯粹现象学和现象学哲学的观念　第三卷〕

卷 5　《现象学心理学》

卷 6　《经验与判断》

卷 7　《第五、第六逻辑研究》

卷 8　《贝尔瑙时间意识手稿》

第一批四部著作，收入了《观念 1》、《观念 2》、《观念 3》以及《形式逻辑和先验逻辑》。其后的四部著作，也将逐年陆续推出。虽然著作集的部数是有限的，希望仍可较系统地展现胡塞尔理论中特别与逻辑学和心理学的关系问题有关的思想方式和分析方法。在译者看来，广义的

"逻辑心理学"及"心理逻辑学",实乃未来新人文科学理论建设的基础工作之一,而在此领域,至今尚无任何西方哲学家或理论家的重要性能够与胡塞尔本人的现象学理论相提并论。因此这一翻译计划的意义也就远不只是向中文地区读者再行提供一套哲学翻译资料了。

实际上,20世纪初胡塞尔哲学的出现,已可明确代表着康德、黑格尔古典哲学时代的结束。而胡塞尔与黑格尔的彻底切割,也与海德格尔和萨特与黑格尔的密切结合,形成了世纪性的认识论对比,也即是指现代西方哲学在理性和非理性方向上持续至今的对立。在某种限定的意义上,我们不妨提出一种更具深广度的理论思维大方向上的对比背景:康德-胡塞尔理性主义路线 vs 黑格尔-海德格尔非理性主义路线。而在理性派康德和胡塞尔之间的对比,则标志着在理性思维方式上古典形态(重"实体")和现代形态(重"关系")之间的分离。现代思维方式和古典思维方式之间的本质性差异还表现在:哲学思维的对象不在于人类精神的"关切"本身,而在于如何在"主题化"的方法论程序中有效地纳入所关切的对象。也就是,思维的效能将主要由"主题化方式"的程序之有效性来加以判断。胡塞尔之所以认为"人生观哲学"的主题已不需纳入自己的哲学视野,正是切实地直觉到了"人生观关切"本身尚未能有效地被纳入可供有意义地分析的主题化程序之内。胡塞尔对"基础问题"比对"价值性问题"更为关注一事,也反映着人类理性能力尚未达到有效处理此"含混论域"的程度,因此胡塞尔的主题系列选择本身,就体现着哲学"现代化"的阶段性思维之方向和风格。遗憾的是,比胡塞尔年轻一代的后继者们,却大多欠缺此种现代化的"思维方式感觉",结果竟然纷纷不解其"理路"何在,甚至因此而转向了相反的、本质上属于"人生观式的"思想方向。而"人生观问题本身"虽然直接代表着人生之关切,却并非相当于"处理人生观问题"的有效方法。

20世纪是人类文明、社会、科学发展中承前启后的现代化开端之世纪,其中学术现代化的主要标志就是社会科学、人文科学、哲学在内容和方法方面的急剧演变。与科技发展的清晰轨迹不同,"文科"的现代化发展可以表现在正反两个方面:积极的学术成就表现和消极的学术危机暴露。当我们从21世纪审慎回顾20世纪"文科"现代化发展的后果时,必须全面、深刻地检视这两个方面。在"文科"世界中最值得并必须首先关注的就是哲学的演变，或者说西方哲学形态的演变。现代西方哲学演变的"剧情"，则主要相关于哲学和科学的互动关系。

我们看到，20世纪西方哲学史可以大分为第二次世界大战前后两个阶段：前一阶段西方哲学达到了两千多年哲学史的知识论顶峰，也就是达到了哲学和科学互动的高峰，而所谓"现代西方哲学"的美称，应该专指二战之前这四五十年的哲学主流成就；后一阶段哲学，也就是二战之后的哲学潮流，则每况愈下，以至于21世纪的今日我们必须对于哲学的身份和功能重新加以评估。要想理解上述评语，必须从文化、科学、人文社会科学的全局出发，在哲学和其他人文科学的错综复杂的互动互融中体察"哲学"的存在和作用。在此必须向中文读者申明，此"胡塞尔著作集"中译者的分析与今日西方学术主流的认知之间颇有差距。主要因为，今日西方人文学界的理论认知仍然拘于一种西方社会根深蒂固的职业化功利主义，以至于将一切历史上"业界成功者"均视为学术本身之"成绩"。学者个人尤其习惯于以业界之"共识"作为衡量学术"得失"的唯一标准，并用以作为个人在业界晋阶之渠道，因而自然会共同倾向于维护人文学术活动在社会与文化中的现有"资格"、功用和形象。按此功利主义的学术批判标准，时当全球商业市场化时代，当然不必期待他们会"自贬身价"地、不顾个人利害地朝向客观真理标准。这一今日世界人文学界的事实，要求我们中国学者能够更加独立地、批评地、非功利地探索人类人文科学和哲学的历史真实、现代真实和未来可能的真实。因为中华理性文明要想在日益狭窄的地球村时代实践"既独善又兼济"的文化大目标，就必须认真检视世界范围内的历史得失和勇于面对全人类的科学真理问题。人类社会不是只需要自然科学，它也需要社会科学和人文科学。实际上，在新世纪为了全面促进社会科学和人文科学的真正科学化发展，我们必须首先客观地观察和反省西方现代时期的哲学和人文科学的得失，其中尤为重要者是客观地研究和批评现代西方哲学的得失。这是我们从事引介和翻译现代西方哲学工作中应有的整体观和独立的治学目标。读者应该明确辨析两种根本不同的治学态度：为促进人类知识提升而探索西方哲学的真相和为个人名利而趋炎附势地将西方哲学当作个人或集团的现成致功名渠道。

关于现代西方哲学的问题，译者自中国新时期以来，曾不断表达意见，无须在此重复。至于为什么我们要特别关注"胡塞尔学"（而不是泛指的现象学运动），在本著作集的译序和附录中也多有继续的阐发，读者不妨参见。在此仅需补充两点。我们特别重视胡塞尔学并在世界学界首次提出明确的口号"重读胡塞尔"，并非只为了推崇哲学史上胡塞尔表现出的几乎无人可及的严谨治学态度（西洋风格的"诚学"），虽然这一点正是译者在1978年决定将胡塞尔的理论实践精神作为本人平生第一篇学术文章主题的意图所在。我们要指出的第一点是：胡塞尔学所代表的、所象征着的人类理论思维的理性主义大方向，在今日全球商业化物质主义压力下形成的"后现代主义非理性主义"泛滥的时代，更凸显了其时代重要性。第二点是：胡塞尔学的理性主义实践，由于最彻底地体现了"诚学"精神，能够较古人更真实地做到"大处着眼，小处着手"；它从方法论入手处理的"逻辑心理学"和"心理逻辑学"的"意识分析学"，为人类认知事业提供了有关心理世界理论分析的杰出典范。这一部分正是我们今后重建人文科学理论所必不可少的"基本材料"。顺便再强调一下，我们对胡塞尔学的推崇立场是在对其理论系统进行了批评性的"解释学读解"后的结果。我们对其重要性的强调方面，倒也并非可以等同于胡塞尔自己设定的学术评定标准。毋宁说，我们反而是在将其"系统"拆解后而重估其各部分的学术性价值的。为此我们也必须在理论视域和文化视域两方面首先超出胡塞尔本人仍然执守的西方哲学本位主义。对此，读者请继续参照译者在本著作集其他译序和附录文章中的相关阐释。

我们经常提到胡塞尔思想方式的"难以替代性"，甚至人们带有情绪性印象地称之为"空前绝后"。其实对此所要强调的是胡塞尔本人高度独创性的"思维理路"本身。因此，我们强调要尽量贴近"原文"对其理论进行读解，而避免对其"原貌"掺入使之稀释或松软的"水分"。在解读胡塞尔原文方面，我们首先当然要充分尊重西方专家的研究成果，因为他们对西方语文和学术史的技术方面的掌握是明显超过东方学者的。此外，尽管我们理解对原文忠实读解的重要性，却也认识到翻译艰难的现代西方理论，对于发展中国人文科学所具有的扩大的重要性和必要性

（这是西方学者所不易理解的）。为不读原文的读者提供方便，只是进行翻译工作的理由之一。一个至今还未被人们充分领悟的更主要的理由是：中国人文科学未来必将成为人类另一人文科学理论的世界中心，为此我们一定要用百年来已证"足堪大任"的现代化的中文工具（顺便指出，从符号学角度看，今日海内外繁体字和简体字优劣之争，与中文作为思想感情表达工具的效能，可说没有任何关系。学界完全可以放心地使用简体字系统或简繁混合系统）来表达和创新人类文明中形成的一切思想和理论内容。换言之，胡塞尔的抽象而细腻的德文"心学"解析话语，应该在转换为中文话语系统后，创造性地继续发挥其促进思想方式精密化的作用。西方理论语言作品的翻译成果，均将逐渐成为未来从事世界规模人文科学研究的中国人文科学的有机组成部分。

新世纪中国人文科学和哲学的建设是一个必须向前看、向全世界看的特大任务。以往百年来中国文化现代化时期的得失，为我们提供了进行检讨和提升认知的参照根据，在充分掌握此思想史材料学的基础上，我们才有可能鉴往知来，朝向于远大目标。因此，我们绝不能抱残守缺，自限抱负；更不能在面对西学理论的艰难和挑战时"托古避战"。深化研究现代西方理论，不是为了"弘扬西方文明"，而是为了"丰富东方文明"（反之，阻止研习高端西学理论，其效果却只能是"弱化东方文明"）。一个民族的精神抱负和智慧程度，首先就体现在有没有兴趣和勇气学习其他民族的高端理论成就。此外，我们中华民族自然还应该以仁学应治天下学的伟大中华精神传统，于人类文明危机时代挺身而出，当仁不让地将天下之学"尽收眼底"，以为全人类的文化学术之提升，贡献中华民族的智慧和潜力。

不久前本人应邀为比利时列日大学的某一理论符号学刊物撰写有关符号学理论前景分析的文章（后改为在国际符号学学会会刊 *Semiotica* 发表）。在此文中，以及在南京国际符号学大会即将召开前夕，本人坦直陈言：未来中国的符号学和人文科学理论研究事业，不会盲目地按照现行西方学术制度的规范和轨道亦步亦趋，而是要本着中华伦理学传统中最高的仁学求真精神和人类各文明几千年来学术理性实践的经验总结，来重新创造性地组织中国新人文科学实践中的指导原则。我并在该文中列举了几项基本理性实践原则以作为我们沿着理性大方向进行跨学科、跨文化人文理论及符号学理论重建工作的方向性指南。这些原则也完全符合于我们对现象学和胡塞尔学应有的研究态度，现转录于此，供读者参考：

    A. 希腊：原始科学理性主义（相关于人与自然关系的生存态度）

    B. 英国：归纳逻辑经验主义（相关于自然的和社会的现实）

    C. 德国：演绎逻辑基础主义（相关于逻辑系统性思维方式）

    D. 法国：社会文化实证主义（相关于经验操作性认识论传统）

    E. 中国：仁学伦理人本主义（相关于现世人际关系本位的伦理信仰）

这五种历史上不同类型的理性主义传统，是内含于"人类理性"总范畴的。而如何根据人类认知条件的变化来相应地综合组配这些原则以形成各种具体的人义社会科学方向和方式，则有待于我们继续创造性地发挥。按此，现象学和胡塞尔学的重估问题，也完全需要在不断更新的认识论、方法论的综合框架内加以进行。

译者在该文中没有提及的一项中国学者的特殊抱负是：所谓"中国人文科学"，今后将只是一个地域性学术活动的标称，而不会再是于地球村时代的今日只限于中国史地材料和仅为中文地区服务的地域性学术实践，而是在中文地区利用各种特殊史地资源条件所组织的、面向全人类文明改进目标的人文学术理论实践。为此，中国未来人文科学理论家将是在中文地区、使用中文工具来"经略"涵括古今中外一切重要学术遗产在内的世界人文科学建设事业。中国学者特有的"兼通"中西文理论语言的可能性，为此空前学术目标提供了实行的技术可能性。而理论翻译仅是此宏伟目标的一个部分而已。在此，让我们同样汲取胡塞尔治学的精神榜样：大处着眼，小处着手。古人治"经学"必从治"小学"着手。今日之"翻译"工作也相当于"现代小学"的一个部分。按此治学态度，我们的理论翻译工作，也是根据上述"学术战略"眼光加以选择和设定的。

20 世纪 90 年代中期，译者游学德国波鸿大学哲学所时期，有幸前后会晤了《通论》的法译本导言和注释者保罗·利科和《通论》两版（1950，1976）的编者瓦尔特-比麦尔和卡尔·舒曼。两位编者对胡塞尔经典均有深入钻研，成绩显著。然而译者也注意到一个一向不甚理解的西方学人间并不乏见的特点：对感兴趣的理论文本的读解兴趣及技术性深度与其个人理论倾向及偏好之间的分裂性。同为胡塞尔学研究者，两位西方专业学者的认识论观点却与译者相当不同。译者当然首先关注他们对胡塞尔经典本文的解释性成绩，即使他们的研究成绩主要是相关于文献学方面的。我当然也意识到他们与我对胡塞尔理论的兴趣根源本来就并不相同。至于我自 1980 年起即与之通信交往并曾多次助我在法国扩大学术交往机会的利科教授，则是在现象学、解释学、符号学、结构主义等学术方面最使我感觉彼此方向一致的当代西方重要的哲学家。然而正是在此哲学观的最基本问题上，即形上学和本体论的"基础学"方面，利科固守的西方哲学本位立场，则是我没有并在符号学研究中对其特别要加以批评检讨者。就现象学界而言，大家甚至达到了在认识论和价值论（更不用说实践论）方面彼此分歧显著的地步。现在"胡塞尔著作集"头 4 部已译毕交稿，开始进行编辑，同时我们将在今年 10 月初"南京第十一届国际符号学大会"上，在此国际学术交流场合安排"重读胡塞尔"计划的若干节目，特别是有关胡塞尔和海德格尔哲学认识论对峙问题的国际性讨论，以促进中国和世界学界对人类理论思维大方向是非问题的讨论。不同文化历史背景和学术思想背景的学者之间，对于共同关注的具体西方哲学课题，在各自的重点、目的、方法的选择方面，也就会彼此歧异。

时当《通论》或《观念1》出版 100 周年前夕，在我们回顾和纵观百年来对胡塞尔理论的研究史时，尽管相关论述汗牛充栋，学者兴趣也日趋浓厚，应当说，总体而言，在"知其然"方面已积累了足够丰富的知识，在"知其所以然"方面，今日也较半个世纪前更为深入；而在"知其所应然"（评价和前瞻）方面则仍然"乏善可陈"，因研究者背景不同，甚至"各说各话"。按照译者的理解，这一现象也是非常自然的：这相关于人类历史上人文科学理论正面临着大转折的前夕，连"哲学"的身份都还难以明确，何况对专门的哲学理论进行的评价呢？对于中文地区研究者来说，我们尚处于要努力先完成"知其然"的初级目的的阶段，然而这并不妨碍我们同时对以后两个较高研究阶段的背景和要求预先有所了解，以避免今后多走弯路。

关于胡塞尔理论以及现代西方理论的研究和翻译问题，译者过去已多有说明和建言。关于西方哲学名词的翻译问题，在此再补充一点并非不重要的意见：这就是译者应争取译名在各具体语境中的可流通性。为此当然首先应该遵守一个俗常原则：凡是哲学界已经相当有效流通的，就应该尽量采用，不要随意变换新译法。许多译名本身其实都是可有若干"同义词"的，但我们不应因此而经常自行"安全而方便地"更换译法，以示本译具有独到性。所谓译词的准确性或恰当性，相当程度上取决于以往、现在和未来可能的约定俗成。读者对译词的理解往往不是直接连接于该译词的中文"本义"的，而是连接于其在西哲话语中的使用习惯的，此时如随意更换名词，特别是习见名词，就会无端造成混乱。译者本人在 70 年代末开始翻译理论文字时，记得都是尽量采用已在使用中的旧译词的，实在欠缺现成译名时才会另行杜撰，可以说根本没有一个企图通过轻易置换译名来标新立异的意识。

在本著作集翻译系列中，译者将 20 世纪 80 年代翻译《观念 1》（即《通论》）时编写的译名对照表，根据新的资料稍加整理后，纳入每卷中译本作为附录资料之一，读者需要时可以参照。这个译名对照表是译者自己采取的译名清单，当然并无主张其不容变通之意。

由于版权的考虑，我们不得不放弃将著作原版中原编者的序言直接翻译后纳入中译本的想法。本著作集中《观念 2》《观念 3》两卷翻译根据的原本是由 Marly Biemel 编辑的出版于 1952 年的初版。我在湾区几家图书馆中未曾发现两书原版，不想后来在巴黎找到。2009 年秋在开完西班牙国际符号学大会后决定去巴黎短暂停留购书。后来因不想再返回西班牙乘返程飞机回美，打算一方面体验一下由巴黎去伦敦的海底火车，另一方面可在伦敦改签直接回旧金山的班机。不想到伦敦后临时签票不成功，又发觉伦敦物价奇贵，遂于当晚重又原路赶回了巴黎北站曾多次旅宿的那家一星级小旅馆，不得不再在巴黎逗留两日。遂于次日上午先在圣米歇尔大街巴黎大学旁"学术书店"继续选购现象学方面的图书，中午在卢森堡公园对面麦当劳吃毕午餐。这才想到是否应该乘斜对面 83 路车再往高等社科院图书馆一行。到了该馆我才想到会不会能够在此借到在湾区未曾找到的《观念 2》和《观念 3》的原版书呢？结果如愿以偿。我于是在馆员教导机器如何使用后一口气将两卷书复印完毕带回了美国。版本的问题也就这样解决了。同时带回的有新购到的该两卷书的法译本和若干本近年来法国人研究胡塞尔学的专著。这些图书都在著作集翻译计划中发挥了作用。不想此次巴黎的购书行，还直接有助于本著作集的翻译计划的实行。

译者在撰写几篇著作集译序期间，适逢两年前预订的爱尔兰大学胡塞尔学家莫兰等编写的新著《胡塞尔词典》寄到，遂暂停各项工作先将词典通读完毕，一方面用以再次检视自己对名词理解的正误，另外并立即推荐出版社购买此书版权，准备亲自将其再行译出，以作为此"重读胡塞尔"计划工作的一个部分。此外，我也在准备译序撰写期间获得了法国出版社和杂志社对我翻译保罗·利科 60 年前一篇有关"《观念 2》导读"长文之准译权，于是也随即将其译出，以作为著作集《观念 2》中译本的附录。在此谨对 PUF 出版社和《形上学和道德学评论》杂志社表示感谢。

现在将著作集翻译中使用的胡塞尔的几部主要著作的简称表示如下：

三卷"观念"简称：《观念 1》，《观念 2》，《观念 3》。其中《观念 1》有时按照该书中译本译名也称作《通论》。

《欧洲科学的危机和先验现象学》简称：《危机》。

《逻辑研究》第一卷可简称：《导论》。

《逻辑研究》第二卷中的六个"研究"划分，有时简称（例如）：《第六逻辑研究》等。

译文中的符号使用基本上遵照原书体例。原书使用的括弧符号为"（）"。中译者增加的括弧符号则用"〔〕"（多为相关原文词语）。对于中译文中少数带有较长定语的专门名词，为中文读者方便计，中译者仍特用符号"「 」"标示，以凸显其词义关系。

在筹划和进行著作集计划的前后诸阶段中，译者得到中国人民大学出版社总编室领导、学术出版中心杨宗元主任的积极支持。在编译过程中胡明峰先生和责任编辑吴冰华女士长期予以惠助，极尽辛劳，译者谨在此一并致谢。

李幼蒸

2012 年 3 月 8 日于旧金山湾区

中译者序言

　　《逻辑研究》的重要性，不仅表现在它是一百多年来胡塞尔著作中在西方哲学界最受重视、影响也最深远的一部，同时也因它被公认为是胡塞尔现象学思想建构中的一块"基石"。所谓"基石"的意思不同于传统西方哲学体系中所说的"基础"，后者含蕴着相关于哲学体系（如康德、黑格尔这样的哲学"体系"）本身具有的形上学和本体论的整体构架或"底盘"的意思。而胡塞尔现象学的"基石"，意思是指其有关于现象学思想日后一系列发展中的"理论工具之准备"及"漫长探索之开端"。关于本书的内容和重要性，一百多年来研究文献汗牛充栋，译者对此无须赘言。作为现象学思潮的第一部开创性作品和近代西方哲学史上的"突破性之作"，它与西方特别是与德国古典哲学在内容布局和写作风格上具有的显著区别，虽然今已广为人知并获得普遍理解，但在世纪初出版后却并未受到学界充分关注。其直接原因正在于：胡塞尔表面上虽在延续着德国哲学所擅长的强逻辑主义的哲学路线，而其实践方向和思维方式，不是相关于如何利用逻辑学工具来进行某种新哲学体系的建构，反而是首先要运用逻辑学新思维来解剖逻辑学和哲学大厦本身。而其哲学实践的风格又极其独特地表现在一种看似矛盾的思维方式上：一方面怀抱着为人类知识基础问题（特别是在近代怀疑主义和当时科学主义的张力场中）进行全新哲学认识论解释的宏伟目标，另一方面却又极其严格地从最基础、最基本、最细微的问题分析入手。其晦涩难读的简要文风，使人们在阅读时很难从其"小处着手"中瞥见其"大处着眼"之精义所在。实际上，其宏大目标均不厌其烦地缓缓铺陈于一次次诸多细小课题的深挖细作的过程中。从学术思想影响力角度看，可以说，其得在于此，其失也在于此。当其学术于二战后日渐产生重要学术影响之际，我们发现，此一影响及其学理真正的吸引力，主要还是表现在其相关于意识界和心物关系界研究的理论想象的丰富性和心理分析的深入性等思维风格性方面，而其宏伟目标——人类认知理论革新——则尚未见其获得普遍认可的成效。从纯学术角度看，胡塞尔毕其一生，似乎始终是提出的"有价值的问题"远比"有价值的解决"多。然而深入检讨后我们也发现，正是这些极其有价值的问题的提出，为后世人类的理论思考留下了如此宝贵的遗产。不过，正因为其特有的思考方式，导致一战后的德国哲学青年一代终于不耐其分析过程之近乎"烦琐"的细致性，而纷纷导向了对其理论具有挑战之意的海德格尔哲学。时至今日，在某种意义上，情况大体依旧。今日如此多的现象学家们仍然是：一方面欣赏胡塞尔理性主义的"分析技术美学"，而在"深远目标"追求的另一方面则情愿继续安顿于海德格尔的非理性主义的"哲理诗学"。

译者本人作为中国新时期以来长期投入胡塞尔学研究和译介的学者之一，对此国际"现象学大势"问题，则采取着与西方专家们非常不同的认识论和实践论立场。通过将胡塞尔与海德格尔彻底分离的一种"非属西方现象学界主流的态度"，译者提出的"重读胡塞尔"方针则是：一方面确信，在虚心借鉴西方专家的各种胡塞尔学研究成就后，应集中于研习胡塞尔学的分析技术性成果本身（翻译工作就是要对其加以直接呈现）；另一方面则认为，于现当代西方非理性主义哲学精神蔓延之际，在坚守胡塞尔学的理性主义大方向前提下，也应该同时关注各种相关人文科学理论的进展，广泛朝向于二战后特别是"冷战"结束后出现的各种新的多元化理性主义形态。为此，在我们忠实把握了胡塞尔理论话语的内容和方式从而深化了对其原初思想的正确理解的目的后，则仍须在"评价和运用"方面求新求变，而不必泥执于西方专家所持的（包括胡塞尔学在内的）西方哲学中心主义框架。中国新一代理论学者，自然应当致力于探索跨学科的、跨文化的新型人文科学理论形态。在此过程中，胡塞尔学自然是有关意义理论、心理哲学、价值理论以及新型比较伦理学研究的重要参考资料之一。我们也是在这个科学探讨的意义上积极推介现代西方重要哲学经典的。

《逻辑研究》这部经典作品，除第一卷较为完整外，作为主要部分的第二卷中的"六个研究"，则仅相当于一部文集，虽然是一部前后互有密切关联的文集。其中每一研究都具有相对的完整性，即分别处理着与日后现象学展开及前现象学准备相关的各种基本概念之提出和说明，特别是相关于各种对比关系性概念分析的知识（如表达与意义、个别与一般、部分与整体、意向与客体、意识与体验、直观与明证、知觉与统觉以及越来越清晰浮出的"意向性结构"等等）。在传统哲学家看来，其主要的工作场域乃较专门的逻辑学和心理学。而于19世纪作为越来越发展的专门学科的这两个领域，正是胡塞尔特意选择来进行"新理性批判"哲学思维的工作场域。这当然也符合19世纪后半叶德奥理论界的共同趋势，因此体现了一种时代性跨学科方法论方面的思维方式突进，随之也将哲学运作的主场地从传统的"哲学心理学"转换到了新兴的"现代心理学"领域（布伦塔诺为其典型）。此一思考方向显然不同于传统西方主流哲学史的惯常思路，却反映出其意图通过某些"专学"来"检讨""通学"的一种全新哲学观。而与生物学、生理学、生理心理学同时发展的欧洲新内省心理学，也是德奥新精神科学运动共同具有的倾向。但是，与他人不同的是，坚强的数学逻辑学背景使胡塞尔更加侧重于心理学和逻辑学的相关关系方面的研究，因而与传统哲学史始终保持着一定的距离（如与马堡派新康德主义之间的既亲近又疏离的学术关系）。但是，很快地，这位进行独创性理论思考的、出身于逻辑学和数学的哲学家，就表明了其研究兴趣绝非转至"专门科学"而自限了学术思考范围，他只是在利用各种专学提供的"科学性"工具来反思传统哲学中的相关概念系统。正是在作为其"现象学实践开端"的《逻辑研究》第一版出版后的十年里，胡塞尔在其此前"逻辑学-心理学"的批评性反思的准备之后，开始了其后对哲学本身，特别是对各种重要的传统哲学认识论问题进行深入研究的计划，并终于形成了其内心苦苦探索已久的现象学蓝图。《纯粹现象学通论》的完成，标志了胡塞尔现象学的成熟形态——先验现象学基础论——或现象学理念的基本"显现"。如果《第五逻辑研究》和《第六逻辑研究》已经被批评家认为有返回心理主义之迹象，那么1913年《通论》的出版则最终"落实"了最初现象学追随者的"担心"：《逻辑研究》

的实在论似乎蜕变成了《通论》的唯心论。的确，最初的意向性关系的分析似乎通过"诺耶斯-诺耶玛的双边关系分析"，最终通向了一门意识哲学和自我学领域。看起来似乎是：从最初现象学的追随者心目中的客观"物"目标，转变为胡塞尔后来几乎独自坚持的主观"心"目标。不仅是心，而且是自我，不仅是自我，而且是所谓的"先验性自我"。有关从其早期到其中期哲学演变的"戏剧性故事"，哲学界已经非常熟悉。一方面是其"真正的现象学"跟随者寥寥，另一方面此独特的哲学形态日后竟导致了西方哲学界历经百年的所谓现象学运动的兴起和发展。按照西方现象学史家的说法，以欧洲大陆为基础的"现象学运动"，已与英美"分析哲学运动"共同形成了 20 世纪哲学史上的"双峰结构"，而此现象学运动的"文本始源"正是《逻辑研究》一书。值得注意之处在于，《逻辑研究》居然也是分析哲学运动引为同道的一部书。《逻辑研究》的初版正好发表于 20 世纪伊始的事实，可以说也使其在时间上成了 20 世纪西方两大哲学思潮——分析哲学和现象学——共同分享的"文本象征"。

在 20 世纪初前后的"德奥哲学"实乃上述两大哲学思潮的共同创始地。这部《逻辑研究》在渐渐变成两大思潮共同关注的"经典"后，其在哲学界自然成为胡塞尔学著作中最具影响力的一部经典之作。近几十年来，本书更成为英美分析派哲学家们视为可将"现象学"和"分析哲学"在某种程度上加以统一的基础性作品之一。译者于 80 年代初旅美期间即已发现（特别是在参加 1983 年美西哲学大会期间，在现象学与分析哲学关系专题研讨会上了解到），积极于哲学创新的一些美国"现象学家们"多有热衷于将两大哲学思潮统一整理的抱负。其学术根据之一即为《逻辑研究》这部经典的存在。由此可见，本书随着胡塞尔学研究几十年来逐渐活跃而进一步受到欧美哲学界的普遍看重。当然，近三十年来胡塞尔学在西方学界的进一步发展直接缘于《胡塞尔全集》陆续出版产生的影响，并由此引发出对于胡塞尔思想整体进行重新全面研究和整理的兴趣。今日西方胡塞尔学在学术界的规模正在与日俱增，其范围远不限于分析哲学特别看重的这部最初的《逻辑研究》作品了。但是此书作为胡塞尔学之开创、奠基、导引的重要地位是不容置疑的。

但是，我们的中文版《胡塞尔著作集》中纳入此书的两部长篇"研究"的理由，却与西方现象学界的动向没有关系。（本人对于胡塞尔学的价值判断也充分独立于西方专家们。）本选集系列的选题原则是围绕胡塞尔的"逻辑学和心理学的相关关系"领域拟定的（而这个方向的确定是相关于本人有关新伦理学建设之构思的，实际上，胡塞尔学是作为新伦理学科学的准备之一为本人特别看重的）。一方面，本著作集希望为读者提供一套按照译者的具有大体一致性的术语系统的译本系列，以方便读者在术语和译文风格大体一致情况下，维持胡塞尔各文本读解方式的统一性。另一方面，由于时间和精力有限，译者不可能将胡塞尔的各种相关著作过多地纳入著作集，而只能优先纳入最终对于深入把握胡塞尔意向性结构理论和自我学理论特别有关的部分。《逻辑研究》全书的第一卷主要具有较多心理哲学史上的价值，而第二卷的六大研究中的大部分是逻辑语义学和一般符号学领域的内容。（我们由此可以看出现象学和符号学的内在关联性，因此译者本人在从事国际符号学推动期间曾经在国际符号学界，首先也许是迄今唯一地，提出了应将胡塞尔列为现代符号学运动创始人之一的建言。但另一方面，译者感觉，胡塞尔的许多符号学一类的思考，也颇有参照结构语言学和现当代符号学理论加以扩解和调整的余地。）按照译者的理解和国外专家的判断，六大研究，特别是1913年再版时加以较多补充的《第五逻辑研究》和《第六逻辑研究》，与"现象学的中心内容"关系更为密切，并可视为其后《通论》形成的必要理论性准备。此外，《逻辑研究》与其晚年的《形式逻辑和先验逻辑》更属前后衔接之作。这两部偏于逻辑哲学的著作其主旨也都相关于认识论基本理论。再加上不久后将出版的《经验与判断》，胡塞尔学的三部主要"现象学逻辑学"均已包括在本著作集中了。

《逻辑研究》能够成为分析哲学思想认可和同情的对象，除其中《第五逻辑研究》和《第六逻辑研究》外，那些比较接近纯粹逻辑语言学的论述较易获得理解。这也是所谓"现象学运动"第一期在小范围内容易形成的原因之一。当思想超前的胡塞尔的思想进入意识领域的深度分析后，几乎一时只能成为哲学思想界的独行者。原先的跟随者和同情者或观点近似者，多认为其哲学转向了唯心主义和唯我论，因此其理论似乎类似于一种新的"玄学"——新经院哲学。特别因为其"意向性结构"

和"观念性意义"的概念在风格表面上确有与中世纪后期的神学逻辑学思想方式相似之处。其实人们不理解，其《通论》中的"转向"仍然是其逻辑主义思维方式运用到意识领域和心物关系领域后的一种理性主义形态的发展。人们按照传统哲学思维习惯看不出读解新著困难的原因，首先在于对心理关系性思维课题的不敏感和对"自我学"领域的非实体性存在形态的不熟悉。简言之，在我看来，这是一种缘于"实在论"本位思考方式对"关系性和功能性"本位思考方式不熟悉的表现。胡塞尔对笛卡尔自我学根源的回归，为其对近代西方哲学怀疑主义传统的一次比康德更彻底的批评性反思。最后从笛卡尔的实体性"自我"，中间经过世纪末德奥心理哲学界对意识和自我的普遍进一步省思的影响，直到其最后形成了"自我假定学"或"自我功能学"。他名之为先验主义的现象学转化，不过是向先验性自我假定的转化，而此假定乃出于理性功能主义的设定之必要。不过，此一向自我学回归的思路只能够发展到此一假设性阶段。我不认为胡塞尔在其一生思想中的最后还有可能对这一"心学自我学"之设定继续加以发展。我们从其晚年转为强化"主体间学"和"思想史科学主义危机论"可以推断，其思想的真实创造性冲力其实已经告竭了。应该说他已经尽其在我地完成了毕生之探索，但他并不能超出人类知识发展的客观条件和总趋势而续有独立的创获。我们对胡塞尔学的重大贡献加以肯定为一事，但也应该本着客观研究的态度，看到其自身学术思想的合理性的价值范围所在，而不必按照西方专家们出于其职业竞争惯习而夸大自身研究对象的学术意义。一个我本人认为明确无疑的批评性结论是：胡塞尔学肯定不能有效参与新康德主义和解释学时代面对的诸多人生性、伦理性、历史性、社会性、政治性、文学性、艺术性等时代大课题。（胡塞尔毕生关注的伦理学基础问题，根本无助于其本人堪称幼稚的政治伦理学判断。他为日本《新生》刊物撰写的文章可作为例证之一。）其视为现象学真正中心的认识论上的"大是大非"问题，如他已介入的"生理和心理""世界与个人""心与物""自然科学与精神科学"之间关系的思考，是难以仅在其本人设定的研究框架内加以解决的。任何现代性的"心物关系"问题也都必然涉及自然科学继续发展问题，更不要说当时还想象不到的日后迅速发展的生物物理学、基因学、神经生理学、仿生学等种种相关新科学、新科技。胡塞尔虽然企图突破西方近代哲学认识论中的困局，其预先接受了哲学史上的相关"问题形式"本身就已经显示出其学受到西方传统逻辑中心主义的限制，而这个认识论问题的设问本身的合理性，今日正当按照跨学科认识论-方法论的大方向加以批评性的检讨。为此新知新学新理必然面对着西方传统哲学学科，即哲学史学科的职业化制度性抵制。中国理论学者有必要摆脱西方学术制度性框架进行独立的相关思考。其实，我们根本不必期待能够按照胡塞尔时代的人类知识程度和哲学史框架来参与其继续探索，而是要切实理解和根据更为完全的新知识成果，重新把握其理论思维路线中的积极部分，即根据新知新学新理来科学性地、合乎理性精神地积极利用其理论成果。译者对现代西方哲学的（今已高度技术化的）"专家主义"的最大怀疑是：他们出身于、局限于哲学本位主义框架，其思维方向是向后看的，胡塞尔学的专家们也如此，而我的基本认识论立场一定是朝前看的。我本人一贯坚持的跨学科、跨文化认识论立场，可以说，就是一种针对西方人文科学内的"向后看的"保守主义的态度立论的。其实，根本的问题并非决定于学者实践中的时间朝向性问题，而是相关于学者是否能够真实地以"理性"本身（而非历史上一时体现过理性实践的具体人物和学术本身）为基准的问题。就此而言，以及就一切相关于西方人文学术理论世界的问题而言，都应该持此理性的、批评性的态度，而"专家们"往往按照其职业化本能，而满足于复述胡塞尔话语本身。归根结底，西方式训练的"专家类型"，毕竟只是一种知识"窄化训练"类型，其"专深"处可能也是其"眼界局限"之所在。这是我们关注真实的思想理论发展者需要警惕的。无论国内外，我们都不应该按照表面上学术制度内的"学历资格"来进行高端理论事业的布局。

从《逻辑研究》的"实在论"到《通论》的"唯心论"的理论飞跃，其实反映了理性主义多元化时代的重大问题。非理性主义思潮正是在狭义科学理性主义的"文化退缩主义"留下的空间内顺利展开的。现象学运动第一阶段和第二阶段的认识论"冲突"，也就可以成为我们理解人文科学和理性主义多维科学观的重要课题。这是我们今日和分析哲学对《逻辑研究》重要性估价虽然不同，但同样重视该书的理由之一。《逻辑研究》不是一个完成的"哲学理论体系",而是一套理论概念工具的准备,其主要的未来应用场地首先正是胡塞尔的"三大'观念'"。此外,我们也要注意胡塞尔晚年对社会文化问题和自然科学理性主义相互冲突的理解和同时期德国新康德主义、文化哲学、生命哲学、价值哲学的广泛重叠关联。胡塞尔、狄尔泰、新康德主义者和海德格尔等,在反对唯自然科学理性方面的一致性表象,则反而可能混淆彼此的本质性区别所在。再者,所有这些二战前最为活跃的欧陆哲学思潮当然统统都是哲学学科本位主义的。"精神科学"或"文化科学"的基础仍然是一种新的"哲学",而按其哲学本位主义,这个哲学思考的界域仍然是按照几千年的传统将人类一切知识都纳入来进行统一思考的,特别是应该警惕那种企图将自然科学和精神科学加以统一思考的"范畴分类学上的时代误会性"。这一现代西方哲学本位主义立场本身,在二战以后随着自然科学、社会科学和人文科学的进一步发展,已然完全不能成立。哲学作为众学基础的几千年的偏见到了必须彻底加以修正之时。正是在此意义上,今已根本不存在一个全面认同并接受胡塞尔学认识论框架的问题。况且在人文科学特别是在文化理论和伦理学认识论方面,胡塞尔自身的创建不多,基本上都取自同时期德国"精神科学运动"中的思想资源。我们不必因为其哲学史上的知名度关系而将其一切思想表现都当作重要的精神资产。简言之,按照更合理的哲学史观点,我们是否也应该在"胡塞尔学"和"胡塞尔思想全体"之间做一合理的学科范畴性区分呢?

本书中译本是按照 1921 年旧版(也就是胡塞尔生前最后改定的版本)进行翻译的。60 年代中"文化大革命"之前我偶然在北京内部旧书店购得此书(可能是当初在北平的日本学者遗留下来的),其后成为我离开北京图书馆后居家自学期间的重要德语哲学读物。这两册 1921 年旧版藏书,对于我而言,自然成为弥足珍惜的纪念物。今日将这部单行本的《第六逻辑研究》藏书的扉页图片附于书前,以表示译者对胡塞尔哲学人格长期以来怀有的特别敬意(特别是相对于今日西方理论家和现象学家们普遍具有的"后现代功利主义"治学风格而言)。这个 1921 年的重印本的本文部分和后来"全集"的注解本的本文部分完全一样。选择这个旧版本当然也是为了避免任何版权问题上的麻烦。为此自然也就不便收入后来编定的"全集"中先后两位编者的导言。不过这两篇重要的编者导言，已有中译文本，有关本书形成的背景和本书其他相关情况可以参阅。

本书在翻译过程中仔细参考和比对了法文和英文两个译本。法译本是由 Hubert Elie、Arion L. Kelkel 和 René Schérer 三位翻译的。著名的英译本则是由 J. N. Findlay 翻译的。中译者首先在此对英、法几位译者表示感谢。本书中译文中关于专有名词和一般语句译法中的可能错误和不妥之处，概由本人负责，并希读者发现后不吝指出，以备日后改正。译者在参照英、法译本过程中的体会是，法译本基本上比英译本更为准确和认真。本书的英译本正像许多其他理论读物的英译本一样，其严格性和认真性要比法译本差些。英译本中不仅将大部分"虚词"（语气词、副词、虚拟语气等）干脆取消不译（而正是这些部分最相关于译者的语言修养程度，也正是我本人作为德语自学者所不敢自信者。所谓参照其他译本主要就是为了斟酌对各种德语虚词的准确把握，而专业名词则必须完全根据德文专拟译法），而且其中的错译之处也并不乏见。最易发生的错误是错解了关系代词，这也是我本人最需注意的方面。这个部分对于本国语言使用者基本不成问题，而对于外国语使用者来说，即使是具有专业德语训练者，对于复合句中的指代关系，也并非一定可以处处正确判断，更不要说我这样的在德语方面欠缺基本功训练的自学者了。

本书译例大致同前。"〈 〉"形括弧内为中译者所加，其中或为原文或为另一可能译法。为了减少版面凌乱感，胡塞尔本人使用的两种着重号，中译本均按一种符号加以表示。另外还须指出的是，作者本人偶尔使用的引号和译者偶尔使用的同一形式的引号，也未能加以区分，这是一个翻译上欠规范的缺点。如我在其他现象学译本中解释过的，译者在少数情况下自行加用引号或其他符号，是为了加强读者对德文复合性构词单位的"意义整体性"的注意，以方便读者把握德文原初概念之构成方式。

最后，关于本译本原版页码问题解释一下。《逻辑研究》分为两卷：第一卷由一册组成；第二卷由两册组成，分别为"第一部分"（第一分册）和"第二部分"（第二分册）。第一部分含五个"研究"，分别为《第一逻辑研究》《第二逻辑研究》《第三逻辑研究》《第四逻辑研究》《第五逻辑研究》；第二部分为《第六逻辑研究》。本中译本所译内容为《逻辑研究》全书（共含两卷三册）中的第二卷的第五、第六两个研究（它们是全书中最具"现象学式问题"的部分）。因此，《第五逻辑研究》就从第二卷第一分册的第343页起标注，《第六逻辑研究》就从第二卷第二分册的第1页起标注。

这套8卷本胡塞尔著作集的翻译计划，到现在为止，已完成了四分之三，在不久的将来将可全部完成。我要借此阶段性工作的结束之机，再一次对策划和主持著作集的杨宗元主任和著作集的终审编辑吴冰华女士以及新近担任本卷责编的王鑫女士，表示深切的感谢！正是由于编辑部三位女士以及出版社领导们对于此一理论翻译出版计划的长期支持，使得著作集的出版一直得以顺利进行。

李幼蒸
于旧金山湾区
2015年9月中秋节前夕

目　　录

第五逻辑研究　关于意向性体验及其"内容"

第六逻辑研究　认知现象学阐释原理

第二部分
感性与理解

第三部分
引导性问题的阐明

第五逻辑研究　关于意向性体验及其"内容"

导　言

　　我们在《第二逻辑研究》中阐述了一般种之观念性的意义，并且阐述了纯粹逻辑学所研究的意义之观念性本身。正如实际的可能事物及（或许）现实事物与一切观念性单元相对应，故也与意义〈Bedeutungen〉相对应一样，意指行为〈Bedeutens〉也完全是与意义相对应的，而且"意义"只不过是"意指行为"在观念上被把握的要素而已。但是现在发生了与心理体验属相关的新问题，最高意义属即产生于心理体验属，此问题也同样相关于心理体验属中较低种类的体验，而本质上不同的诸"意义种"发生于心理体验属内。因此我们要探讨有关意义概念及其诸本质变体起源的问题答案，甚至要探讨比我们此前诸"研究"所曾提出的问题更深广、更紧迫的问题答案。与此问题紧密相连的其他问题是：意义应该存在于可能与直观具有某种关系的"意义意向"中。我们多次谈到通过相应直观达到的意义意向之充实化，并且谈到此充实化的最高形式是在明证性中被给予的。因此我们的任务也包括描述此一值得注意的 现象学关系并明确其作用，即阐明以其为基础的认知概念。对于分析性研究而言，这些任务与我们以前讨论的与意义本质（特别是与逻辑观念呈现和逻辑判断有关的意义本质）有关的问题是不可能分开的。

　　目前的研究尚不能讨论这些问题，因为在此之前必须先进行一项更具有广阔一般性的现象学研究。"行为"应该理解为意指之体验，而且在每一个单一行为中的有意义成分都不应存于对象中，而应存于<u>行为体验</u>中；有意义成分应该存于使其成为"朝向"对象的一种"意向性的"体验中。充实性的直观之本质同样存于一定的行为中：思维行为和直观行为，作为行为，应该是不同的。而且当然，充实行为本身应当是一种特别属于行为特性的关系。然而在描述心理学中没有哪个词语比关于"行为"的词语更具有争议性的了；而且人们会对此前一切用行为概念来刻画与表达我们理解的话语加以怀疑，甚至立即加以反对。因此，解决所提出的这个任务的一个重要前提条件就是首先对此概念加以阐明。显然，行为概念，<u>在意向性体验的意义上</u>，界定着（在其现象学纯粹性意义上理解的）体验领域内的一个重要的属级单元，因此将意义体验置于此属级上，这对于我们对其进行特性表述来说的确是极有价值的。

对于行为本身的现象学本质的研究当然包括有关对行为特性和行为内容之区分加以阐明的问题，而且就后者而言，我们应该在谈及一行为之"内容"时指出它们之间基本不同的意义。

345

如果不相当充分地深入"观念呈现"〈Vorstellung〉现象学的话，就不可能令人满意地讨论行为本身的本质。以下熟知的命题会提醒我们注意与此问题具有的内在关联性：每一行为或者是一观念呈现或者是以观念呈现为基础。然而我们的一项最重要的任务在于：探讨这些非常不同的观念呈现概念中何者与此相关，以及因此对于作为此词歧义性基本原因的诸相互混杂现象如何进行区分。

我们将把如此概略讨论的问题（与其紧密相连的还有其他一些问题）之解决，并非不恰当地联系于以下任务：对意识之众多彼此混融的概念进行描述心理学的区分。人们往往将心理行为称作"意识之活动"，称作"意识与一内容（对象）的关系"，而且有时把"意识"直接定义作各种心理行为的一种总括性表达。

第一章　意识作为自我之现象学内容及意识作为内知觉

§1　"意识"一词的多义性

在心理学中区分心理现象和物理现象问题时，人们经常谈到意识，谈到意识内容和意识体验（通常简单地说：内容和体验），前者指相关于心理学领域的现象，后者指相关于物理科学领域的现象。与此一区分问题紧密相关的是，我们对心理行为概念如何按其现象学本质加以界定的问题，因为此概念正好产生于这样的语境中，即相关于心理学领域的假设性界定。然而在正确实行此界定时，如果存在有适当运用的一种意识概念的话，为心理行为概念进行规定的就是另一种意识概念了。在任何情况下都需要区分若干主题上类似而却因此极易混淆的诸不同概念。

以下我们将讨论我们关注的三种不同的意识概念：

1. 意识作为经验自我之全部实在的现象学内容〈Bestand〉，作为体验流统一体内的心理体验交织域〈Verwebung〉。

2. 意识作为自身心理体验的内知觉〈Gewahrwerden〉。

3. 意识作为一切"心理行为"或"意向性体验"之总称。

在此无须指出，所列举的诸定义远未穷尽此词语的多义性。例如我特别想到了若干非科学语言用法中流行的词语，如"进入意识内"或"来到意识内"，"提升的自意识"或"降低的自意识"，"自意识的觉醒"（后一短语也用于心理学，但意思完全不同于日常生活中的用法），如此等等。

347 　由于对于术语区分有关的一切词语之歧义性，我们只可能间接地对这些有待区分的概念进行明确的规定，即只能通过并列同义词语和对比应予区分的诸词语，以及通过适当的转义及说明来加以处理。因此我们将使用这些辅助性方式。

§2　第一义：意识作为自我体验的实在现象学统一体。体验的概念

我们以下述概要开始：当近代心理学将其科学定义为（或可能定义为）关于作为诸具体意识统一体的心理个体时，或定义为关于体验性个体的意识体验之科学时，或定义为关于其意识内容的科学时，那么在此语境内诸术语的并列就规定着某种意识概念并同时规定着某种关于体验和内容的概念。最后的体验和内容这两个语词，对于近代心理学家而言，意味着实际的发生者（冯特正确地说：事件），它们时时刻刻改变着，以种种方式相互连接和融合，构成了每一心理个体的实在意识统一体。在此意义上，知觉，幻想观念与想象观念，概念思维行为，猜想与怀疑，快乐与痛苦，希望与恐惧，愿望与意志，如此等等，一旦在我们的意识中出现，就成为体验或意识内容。而且，由于这些体验都是存于其整体内与具体充实性中，它们的组成部分与抽象要素也是被体验的，它们就都是实在的意识内容。当然，以下问题与此处的讨论并不相关，如这些相关部分是否以某种方式被清晰划分，它们是否由与它们相关的特殊行为加以界定，以及，特别是，它们本身是否为"内"知觉之对象，这些内知觉在其意识的存在中把握着它们，以及一般而言，它们可能存在或不存在。

348 　我们将马上指出，此体验概念可纯粹按照现象学方式被把握，以至于排除了与经验性实际存在（与人或与自然界动物）的一切关系：于是在描述心理学的（经验现象学的）意义上的体验变为纯粹现象学的意义上的体验。① 通过我们刚才给予的说明性例示可以并必定相信，我们可随

---

① 关于此问题，参照我的《纯粹现象学通论》第二部分，载于《哲学和现象学研究年鉴》，1913。

时自由决定采取所要求的排除步骤，而且我们首先通过这些例示实行或可能实行的"描述心理学的"说明，应当在所提出的意义上加以"纯粹的"把握，并接着将其理解为纯粹的（先天的）本质明见性。而且，当然在一切类似的情况下均须如此。

因此例如在外知觉情况下，颜色感觉要素，即构成着一具体视行为（在视知觉显现的现象学意义上）的实在组成部分者，即为一"被体验的"或"被意识的内容"，正如知觉行为的特性以及颜色对象的完全的知觉显象一样。反之，此对象本身，虽然是被知觉的，但不是被体验的或被意识的，而且在对象上被知觉的颜色也是如此。如果对象不存在，因此如果知觉被批评地判断为误导的假象、幻象、虚幻等等，那么该被知觉的、被视见的颜色，即对象的颜色，也就不存在了。正常与反常、正确与虚假的知觉之间的区别，与知觉的内在的、纯粹描述性的或现象学的知觉特性没有关系。然而即使出现被视见的颜色——即在显现的对象上的视知觉内的颜色，此颜色既是作为对象之特性同时出现的，也是与对象一起被设定为当下存在的——它也肯定并非作为体验存在的，在此体验中，即在知觉显现中，与其对应的，为一实在的组成部分〈Bestandstück〉。与其相对应的是颜色感觉，即性质上规定的现象学的颜色要素，后者在知觉中，或在属于其本身的知觉组成成分中（在"对象的颜色的显象"中），经受着客观化的"统握"。这二者，颜色感觉和对象的客观颜色性〈Farbigkeit〉，往往混淆难分。正是在当代，人们偏好这样一种解释，即将二者看作同一物，只不过是按照不同的"角度或兴趣"观察而已：从心理学的或主观的角度看，称作感觉；从物理学的或客观的角度看，即称作外物的性质。但是在此只要指出如下容易把握的二者之间的区别就足够了：一者是，一球状物的客观上看起来齐匀的红色；另一者是，主观颜色感觉的侧显呈现，后者正好是知觉本身内一种无可怀疑的甚至是必然的特性。此一区别在相关于一切种类的对象性质和与之对应的感觉复合体中重复出现着。

349

我们关于个别规定性所谈述者均适用于具体的整体情况。从现象学角度看如下主张是错误的：认为知觉中被意识的内容和在其中被知觉的（或知觉上被意念的）外部对象间的区别仅只是观察方式之别，按此方式，同一显象有时可从主观方面看（相关于与自我有关的显象），而有时可从客观方面看（相关于事物本身）。我们应该充分提醒注意"显象"一词的多义性：它使我们能够这样使用显象一词，显象既可指客体在其中显现的体验（例如，具体的知觉体验，在其中客体本身假定对我们呈现着），又可以指显现着的客体本身。一旦我们按照现象学方式思考，显现的客体本身即实在地存在于对显象的体验中，此多义性造成的假象即消失了。物显象（体验）不是显现的物（假定以其物体的自性"面对着"我们者）。我们将显象体验为属于意识关联域，而物对我们显现为属于现象世界。显象本身并不显现，显象是被体验的。

如果我们对自己显现为现象世界的成员①，那么物理物与心理物（身体与个人）就在对我们的"现象我"之物理与心理关系中显现。现象客体（我们也喜欢称之为意识内容）对现象主体（作为经验、作为物之个人）的这种关系，当然应该区分于在我们的体验意义上的意识内容与在意识内容统一体意义上的意识之间的关系（即"经验我"的现象学内容）。前者相关于两个显现物之间的关系，后者相关于一单一体验与体验复合体之间的关系。当然，反过来也一样，显现的"个人我"与外在显现物的关系，和作为体验的物显象与显现物的关系，也应该加以区分。如果我们谈到后一关系，我们只是想阐明，体验本身不是"在"其"内"意向地呈现着；正如当我们（例如）断定，显象的谓词并不同时即是在客体中显现者之谓词。此一与显现着的对象之间的客观化关系仍然是一种新的关系，我们将此关系归于在该显象中被体验的感觉复合体。即当我们说：在显现行为中此感觉复合体被体验着，但此时在一定的意义上这是指"被统握着"或"被统觉着"，而且我们所说的对象显现行为就存在于激发现象学特征的感觉统握中。

我们在有关知觉问题上刚才必然地发现了一种本质区别，即在知觉中的被体验者或实际组成知觉者，应该区别于在一种非真正的（"意向性

---

① 在此讨论的只是显现者，因为一切有关其存在或不存在的问题，以及在其中显现的"经验我"的问题，都须加以排除，如果我们希望全部思考不是描述心理学的而是具有纯粹现象学的价值的话。因此我们应该注意，像我们到现在为止以及未来每一新的讨论中所做的那样，首先进行的是心理学分析，但实际上允许对其进行一种"纯化"，即赋予其"纯粹"现象学的价值。

的"）意义上所说的"存在于其中"者，同样的本质区别也应该扩及其他
"行为"。我们将马上以更为一般的方式讨论此一区别。在此我们只需防
止某种误导性的思考方向可能扰乱了有待阐明的概念之简单意义。

§3　现象学的与通俗的体验概念

　　按照类似的目的我们仍然指出，<u>我们的体验概念与俗常的体验概念
并不一致</u>，我们刚才在实在的与意向的内容之间提到的区别在此再次发
挥作用。

　　如果某人说他经历 * 了 1866 年和 1870 年的战争，那么在此意义上所
谓"经历"〈体验〉的东西就是一外部事件综合体，该经历〈体验〉在此
即由知觉、判断及其他行为所组成，在这些行为中这些事件成为对象的
显象并往往成为某些与经验我相关的设定之客体。进行体验的意识，在
我们的标准现象学意义上，其中并不含有这些事件或组成这些事件的事
物作为其"心理体验"，作为其实在的组成成分或内容。其中存在的，其
中实际出现的，乃知觉、判断等相关行为，以及其改变着的感觉材料，
其统握内容，其设定特性，等等。前者所说的体验完全不同于后者所说
的体验。经历外部事件意味着：具有某些朝向这些事件的知觉行为、（永
远有待规定的）认知行为等。此一"具有"〈Haben〉立即提供了在现象
学意义上的完全另类的体验的例子。这只意味着一意识统一体的组成成
分〈Bestandstücke〉之某种内容，它存在于一经验我的统一现象学意识
流中。此意识流本身为一实在整体，由诸多部分实在地组成，而且每一
部分都可说是"被体验的"。在此意义上，自我或意识所体验者正是其体
验。被体验的或被意识的内容与体验本身之间没有区别。例如被感觉者
就是感觉。但是如果一体验"相关于"与其本身可能区别的对象时，例
如，外知觉相关于被知觉者，名词的观念呈现相关于被称名的对象，等
等，那么此对象在此应予规定的意义上就不是被体验或被意识的，而只

352

---

　　* 外"经历"和内"体验"在德文中为同一词，其名词和动词形式为：Erlebnis/
erleben。——中译者注

是被知觉的、被称名的。

此一事态说明了"内容"一词的正当性，内容在此是完全真正的〈eigentliche〉。词语内容的通常意义是相对性的，在完全一般的情况下它指示着一包罗广泛的整体，此整体在其诸组成部分全体中具有内容。在
353　一整体中可被看作部分者以及实际上构成着该整体者，都属于该整体之内容。通常描述心理学意义上的"内容"一词，隐含的参照点，即相应的整体，就是实在的意识统一体。其内容即当下"体验"的全体，而且人们把多数的内容就理解为这些体验本身，也就是，一切实在的部分构成着现象学的意识流。

§4　体验的意识与被体验的内容的关系不是现象学特有的那种关系

按照以上的阐释，十分明显，我们在其中把体验想成是与一种进行体验的意识（或者进行体验的"现象学自我"①）之间具有的那种关系，并非指涉任何真正的现象学情景。在通常用法的意义上，自我为一经验性对象，本人的自我与他人的自我无异，而且每一自我都与任何物质物一样，如一栋房屋或一株树。结果，不论科学的研究可能使自我概念经受多大的改变以使其远离虚构，自我仍然是一个别的物的对象，此物的对象与一切这类对象一样，在现象层上都不具有任何统一性，即由统一的现象层性质所赋予的统一性，而且此统一性是以其本身特有的内容面存在〈inhaltlichen Bestande〉为根基的。如果我们将自我躯体与经验我分离，之后将纯粹心理我限制于其现象学内容内，那么它将被还原为意识统一体，因此即还原为实际的体验复合体，对于此体验复合体，我们（即一切为其自我者）将部分地在自身获得其明证性存在，部分地具有充分理由假定其存在。经过现象学还原的自我，并不是浮动在多种多样体验之上的特殊物，而是直接等同于其自身的连接统一体。某些"连接形式"根基于内容的性质及内容服从的法则。这些连接形式在种种方式中
354

---

① 在本书第一版中意识流一般被称作"现象学自我"。

从内容移转至内容，从内容复合体转移至内容复合体，并最终构成了一统一的内容整体，后者正是被现象学还原了的自我本身。这些内容，正像一般内容一样，它们在法则规定的方式中彼此聚拢，融合为包罗更广泛的统一体，而且就在这样被统一起来时，现象学的自我或意识统一体已经被构成了，除非于此之外还需要一种特殊的自我原则〈Ichprinzips〉来支撑一切内容并将它们再次统一。而在这里以及在任何他处，这样一种原则的功能都是难以理解的。①

§5　第二义：作为内知觉的"内"意识

我们以上三节讨论的语词"意识、体验、内容"，严格地说，都是在描述心理学的意义上规定的，而随着现象学的"纯化"它们才具有了一种纯粹现象学的意义。我们要继续坚持此意义，直到明确提出一些其他概念。

意识的第二个概念可表达为词语内意识。这就是"内知觉"，它伴随着实际当下的体验，无论是一般而言的还是若干事类的，并使这些体验与其对象相关。按照人们习惯上赋予内知觉的明证性可以指出，人们将其理解为充分适当的〈adäquate〉知觉，此知觉赋予其对象者均为知觉体验中已直观呈现于观念者及实在的给予者；以及反过来说，此充分适当的知觉正是如此直观地呈现于观念并设定着这些对象，就如这些对象也是直观地在知觉中和随着知觉事实上被体验着一样。一切知觉都由于意向作用而具有这样的特点，即将其对象把握为呈现于躯体性的自身中。与此意向作用对应的是具有显著完全性的知觉，此知觉是充分适当的，如果对象，事实上并在严格"躯体性"意义上，现前于知觉内的话，有如不折不扣地被完全把握着那样，因此即为实在地被包含在知觉自身之内。因此显然地，按照知觉的纯粹本质明证可见的是，充分适当的知觉只可能是"内"知觉，只可能是指与其同时被给予的体验，此体验与其

355

---

①　作者不再认同在本节中所表达的对"纯粹"自我学说的反对，对此问题从前引《纯粹现象学通论》所言中清晰可见（§57，p. 107；§80，p. 159）。

同属于单一的意识，而且，如果进一步思考，它只能是纯粹现象学意义上的体验。另一方面，人们不可能反过来直接地按照心理学的用语说，每一朝向自身体验的知觉（在该词通常的意义上称作内在的）都必定是充分的。由于我们刚才对歧义词内知觉的阐明，我们最好在内知觉（作为自身体验之知觉）与充分适当的（明证性的）知觉之间在术语用法上加以区别。在内知觉和外知觉之间的认识论上混乱的以及心理学上误用的对比因此可以消失，而代之以在充分适当的知觉与非充分适当的知觉间的真实对比，此对比是根基于这类体验之纯粹现象学本质的。①

如果一些学者，例如布伦塔诺，在我们到此为止讨论的两个意识概念间确立了紧密关系，那是因为他们认为他们可以将在第一个意义上的内容的意识（或者被体验者）同时理解为在第二个意义上的一种意识。按照后一意义，被内在的（而且对于布伦塔诺此即永远同时意味着充分适当的）知觉者即被意识者或被体验者；按照前一意义，在一般意识统一体内作为体验出现者即被意识者。此歧义性迫使我们把意识理解为一种认知，即直观的认知，结果可能在此暗示着一种充满极其难以克服的困难的概念。我由此想到无休无止的倒退循环，从内知觉本身又是一体验开始，该体验因此要求一新知觉，后者接着再要求一新知觉，如此等等。布伦塔诺企图通过区别第一知觉方向和第二知觉方向来解决此一倒退循环。由于我们此处关心的是纯粹现象学判断，因此只要在内知觉的连续行为之假定的必要性不可能以现象学方式证明时，我们就必须将此种理论搁置一边。

§6 第一意识概念起源于第二意识概念

无可否认，第二意识概念是更为初始性的，即假定着"自身的前在性"。随着以下的思考我们可以按严格科学的方式从后一较狭的概念过渡到前一更宽泛的概念：如果我们把"我思故我在"〈cogito，ergo sum〉，或者干脆将其简称"我在"，看作一种足以抵制一切怀疑的明证性，那么

---

① 对此参照《第六逻辑研究》末尾关于内知觉与外知觉的附录。

十分明显，此处适合于自我的不可能是经验我。但是，另一方面，由于我们必须承认，命题"我在"的明证性不可能依存于有关一直引生疑问的哲学的自我概念之知识及假定，于是我们最好说：在命题"我在"〈我是〉中的明证性附着于经验的"我观念"中未被概念严格界定的某核心部分。如果人们现在进一步询问，此一未在概念上把握的、不可表达的核心可能是什么，以及因此可能时时在经验我上以明证的确定性构成所与者的是什么，那么最切近的答复即内在的（亦即充分适当的）知觉判断。不只是<u>我在</u>具有明证性，而且有关具有<u>我知觉此</u>、<u>知觉彼</u>形式的无数判断都具有明证性，即在此只要我不仅意念着而且也明证地确信着：如其被意念时那样地被知觉者，也是被给予者；我如其所是的那样把握着其本身。例如，此充盈于我的快乐，此正浮现眼前的幻象，如此等等。这一切判断都分享着<u>我在</u>之判断，它们都不是被充分把握的及可表达的，它们只是在其活生生的意念中具有明证性，但不可用语言对其适当地加以传达。被充分知觉者，不论是如此模糊地陈述表达者还是始终未表达者，现在都构成着认识论上首要的及绝对确定的范围，此范围是现象的经验我在相应的时刻通过归纳法赋予其纯粹现象学上可把握的内容的；反过来说也正确，在判断句<u>我在</u>中，自我之内的被充分适当知觉者正好构成了使明证性最有可能成立并具有其根基的核心。① 现在我们可以再扩展该范围，当我们把本质上属于知觉的一切持存（作为将将还曾对我们现前者），把通过再忆显示的属于此前一真实体验者，都还原为其过去的现象学内容，因此即通过"在"持存"内"的反思以及记忆，我们就返回到了再生的现象学所与者*。同样，我们根据经验可以假定与时时刻刻被充分适当知觉者共存，或者可以假定与持存和再忆中的反思性内容曾经

357

358

---

① 本段直接取自本书第一版，没有重要的改动，它未曾正确考虑如下情况，即经验我和物质物一样都具有同一种超越性。如果排除此超越性并还原至纯粹现象学的所与性并未留给我们任何纯粹我作为剩余者，那么也就不存在任何真正的（充分适当的）明证性"<u>我在</u>"。但是如果此明证性具有真正的充分适当性——对此谁可能否认呢？——我们如何能排除一纯粹我之假定呢？这正是在实行<u>我思</u>明证性时所把握的自我，而且此纯粹实行本身即按照现象学的"纯粹性"方式，以及必然地，将其把握为<u>我思</u>类型的一种"纯粹"体验之主体。

* das reproduktiv Phänomenologische；法译本：donné phénoménologique reproduit；英译本：what…is reproductively phenomenological。——中译者注

共存，也就是可假定曾经与其连续统一地融合为一。当我在此说"连续统一地融合为一"时，我在此是指具体现象学整体的统一体，其诸部分或者为诸要素〈Momente〉，因此要求它们在共存中互为根基，或者为诸片段〈Stücke〉，它们按其本性根基于统一体形式的共存中。此形式实际上属于整体的内容，而诸要素即实在地内在于整体中。这些共存的统一体时时刻刻相互连续融通，它们构成了一变化统一体——意识流的统一体，后者则要求至少对于整体统一体的一个本质的、因此与其作为整体不可分开的成分具有连续持恒性或连续变化性。此作用首先即由内在地属于（作为时间上显现的统一体之）意识流之时间这一"呈现形式"来运行（因此不是物质世界的时间，而是随着意识流本身显示的时间，意识流即在此时间内流动）。此时间的每一刻都呈现于所谓"时间感觉"的一连续侧显中。意识流的每一实相，就其内呈现着流动的一完整时间视域而言，都具有遍及其一切内容的形式，此形式是连续同一的，虽然其内容不断改变着。

因此，这构成了自我之现象学内容，此自我是心灵主体意义上的经验我。现象学还原产生了此实际上自成一体的、在时间上连续展开的"体验流"统一体。体验概念，从"被内知觉者"以及在此意义上的被意识者，扩展至"现象学自我"概念，而经验性自我是由现象学自我按意向性方式加以构成的。

§8* 纯粹自我和意识

我们到此为止未提及纯粹自我（"纯粹统觉"的自我），此概念应当为追随康德的以及为许多经验方向的研究者们提供统一的参照点，一切意识内容本身均以非常特殊的方式与此参照点相关联。此纯粹自我与此一本质上属于"主体体验"或意识的事实。"被意识〈Bewußt-sein〉即与自我之关系"，而在此关系中，存在者即意识内容。"我们将一切只在意识中与一自我发生关系者称作内容，不论其性质是什么。""此关系对于

＊ 作者在本版中已将初版中的§7删除。——中译者注

一切如此多种多样变化着的内容来说显然是同一的，实际上此关系构成了意识的共性与特性。为了将其与意识的全部事实加以区分，我们以特殊的语词'意识性'〈Bewußtheit〉对其标示。（纳托普所说。我们在此连续地引述他的说法。）"[①]

"自我，作为对我意识到的一切内容的<u>主体性关系中心</u>，以完全特殊的方式对立于这些内容，自我与内容的关系不同于内容对自我的关系，自我的内容并不像自我意识到内容那样意识到自我；自我正好显示为只可能与自身比较，虽然自我能意识到他物，但他物不可能意识到自我。自我本身不可能成为内容，不可能类似于某意识内容之类的东西。因此不可能对其进一步描述，因为我们企图使用的一切对自我或与自我的关系进行描述的词语，只可能取自意识的内容，并因此不可能达到自我本身或达到与自我的关系。换言之，我们关于自我可能形成的每一<u>观念</u>，都会使其成为<u>一对象</u>。但是此时我们已经停止将其作为自我加以思考了，而是将其作为对象加以思考了。成为自我〈Ich-sein〉并非成为对象，而是成为与一切对象相对者，后者的对象为某物。与自我的关系亦然。被意识即成为自我之对象：成为对象〈Gegenstand-sein〉本身不可能再次使成为对象。"

"意识事实，即使是心理学的基本事实，其存在可以被承认及被凸显，但既不可能被定义也不可能从他物中导出。"

这些论述的确令人印象深刻，但进一步考虑后我并不可能对其认可。我们如何能够对此"心理学基本事实"进行论断，如果我们不可能对其进行思考？而且我们如何能对其进行思考，如果不使此时作为我们论断客体的自我和意识"成为对象"呢？即使我们只能够通过间接的、象征的思想方式与此事实发生关系，就已经使其成为对象了。然而纳托普认为，它确实应当是"基本事实"，因此其本身只能以直接直观方式给予我们。事实上，他明确告诉我们"其存在可以被承认及被凸显"。被承认及被强调者，不就是内容吗？难道此基本事实不就是对象吗？或许严格说来一种狭义的对象概念肯定应该被排除，但它首先是相关于一种广义的

<u>360</u>

---

① 参照纳托普的《按照批判方法的心理学导论》的整个第四节，第 11 页及以下。

对象概念的。正像关注一思想、一感觉、一不愉快的刺激等等一样，这些体验都成为内知觉对象，而它们并不因此就成为物质意义上的对象。同样，作为关系中心的自我以及任何自我与一内容的特殊关系在被关注时，也都将作为对象被给予。

361

然而我当然应当承认，我绝不可能发现作为必要"关系中心"的这个原初的自我。[①] 因此我唯一能注意到、知觉到的就是经验我以及与那种自身体验或外在客体的关系，这些体验和客体在所出现的片刻正好成为其特殊"关注"的对象，而无论是"外在的"还是"内在的"部分，如果与该自我间无此关系，都仍然在自我关注之外。

在此我只可能通过现象学分析法来阐明经验我及其与客体的关系这一状态，于是必然导致了上述理解。我们排除了看起来与任何其他物质物无异的自我躯体，并思考经验上与自我躯体相连的、看起来属于它的精神我〈geistige Ich〉。对现象学上实际所与者的还原，为我们提供了以上描述的、在反思中可把握的体验复合体。此复合体与心灵我〈seelischen Ich〉的关系，类似于一"落入知觉侧的"被知觉外在物与全体物的关系。自我与其对象的被意识的意向性关系，对于我只能理解为那样一种意向性体验，它属于意识统一体的全部现象学内容，在该意向性体验内，自我躯体，作为精神性个人的自我以及因此整个经验的自我主体（自我，这个人），都是意向性对象，同时这样的意向性体验也构成着现象自我的一本质性现象学核心。

但是因此我们面对着第三个意识概念，此概念正是由行为或意向性

362

体验界定的，对此我们会在下一章加以分析。谁质疑意向性体验的此一特性，谁就不可能承认对我们来说为确定无疑者：在现象学的意义上成为对象，即意味着存于某些行为中，在其内某种作为对象者显现着或被思考着；也就自然不可能理解：成为对象〈Gegenstand-sein〉本身又可成为我们的对象〈gegenständlich werden〉。对于我们而言，事态非常清晰：行为"朝向"该行为特性，在其中某物显现着；或者说，行为朝向

---

① 自那时以来我一直试图发现它，或者不如说认识到，不应在对所与者的纯粹把握中由于过度依赖"自我形上学"而被误导。参见本书第357页§6的注解。

经验我并朝向其与对象的关系。在此行为构成了（经验）自我的现象学核心，此行为使对象"被意识到"，"在"此行为"内"自我"朝向"相关的对象。

我也不可能理解为什么人们可能断言：自我与意识内容的关系不可能具有不同的形式；因为如果我们将内容理解为体验（现象学自我的实在被构成者），内容借以加入体验统一体的方式将完全依存于内容的特性，就像一般而言部分加入整体一样。但是，如果我们把内容理解为意识所朝向的任何对象，此意识如为知觉、想象、回忆或期待、概念性观念或论断等等，那么就会出现显然的〈自我与意识内容间的〉区别，此区别已清楚地显示于我们刚才列举的一连串术语中了。

也许人们会对以上的看法加以反驳，当我们说自我对自身显示，具有对自身的意识并特别具有对自身的知觉时。但是，经验我的自知觉是日常的事实，并未构成理解的困难。自我被知觉到正如任何其他外在物被知觉到一样。对象并不将一切部分和侧面赋予知觉，无论在哪里都与此处问题无关。因为对于知觉行为而言，其本质在于对对象的一种假定的把握，而不是一充分的直观。直观行为本身虽然属于自我之现象学存在，正如许多其他"被意识"而未被关注者一样，当然未进入知觉目光的把握范围；也很像是这样的情况：一被知觉的外在物的虽未被把握却显现着的成分未落入知觉场。在此情况下就是说：在彼处是自我，在此处是物，被知觉着；而且事实上被知觉就是"在躯体性自现前的"〈leib-hafter Selbstgegenwart〉方式中被意识。

【第二版补论】我要明确强调，此处有关纯粹自我问题采取的立场（而如我已说过的，我已不再赞成）与本卷的研究仍然没有关联。虽然此问题在其他方面以及作为纯粹现象学问题如此重要，我们仍然可能对范围极其广泛的现象学问题（现象学在某种一般性意义上相关于意向性体验的实在性内容及其与意向性客体的关系）进行一种深入系统的研究而无须对一般自我问题采取立场。目前的研究即完全限定于这样的范围。但是因为像最近出版的纳托普的第二版《心理学导论》卷一这样重要的著作与我前面的论述如此相关，我不可能对其完全略而不论。

第二章 作为意向性体验的意识

在第三个意识概念分析中，意识按照现象学的本质内容与"心理行为"概念一致，现在需要对其加以更详细的分析和讨论。与此相关的是，内容这个词，特别是我们的观念呈现内容、判断内容等，获得了多重意义，因此对其进行区分和精细研究是具有无比重要性的。

§9 布伦塔诺的"心理现象"界定之意义

在描述心理学的分类界定中最为引人关注并具有哲学重要性者，即属布伦塔诺在"心理现象"标称下所提出的，并将其用之于区分心理现象和物理现象的著名分划法。我并非赞同在此领域引导着这位伟大学者并已表现于其选择的术语中的这样的信念：他已获得了对于"现象"的一种彻底的分类法，据此分类法，心理学和自然科学的研究领域已被分开，而且按照有关这些学科研究领域的正确规定，诸棘手的问题已轻易获得解决。不论是把心理学定义为关于心理现象的科学还是把自然科学相应地定义为关于物质现象的科学看起来都很合理；但是人们有严肃的理由质疑说，布伦塔诺的区分概念是出现于该可疑定义中的同名意义概念。人们可以指出，在一可能心理学定义的意义上一切"心理现象"远非都是布伦塔诺意义上的心理现象或心理行为，而且布伦塔诺以含混方式使用的"物理现象"一词很大一部分

实际上属于心理现象。① 可是布伦塔诺关于"心理现象"概念的价值完365
全不相符于其所遵循的目的。我们在此发现一严格界定的体验类别，它
在某种严格的意义上包含着一切具有心理的、被意识的存在之特征者。
欠缺此类体验的一种实际的存在，例如仅包含感觉体验那类内容者②，当
不可能对它们从对象角度进行解释，或者用其他方式使对象呈现于观念
时——因此更加不可能在其他行为中与对象相关，对其进行判断，为其
快乐或悲伤，对其爱和恨，对其欲望和憎恶——以至于不再可能将这样
的存在〈Wesen〉称作心理的存在〈Wesen〉。如果人们怀疑，一般来说
是否有可能设想作为纯感觉复合体这样的存在，那么就只要指出通过感
觉复合体呈现于意识的外在的现象物就够了，但是其自身绝不可能显现，
而且我们因此称其为无心灵的存在或物体，因为它们失去了前例指出的
意义上的任何心理体验。如果我们抛开心理学不谈而进入严格的哲学学
科领域，这些体验类别的基本重要性即获得如下证明，只有属于它的体
验才适合此最高规范科学的思考。因为，只要我们在现象学的纯粹性中
理解体验，我们就只有在体验内才能获得基本概念抽象性的具体基础，
这些基本概念在逻辑学、伦理学、美学中发挥着系统作用，也就是说我366
们获得了作为这些学科的观念法则以之为基础的那些概念。在此提到了
逻辑学，我们因此马上想到了那种使我们对此体验进一步思考的特殊
兴趣。

§10　作为"意向性"体验的描述性特征说明

　　然而现在是我们明确布伦塔诺现象类别界定的时候，亦即对心理行
为意义上的意识概念进行规定的时候。在前述分类学观点的引导下，布

----

　　① 　我的不同理解完全不是在布伦塔诺本人意识到的局限性意义上获得的，他应该简单化定
义的不适当性而决定予以补充。（参见布伦塔诺：《心理学》，卷一，127 页及以下。）对此区别，
我们将于本卷结尾的附录二的讨论中指出。
　　② 　我们不可能再称之为被体验者〈erlebte〉。"体验"概念起源于心理的"行为"领域，而
且如果此概念的扩解可导致一种也包括非行为的体验概念，那么与将这些非行为包含在或增加入
行为概念的关联域之关系，简言之与一意识统一体之关系，仍然十分重要，如无此概念，就不再
会谈体验了。

伦塔诺本人进行了相关于他所假定的两类主要现象类别相互界定的研究，即"心理现象"和"物理现象"。他得出了六种规定，其中只有两种一开始可能为我们考虑，因为对于其他几种来说某些误导的歧义词起着破坏性作用，这些歧义词使得布伦塔诺的现象概念，特别是物理现象概念，还有内知觉与外知觉概念，都很难成立。①

我们偏重的两种规定中的一种直接指心理现象或心理行为的<u>本质</u>。在知觉中某物被知觉，在想象观念中某物被想象，在陈述句中某物被陈述，在爱中某物被爱，在恨中某物被恨，在欲望中某物被欲望，如此等等。布伦塔诺考虑在这些例子中把握其共同者，他说道："每一心理现象之特征，都被中世纪经院学者称作一对象的意向性的（也是心理的）'不存在'所描述，而且此特征可被我们称作与一内容之关系，称作对一对象（不应将其理解为一实在物）的朝向性或内在的对象性，虽然我们的用词并非没有歧义性。每一心理现象都包含着作为客体的某物，虽然各以不同的方式。"② 此一"意识相对一内容的关系之方式"（布伦塔诺在其他地方经常这样表达）就是，在观念呈现中以观念呈现的方式，在判断中以进行判断的方式，如此等等。布伦塔诺显然企图基于此关系方式将心理现象分类为观念呈现、判断和情绪变动（"爱与恨现象"），他按此关系方式正好区分出三种基本类别（可继续加以多种多样的特殊化规定）。

不论我们认为布伦塔诺的"心理现象"分类法是否恰当，以及甚至不论我们认为该分类法对于心理学的全部讨论是否如这位天才的提出者所宣称的那样具有根本性意义，均与此处问题无关。我们只关心一件重要的事，即存在有意向性关系之特殊本质区分，或者简单说，存在有意向（它构成着"行为"之描述性的"属特征"）之特殊本质区分。某一事态的一"纯观念呈现"以之意念着〈意向着〉其"对象"的方式，不同于将同一事态判定为真或伪的判断方式。其他依次如：假定和怀疑的方式，希望或恐惧的方式，快感和不快的方式，欲望和厌恶的方式；对一理论性怀疑予以决定的方式（判断决定）或对一实践性怀疑予以决定的

_367_

---

① 可进一步参见前引附录。
② 布伦塔诺：《心理学》，卷一，115 页。

方式（在一慎重选择状态中的意志决定）；对一理论性意念的认定方式（判断意向的充实）或对一意志意念的认定方式（意志意向的充实），如此等等。当然，大多数行为，如果不是全部行为，都是复合性的体验，而且意向本身在此往往都是多重性的。情绪意向基于观念呈现意向或基于判断意向，如此等等。但是无可怀疑的是，当我们分解这些复合体时，我们将总能达到原初的意向性特征，这些特征按其描述性本质不可能被还原为其他种类的心理体验；而且同样无可怀疑的是，作为"描述性属"之意向的统一体（"行为特性"）指涉着基于该属之纯粹本质的特殊区分性，并因此以一种先天性方式前在于经验心理学的事实性。存在着本质上不同的意向种类及亚类。我们也特别不可能简单地借助于不属于意向属的成分把行为间的一切区分还原为它们含有的观念的区分及判断的区分。于是（例如）美学的认可与不认可，是一种意向性关系方式，它本质上显然对立于美学客体的简单观念呈现或简单理论判断。美学的认可及美学的谓项可被陈述，而且此陈述为一判断并包含着观念呈现。但美学意向正像其客体一样，为<u>观念呈现及判断的对象</u>；其自身仍然本质上不同于这些理论行为。赋予一判断以精准价值，赋予一感情体验以高贵价值，当然假定着类似的、相近的但并非在"种级"上相同的意向。在比较判断决定和意志决定等时也一样。

　　我们把在纯粹描述性上理解为某种体验的内部特性的意向性关系，把握为"心理现象"或"心理行为"的本质规定性，以便我们在布伦塔诺的定义（按其定义这些现象是"<u>意向性上包含着一对象的</u>"①）中看出一本质的定义，其（在旧意义上的）"实在性"〈Realität〉自然是通过例子来确证的。② 换言之，按纯粹现象学观点理解的话：此一实行于这类体验的个别事例上的观念化〈Ideation〉——而且是这样实行的，每一经验心理学的理解及存在设定均置于考虑之外，而只考察此体验之实在现象学内容——给予我们关于<u>意向性体验</u>或<u>意向性行为</u>的纯粹现象学属观念

368

369

---

　　① 布伦塔诺：《心理学》，卷一，116 页。
　　② 因此我们不会被这样的棘手问题所困扰，如一切心理现象，例如情绪现象，是否真的具有相关的特性。反之，我们询问相关的现象是否是<u>"心理现象"</u>。此问题的奇异性缘于词语的不适当性。对此我们将进一步讨论。

以及其后给予其纯粹种分类〈Artung〉观念。① 一切体验并非都是意向性的就由感觉及感觉复合体证明了。被感觉的视觉场的任何片段，不论其以何种方式由视觉内容充实，都是一种体验，此体验不论可包含多少种部分的内容，但这些部分内容都不是由整体所指涉的在整体之内的意向性对象。

接下来的讨论将对有关"内容"的两种说法加以进一步阐明。人们相信，在有关双侧内容的事例分析与比较中所把握者，都可以在观念作用中看作纯粹的本质区别。我们在此所努力进行的一切现象学论断都应被理解为（即使没有加以特殊强调）本质规定。

370

布伦塔诺所提出的对于我们颇有价值的第二个关于心理现象的规定是："它们或者是观念呈现或者是以观念呈现为其基础。"② "如果未被观念呈现，也就无物可被判断，同样，无物可被欲念，无物可被希望或害怕。"③ 按此规定，"观念呈现"〈Vorstellungen〉一词当然不意味着被观念呈现的〈vorgestellte〉内容（对象），而是意味着观念呈现〈Vorstellen〉之行为。*

此一规定似乎并不适合作为我们研究的出发点，其原因是，它假定着一个必须首先加以澄清的"观念呈现"概念，因为此词具有多重的歧义性且很难加以辨析。而就此而言，有关"行为"概念的讨论形成了自然的开端。虽然如此，此规定同时表达了一重要的原则，其内容激发了新的研究，我们将再回来对此加以讨论。

---

① 如果我们限于心理学统觉范围内，那么体验的纯粹现象学概念就包含着一种心理实在物概念了；应该说，此概念就变成了一种动物存在的心理状态概念（或者是事实性自然，或者是具有观念上可能的"动物的"存在之观念上可能的自然——对后者而言也排除了存在设定）。因此，意向性体验的纯粹现象学属观念也就变成类似的、熟悉的心理学属观念。按照心理学统觉是否包含在内，同类的分析就或者获得纯粹现象学的意义，或者获得心理学的意义。

② 布伦塔诺：《心理学》，卷一，§3末尾，111页。

③ 同上书，109页。

* 其实后者为动名词形式已经包含着"行为"的义素，此处是为了强调其行为性质而加上"行为"一词。此一表述法或也说明德人在使用名词词尾和动词词尾的同根词时一向具有的可换用性。此一现象在很多德语词中均有类似表现。正是从现代时期以来对二者加以区分的意识越来越清晰。抽象名词的"词性"意涵仍相当宽泛，因此如将其作为单一对应汉语词就不免有失准确性。此一现象在从前的翻译理解中相对关注较弱。——中译者注

§11　避免术语联想引起的误解：a)"心的"或"内在的"客体

当我们采取布伦塔诺重要的规定时，我们指出的与其观点的分歧将要求我们放弃其术语系统。在讨论话语中出现有关作为类〈Klasse〉的体验时，我们将明确地既不再说心理现象也不再一般地说现象。心理现象只有按照布伦塔诺的观点才是有效的，按其观点心理学的研究领域是以该类界定的，而按照我们的观点一切体验一般来说就此而言都是同样有效的。但是就"现象"这个词而言，它不仅充斥着极其有害的歧义性，而且暗示着由布伦塔诺明确提出的极其可疑的理论信念：每一意向性体验即为现象。因为在大多数情况下，并按照布伦塔诺的说法，"现象"这个词指示着一显现着的对象本身，这意味着，每一意向性体验不仅相关于对象，而且其本身也是某种意向性体验的一个对象；我们在此特别想到那样一种体验，它在该词最特别的意义上使某物对我们显现，此即知觉："每一心理现象都是内知觉的对象"。但是我们已经说过，我们对于此原则的有效性持认真的保留态度。

我们其他的异议相关于布伦塔诺运用的词语，这些词语或者以类似于心理现象词语的方式运用，或者以婉转的方式表达，此外这些词语也是被通常使用着的。在任何情况下像如下这样的说法都是可疑的并极具误导性的：被知觉的、被幻想的、被判断的、被欲望的对象等等（或者说：以知觉的方式、以观念呈现的方式等等）"进入意识"，或反过来说，"该意识"（或者"该自我"）与它们以某种方式"发生了关系"，它们以某种方式"被纳入意识"，如此等等；但同样也这样说：意向性体验"包含着某种作为客体的物"，如此等等。① 这类说法引生了两种误解：首先，相关于一实在的过程或一实在的关系，此关系存在于意识或自我与"被意识的"事物之间；其次，相关于两个事物之间的一种关系，行为和意向性客体都同样地实际存在于意识内，相关于一种心理内容与另一种心理内容的互融关系。如果"关系"一词在此难以避免，那么也必须避免

371

372

---

① 参见布伦塔诺：《心理学》，卷一，266、267、295 页。

那些会诱使我们将此关系误解为一种心理学上的实在的词语，或者那些将其误解为属于体验之实在内容的词语。

让我们首先进一步考虑第二种误解。它特别表现于语词内在对象性中，此词用于指意向性体验的本质特性，它也表现于经院哲学的同义词中：一对象的意向性的或心理的不存在〈Inexistenz〉。意向性的体验具有以不同方式与被观念呈现的对象相关的特性。这正符合意向的意思。一对象在体验中"被意念"〈gemeint〉①，在体验中，即在观念呈现方式中或同时在判断方式中"被作为目标"，如此等等。然而这只不过意味着，某些体验具有意向之特征以及特别具有观念呈现的、判断的、愿望的等意向之特征。在体验中并非（暂且不考虑某些例外）出现着两种事物：我们并非体验着对象并在其旁体验着意向性体验所朝向的对象，也并不是存在着在部分与包含着部分的整体这种意义上的两件事，而是只有一件事出现着，即意向性体验，其本质的描述性特征正是相关于对象的意向。按其特殊的规定，此意向完全地和唯一地构成了此对象的观念呈现或判断等等。如果此体验出现着，那么当然，我要强调，按此体验自身的本质，就实现了"与一对象的意向性关系"，而且当然一对象是"意向性地现前着"，因为两种表达法完全意味着一回事。而且当然这样一种体验能够与其意向存在于意识中，尽管其对象并不存在，而且或许不可能存在；对象被意念着，这意味着，对对象的意念行为〈Meinen〉就是体验；但对象仅只是被假定〈vermeint〉着，实际上并不存在。

如果我在观念中呈现出丘比特神，那么此神即被观念呈现的对象，他是在我的行为中"内在地现前着"，他在我的行为中有"心理的不存在"，不管在外在实际的解释中此错误的词语意义可能如何被曲解。我呈现着丘比特神的观念，意思是，我有某种观念呈现体验，在我的意识中实现着"丘比特神这样的观念呈现行为〈Vorstellen〉"。人们可能愿意在描述性分析中分解此意向性体验，于是人们当然不可能在其中发现像丘比特神这样的某物；因而此"内在的""心理的"对象并不属于体验之描

---

① 在"意向"的"意念"词义中，并不包含特殊注意行为〈auszeichnende Aufmerken〉、关注行为〈Bemerken〉。参见后面 § 13。

述的（实在的）内容〈Bestande〉，事实上他并不是内在的或心理的。他自然也不存于心理之外，他根本不存在。但是这并不妨碍该丘比特神观念事实上存在着，是这样一种类型的体验，是一如此被规定的心理存在〈Zumutesein〉，以至于谁经验着它即可正确地说，他在观念中呈现着该神话中的众神之王，以及与其有关的故事，等等。然而另一方面如果所意念的对象存在着，按照现象学观点什么都没有改变。对意识而言，所与者本质上相同，不论观念上呈现的对象是否存在，或不论它是否为虚构及干脆是谬误的。不论是<u>丘比特</u>还是<u>俾斯麦</u>，是巴比伦塔还是<u>科隆大教堂</u>，是一<u>正千边形</u>（Tausendeck）还是一<u>正千面体</u>（Tausendflächner），在我的观念呈现中都是一样的。①

374

如果所谓的诸内在性内容〈Inhalte〉只不过是<u>意向性的</u>（被意向的），那么另一方面，属于意向性体验的实在内容〈Bestande〉的<u>真正内在性内容</u>就<u>不是意向性的</u>：它们构成着行为，它们使一意向作为必要的支撑点成为可能，但是它们本身不是被意向的，它们不是在行为中被观念呈现的对象。我并未看到颜色感觉，而是看到有颜色的物，我并未听到声调感觉，而是听到歌唱家的歌曲，如此等等。②

而且凡对观念呈现有效者，也对基于观念呈现上的其他意向性体验有效。如果想象一客体，如<u>柏林城堡</u>，我们说过，此即在描述中如此如此规定的一种心态。对此城堡<u>进行判断</u>，对其建筑<u>美感到愉悦</u>，或<u>怀抱</u>能够建造它的<u>愿望</u>，等等，这就是在现象学上以新的方式刻画的新的体验。它们具有的共同点是，它们都是对象性意向的诸方式，在通常的词语中我们只能将其表达为：被知觉的城堡，被想象的城堡，以图像呈现

① 在此我们可以忽略那些构成了"被观念呈现者"（Vorgestellten）之存在信念的诸可能的"设定特性"（Setzungscharakteren）。人们应该再次相信，我们可能将有关人及其他动物的自然现实性假设排除于考虑之外，这样，这些考虑就应可理解为有关诸观念的可能性之思考。人们最终看到它们都具有在方法论上被排除于思考之外的特性，后者排除了超越性统觉及超越性设定的问题，以便证明，就其实在的本质内容而言，属于体验本身者为何。于是体验就是纯粹现象学的体验，只要同时将其心理学统觉也排除在外的话。

② 有关在内在性对象和超越性对象之间的那种看起来显而易见的区别，是朝向于传统的旧模式的，即被内在地意识的形象和在意识外的自在〈An-sich-sein〉，此问题参见本章末尾第421页及以下的附录。

的城堡，被判断的城堡，以及该愉悦的对象，该愿望的对象，等等。

375 　　我们还需要更仔细的研究来确定，关于在所呈现的观念中被呈现的、在判断中被判断的对象的形象说法的正当性，以及一般而言应如何充分理解行为的对象性关系问题；但是，就我们直到现在所达至者而言，无论如何，十分清晰的是，我们正确地完全避免了关于内在性对象的说法。另一方面，不难将其放弃，因为我们现在有了"意向性对象"一词，此词不至于引生类似的疑虑了。

　　如果人们认为行为中的对象的意向性"限制"〈Enthaltensein〉说法不确当的话，不可否认的是，类似的、相当的说法如对象是<u>被意识的</u>、<u>在意识中的</u>、<u>内在于意识的</u>等等，则包含着有害的歧义性；因为<u>被意识着</u>〈Bewußt-sein〉在此的意思完全不同于我们前面讨论的有关意识的两种可能的意义。一切近代心理学和认识论均受到此一歧义性及类似的歧义性之误导。由于心理学思考方式及术语系统的支配性影响，我们如使自己的词语与今日心理学的词语相互对立，是并不明智的。因为我们的第一个意识概念——它从经验心理学观点看，将属于心理的个人之实在统一体的体验流，以及一切实在构成着心理的个人的因素，都称作被意识的——显示着遍布于心理学的倾向，为此我们已经在前章中决定偏重于此概念（只是排除了心理学本身的观点以保持现象学的纯粹性），因此，否则的话，我们就应该完全避免（这几乎是不现实的）或至少十分谨慎地在内知觉和意向性关系的意义上使用"意识"一词。

§12 b) 行为以及意识或自我与对象的关系

　　与我们<u>最初</u>提到的错误解释类似的是[①]：一方面是意识，另一方面是
376 被意识的事物，彼此在实在的〈realen〉意义上发生了关系。人们往往直接说"自我"以取代"意识"。事实上，在<u>自然的</u>反思中呈现的不是孤立的行为，而是作为一可疑关系的关系项之一的自我，其另一关系项为对象。如果人们现在关注的是行为体验，那么自我似乎必然通过同一体验

----

① 参见前面第371页。

或在其中与对象发生关系，而且归根结底人们甚至倾向认为，在每一行为中，作为统一点的自我本质上并处处都是同一的。然而我们现在因此又返回到先前所拒绝的自我观：纯粹自我作为关系中心。

但是如果我们所谓生存于相关行为内，例如，如果我们深入了一显现过程的知觉观察中，或如果我们沉入想象游戏中、一故事阅读中、一数学证明过程中，等等，那么就绝对不会出现作为被实现的行为之关系点的自我。自我之观念也许"准备着"以特殊的轻易性的方式出现，或者不妨说重新实现自身；但是只有当其实际上实现自身并与相关行为保持一致时，"我们"〈wir〉才使"我们"〈uns〉与对象如此相关，以使得描述上可显示的某物与此自我之关系相符合。在实际体验中以描述方式所与者即一相应的复合行为，此行为一方面包含着自我观念的呈现，另一方面包含着相关事物的每一观念呈现行为、判断行为、愿望行为等等。当然，客观地看（因此也是从自然反思的观点看）正确的是，在每一行为中自我都在意向性上与一对象相关。这肯定是不言而喻的，因为自我，或者只是作为一时的体验"束"的"意识统一体"，或者从经验实在的及自然的观点来看，自我作为连续的物统一体，后者在意识的统一体中，作为体验之个人主体，意向性地被构成着：作为在体验中具有其"心理学状态"之自我，此心理状态实行着相关的意向、知觉、判断，如此等等。具有某种意向的体验出现时，自我当然即有此意向。

因此诸语句"自我呈现一对象于观念""自我以观念呈现方式相关于一对象""自我具有某物作为其观念呈现的意向性对象"，与以下语句的意思相同：在此具体体验复合体的现象学自我中，按其特性"相关对象之观念呈现"，实在地现前着某种所说的体验。此语句同样意味着"自我对对象进行着判断"，相同于"如此如此方式规定的判断体验在自我中现前着"，如此等等。在描述中不可避免地出现与体验的自我之关系；但是，每一体验本身并不就是一体验复合体，后者包含着作为部分体验的自我之观念呈现。体验的实现基于一客观化的反思；在其内，对自我的反思与对行为体验的反思相联系以形成一关系的行为，在其中自我本身，通过其行为，显现为相关于其行为的对象。显然因此实现着一种本质的描述性改变。尤其是，原初的行为不再只是简单地存在着，我们不再生

377

存于其内，而是我们<u>关注着它并对其进行判断</u>。

因此误解可以避免，而且由于考虑到对自我的关系是某种属于意向性体验本身之本质性内容者这样的事实，误解现在也被排除了。[①]

§13　确定我们所用的术语

在这些批评性准备之后，我们来确定我们自己的术语系统，我们将 378 参照我们的术语来尽可能地排除有争议的假定和负面的歧义性。因此我们将完全避免使用心理现象的语词，并在任何需要精确化之处使用"<u>意向性体验</u>"一词。"<u>体验</u>"在此应按前面确定的现象学意义来理解。定语形容词"<u>意向的</u>"意指着界定性体验类的共同本质特性——<u>意向</u>之特性，意向以观念呈现方式或以任何类似的方式相关于一对象。为了符合他人及我们的语言习惯，我们将使用更简短的词"<u>行为</u>"。

当然，这些语词并非没有需加警惕之处。在谈到一<u>意向</u>时，我们往往用于对某物特别关注的意义上，即注意的意义上。<u>然而意向性对象并非永远都是被注意的、被关注的对象</u>。有时多个行为同时现前着及相互交织着，但注意性以强调凸显的方式只"积极作用于"其中一个行为。我们同时体验着全体行为，但我们可以说只专注于其一。鉴于该历史上传承的并自布伦塔诺以来再次大量使用的关于"意向性对象"一词，无论如何或许并非不恰当的是应在一相关关系意义上使用"意向性"一词，尤其是对于在注意的意义上的意向（我们有理由不将其理解为一特殊<u>行为</u>），我们正好已有"注意"〈aufmerken〉这个词了。但是在此还有其他歧义性须加考虑。"意向"一词表示着具有目标朝向比喻意义上的行为特性，并因此适用于多种多样的行为，这些行为可以毫无困难地并普遍理解地指示着理论的和实用的目的朝向。但是此比喻完全不适合一切行为， 379 而且如果我们进一步注意在§10中汇集的例子，那么我们就不可能不承认，对于意向概念必须区分其<u>狭义</u>和<u>广义</u>。在此比喻中，与"瞄向"〈Abzielen〉活动对应的是作为相关项的"达到"〈Erzielen〉活动（射击

---

① 参见第一章第363页的补论，以及参见我的《纯粹现象学通论》等著作中的相关论述。

与射中)。某些作为意向的行为(例如判断意向、愿望意向)正好与作为"实现"或"充实"的另一些行为相对应,因而此比喻完全适用于第一种行为;但充实也是行为,因此也是"意向",虽然它(至少一般来说)不再是那种<u>狭义的</u>意向,后者指称着一种<u>对应的</u>充实性。歧义性一旦被认清就不再为害。当然,就相关于狭义概念的场合而言对此必须明确地说明。此外,我们也能够求助于类似的词语"行为特性",以避免可能的误解。

另一方面,就"<u>行为</u>"一词而言,当然在此不应再想到其原始字义 actus,我们必须始终排除<u>活动</u>〈Bestätigung〉的观念。① 但是在相当多心理学家的用语中,"行为"一词如此根深蒂固,另一方面又如此随意使用并显然使其脱离了原始意思,尽管如此,尤其是在我们明确表达了保留之意后,仍可放心继续使用此词。如果我们不想引入不合于一切活生生的语感及历史习俗的全新技术性术语的话,就不可能完全避免刚才提及的那种不便性。

§14 慎重对待关于行为作为一种描述上有根基之体验类的假定 *380*

在以上一切术语说明中,我们已经足够深入了我们的逻辑认识论观点所要求的一种描述性分析。但是在继续讨论之前,我们有必要检讨与我们的描述基础相关的一些反对意见。

首先是我们在行为或意向性体验标题下所描述的"体验类"之界定,曾经为一些哲学家明确质疑。在这方面,由布伦塔诺引入此界定的最初方式,他以此方式追求的目的,以及还有一些他在此过程中产生的误解,导致了错误的影响,以至于人们未能正确评价他所提出的对此界定极其有价值的描述性内容。例如,此界定曾为纳托普坚定质疑。但是当此杰出的思想家提出如下的反驳时,"我虽然可以观察一声音本身或对其在与

---

① 当纳托普(《心理学导论》,21页)反对把"心理行为"一词严格地理解为意识或自我之活动〈Betätigungen〉时说:"这只是因为意识经常或永远伴随有努力的意思,它看起来像是一种行动〈Tun〉,而其主词为行动者〈Täter〉。"我们与其完全一致。我们也拒绝"关于活动的神话学";我们不是将"行为"定义为心理活动,而是定义为意向性体验。

其他意识内容相关时观察它，而不需考察其对一自我的存在，但是我不可能考察我自己及我的聆听本身而不想到该声音"①，我们并未在其中可能发现使我们困惑的东西。"声音聆听行为"不可能与"聆听行为"区分开，好像后者是某种无声音之物似的。但这并非因此意味着不能区分开两件事：作为被知觉客体的被听到的声音，与作为知觉行为的对声音之聆听。纳托普在谈到被听到的声音时非常正确地说："声音对我之存在，就是我对它的意识。或许有人能够不在相对他的内容之存在中捕捉到其意识，对此……我是办不到的。"但是，在我看来当然是这样："相对于我的某一内容之存在"为一事，它允许并需要进一步的现象学分析。首先是"注意行为"〈Bermerken〉方式上的区别。内容对于我而言其出现的方式不同，如对我只是隐约地出现，并未在某整体中被突出；或者被突出了，但我只是附带地注意到它；再或者我是特别偏向于对其盯视着。对于我们尤其重要的区别是：在被意识的但本身未成为知觉客体之感觉的意义上的内容存在与正是在知觉客体意义上的内容存在。声音例子中的选择多多少少遮掩了这一区别，虽然没有排除此区别。"我聆听"在心理学上可意味着"我感觉"，在通常的说法中意味着"我知觉"：我聆听着小提琴慢板曲，我聆听着叽叽喳喳的鸟鸣，如此等等。这些不同的行为可能知觉着相同之物但感觉着完全不同之物。同一声音我们有时在空间上靠近听，有时离远听。反过来也一样：同样的感觉内容，有时我们这样把握，有时那样把握。通常"统觉"理论最为强调的是这样的情况，假定刺激相同，所感觉的内容并非处处相同，因为由刺激实际上决定的先前体验所留存的倾向〈Disposition〉布满了来自该倾向（无关于该倾向是部分还是全部）之实现过程的诸要素〈Momente〉。但是这类论点不会有结果，而且主要与现象学没有关系。不论在意识中所出现的（被体验的）内容可能如何产生，我们都可认为在其中存在着相同的感觉内容但以不同的方式被统握着，换言之，不同的对象可基于相同的内容被感知。但此统握本身永不可能被还原为一新的感觉流，此统握即一行为特性，即一"意识之方式"，即一"心态"〈Zumuteseins〉：我们将在此意识方式

---

① 纳托普：《心理学导论》，18页。

中的感觉体验称作相关对象的知觉。在此，按照自然存在范围内的自然 382
科学-心理学的观察方式所论断者，在排除了一切经验性现实后，为我们
提供了纯粹现象学内容。如果我们思考纯粹体验及其自身的本质内容，
那么我们就在观念上把握了纯粹种及种之事态，因此在这里就是作为纯
粹种的感觉、统握，相关于其被知觉者的知觉，以及属于它们的本质关
系。此外我们也作为某种一般的本质情境而明见到，进行感觉的内容之
存在，完全不同于被知觉的对象之存在，后者是通过内容出现的，但不
是被实在地意识到的。

如果我们适当地改换例子，如换为视知觉领域，所论一切将更为清
晰。让我们在此对以下考虑加以怀疑。我看见一物，例如这个箱子，但
我并未看到我的感觉。我所看到的总是此同一个箱子，不论我可能如何
转动及朝向它。在此我所有的永远是同一的"意识内容"——如果愿意，
我可以将此被知觉的对象称作意识内容。随着每一转动我有着一新的意
识内容，我也可在相当适当的意义上称之为被体验的内容。因此，非常
不同的内容被体验着，但同一对象被知觉着。一般而言，被体验的内容，
其本身不是被知觉的对象。于是应该进一步注意到，对象的实际存在或
不存在，无关于知觉体验自身的本质，并也无关于如此如此呈现的、如
此如此假定的对象之知觉为何。我们进而假定着在被体验的内容的改变
中以知觉把握着同一对象，此一事实本身也再次属于体验之范围。我们 383
的确体验着"同一性意识"，此即把握同一性之假定。现在我问道，此意
识之基础为何？这样的回答是否并不恰当呢：虽然不同的感觉内容是在
两种情况下被给予的，但它们是在"同样的意义上"被统握、被统觉的，
而且按此"意义"，此统握即一体验特性，它首先"对我构成着对象的存
在"？再者，同一性意识是在此两种体验特性基础上实行的，此即作为关
于此二者都是意念着同一物这样的直接意识吗？而且此意识不仍然就是
在我们的意义上的行为吗？其对象的相关项不就是存在于所指示的同一
性中吗？我相信，所有这些问题显然都要求具有明证性的回答。没有什
么比如下的区别对于我来说更为自明的了，此即在内容和行为之间显示
的区别，特别是在呈现性的感觉之意义上的"知觉内容"与统握性的并
附加有种种特性的意向之意义上的"知觉行为"这二者之间的区别。这

些意向，与被把握的感觉一起构成着知觉的完全具体的行为。

当然，意向性特性及这一类的完全行为也是在体验之描述性广义上的意识内容，在此意义上，我们一般能够确定的一切区别当然是内容的区别。但是在可被意识者的广义范围内，我们相信在以下二者之间发现了显明的区别：一者是意向性体验，在其中，<u>对象性意向</u>通过每次体验的<u>内在特性</u>被构成；另一者是其中不发生此情况的意向性体验，即它虽然能够起着行为之基石的作用，<u>但其本身不是行为</u>。

将知觉与记忆相比较，以及将二者再与物质形象（图画、雕像等）的观念呈现或比较记号的观念呈现相比较，提供了较好的例子来进一步说明此区别，并同时使不同的行为特性相互凸显。但是，语词表达可提供最佳的例子。让我们想象一下①，例如，某图形或阿拉伯图案最初纯粹在美学上对我们产生作用，而接着我们突然悟解到它应相关于符号或字词记号。在此区别何在呢？或者我们来看这样的例子，某人非常专注地听着一个对他完全陌生的词，以为只是一组词音，却并未注意到这是一个语词；然后我们将此情况与这样的情况相比较，即他后来在会话中听到这个词并懂得了其意思，但并未伴有任何直观化因素。一般来说，被理解的但只是在符号上起作用的词与思想上空的词音之间差异究竟何在呢？简单地直观一<u>具体物</u> A 和将其把握为"某一 A"的"再现者"，二者之间的区别何在呢？在此例子及无数类似例子中，存在着行为特性的变样。一切逻辑的区别，以及特别是一切范畴形式的区别，都是在意向意义上的逻辑行为中被构成的。

在这类例子分析中显示出，近代统觉理论极不充分，而且它的确忽略了对于逻辑认识论目的具有决定性意义的观点。此理论未重视现象学的事态，而且根本未企图对其进行分析或描述。但是，统握的区别首先是<u>描述性</u>的区别，而且只有这些描述性的区别，而不是在心灵无意识深处或在生理学事件领域的任何隐蔽的及假定的过程，是与认识批评相关的。只有描述性的区别才使我们有可能进行纯粹现象学的把握，并排除一切超越性的设定，正如这是认识论批评以之为前提的那样。统觉对

384

385

---

① 我引录我在《哲学月刊》XXX（1894）第 182 页上发表的心理学研究一文中的论述。

于我们就是存在于体验本身内的"增附因素"〈Übershuß〉，此"增附因素"存在于它与感觉的粗糙存在对立的描述性内容中；正是行为特性似乎在激活着感觉，并按其<u>本质</u>使得我们知觉此<u>对象</u>或彼对象，例如看见这株树，听见那个声音，闻到那个花香，等等。感觉正像"统握着"或"统觉着"感觉的行为一样，在此也是<u>被体验的</u>，但它<u>不在对象上呈现</u>；它未被看到、听到和在任何意义上被知觉到。另一方面，<u>对象呈现着，被知觉着，但不被体验着</u>。我们在此自然是排除了充分知觉的情况。

　　在其他情况下显然也同样。例如在感觉情况下（或者不论我们如何称呼相当于统握之基础的内容）就是如此，此感觉属于简单想象及再现想象的行为。形象式统握使我们具有一形象显象，而不是一知觉显象，在其中以形象呈现的对象（如在绘制的形象中的半人半神兽）呈现于被体验的感觉基础上。① 人们立即理解，相关于意向性对象的被称作其<u>观念呈现者</u>（即朝向于它的知觉的、记忆的、想象的、再现的、指称的意向），在相关于实际上属于行为的感觉时，同样被称作<u>统握</u>、<u>解释</u>、<u>统觉</u>。

　　谈到刚才讨论过的例子时，我也要求承认以下论断的自明性：事实上存在着本质上不同的"<u>意识方式</u>"，即与对象本质上不同的<u>意向关系</u>；意向的特征，在知觉、简单"再生性的"准现前、理解雕塑和绘画等通常意义上的形象观念呈现等事例中，以及在记号观念呈现与纯粹逻辑意义上的观念呈现等事例中，都是具有不同的特征的。每一心理上呈现一对象的<u>不同逻辑方式</u>，都对应着意向中的一种区别性。我也认为无可置疑的是，我们只认知所有<u>这些区别</u>，因为我们是在个别事例中直观到（即直接充分地把握到）它们的，把它们置于概念下加以比较的，甚至在不同种类的行为中再次使它们成为直观对象和思考对象。我们也时时能够因其是被直观到的，通过一种观念的抽象来充分把握在其中被个别化

386

————————

　　① 有关在知觉观念和想象观念间关系的甚多争论不可能导致正确的结论，因为欠缺一种相关的现象学基础并因此欠缺清晰的概念和问题表述。关于简单知觉、再现意识与记号意识的关系问题也一样。我认为无疑可以指出，在此情况下，<u>行为特性</u>是不同的，例如由<u>形象再现性</u>就可体验到一种本质上新的意向方式。

的纯粹种以及相应的特殊本质关联域。与此相反，当纳托普说①"意识的一切丰富性、一切复多性毋宁说完全存于内容中。一种简单的感觉之意识，按其作为意识的种类，与一世界之意识没有任何区别；在两种情况下，被意识性〈Bewußtheit〉的要素〈Moment〉是完全一样的，其区别只在内容中"，于是在我看来，他完全没有区分开意识和内容这两个不同的概念，甚至将此同一性提高到认识论原则上。我们前面说明过，在何种意义上我们自己知道意识的一切复多性依存于内容。于是内容即实在地构成意识的体验，意识本身即体验复合体。但是，世界绝对不是思想者的体验。"对世界的意念"〈die-Welt-Meinen〉就是体验，但世界本身为被意向的对象。从我们的区分观点看，如我仍将明确强调的，人们对于构成客体存在、构成世界或任何其他对象的真实的、实际的自在〈An-sich-sein〉为何，以及如何将客体存在规定为主体的"被思者"〈Ge-dacht-sein〉与其"复多性"之"统一体"等问题持何态度，其实无关紧要；同样，在何种意义上应该将形上学上内在的与超越的存在加以对立的问题，也是无关紧要的。在此，问题宁可说是相关于区别性，此区别性是前于一切形上学而被置于认识论门前的，因此并不以回答那些正是认识论应先予回答的问题为前提。

§15　同一现象学属（尤其是情感属）的体验是否能够由行为及非行为二者组成

在与意向性体验的"属统一体"的关系方面出现了一种新的困难。

人们可以怀疑，将体验界定为意向的和非意向的观点是否纯粹是外在的，以至于同一体验或同一现象学属的体验有时与对象具有意向性关系，有时则没有。为此观点和为彼观点作证的例子，以及部分上也是解除怀疑的想法，已经在心理学文献中讨论过，尤其是在相关于如下论辩中的问题上：意向性关系之特点对于界定"心理现象"（作为心理学领域）来说是否是充分有效的。此争论尤其相关于某种情感领域的现象。

---

① 纳托普：《心理学导论》，19 页。

因为在其他的情感中意向性似乎是显而易见的，于是可能产生双重怀疑：人们或者在此情感行为中会犹豫于：意向性关系是否不仅是非真正地附着于情感行为，而且意向性关系是否不妨说根本不是直接地、真正地属于内在于其中的观念呈现；或者人们只是怀疑意向性特征对于情感类所具有的本质性，因为人们容许此特性为一种情感所有却否定其为另一种情感所有。于是通常讨论的争议性问题与我们在此提出的问题之间具有明显的联系。

388

我们将首先考虑，在情感类中是否一般地存在有那种本质上具有一种意向性关系的体验，之后进而查看此关系是否为同一类的其他体验所欠缺。

a）一般而言是否存在有意向性的情感。

对于我们一般称为情感的许多体验来说，无可置疑的是，它们实际上具有一种与对象的意向性关系。例如说，人们在曲调中感到愉悦，在尖锐哨声中感到不快，如此等等。一般来说，十分明显，某一快乐或悲伤都是关于某观念呈现者的快乐或悲伤，当然都是一种行为。在此我们可以不谈快乐而谈对某物的愉悦的快感，为其所吸引，对其感到满意的倾向；可以不谈不快而谈对某物的不快或极其厌恶，对其感到的憎恶，如此等等。

对情感意向性质疑者说：情感只是状态，既不是行为也不是意向。当其与对象相关时，情感只应将此关系归之于观念呈现的复杂性。

此一质疑本身并不构成一种反驳。为情感意向性辩护的布伦塔诺[①]，并非自身不一致地主张说，情感正像一切不只是观念呈现的行为一样，是以观念呈现为基础的。[②] 我们只能在情感上相关于那样的对象，这些对象通过与情感缠结的观念对我们呈现着。一种区别性只在如下情况下出现于争论双方：人们一方面将实际上说，情感，就其本身而言，并不包含任何与意向相关者，它并不超越自身指向一被感觉的对象；而只是通过与一观念呈现的结合它才获得某种与一对象的关系，但是此关系只是

389

---

①　布伦塔诺：《心理学》，卷一，116 页及以下。

②　同上书，107 页及以下。

由与一意向性关系相连接的该关系所规定的，其本身不可能被理解为一意向性关系。然而另一方面，这正好是对立方所质疑者。

按照布伦塔诺的看法，此处存在有互为基础的两种意向，"基础性的"〈fundierende〉意向提供着"被观念呈现者"〈vorgestellten〉，"具有基础的"〈fundierte〉意向提供着被感觉的对象；前者可与后者脱离，但后者不可与前者脱离。按照对立面的看法，在此只存在一种意向，即进行观念呈现的〈vorstellende〉意向。

如果我们在现象学直观中仔细再现此情景，布伦塔诺的概念似乎肯定更可取。当我们愉快地朝向一物时，或者该物使我们产生不快和厌恶时，我们就在观念上呈现着它。但是我们不只是有该观念呈现并附加有情感，好像某种与该物本身没有关系并之后只是在联想中与其相连接，反之，愉快或不快朝向于观念上被呈现的对象，而且如无此朝向性，它们就绝不可能存在。当两种心理体验，例如两种观念呈现，在客观心理学意义上进入联想关系时，那么在或许被重复再现的体验上的客观支配的规则性，就与一种现象学上可显示的联想性的统一特性相互符合了。在两种观念呈现的每一种与其对象存在的意向性关系之旁，我们也可在现象学上发现它们之间存在一种相关关系：一种观念，例如拿波里"包含着"威苏维的观念，二者彼此以特殊方式相连接，于是在相关于被观念呈现的对象时——在此本质性的问题是进一步描述它们的被观念呈现的方式如何——我们也说，其中一者使我们记起了另一者（一个句子现在被理解为一现象学的过程之表达）。但是人们不难看到，虽然在此一种新的意向性关系以某种方式被建立了，一个联想项并未成为另一个联想项的意向对象。诸意向性关系并不在联想中彼此混合。因此它们将如何从一被联想的意向为其本身不是所意向者获得其对象呢？此外，十分明显，此现象学上联想的关系不是本质上的，例如，它根本与快乐对"使快乐者"的关系不在一个层次上。再生性的观念呈现在此再生功能之外也是不可能的。但是，快乐如无"使快乐者"是不可想象的。而且不只是因为快乐没有使快乐者是不可想象的，因为我们在此思考着相关性的表达。因此例如我们说，一个原因没有效果、一个父亲没有孩子是不可想象的：因为快乐的特殊本质要求着与一使快乐者的关系。这正如信念的成分是先天地不可想象的，如果它不是有关某物的信念的话。或者同样，没有被欲念物就没有欲念（按其特性而言），没有被同意或被批准物就没有同意或批准，如此等等。这一切都是意向，都是（在我们的意义上的）真正行为之意向。它们都将其意向性关系"归之于"〈verdanken〉某种基本的观念。但是"归之于"一词的诸意义中非常正确地蕴含着这样的意思：它们本身现在也<u>具有</u>它们归之于其他物者。

人们也看到，基础性的观念呈现和基础的行为之间的关系并不能正确地描述为其一产生着其他。虽然我们说，对象刺激着我们的快感，正如在其他情况下我们说一情境刺激着我们的怀疑，促使我们同意，激发我们的欲望，等等。但是此貌似的因果关系的每一结果，即被刺激出来的愉快，被刺激产生的怀疑或赞成，都完全具有意向性关系。我们所说的不是一种外在的因果关系，按此关系，效果本身没有原因也是可以想象的，或者原因的作用正在于介入了某一可能已经存在之物。

进一步考虑显示，在此一情况下或在类似情况下，将一意向性关系视为因果性关系，因此使其具有一经验的、实质因果性的必然关联的意义，这在原则上是荒谬的。因为，被理解为"产生效果的"意向性客体，在此仅适合于被理解为意向性的，但不是在我之外实际存在的而且以现实心理物理方式决定着我的心灵生命的。在图画中或想象中看到的半人半神兽的争斗动作，正像一现实中的美丽风景一样，"刺激着"我的快感，而且如果我也在心理物理层次上将风景视为对我产生愉快状态的实在原因，那么其"因果性"完全不同于那种在其中我将所见的风景——正由于此显现方式，或正由于其"图像"的此种显现的颜色或形态——视为我的愉快之"来源"、"理由"或"原因"的因果性。愉快之存在或愉快之感觉，并不"属于"此作为物理现实及作为物理作用的风景，而是在此处相关的行为意识中，以<u>如此如此显现的方式</u> 属于风景，或者此风景以如此如此方式被判断着，以如此如此方式激发着记忆。风景就是如此这般地"索求着""激发着"此情感。

b）是否存在非意向性情感。情感感觉与情感行为的区别。

我们现在讨论的问题是，在作为意向性体验的那类情感之外，是否

392　存在不是意向性体验的其他类情感。首先看起来，对此问题的回答当然
是肯定的。在所谓感觉类情感的更广泛范围内就不可能发现意向性情感。
当我们烫伤时，感觉性痛苦肯定不是与一信念、猜测、意志在同一层次
上发生的，而是与粗糙或平滑、红色或蓝色等感觉内容存在于同一层次
上的。当我们再现这类痛苦或任何感性愉快（如玫瑰的香气、菜肴的美
味等）时，我们也的确发现感觉性情感与属于某感觉场的感觉相互混合，
正如诸感觉场的感觉相互混合一样。

　　每一感觉性情感，例如烧伤和烧伤处的痛感，在某种方式上当然是
与对象物相关的：一方面，相关于自我，具体说相关于被烧伤的身体部
位；另一方面，相关于使烧伤的客体。但是，在此再次显示出与其他感
觉具有相同的形式。例如，完全相同的，触感觉与进行触动的身体部位
和与被触的他人的身体都有关系。虽然此关系实行于意向性体验中，仍
然不会有人认为可将此感觉本身称作意向性体验。反之，情况是，在此
感觉发挥着知觉行为内的呈现性内容的作用，或者（如并非不发生误解
地所说的那样）在此感觉获得了一种对象性的"解释"或"统握"。因
此，这些感觉本身不是行为，但行为是由感觉构成的，即当"知觉性统
握"这一类的意向性特征支配着感觉时，似乎将其激活了。正是以此方
式，烧灼的、针刺的、钻入的痛苦，正如一开始就与某种触感觉相混合
393　那样，其本身就必定被当作感觉；而且无论如何它似乎像其他感觉方式
一样发挥着作用，即作为一经验对象性统握的支点。

　　对此当然无可反对，而且因此人们会以为此一被提出的问题已然解
决。似乎表明，一部分情感为意向性体验，另一部分情感不属于意向性
体验。

　　但是在此人们可能质疑，两种"情感"实际上属于单一一个属。我
们先前谈到愉快或不快、赞同或不赞同、珍视或轻视等"情感"——这
些体验显然类似于同意与拒绝、视为真与视为假等理论的行为，后者类
似于思考的判断确定与意志决定等行为。在只包含着行为的这个属的明
显本质统一体内，人们不可能将该痛苦感觉与快乐感觉归类；反之，从
描述性观点看，就其种之本质言，它们与触感觉、味感觉、嗅感觉等属
于同一个属。就其至多是呈现性内容或也是意向性对象但本身不是意向

而言，显示出这样一种本质性的区别，以至于我们不可能认真地断定这里存在一真正属之统一体。当然，在前面所说的快乐行为和此处目前所说的感觉这两种情况下，人们同样谈到"情感"。但是此情境不可能使我们感到困惑，更不会误导我们把触感觉〈Empfindungen〉与在触动意义上通常所说的感知〈Fühlen〉混为一谈。

布伦塔诺在讨论情感意向性的问题时已经指出过我们此处涉及的歧义性。[①] 即使并非在词语上，也是在意思上，他区别了痛苦感觉和愉快感觉（Gefühlsempfindungen——情绪感觉）与在情感意义上的痛苦和愉快。前者的内容——或者如我会马上说的"前者"[②]——被他看作（按照他的术语）"物质的现象"，后者被他看作"心理的现象"，因此看作属于本质上不同的、级次更高的属。此概念在我看来像是完全适当的，而我只是怀疑，"情感"一词的主要意义所指是否适用于这些情感感觉，并因此怀疑，被指称为情感的多种多样的行为是否可使此名词归之于本质上与其缠结在一起的情感感觉。

但是现在此区别也应在对一切情感感觉和情感行为的复合体之分析中时时被关注，并使其有助于产生分析成果。于是（例如），有关一种幸运事件的快乐肯定是一行为。但是，此行为，由于它不是一单纯的意向性特性，而是一种具体的并当然是复合的体验，在其统一体中不只是包含着快乐事件的观念呈现以及与其相关的"喜悦"行为特性；而且与此观念呈现相连的是一种愉快感觉，后者一方面被统握为及定位为在心理物理层次上进行感觉的主体之感觉激动〈Gefühlserregung〉，另一方面被把握为及定位为客观的特性：此事件就像是被围绕在玫瑰色的氤氲之中。以此方式沉浸于喜悦中的事件本身，现在就当然成了愉快、喜悦、满足以及任何以其他称谓表示的类似心态之基础。同样，悲伤事件不仅是按其事态的内容与关联域，以及按照事件自身固有者，被呈现于观念，而且似乎沉浸于悲伤色彩中。这些使经验性自我相关于、定位于本身的

394

395

---

① 布伦塔诺：《心理学》，卷一，111 页。

② 在此以及在他处，我把痛苦感觉和痛苦感觉之"内容"看作相同，因为我一般来说不承认存在特殊的感觉行为。当然我也不能赞成布伦塔诺这样的理论：情感行为是根基于"观念呈现属"，后者具有情感感觉行为的形式。

同样不愉快的感觉（如心上的痛苦），在对事件之感觉性规定的统握中，相关于此事件本身。这些关系是纯粹属于观念呈现层次上的；一种本质上新的意向方式存在于被敌意拒斥的事实中，在其中发生了积极的不快，如此等等。愉快感觉与痛苦感觉可以延存，而基于其上的行为特性则消失了。当引生愉快的事实退至背景后，当它不再在感觉色彩中被统觉时，以及或许根本就不再是意向性对象时，愉快激动感可能仍然会继续存在着，甚至被愉快地感觉到；现在它仅只相关于进行感觉的主体，或者其本身成了被观念呈现的及使人愉快的客体。

　　类似的分析也可施用于欲望与意志的领域。① 如果人们发现困难在于，似乎并非每一欲望都要求与一被欲望者具有意识中的关系，但我们仍然经常被一种晦暗的倾向及冲动所推动并被推向一种未被观念呈现的最终目的，以及如果人们尤其是指出自然本能的广泛领域，而此本能至少最初是欠缺被意识到的目的观念的。对此困难问题我们将这样回答：或许在此存在的只是简单感觉（我们可以用比喻方式说"欲望感觉"，但不必断定它们是有关感觉的一个本质上新的属），此即实际上欠缺意向性关系之体验的感觉，并且因此也是与意向性欲望的本质特征在属性上非常疏远的。或者我们说：在此问题虽然关系到意向性体验，但此体验具有未在方向上被规定的意向之特征，而此对象的方向"未定性"并不具有一"欠缺"〈Privation〉之意义，而是应当表示着一描述性特征甚至表示一观念呈现特征。于是，这也是这样的观念呈现，当"某物"移动时，当"什么"在发出响声时，当"某人"按铃时，如此等等，也就是在一切话语及言语表达被实行之前的观念呈现，在方向上是"未定的"；而且此"未定性"在此属于意向之本质，其规定性正是要在观念上呈现一未被规定的"某物"。

　　当然，一种欲望概念可能适用于很多情况，而另一概念适用于其他情况。而且我们在此也将承认，在意向性和非意向性的冲动或欲望之间并不存在"属共同性"的关系，而只存在一种意义含混的关系。

---

　　① 在此问题上为了比较以及或许为了补充说明，可参考 H. Schwarz 的《意志心理学》（莱比锡，1900），在 §12 他讨论了同样的问题。

也应该注意，我们的分类学讨论朝向于诸具体的复合体，而且这些统一体的全部特征，可能有时似乎由感觉成分（例如快乐感觉或冲动感觉）规定，有时似乎由以感觉成分为基础的行为意向规定。因此，在其形成与应用中，词语有时朝向于感觉内容，有时朝向于行为意向，并因此也引起了所说的歧义性。

【补论】我们的概念的明显倾向在于，首先认真地将一切内包〈Intensität〉性区别归之于基础性的感觉，而只是在次要的意义上才归之于具体行为，即其具体的整体特征是由其感觉基础的内包性区别所共同规定的。行为意向，赋予行为以成为行为之本质特征的非独立性成分，这些非独立性成分特别将这些行为的特征描述为判断、情感等等，但其本身不具有内包性。对此主题应该进行更详细的分析。　397

§16　描述性内容与意向性内容的区别

我们在不顾反对而坚持我们对行为本质的理解以及在意向特性（在唯一描述性意义上的意识）中赋予行为以本质的属统一性之后，进而做出一重要的现象学区别，此区别在经过此前的讨论之后已无须进一步的解释即可理解，这就是行为的实在性内容和意向性内容之间的一种区别。①

我们将一行为的实在现象学内容理解为其各部分之总体概念，不论是具体部分还是抽象部分，换言之，即实在地构成着它的诸部分体验的总体概念。指出和描述这些概念，就是按经验科学观点实行的纯粹描述　398

---

① 在本书第一版中，我称之为"实在的或现象学的内容"。事实上，在第一版中使用的词"现象学的"及"描述性的"，意指着专门相关于实在的〈reelle〉体验内容〈Erlebnisbestände〉，在第二版中两词主要也是用此意义上。这一用法符合心理学态度的自然出发点。但是在反复思考所进行的研究以及进一步考虑相关问题之后——尤其是从本章开始以来——越来越明显的是，意向性对象物本身的描述（如我们在具体行为体验本身中对其意识到的）表示着一种以纯粹直观的及充分适当的方式所实行的不同方向之描述，后者与实在的行为内容之描述对立，但同样应该称之为现象学的描述。如果人们遵照此方法论的提示，就必然导致我们面对的问题领域的重要扩展，并由于更自觉地区分了描述层次而导致问题研究的显著改善。参见我的《纯粹现象学通论》（特别是第三编中关于诸耶思和诸耶玛的讨论）。

性心理学分析的任务。此分析一般而言目的也在于分解内部经验的体验本身，如在该经验中实在的所与者，也就是不考虑生成性关联域，但也不再考虑这些体验在自身之外意指着什么及其可能的运用。一种清晰发音的声音组合的纯粹描述心理学分析发现了声音以及声音的抽象部分或声音的统一形式，但没有发现像是声音颤动、听觉器官之类的东西；另外，该分析也没有发现任何像是使该声音组合成为一名字的观念性意义，更没有发现以该名字所称呼的个人。这个例子充分阐明了我们的观察及看法。当然，我们只是通过这样的描述性分析来认知行为的实在内容。不可否认的是，由于直观的非完全清晰性或描述性概念的非完全适当性，简言之即由于方法的缺陷，借用 Volkelt 的话来说，各种各样的"虚构感觉"都可能介入其中。但这种情况相关于个别性事例的描述性分析之适当性问题。虽然如此，无论如何明显的是，意向性体验以可区别方式包含着诸部分及诸方面，仅只这一点在此就十分重要了。

但是，现在让我们从心理学-经验科学的观点转向现象学-观念科学的观点。我们将排除一切经验科学的感知与存在设定，我们将按照其纯粹体验内容以及将其作为观念化的纯例示性基础来理解内部被经验者或任何其他内部被直观者（如纯想象）；我们将从中获得以观念性的一般本质和本质关联域——一般性〈Generalität〉之不同层次的体验种与观念上有效的本质认知，后者因此先天地，即在无条件的一般性〈Allgemeinheit〉前提下，适用于相关种之观念上可能的体验。于是我们就获得了纯粹的（而且在此朝向于实在内容〈reellen Beständen〉的）现象学的明见性，因此纯粹现象学的描述是完全观念科学性的，并免除了一切"经验"，即免除了实际存在之介入。当我们以简单语言直接谈到有关体验的实在的（一般而言即现象学的）分析和描述时，永远需要注意：与心理学材料的讨论仅只属于过渡阶段，属于心理学材料的经验实在的理解与存在设定（例如体验作为在一现实时空世界中的进行体验的动物现实之"状态"）在此没有任何作用，简言之，在我们的一切讨论中所意指的和所必需的都是纯粹现象学的本质有效性。

实在的〈reellen〉意义上的内容，就是有关意向性体验的最一般的、有效于一切领域的内容概念。当我们将实在的内容与意向性内容相对比时①，这个词已经意味着相关于意向性体验（或意向性行为）的特殊性了。但是，在此问题上出现了不同的概念，它们完全基于行为的特殊的〈种的〉性质，并同样地可以列于现象学标题"意向性内容"下，并经常被如此意指。我们首先应该区分三种意向性内容的概念：行为的意向性对象、行为的意向性质料（相对于其意向性性质）和行为的意向性本质。这些区别将随着以下相当一般性的（也是对于认知的本质阐明之比较有限的目的来说必不可少的）分析而为我们所了解。

400

§17 在意向性对象意义上的意向性内容

我们关于意向性内容的第一个概念并不需要详尽的预备性说明。此概念相关于意向性对象，例如，当我们想到一栋房屋时，正是这栋房屋。我们已经讨论过，一般来说，意向性对象并不涉入相关行为的实在内容，甚至与此正相反。这不仅对相关于"外部"事物的行为如此，而且部分上也对在意向性上相关于自身当下体验的行为如此：例如，就像当我谈到我的实际现前的但属于意识背景的体验时那样。部分的相符只出现于那种情况，即当意向实际上指涉某种在意向性行为本身内被体验者时，例如就像在充分知觉行为中那样。

在相关于被理解为意向性内容的行为对象时，应该进行以下区别，即在"如同〈so wie〉被意向的对象"和直接"被意向的对象"之间的区别。在一切行为中，一个按如此如此规定"被观念呈现的"〈vorgestellt〉对象，正因如此该对象可能是变化中的诸意向之目标，如判断的、感受的、欲望的意向等等。但是外在于行为本身实在的内容之（现实的或可能的）认知关联域，通过其被结合为一意向统一体的方式，赋予了同一被观念呈现的对象以客观的属性，相关行为的意向并不涉及此客观属性。

---

① 与"意向的"相比，"real"听起来要更好些，但是后者含有一种物质上的超越性含义，此超越性正应该通过还原至实在的体验内在性加以排除。我们最好明确地赋予"real"一词以与物质性相关的意思。

或者，可能产生多种多样的新观念，它们都正由于该客观的认知统一性而可能被以为有资格在观念上呈现同一对象。于是在一切观念呈现中该被意向的对象是同一的，但每一观念中的意向并不相同，每一意向以不同的方式意念着该对象。例如，"德国皇帝"观念呈现着作为皇帝并作为德国皇帝的对象。他本人是弗里德里希三世皇帝之子，维多利亚女皇之孙，此外还有许多此例中未提及、未呈现的特点。因此，在相关于一种所与的观念呈现时，人们能够非常连贯地谈论其对象的意向性的和非意向性的内容；然而人们也可以在此无须特别的术语来进行许多适当的及不至于引起误解的表达内容，例如关于对象的所意向的东西，如此等等。

在相关于刚才讨论的区别问题上，还存在有一种其他的、更重要的区别，即<u>一种行为充分完全地所朝向的对象性和不同的诸部分行为所朝向的诸对象</u>，这些部分行为构成着同一行为。每一行为在意向性上相关于一属于它的对象性。对于简单行为或复合行为来说均如此。<u>不论一行为可能如何由诸部分行为组成，它总是一行为，于是它在唯一的对象性上具有其相关项</u>。于是，我们在此词的完全的、第一种意义上说，行为相关于对象。同样的，诸部分行为（实际上情况并非简单地是行为的诸部分，而是内在于某复合行为的<u>诸行为</u>）相关于诸对象；一般来说，诸对象并不等同于全部行为的对象，虽然它们偶尔可能如此。当然，人们能够以某种方式也这样谈到全部行为：它相关于这些对象，但这只是在<u>第二种意义</u>上是正确的；只是当其意向也指向这些对象时，即当其正好由意向着第一种意义上的对象的诸行为构成时。或者，如果我们从对象一侧看时：只有当它们以其被意向的方式有助于构成其真正对象时，它们才成为行为的诸对象。它们似乎相当于关系的诸关系项，在此关系中第一种对象在观念上被呈现为相应的关系项。例如，对应着名词"桌子上的刀子"的行为，显然是复合行为。全部行为的对象是一刀子，一个部分行为的对象是一桌子。但是，只要全部名词行为指向正是放在桌子上的刀子时，在此相关于桌子的位置中观念上呈现着刀子时，人们就能够在第二种意义上说，桌子是全部名词行为的意向性对象。再者，为了说明另一种重要的情况类别，在句子"刀子放在桌子上"中刀子当然是"对"其加以判断的或"关于"其被言说的对象，但它不是第一种对象，

401

402

即不是判断的全部对象，而只是判断主词的对象。与全部判断对应的是作为全部对象的被判断之事态，此事态作为同一物可在一观念内被呈现，在一愿望内被愿望，在一问题上被询问，在一怀疑中被怀疑，如此等等。就此而言，与该判断相符的愿望"刀子应该放在桌子上"虽然相关于刀子，但在其中我所愿望的不是刀子，而是"刀子放在桌子上"，是如此这般的情境。而且此情境显然不应与该相关的判断相混淆，或者甚至不应与该判断之观念呈现相混淆——我所愿望的不是该判断，也不是任何观念。甚至相应的问题虽与刀子有关，所问的内容却并非是刀子（刀子非意义之所在），而是"刀子放在桌子上"，所问者为"情况是否如此"。

我们关于意向性内容表达法的第一个意义就谈这么多。由于此表达法的歧义性，我们在意指意向性对象的任何情况下一般最好不说意向性内容，而只说相关行为的意向性对象。

403

§18　简单行为与复合行为，根基性行为与有根基行为

我们至此只了解了有关意向性内容表达的一种意义。它的其他意义将随着以后的研究而陆续论述，在此过程中我们企图把握行为之现象学本质的一些重要特点，并要阐明基于这些特点的诸观念统一体。

我们从已经谈过的简单行为与复合行为的区别开始。并非一切由诸行为结合的统一体验都因此即一被复合的行为，正如并非任何一种若干机器的结合即一复合机器一样。我们以此例子来说明所要阐明之点。一部复合机器其本身是由若干机器组合而成的一部机器，而且其组合方式是，整部机器的功能正是一种整体功能，在其中汇合为一的是诸机器的各自功能。复合行为的情况亦然。每一部分行为都具有其特殊意向关系，每一部分行为都有与其相关的统一对象及其方式。但是此多个部分行为汇聚为单一的整体行为，其整体功能存在于意向性关系的统一性中。在此也是诸个别行为以其诸个别功能汇聚为统一功能；被观念呈现的对象之统一性以及与对象的意向性关系的全部方式，并非在诸部分行为之旁而是在它们之中被构成的，正如在这样的结合方式中一样：按此方式一般来说实现着一行为统一体，而不只是实现着一体验之统一性。整体行

为的对象可能并非如其事实上所显示者，如果诸部分行为并不以各自方式呈现着各自对象的话：它们应当具有整体的功能以在观念上呈现对象的诸部分、对象的诸外在关系项或者诸关系形式等等。同样的情况也适于说明这样的诸行为要素〈Aktmomente〉，这些行为要素越过了其观念呈现功能〈Vorstelligmachen〉以构成诸部分行为的性质及其统一性，正是后者形成了整体行为性质；因此这些行为成分也决定着各种不同的对象以何种各自不同的方式"被意识到"。

直言述谓的或假言述谓的统一性可提供例证。整体行为在此显然可分解为诸部分行为。直言陈述的主词项是一根基性行为（主词设定），在其之上构成了谓词设定，谓词的认定或否定。同样，假言陈述的前提也构成于以明确界定的部分行为中，在其之上构成了结论的有条件设定。而且在此每一整体体验显然均为一行为，即一判断，具有一整体对象，即一事态。正如判断不是存在于主词设定行为及谓词设定行为、假定行为及结论行为之旁或之间而是存在于作为支配着它们的统一体之内一样，同样，在相应的一侧，被判断的事态即对象统一体，后者如其显示的那样，也是由主词与谓词、由被假定者与根据假设被设定者所构成。

情况可能更为复杂。一多项分节而成的行为（其每一项本身都可能再次被分节）可能形成了一新的行为，例如一快乐形成于对一事态的判断之上，此快乐因此即相关于该事态，此快乐不是一自存的具体行为以及该判断是一在其旁存在的行为，而是该判断为该快乐的根基性行为，判断规定着快乐的内容，实现着其抽象的可能性：因为如无此根基性〈Fundierung〉，快乐将根本不可能存在。[1]

判断可能也成为以下诸行为的根基，如猜想、怀疑、问询、愿望、意志等等，这些行为也可能反过来成为根基性行为。于是存在有多种多样的结合法，诸行为按其组合为诸整体行为，而且最粗浅的观察已使我们了解，在诸行为与其他使其具体成为可能的行为之间的结合的或根基化的方式中，存在着显著的区别，有关这些方式的系统研究（即使是一

---

[1] 因此，在此"根基性"一词是用于《第三逻辑研究》中的严格意义上的，我们将处处在严格意义上使用此词。

种描述心理学的研究），迄今为止几乎可以说连最初步的工作都尚未开始进行。

在诸行为彼此具体组合或互为根基的方式中存在有区别，通过此具体化可以形成对这些方式的系统研究，甚至在描述性的、心理学的方式上，其开端已经极为困难。

§19 复合行为中的注意功能。字词与意义的现象学关系之例子

就此问题中的区别性而言，一个与我们前面所分析者同样重要的例子指出，我意指的是以前已被考虑过的表达式与意义的整体性。一种人们不可能躲避的进一步的观察将阐明，就此而言，人们可以说，诸复合性行为借以形成的活动中可能存在有极其明显的区别。通常，包含着并具有一切部分行为统一体的行为特性——不论是相关于快乐例子中一种特殊行为意向，还是相关于一种贯穿一切部分的统一形式——将显示最大的活动性。我们偏向于存在于此行为中，但按照其功能相对于整体行为及其意向的重要性大小也存在于诸较下层阶的行为中。然而当我们刚才谈到其功能重要性的区别时，其本身显然即为关于某种特殊偏向性的另一种表达，该特殊偏向性容受某一部分行为而排斥另一部分行为。

406

让我们现在来看所说的例子。它相关于由一种行为与完全不同的另一种行为组成的统一体，在前一行为中构成了相当于感性音声组合的表达式，在后一行为中构成了意义；一种组合，它显然本质上不同于由后一行为与另一种行为形成的统一体，在此另一种行为中，通过直观存在着不同程度的充实性。而且不只是组合方式是本质上不同的，实行一种行为和实行另一种行为的活动性也是不同的。表达式当然是被知觉的，但是"我们的兴趣"并不存在于该知觉行为中；当我们的注意没有转移时，我们并不注意该记号，而是注意所标识者，因此支配性的活动性属于赋予意义的行为。于是，就或许是伴随性的并与整体行为统一体内诸行为结合的那些直观行为而言（此直观行为赋予其明证性或对其说明，或起着某种其他作用），它们在不同的程度上吸附着我们的主导兴趣。这

些行为可能具有支配性，就像在知觉判断或在以类似方式组成的形象判断中那样，通过此类判断我们只想表达我们在其中体验的知觉或想象，或者同样就像在被充分明证地说明的法则判断中那样；它们可能进一步后退并最终显得不再重要，就如在主导性思想的不完全的或甚至完全不适当的直观化说明中那样，于是这也就是几乎不能引起兴趣的粗糙幻想。（但是人们在极端情况下会怀疑，伴随性的直观的观念呈现是否还属于表达行为统一体，或者它们是否并不只是与相关行为并存的伴随者〈Begleiter〉，并不与这些行为结合成单一行为。）

由于我们对表达情境进行的最彻底阐明特别珍视，所以我们要对以下几点加以更详细的论述。

407

表达式和意义是两种客观统一体，它们在一定行为中对我们呈现。表达式本身，例如，书写的词，如我们在《第一逻辑研究》中论述的，是一物质性客体，正如任何纸张上的笔画或墨迹一样；书写的词因此对于我们是被"给予的"，其意义就如任何其他物质性客体被给予我们一样，也就是，它显现着；而且"它显现着"一词，在此以及在任何其他场合，只意味着，某一行为是体验，在其中如此如此的感觉体验在某种方式上被"统觉"着。在此相关的诸行为当然是知觉观念或幻想观念，在其中构成着物质性意义上的表达式。

然而，使一表达式成为表达式者，如我们所知，即与其结合的诸行为。它们不是外在地存于该表达式之旁，如只是同时间被意识到似的，而是与其合而为一；而且是如此的合二为一，以至于我们很难不承认，一种行为和另一种行为的结合（因为在表达式名目下，我们自然以更方便的灵活性意指着观念上呈现着它的行为统一体）实际上产生了一种统一的整体行为。于是，例如，一个陈述、一个主张就是一严格统一的体验，关于该判断属的体验，如同我们喜欢简单说的那样。我们发现的不只是诸行为之集合，而是单一行为，对此行为我们同时区分出一个躯体侧面和一个精神侧面。正如一表达的愿望不只是一表达式与愿望的并列（并非此外对此愿望还有一判断，这种说法当然是有争议的），而是一整体，一单一行为，而且我们直接称其为一愿望。物质性表达式——词音，对此统一体可能并不被认为具有本质性。之所以是非本质性的，因为任

何其他词音可能取代它而保持着同一功能，它甚至可以被完全抛弃。但 408
是一旦被给予并具有了词音组合的功能，它即仍然与伴随着它的行为融
合为单一的行为。同样可以肯定，在此，关联域在某种意义上是完全非
本质性的，因为表达式本身，即显现的词音组合（客观的书写符号等等）
不可能被看作整体行为内被意指的对象性，无论如何不可能被看作"实
质上"〈sachlich〉属于它的某物，以及以某种方式对其规定者。因此，构
成词音的行为对整体行为的贡献，如对陈述的贡献，在类别特征上，按
照前面的例子所讨论的，完全不同于根基性行为的贡献，而是例如部分
行为的贡献，后者属于完全述谓中的谓词项。但是另一方面，我们不应
误解，尽管如此，在词语和事物之间仍存在某种意向性关联域。例如词
语称谓事物，它似乎在某种方式上再次与其合一，作为属于它的某物，
只是当然不是作为事物的部分或作为事物的规定性。因此，实质性关系
的丧失并不排除某种意向性统一体，后者作为相关项对应着诸相应行为
与一唯一行为的结合。为了确认刚才所说者，我们也可回想那种几乎根
深蒂固的夸张词语与事物统一体的倾向，赋予其一种客观的特性，甚至
使其具有一种神秘统一性的形式。①

　　然而在此包含着表达式现象与赋予意义行为的结合行为，显然是后
一类行为或者是支配着它们的行为统一体在本质上规定着整体行为特性。
因此我们以同一名字称呼表达性的与相应非表达性的体验：判断、愿望
等等。因此，在此复合体中某些行为以特殊方式具有支配性。我们偶尔
对其表达如下：当我们正常地如是这般地实行着一表达行为时，我们并 409
不生存于那些构成着作为物质性客体之表达式的行为中；我们的"兴趣"
并不属于该客体，反过来我们生存于赋予意义的行为中，我们专门朝向
于在其中显现的对象，我们以其为目的，我们在特殊的、严格的意义上
对其意指。我们也指出，对该物质性表达的特殊朝向如何是可能的，但
是体验的特性本质上也在改变着，它不再是这些词语通常意义上的一个
"表达式"。

---

　　① 参见以后《第六逻辑研究》§6及以下我们有关此处所谈的行为复合体的深入分析
尝试。

　　我们在此明确提出一个关于一般性事实的例子，虽经努力该事例仍然难以充分加以阐明，这就是关于<u>注意性</u>的事实。^① 当然，在此没有什么比对以下情况的误解如此妨碍正确认知的了：<u>注意性是一特殊功能，它在前面关于意向性体验的准确意义上属于行为，因此在描述上不可理解</u>，只要在意识中一内容的存在本身的意义上的"被体验者"〈Erlebtsein〉与意向性对象相混淆的话。行为必定存在于那里，因此我们能够"生存"于其中，或者在其实行中"被吸收"，而且当我们如此被吸收时（按照有待进一步描述的<u>实行样式</u>），我们注意到此行为的对象，我们附带地或主要地朝向它们，或者将其作为主题。被其吸收和对其注意是相同的，只是从不同的侧面加以表达而已。

　　与此相反，人们如此谈到注意性，好像它是对一种偏好倾向样式的称呼，此倾向被赋予了<u>被体验的</u>内容。同时人们还这样谈到这些内容（任何体验本身），好像我们在通常方式中说，我们关注着它们。我们当然不反对被体验的内容的一种注意性的<u>可能性</u>，但是在我们注意被体验的内容时，它们正是一种（"内"）<u>知觉</u>的对象，而且知觉在此不仅是相关于意识的内容之存在，而且是一种行为，在其中内容成为我们的<u>对象</u>。任何行为的意向性对象，以及只是意向性对象，才是我们时时注意者并可能注意者。这与通常的表达方式相符，最简明的思考也可提供我们有关这些通常表达的真实意义。按照通常的语言，注意之不同对象即内知觉或外知觉的对象，记忆的对象，期待的对象，或许也是一科学思考的情境，如此等等。我们肯定只能谈这样的注意性，即当我们"在意识中具有"我们所注意者时。不属于"意识内容"者即不可能被关注，不可能成为注意对象，不可能成为意识主题。这是不言而明的，但因"<u>意识内容</u>"一词的歧义性使其具有危害性。不言自明的意思并不是说，注意性必然是如此朝向<u>体验</u>意义上的意识内容，如同物及其他实际的或观念的、非属体验的对象不可能被注意一般；其意思是说，任何行为都必定提供着基础，在其中我们应当注意者，在该词最广的意义上，成为我们

---

　　① 在《第二逻辑研究》§ 22，160 页及以下，我们在对主要抽象理论的有关批评中对此问题已经谈过。

的对象或在观念上的呈现。此观念呈现行为可能既是非直观的又是直观的，可能既是完全不充分的又是充分的。按照另外一种观点，当然应该考虑这样一种偏好性其本身是否应被视为一行为，此行为当然将一切优选的行为都转变成复合行为，此偏好性就是：它针对其他同时性行为选择了一种行为，因此我们"生存于其内"，并因此主要地或附带地朝向其对象，或者对其"特别予以关心"，或者应该考虑，此偏好性在有关注意性时，要点并不只是（就其特殊性而言应进一步描述的）相关于行为的实行样式——其情况显然即如此。

411

　　然而我们在此并无意发展一种注意性理论，而只是讨论其在复合行为中的重要作用，它将某些行为特性因素加以突出并因此在本质上影响了这些行为的现象学形态。

§20　一种行为的性质与质料之间的区别

　　在与我们刚才讨论的我们生存于其中的行为和在其旁存在的行为之间的区别完全不同的方向上，存在着一种更重要的及最初完全无可置疑的区别，此即在行为的一般特性和其内容之间的区别，前者随情况的不同称之为纯观念呈现的或判断的、感受的、愿望的等等，后者称之为此被呈现者之观念呈现、此被判断者之判断等等。于是，例如，两个断言"2+2＝4"与"易卜生被视为戏剧艺术中的近代现实主义的主要奠基者"是同一种类型的断言，每一个都具有断言的性质。我们将此共同性称为判断性质。但是第一个断言具有一种"内容"的判断，第二个断言具有另一种"内容"的判断，为了区分此另一种内容概念，我们在此提出判断质料的概念。对于一切行为而言，我们都在性质与质料间实行类似的区分。

　　对于后一种名称，并非相关于行为之内容成分的划分与综合性的重新组合，如主词行为、谓词行为等等。否则的话，被结合的整体内容就成了行为本身。我们在此关注的是完全不同的事物。在质料意义上的内容是一具体行为体验的一个成分，此行为体验可能与一完全不同性质的行为共同具有该成分。因此，十分明显，当我们提出了一系列同一的陈

412

述时，在其中各自行为性质变化着，而质料始终同一。对此不须多加解释。让我们回想一下通常的说法：同一内容有时是一纯观念呈现的内容，有时是一判断的内容，再有时可能为一问题、一疑问、一愿望等等的内容。某人想到"火星上存在有智慧生命"时，他可能说"火星上存在有智慧生命"，然后又问道："火星上有智慧生命吗？"之后表示："但愿火星上存在有智慧生命！"如此等等。我们在此特意明晰提出完全相互一致的诸表达式。在行为性质区别性中的"内容"同一性，获得了清晰的语法表达，于是语法结构的协调性能够显示出我们的分析方向何在。

那么，在此内容相同的意思是什么呢？显然这就是指：不同的行为中的意向对象性是相同的。同一事态呈现于观念中〈Vorstellung vorgestellt〉，在判断中被设定为真，在愿望中被愿望，在问题中被询问。但是，我们以下的讨论将指出，这一表述是并不充分的。因为，从真正现象学的观点看，对象性本身无关紧要；一般来说，对象性是超越于行为的。不论在什么意义上和根据什么理由谈到对象的"存在"都是无所谓的，不论它是现实的还是观念的，不论它是真的、可能的还是不可能的，行为都是"朝向于它"的。如果现在人们问，如何理解这样的说法：在一个其中并无对象的行为内的不存在者或超越者可能被看作意向性对象？对此的回答事实上只可能是我们前面已给予者，即对象是一意向性对象，存在着具有一规定特征的意向的行为，此行为正是在此规定性中形成了我们所说的朝向该对象的意向。与该对象的关系即一属于行为体验特有本质内容的特性，而显示着该本质内容的体验，（按照定义）即称作意向性体验或行为。[①] 对象关系方式内的一切区别都是相关意向性体验的描述性区别。

但是，首先应该注意在行为的现象学本质内显示的特性，此特性相关于一定的对象性而非其他，但并不可能充分表述行为的全部现象学本质。我们刚才谈过对象性关系方式中的区别。但是，按此所集聚的是基本不同的和完全彼此独立的、变化中的区别。其中一些区别相关于行为性质，于是当我们谈到该区别时，按此区别，对象性有时在观念呈现方

---

① 参见本章末尾的附录，421 页及以下。

式中，有时在被判断、被问询等等方式中，是意向性的。此变化和与其完全独立的其他的变化彼此交叉着，此即对象性关系的变化。一种行为可以与此对象物相关，另一种行为与另一对象物相关，在这里行为是否具有相同的性质或不同的性质并无关系：每一性质都应与每一对象性关系相结合。这第二种变化因此与在行为的现象学内容中的、与性质不同的第二个方面相关。

　　但是，对于此和对象的变化性方向相关的第二种变化，人们习惯于不直接说不同的"对象性关系方式"，虽然此方向的不同特性应该存在于行为本身内。

414

　　进一步观察时我们立刻发现，在此还可能提出独立于性质的变化的另一种可能性，对此我们实际上说是对象性关系的不同方式；我们同时发现，刚才实行的双重变化还并不足以将性质与我们应该定义为质料者加以清晰区分。按此变化可能性，我们必须对每一行为分离其两个侧面：性质与质料，前者将行为的特性描述为（例如）观念呈现或判断，后者赋予行为以对一对象的一定朝向性。因此，例如，此观念所呈现者为此而非为彼。这一说明无疑是正确的，但在某一方面易于引起误解。初看起来，我们立刻倾向于如是简单化地解释如下情境：质料是一行为之部分，它赋予行为以对此对象而非对彼对象的朝向性——因此，一方面，行为由其性质的特性所明确规定；而另一方面，它又由所意念的对象所明确规定。然而，此一假定的自明性显示并不正确。事实上，不难看出，当我们同时凝聚于性质和对象性方向时，某些变化仍然是可能的。两种性质相同的行为，例如都是观念呈现的行为，显示出朝向于或明确朝向于同一对象，而两种行为按其完全的意向性本质来说并不相同。于是，"等边三角形"和"等角三角形"在内容上并不相同，而二者朝向于相同的对象，如可加以明证地证明的那样。它们呈现着相同的对象，但仍然是"以不同的方式"。对于如下观念呈现亦然："a 单位＋b 单位的长度"与"b 单位＋a 单位的长度"相等；因此，对于那些只在"相等"概念上不同而在其他方面意义相同的陈述句来说，上述结论也适用。

415

　　在比较另一种相等的陈述时，例如，"天气将要下雨"和"天气将会下雨"，情形也一样。但是让我们看下面的一组行为：判断句"今天要下

雨"，猜测句"今天或许会下雨"，问题句"今天会下雨吗?"，愿望句
"但愿今天会下雨!"。这些句子，不仅相关于一般对象关系，而且<u>也相关</u>
<u>于在新的意义上理解的对象关系方式</u>（此方式因此不是由行为的性质规
定的），例示了<u>同一性</u>之可能性。

　　性质只在规定：在规定方式中已"被观念呈现者"〈vorstellig
Gemachte〉，是否在意向性上现前为"被愿望者""被问询者""判断上被
设定者"。结果，<u>我们应该把质料看作在行为中这样的因素，它首先赋予</u>
<u>行为以相对于一对象物的关系</u>，也就是此关系具有<u>如此完全的规定性</u>，
以至于通过质料，<u>不只是行为意指的一般对象物，而且还有行为意指对</u>
<u>象的方式，均被加以确定</u>。① 质料——我们为了能够更清楚地说明——就
是那样一种存在于行为的现象学内容中的特别因素，此特别因素不仅规
定着行为对对象性之统握，而且也规定着对对象的什么因素加以统握，
即行为自身赋予对象以什么属性、什么关系、什么范畴形式。相对于行
为而言，正是行为的质料决定着相关的应该是这个对象而不是其他对象，
质料在某种意义上就是对象性统握之意义（或者简言之：<u>统握意义</u>），此
意义构成了性质的基础（但无关于性质的区别）。同样的质料绝不可能给
予不同的对象关系，但是不同的质料完全可能给予相同的对象关系。前
面例子已经指出了这一特点，这就是，一般来说，相等的但非同语重复
的诸表达式的区别相关于质料。这样的区分当然并不<u>对应</u>于任何可以想
象的质料分划，如同对象的部分对应着对象，对象的另一部分对应着其
观念呈现的不同方式。显然，对象关系先天地只有作为对象关系的确定
方式才能成立；对象关系只可能在一充分确定的质料中产生。

　　我们对此再补述如下：<u>行为性质</u>无疑是行为的一<u>抽象要素</u>〈Mo-
ment〉，此要素脱离了全部质料是绝对无法想象的。例如说，我们难道能

---

　　① 遗憾的是，关于确定性和不确定性的说法产生了不可避免的歧义性。例如，人们谈到知
觉观念的不确定性时，意思是被知觉的对象的"背面"虽然同时被意指，其意指却是相对地"不
确定的"，而清晰所见的对象"前面"似乎是"确定的"；或者人们在"特称的"陈述中，如在
"一个 A 是 b""<u>一些</u> A 是 b"中谈到不确定性，而在一单称陈述中，如在"这个 A 是 b"中谈到
相对的"确定性"：于是显然，这类确定性和不确定性的意义完全不同于其在正文相关段落中谈
到的意义。它们属于可能质料的特殊性，如其在后面的讨论中会清晰显示的那样。

够坚持一种作为判断性质的体验而没有对一确定质料的判断吗？如果这样，该判断将失去一意向性体验的特征，此特征显然正是其本质的部分。

对于质料亦然。一种质料，它既不是一观念呈现行为的质料也不是一判断行为的质料等等，人们也将视之为不可想象。

从此以后，我们对于有关对象关系之方式的说法的歧义性要加以关注，此一表达法，如我们刚才所论述的，有时相关于性质的区别性，有时相关于质料的区别性；我们将通过诉诸术语"性质"与"质料"的适当表达法来克服此歧义性。此外，这一表达法还具有其他重要意义，以后我们将予说明。[①]

417

§21　意向性本质与意义性本质

目前我们仍将暂时延缓对有关该主题的此一非常困难的问题进行深入研究，而是立即先处理一种新的区分性问题，根据此一区分性而再次得出一种新的、与其行为之完全描述性内容分离的、有关"意向性内容"的概念。

在每一行为的描述性内容中，我们均将性质与质料作为两个相互需要的因素加以区分。如果现在我们将二者重新相结合，初看起来似乎我们只是重建了该行为。然而进一步看之后，我们不得不对此产生另外一种理解：这两种因素再结合后并未构成具体的、完全的行为。实际上，这两种行为虽然在性质与质料上彼此相同，然而在描述上并不相同。只要我们现在（如将指出的）把性质和质料看作一种行为之绝对本质性的、因此永远必不可少的组成部分〈Bestandstücke〉，就应当把本身只是构成完全行为之一部分的二因素之统一体称为行为的意向性本质。当我们建议坚持此术语以及有关与此术语相联系的事态之理解时，我们同时引出了第二个术语。只要问题实际上相关于那样的行为，该行为在诸表达式中具有或可能具有赋予意义的行为之功能——是否一切行为都有此可能的问题，我们以后要讨论——我们就将更专门地谈到行为之意义性

[①]　参见《第六逻辑研究》§27 内列举的说明。

〈bedeutungsmäßige〉 <u>本质</u>。此本质的观念性抽象在我们的观念的意义上产生了意义。

　　为证明我们的概念规定之正当性，我们可能指出以下一系列同一性作用。我们一般地并颇有理由地说，某一个别人可能在不同时刻，或者若干人可能在同一或不同时刻，具有<u>相同的</u>观念呈现、记忆、期待，具有<u>同样的</u>知觉，表达<u>同样的</u>陈述，形成<u>同样的</u>愿望、<u>同样的</u>希望等等。①

　　具有同样的观念时，虽然这也意味着观念呈现着同一对象，但却可能以并不相同的方式呈现。我关于格陵兰冰块的观念呈现当然不同于南森团队对该景象的观念呈现，但是二者的对象是相同的。甚至观念性对象，如"直线"和"最短线"是相同的，但彼此观念呈现（按照"直的"适当定义）并不相同。

　　此外，关于同一观念呈现或同一判断等等的说法并不意指着诸行为具有个别的同一性，好像我的意识在某种方式上与另一人的意识是相互连通着似的。同样也不存在完全相等的关系，即行为的一切内部构成因素的不可区分性，好像一种行为是另一种行为的翻版似的。我们具有关于某一物的同一观念呈现，如果我们具有这样的观念呈现，在其中该物对于我们不仅是一般地而且是完全同一地被观念呈现着的话，即按照前面的论述：在同一的"统握意义"上或基于同一质料。于是，在"本质"上，我们事实上具有同一的观念呈现，尽管在其他方面具有现象学的区别。当我们想到作为较高层行为的根基化观念时，此种本质同一性的意义就最清晰地显示了。因为我们也能够以同样的方式说明<u>此</u>本质同一性：<u>两种观念本质上是相同的</u>，如果以二者之中的一个为基础，即确实纯粹就其本身而言（因此即分析地），能够准确地以同一陈述来表达被呈现的事物的话。在相关于其他行为种类的情况也是一样。两个判断是本质上相同的判断，如果，其中一判断（完全根据判断内容本身）关于所判断的事态所言者，也被另一判断所言，且并不涉及其他方面的话。它们的真值相同，而且显然的是，如果"该"判断，作为判断性质和判断质料

---

　　① 人们经常注意到，在对现象学的本质区别进行观念的把握时，例示过程的一切经验的心理学因素都将是不相干的，并应被排除于考虑之外。

统一体的意向性本质是显然相同的话。

我们现在应该明了，按照现象学观点，意向性本质并未穷尽行为。例如，被定性为纯想象性的幻想观念，当导致其构成的感性内容的丰富性和活跃性增加或减少时，在所观察的方面并非以本质的方式相应变样；或者相对于对象说：例如对象有时以较大的清晰性与明确性呈现，有时又在迷雾中变得模糊不清，有时颜色又变得苍白，如此等等。至于人们在此是否假定强度的变化，是否对在此出现的感性幻象与知觉内部的感觉之同一性加以肯定或否定，这一切都与行为的绝对性质和形式等等关系甚小，只要行为的意向，所谓其意念〈Meinung〉，一直不改变的话。尽管虚构的幻象显现在现象学上发生各种重要的变化，对象本身能够在我们的意识之前永远被设定为同一不变的，规定为同一的（质料的同一性）；于是我们不是把变化归于对象而是归于"显象"，我们"意念"着被视为连续不变的对象，而且我们以纯粹虚构的方式（性质的同一性）来"意念"着它。反之，质料在关于一变化中呈现的对象之统一观念展开中变化着（尽管存在着支配性的统一形式，后者与在意向性对象中的"自"变化者之同一性相符合）。同理可见，当一新的特征出现在一直被意识到的对象之统握中时，此特征此前尚不属于对象的意向性内容，不属于此观念本身之对象。

420

知觉的情况也类似。同样的，当我们都有着"相同的"知觉或只是"重复"着曾有的知觉时，我们只有质料的以及因此也有意向性本质的同一统一体，意向性本质绝未排除体验的描述性内容中的变化。同理可说明对于知觉中或知觉物的观念呈现中的幻象所起的或能够起的变化的作用。眼前香烟盒背后的想象图像一般是否浮现在我的意识中，图像是否以如此如此丰富性、稳定性、生动性等等浮现，并无关于知觉的本质内容（统握意义），因此，如果正确理解的话，也无关于知觉上如何说明关于与诸多现象学上不同的知觉行为在相对于同一知觉时其表述之完全正确。在一切情况下，对象都被假定为同一的，都以相同的规定性被知觉，即在知觉的方式上"被意念"或"被统握"以及被设定。

此外，一知觉也能够与一想象观念具有同样的质料，只要此观念将对象或事态在想象中统握的方式"完全同一于"知觉在知觉过程中对其统握的那样，于是，在一种情况下客观上不被归与之者，在另一种情况下也不被归与之。现在因为观念呈现的性质可以是同一的（例如在记忆中），于是我们已经明了，直观行为的种差不是由意向性本质规定的。

421
对于每一种行为来说，情况都类似。很多个人都具有同样的愿望，如果他们的愿望性意向相同的话。对一个人，愿望可能是非常明确的，对另一个人可能不明确；对一个人，相对于根基性观念呈现内容直观上是清晰的，对另一个人在直观上不那么清晰；如此等等。在每一种情况下，"本质性"的同一性显然存于前面区分的两种因素中，也就是存于相同的行为性质中和同样的质料中。因此我们也同样地判定表达的行为以及特别是赋予意义的行为，也就是如前所述，它们的意义性〈Bedeutungsmäßges〉，即在其中形成着观念性意义的实在现象学相关项者，与其意向性本质相互符合。

为了肯定我们对意义性的本质（具体的意指行为），我们记起了同一性系列，通过该系列我们区分了意义单元与对象单元①，以及记起了经常举出的表达性体验的例子，我们借此说明了关于意向性本质的一般性理解。"该"判断或"该"陈述的同一性存于同一的意义中，后者在众多单一行为中被重复为同一者，而且在诸单一行为中由意义性的本质所再现。我们已详细谈到过，本节有关诸行为的其他组成成分的重要描述性区别尚有待继续讨论。②

【补论】关于§11和§20的补充。对于"图像论"与行为的"内在性"对象理论的批评。

在对行为与主体间关系的现象学解释中，我们应该警惕两种根本的、几乎难以消除的错误：

1. 图像论的错误，此理论自认为已经充分阐明了（包含在一切行为中的）观念呈现行为事实：物自体存在于或至少在某些情况下存在于
422 "外部"；作为其代表者的一图像存在于意识内。

对此应该反驳说，此一解释完全忽略了最重要的一点，即我们在图

---

① 参见《第一逻辑研究》，§12，47页。
② 参见上书，§17，61页；§30，96页及以下。

像式再现行为中，根据显现的"图像客体"意指着被图像再现〈abgebil-
dete〉的客体（"图像主题"〈Bildsujet〉）。然而，起着图像作用的客体的
图像性显然并不是内部的特性（不是"实际的属性"）；一客体例如可能
像是红色的和球形的，但仍然是图像性的。因此我们如何能够超越只在
意识中被给予的"图像"并使其作为图像与某种意识外的客体发生关系
呢？指出在图像和原物之间的相似性并不足以回答此问题。此一类似性，
至少当原物实际上存在时，作为一客观的事实当然是存在的。但是，对
于按照假定只有图像的意识来说①，此事实根本不存在；因此不可能有助
于阐明相对于外在于它的客体（图像主题）的再现性的，或应该说图像再
现性的关系。两个对象之间的类似性，不管二者多么相似，并不使其一成
为另一的图像。图像只有这样才能成为图像：通过实行观念呈现的自我之
如下机能——即将类似者用作类似者之图像再现者〈Bildrepräsentanten〉，
才能使前一类似者直观地现前，并使后一类似者对其进行意指。但是这
只能意味着，图像本身在一特殊的意向性意识中被构成，而且此行为的
内部特征，此"统觉方式"的特殊特征，一般来说不只是构成着我们所
说的图像性观念呈现行为〈bildliche Vorstellen〉，而且也由于其特殊的、
同样是内部的规定性，进而构成着我们所说的对如此如此被规定的客体
的图像的观念呈现行为。然而在反思的和关系性的行为中，图像对象和
图像主题的相互对立，并未在想象的行为本身内指涉着两个实际上显现
的客体，而是指涉着可能的、在新的行为中实行的认知关联域，在其中
图像的意向被充实着，而且在图像和被再现的原物之间的综合将会同样
被实现。关于内部图像（对立于外部对象）的粗糙语言表达方式，不应
在描述心理学中（更加不可能在纯粹现象学中）被容忍。绘画仅只是对
于一图像构成性意识来说的图像，意识通过其（因而在此根基于一知觉
的）想象性统觉，赋予一最初的、知觉上对其显现的客体以一图像的
"效力"〈Geltung〉或"意义"。因此，如果作为图像的理解已经假定了
在意识上被意向性地给予的一客体，那么我们显然将通向一无限的倒退

423

---

①　我们暂时容许这个严格来说是不正当的表达法，而且这个表达法在图像论中按其正当意
义来说是被错误解释的。

过程，即承认此客体本身一再地由一图像构成，因此相关于一简单知觉时即严肃地谈到一内在于简单知觉的"知觉图像"，"借助"此图像它相关于该"物本身"。另一方面。人们在此必须充分了解，在任何情况下，观念呈现对象的一种"构成"，<u>对于意识以及在意识中</u>，在其特殊本质内容中，都是必需的；因此，一对象对于意识并非是这样再现的，在意识中简单地存在着某种类似于超越性原物本身的"内容"（准确说，这将导致极端荒谬），而实际是意识与其对象的一切关系，即作为与一"超越"物的关系，都包含在自存意识的<u>现象学本质</u>内，而且原则上只能包含在其内。此关系是"直接的"，如果相关于一简单的观念再现时；此关系是间接的，如果相关于一有根基的观念呈现时，如相关于一图像再现性的〈abbildendes〉观念呈现行为〈Vorstellen〉时。

因此人们不应这样表达和思想，以为所谓的"图像"与意识的关系，类似于图像与其被置放于其中的房间的关系，或者以为通过两个客体相互结合的假设就会使此关系增加一些可理解性。人们必须达到这样的基本明证性，只有通过对此处相关行为进行的一种现象学的<u>本质分析</u>，才能获得所期待的理解，因此在此情况下就是旧的、相当广义的"想象"行为体验（康德和休谟的想象力）。而且人们应当首先明证地理解，这些行为的（先天的）本质特殊性在于，在其中"一客体显现着"，即有时直接地显现着，有时不是作为其本身显现着，而是被"当作"一个与其相似的客体之"图像性再现前"。在此我们不应忽略，再现性的图像客体本身，正像每一再现的客体一样，是在一（首先使图像性特性具有根基的）行为中被构成的。

显然，这一论述，在必要修正之后，可适用于广义<u>记号理论</u>的代表论。记号性也不是实际的属性，它同样需要一有根基的行为意识，需要返诸某种新的行为特性，后者从现象学观点看是唯一具有决定性者，而考虑到此属性时，这就是唯一实在的现象学内容。

此外，所有这些理论都无法避免这样的质疑：它们都直接忽略了本质上不同的观念呈现方式之丰富性，此丰富性可通过纯粹现象学分析而显示于直观的和虚空的观念呈现类之内。

2. 一种严重错误在于，人们在"纯内在性的"或"意向性的"与之或许对应的"现实的"和"超越的"对象之间，一般地形成一种实在的区别：人们可能把此区别解释成一者为在意识中实在存在的记号或图像，另一者为被标记的或被映现的原物；或者人们可以按任何其他的方式以任何实在的意识材料来取代"内在的"对象，例如在"赋予意义的因素"之意义上的内容。延宕数世纪之久的此一错误（例如安瑟伦的本体论论点），虽然也产生于问题本身的困难性，其立场基于有关内在性的与类似的词语的歧义性。人们只需这样说就必然人人明了：观念呈现本身的意向性对象就是其现实的以及或许是其外部的对象，而且，在二者之间加以区分是荒谬的。超越的对象根本不是此观念呈现的对象，如果它不是其意向性对象的话。显然，这只是一分析性命题。观念呈现的对象，"意向"的对象，就是并意指着被再现的、意向性的对象。如果我想到上帝或一头鹰，一个可理解的自存在或一物质物，或一圆的四角形等等，那么在此被称名者及超越者就正是被意指者，因此（只是换一个说法）即意向性客体。在此处此客体是否存在，是虚构的或荒谬的，均非相关之问。对象是"纯意向性的"，当然不意味着：它存在着，仍然只是在意向〈intentio〉中的（因此作为其实在的组成部分），或者其中只存在着对象的影子；而是意味着：存在的是意向，是具有如此性质的对象的"意指行为"〈Meinen〉①，而不是对象。另一方面，如果存在着意向性对象，存在的就不仅是意向、意指行为，而是也有被意指者〈Gemeinte〉。不过，对于此一至今为止仍被众多学者如此误解的自明之理，以上所谈已经足够清晰了。

但是，以上所论当然不排除，（我们已经提过）人们在时时被意向着的对象本身和如同被意向着的对象（在其统握意义上，以及或许在其直观"充实性"上）之间加以区分，以及并不排除对后者而言有待进行特殊的分析与描述。

425

---

① 我们再次强调，这并不意味着关注的是对象，或者更不是关心此主题，虽然这样的解释也包括在我们关于意指行为的一般说法中。

第三章　行为的质料与其基础性的观念呈现

§22　关于行为的质料与性质的关系问题

我们在结束有关意向性体验之现象学结构的一般研究时，进行了对于阐明特别有关于意义领域的主要问题来说不容忽视的讨论。问题相关于性质与质料的关系，以及相关于意义问题，按此意义，每一行为都需要作为其基础的一"观念呈现"，并事实上将其包含在内。在此我们立即遭遇一基本困难，此困难迄今为止①几乎尚未被注意到，并且尚未被清晰表述过。在我们的现象学认知中的这一缺漏比人们应该认识到的更为严重，如果不予填补，就谈不到对意向性体验的以及也对意义的本质结构之理解。

我们已经区分了性质与质料，将其视作一切行为的两种内部构成成分。这当然是正确的。当我们，例如，将一体验称为判断时，那么该判断应该有一内部的规定性而非只有一外部相连的标记，后者使该判断区分于愿望、希望与其他行为种类。该判断与一切判断共同具有此规定性，但是，使该判断与每一其他判断（或"本质上"不同的其他判断）区分者，首先是质料（暂不考虑某些有待稍后研究的因素），而且质料也构成行为的一种内部成分。这一点并非如此容易地、直接地显示出来——因为人们将很难，例如，在分离的单一判断中通过分析的方法区分开性质

---

① 当然是指本书第一版出现的时间而言。

与质料——但可通过比较方法使其显示，如在考虑相应的同一性因素时，　427
在其中我们使性质上不同的行为并列，并在每一行为中发现作为其共同
成分的同一的质料，例如像是在感性领域发现相同的强度或颜色。问题
只成为：此同一性因素是什么，以及它如何与性质成分相关联。问题是
相关于行为的两个分离的、尽管是抽象的组成成分，如像感性直观中的
颜色和形态，还是说它们之间是另一种关系，如属和种差的关系，如此
等等。这个问题尤为重要，因为质料应当是行为中赋予行为以其与对象
的一定关系者。然而如果我们记起一切思想都实行于行为中的话，尽可
能清晰地阐明此关系之本质，就具有基本认识论上的重要性了。

§23　质料被理解作"纯观念呈现"行为的一种根基性行为

布伦塔诺在规定其"心理现象"时所运用的著名命题之一为我们提
供了最直接的回答，这就是每一这样的现象，或按照我们的界定和名称
用法，每一意向性体验或者是一观念或者以观念为其根基。更准确说，
此一可疑的命题之意义在于，在每一行为中意向性对象都是在一观念呈
现行为中被呈现的对象，而且在任何已经无关于一"纯"〈bloßes〉观念
呈现行为之处，一观念呈现行为总是与某一或若干其他行为，或不妨说
行为特性，以如此特殊的方式紧密交织在一起，因此被观念呈现的对象
同时即显示为被判断的、被愿望的、被希望的对象，如此等等。因此意
向性关系的此种多样性，不是实现于诸行为相互连接的并列与相续关系　428
中，按此，对象与每一行为都重新地，因此重复地，现前于意向性关系
中，而是实现于单一的严格统一的行为中，在其中一单一对象只是一次
性地出现，但在此唯一的现前中成为一复合意向的朝向点。换言之，我
们也可以如此说明此命题：一意向性体验一般只能以如此方式获得其与
一对象物的关系，即在关系中观念呈现的一行为体验出现，后者使该对
象在关系中呈现于观念。对于意识来说，如果意识不实行任何观念呈现
行为以使其成为对象的话，而且如果它不能进而使其成为一感觉、欲念
等等的对象的话，对象就不存在。

这些新的意向性特性显然不应理解为完全的和独立的行为。如果没

有客观化的观念呈现行为，这些特性是不可想象的，因此这些特性是以观念呈现行为为根基的。一个被欲念的对象或事态，如不在欲念中及与欲念一起同时被呈现于观念，不仅在事实上是不可能存在的，而且是根本不可想象的。在任何情况下均如此。因此，出现了这样的状况：先天性的要求被提出了，此一一般命题即为一具有明证性说明效力的<u>本质法则</u>。因此，例如，我们不应考虑把欲念对根基性观念呈现的加附，看作关于如此之物的一种加附，好像它存在着，独立存在着，并首先可能自身已成为朝向一对象物的意向；我们应该反过来将其视为一种非独立因素附加物，它是意向性的，只要它实际上相关于一对象物，而且如无此先天性关系将是不可想象的，但是此关系只能通过与一观念呈现的内部交织才可显现或成立。<u>此观念呈现</u>不只是一单纯的<u>行为性质</u>，与以其为根基的欲念性质相反，它能够作为"单纯的"观念呈现而独立地存在，即作为一具体意向性体验而独立存在。

429

我们在此讨论中增加在以下思考中不应忽略的意见，这就是（如我们在布伦塔诺的意义上能够采纳的）应将<u>单纯观念呈现</u>的有效例子包括一切单纯想象观念的情况，在其中显现的"对象极"不被设定为存在者，也不被设定为不存在者，而且它也与一切其他行为没有关系；或者也包括这样的情况，在其中我们合理地采纳一表达式，如一<u>陈述句</u>，而并不决定对其相信或不相信。正是在与判断有赖其得以完成的<u>相信特性</u>的对照中，单纯观念呈现可被阐明；而且众所周知，在近代判断理论中此一对照起着多么大的作用。

现在让我们返回我们的命题，如我们开始时提到的，我们非常倾向于将其中所表达的以及我们刚刚说明的状况转化为质料与性质之间关系的解释，并因此而可如此规定：在变化的性质中的质料同一性基于基础性的观念呈现之"本质同一性"。换言之，<u>当诸行为具有相同的"内容"</u>时，它们只是在意向性本质上不同，如果当一人在判断、另一人在愿望、再一人在怀疑等等时，此内容<u>在本质上</u>具有作为基础的相同的观念。如果观念呈现成为判断的基础，那么它就是（在目前质料的意义上）判断的内容。如果观念呈现是欲念的根基，那么它就是欲念内容，如此等等。

我们刚才谈到<u>本质上</u>相同的观念呈现。这并不是说，质料和基础性

的观念实际上是一回事，因为质料只是一行为的单纯抽象成分。在谈到 *430*
"本质上相同的观念"时，按照前面的讨论，我们毋宁是指具有同一质料
的观念，此质料自然可能在现象学上不同于那些与其无关的质料。因为
就性质来说也是一样，所有观念都具有相同的"意向性本质"。

　　因此产生了下面的情况：

　　当每一其他意向性本质均为一性质与质料的复合物时，观念的意向
性本质就是纯质料或纯性质了，人们即如此随意称之。换言之，只有当
一切其他行为的意向性本质是<u>复合性</u>的，而且因此必然在其本质组成部
分中包含着一观念本质时，谈到性质与质料的区别才能成立，此时"质
料"一词正好被理解为此一必然为根基性的观念本质。正因此，在当然
仅为纯观念的简单行为情况下，这些区别都消失了。因此人们也应该
说：性质和质料间的区别并不表示诸抽象行为成分间根本不同的属级上
的区别。就其本身而言，<u>质料本身只不过就是"性质"，即观念呈现性
质</u>。我们称作行为之意向性本质者，正是行为内的全部性质因素
〈Qualitäten〉，其中的本质因素〈Wesentliche〉，事实上，对立于偶然变
化中的因素。

　　此一情况还可以下述方式说明：

　　如果一行为是一简单的因此即单纯的观念呈现，那么其性质就与我
们称作意向性本质者相符。如果它是一综合性行为——而且，与一纯观
念呈现不同的一切行为，以及此外诸综合性的观念呈现，均属于此
类——那么复合的意向性本质就正是一彼此一致相连的诸性质的复合体，
而一统一的性质总体因此即以之为根基。其方式为，存在于其本身不是
观念性质的结构中的每一简单的或复合的性质，另一方面必定以观念呈 *431*
现性质为根基，观念呈现的性质在此功能中将是或被称作相应的"质
料"，而在相对于复合的整体行为时，将是或被称作整体质料。

§24　难点：性质种类的区分化问题

　　尽管以上全部解释如此可信以及其根据具有如此无可怀疑的明证性，
然而它并非是排除其他可能性的一种解释。当然，我们指出的明证性

（布伦塔诺命题的明证性）是存在的，但问题在于人们是否把其本身不存在者强加其内。无论如何值得注意的是，在对于作为单一意向性体验属的观念呈现加以特殊强调时，意向性体验之意向性本质，或同样可以说，其意向性性质，实际上可能是简单的；而且与此相关联，<u>困难在于：人们应如何理解意向性本质（简言之：意向）的各种属之最后的种差</u>。例如，当我们进行判断时，此判断的全部意向（陈述行为中对应于陈述句意义的成分）是复合的，是由使某事态呈现的一观念呈现意向和作为真正判断特性的一整体化意向所构成的，由于此判断特性，事态以存在者的方式存在着。我们的问题是，这样一种附加的意向之最低种差如何？意向的最高属，不论是直接地还是间接地被特殊化〈besondert sich〉为"判断意向种"〈Art〉，我们当然应将此判断意向纯粹视为其本身，而不考虑所谓根基性的观念呈现意向。但是，这样一个种〈Art〉概念现在就可视为最后之种差〈spezifische Differenz〉吗？

为了保持概念的清晰性，让我们通过比较的方式来看一个属级本质真正区分化的清晰例子。在本质的意义上，属性质特殊化为颜色种，后者又特殊化为所包含的红色，也就是特殊化为一定的红类色泽；此红类色泽就是最好的种差，它不可能再继续分划而仍可列于此属内；在此唯一可能者，就是与其他属的诸规定性相结合，这些规定性本身，相对于其属时，再次成为种差。此种结合虽然仍然发生于内容规定层面，但不再是真正意义上地进行区分化了。① 于是，"同一的"红色可能纳入了此一或另一形象物〈Gestalt〉之广延。红色因素变化着，但不是作为性质在变化，而是相对于本质上属于红色的、新的"属广延因素"在变化。我要说：相对于<u>本质</u>上属于它的因素在变化。因为一般颜色之本质必然含有广延。

现在让我们再回到我们的例子。我们问：在具体判断中被增加到根基性观念呈现上的判断特性如何？此特性是否在一切判断中为某种完全同一物？因此，"判断意向种"（按照纯粹观念性理解，即简单的、未被

---

① 参见《第三逻辑研究》，§4 及以下，231 页以下。

观念呈现复杂化的种）实际上已经是最低种差了？① 我们将不可能对于接
受此概念有所迟疑。但是如果我们采纳了它，那么我们接着必然企图采
纳所有意向种，那么，在有关观念呈现的问题上，我们将遭遇严重困难。　*433*
因为，如果在观念呈现种内不再存在区分化，那么此一、彼一观念呈现
的区分，例如，在观念"国王"和观念"教皇"之间的区分，就根本无
关于进行观念呈现的〈vorstellende〉意向本身了。那么对这些观念呈现
进行区分者，或更准确说，对这些意向性本质和"观念呈现意义"进行
区分者为何？它们现在必定是由"观念呈现"（性质）特性和由完全是另
一属之一个第二特性所共同组成的复合体；而且因为显然在第一类特性
内部，在对象关系中一切区分性均已消失，于是，使区分性得以具有完
全意义的是此第二类特性。换言之，属于观念的意向性本质（在我们的
例子中即意义），不可能是一般观念意向的最低种差，而必定是完全另一
属之一种全新的规定性，加之于被最后区分化的观念呈现意向之内。每
一观念呈现意义都是"观念呈现意向"和"内容"之复合体，有如不同
属之间的彼此缠结的观念统一体。在考虑到我们的旧名称时，我们应该
说，如前面所示，如果我们视以下说法为当然：一切种类意向均以同样
方式相区分，那么我们应再次决定在行为性质和质料之间的一种本质性
区别。我们不可能持有这样的观点：在我们以前规定的意义上的"质料"，
是与一基础性的观念之意向性本质同一的，而此本质本身反过来又与一
单纯的观念性质本身同一。

§25　两种解决可能性的进一步分析

好多人在此问题上会不解地问道，为什么如此不厌其烦地要排除我
们自己设置于路上的障碍呢？其实一切非常简单。每一观念行为当然具　*434*
有观念种的一般行为特征，而且此行为特征不可能被进一步加以真正的

---

① 我不想在此思考中介入具有争议性的关于"肯定的"与"否定的"亚种〈Unterarten〉
问题。在目前的讨论中，如果有人坚持亚种概念，他可以处处将"肯定判断"置换以"判断"；
如对之持否定态度，直接采取我们的说法即可。此问题无关于此处论述之基本。

区分化。但是，观念与观念之间如何区别呢？当然是"内容"。"教皇"一词正是在观念上呈现着教皇，"国王"一词也是在观念上呈现着国王。

但是，任何满足于此类"当然如是"者均未阐明，在此问题上流行的现象学的（相关于观念统一体的、种级的）区别，尤其是没有在作为对象的内容和作为质料的内容之间进行基本的分离化（统握意义〈Sinn〉，意义〈Bedeutung〉）；而且同样的，一些人正是在如此重要的问题上未能重视如下真理："在"观念"内"，根本不存在真正意义上的对象。

因此，我们的不厌其烦是非常必要的。在观念呈现中并不存在的对象，也不可能形成观念和观念之间的任何区别，因此，特别是也不可能形成从我们任何观念呈现内容中产生的、我们如此熟悉的、有关观念呈现所呈现者的区别。现在如果我们把此对象所再现者，理解为"内容"，后者应与被意念的对象加以区分并内在于观念本身，这样就提出了应如何来理解此内容的问题。对此我们只看到前面提到过的两种可能性，而且我们将在此尽可能严格地加以阐明。

我们或者假定，在观念的实在内容内，构成变化的意向性本质以及因此同时构成变化的对象关系者就是观念性质本身，后者有时以此方式有时以彼方式被区分着。"教皇"观念和"国王"观念（不是教皇和国王本身），是与"红"颜色和"蓝"颜色（二者被设想为被规定的"色泽"的种差）以完全相同的方式加以区分的。一般性即观念，特殊性即按其意义本质被完全规定的、最后加以区分的观念。在我们的比较例子中，一般性正是"颜色"，特殊性正是"此一""彼一"被规定的"颜色"：此一"红色泽"，彼一"蓝色泽"。一观念以某一方式相关于某一对象，并非由于该观念作用于某一在其之外的、独立自存的对象：如同它在该词的严格意义上"朝向"于对象，或者，按另一方式，使用或操弄着对象，如同写字的手操弄着笔那样。一般来说，观念与对象的关系不能以任何方式归之于似乎在其外之物，而应完全归之于其自身的特殊性。此一说明适用于一切观点，而目前的观点可对其如是规定：任何所与的观念，只是由于其如此如此被区分化的观念呈现性质，正好构成了一个以此方式所再现的此对象。

或者，我们假定在此对我们呈现的第二种可能性：完全意向性的

（或者在此例中，完全意义性的）本质，此本质在（观念上〈ideal〉单一的）"教皇"观念〈Vorstellung〉的或"教皇"一词意义的话语中经受了观念化〈ideirende〉的抽象，成为某种本质的复合物，后者能够分裂为两个抽象因素：一为观念呈现性质，即观念呈现的行为特性，它是纯粹自在的，处处同一的；另一为"内容"（质料），它不属于作为其<u>种差</u>的该特性之内在本质，而是加于其上者并达到了完全的意义。现在，两个因素之间的关系有如我们前述比较例中被规定的<u>颜色</u>与<u>广延</u>的关系。每一颜色都是一定的广延的颜色，于是，每一观念呈现都是一定的内容的观念呈现。在两种情况下，关系都不是偶然的，而是必然的，甚至是先天的。

　　这一比较也指出了，我们是如何希望理解这种复合关系的，以及我们如何必须根据现在提出的观点对其加以理解。它是一种复合形式，对此形式我们尚欠缺适当的名称。布伦塔诺和一些他的追随者称此形式为诸形上学部分的连接关系，施图姆普夫偏好于用诸属性部分的名称。在外部现象物统一体中诸内部特性的结合提供了典型的例子，应当在其基础之上来形成此复合形式概念。因此我们也应注意到，作为规定性内容的补充的特性，应增加到观念呈现性质之纯粹的、仅通过抽象而与内容分离的特性之上，此补充的特性实际上应被视为属于一<u>新的属</u>。因为，如果人们想将其本身再次视为性质的特性，就会立即重新遭遇甚多我们正在努力排除的困难，而且所改变的只是名称而已。

　　因此我们应该决定把"内容"或"质料"与"行为性质属"分开，于是我们必须说：性质的特性其自身即使得观念行为成为观念行为，并必然地也使判断行为成为判断行为，使欲念行为成为欲念行为，等等，此性质特性按其<u>内在</u>本质与一对象没有任何关系。但是，一种观念上合法则的关系正是<u>基于此</u>本质，因此这样一种特性如无补充的"质料"即不可能存在，由于此质料，对象关系先是进入了完全的意向性本质，接着进入了具体的意向性体验本身。此一特性当然传入了表达体验的意义性本质，因此，例如，我们可以谈到由不同人说出的同一判断。此一"意义性的"〈Beteutungsmäßige〉，即观念层次上所说的意义，在具体的判断体验中，构成了与"内容"（判断质料）在"属性上"相结合的判断

436

性设定之行为特性（抽象的判断性质），通过此内容，与"对象"的即与
事态的关系得以建立。于是人们将必定说，此判断的设定，如无内容，
是绝对不可想象的，没有广延的颜色也是不可想象的。

§26 对所提出的理解的思考与否定

现在我们将如何在此相互对立的并同样被仔细思考过的两种可能性
间做出适当的决定呢？

如果我们假定第一种可能性，那么观念呈现在意向性体验系列中将
显示为不可取的例外。因为，在作为意向性性质（它包含着作为同一级
次种〈Art〉的性质，如观念呈现、判断、愿望、意志等）的本质属内
部，观念呈现种被再次分划，即在一切区别中被分划，我们称此区别为
此一或彼一"内容"（此一或彼一质料）之诸观念呈现，判断性质、愿望
性质、意志性质等都是最后的种差。在此情况下，内容的区别仅只是观
念性质的区别，此观念性质与每一性质复合或为之"提供基础"。此外，
问题不可能以其他方式理解。因为不可能通过把不同的判断的"区别性
的内容"，以及不同的愿望、意志等等的区别性内容，同样理解为判断、
原望、意志等"性质种"（Qualitätsarten）的种差（Differenzen），以便
产生同一性〈Gleichfömigkeit〉。不同的纯粹种可能并不具有相同的最低
种差。如果我们现在应当假定同一级次的若干不同的种，其中一些在自
身的下一级仍然具有最低种差，而其余一些本身应当已经是最低种差，
那么该不相容性不是将代之以另一种新的不相容性了吗？

于是如果我们乐于选择所说的第二种可能性，那么它将似乎要迫使
我们立即继续改变我们的理解。在此情况下，我们是否具有严肃的理由
来明确坚持这样的原则：所有的意向性体验都或者是一种"单纯"观念
呈现，或者包含着作为其必要"基础"的观念呈现？对于作为行为的观
念呈现的这样一种偏重，以及其本身不是观念呈现的一切行为的这样一
种复合化作用，看起来几乎都是无用的假设。因为按照今日通行的信念，
被理解为一自身属的体验仅只是通过与观念呈现的行为特性的复合（这
可能是最紧密的复合，诸具体的、内在的特性之复合）才被统一化，而

且因为此复合方式<u>在此</u>显示为能够产生我们所说的此内容之行为。但是为什么情况对于其他种类的行为会不同呢，或者至少说，为什么情况会<u>必定</u>不同呢？有关于所说的观念呈现性质和"内容"的复合化形式，决定着该整体：<u>此内容的观念呈现</u>。为什么在其他行为中，例如在判断中，同样的复合化形式在相关于判断性质和内容时，并不产生该整体：<u>此内容的判断</u>？

由于许多"行为种"的<u>特殊性</u>可能必然需要一种中介作用〈Vermittlung〉，情况可能是，许多行为性质只能出现于复合关系中，以至于它们必然在整体行为中成为相关于同样质料的其他行为性质的，（例如）该质料之观念呈现的基础，以及它们与该质料的结合也必定是中介性的〈mittelbare〉。但是，情况必定永远、处处如此，首先在此相关的"单纯观念呈现"的"行为种"起着如此重要的作用，而且现在每一本身不是一单纯观念呈现的行为只有通过这样一种观念呈现的中介才能获得其质料——以上所言现在看来并非当然之理而且根本也非似真之论。

§27　直接直观的证实。知觉观念与知觉

在我们的论证末尾所关心的是：在这类描述性争议问题的研究中何者最为重要；"内知觉的证实"，或者如我们有理由偏好的说法，意向性体验的直接直观的本质分析的证实问题。在表述中的此一观点的转变是容许的，有时是必然的。在认识论关系讨论中，我们对于正确理解的内在性本质直观之明证性，或者如人们在此场合习惯于错误表达的"内直观"，当然给予应有的充分尊重。但是，这样的态度并不排斥人们能够对所引用的、在概念的框架中表达的此一明证性予以合理的怀疑及使其丧失效力。在诉诸同一"内知觉"时，有些人持此观点，有些人持对立的观点；一些人从中如此读解，另一些人从中如彼理解。就我们的情况来说就是如此。刚刚进行的分析使我们能够对此认知以及具体辨别和评价那些在对于现象学本质直观的所与者的解释中产生的错误。对于基于个别事例内直观而成立的一般原则之明证性问题也应如此看待：此明证性与各种增添性的解释是对立的。

439

【补论】* 我们前面说过：人们在习惯性地援引"内知觉明证性"时错误地谈到内知觉，而不是内在性的本质直观。因为，如果进一步考察就会看到，对于明证性的所有这些援引，都被用来确定这样的事态，它或者是纯粹现象学范围的<u>本质关系</u>自身，或者只是将此本质关系转换到心理学现实范围。现象学事态的确定，在任何情况下不可能在<u>心理学经验</u>内具有认知基础，尤其也不可能在该词直义上的<u>内知觉</u>内而只能在<u>观念化</u>的现象学本质<u>直观</u>内具有该认知基础。现象学的本质直观当然从内直观提出的事例中开始。一方面，这些内直观并非正好是当下的内知觉以及其他的内经验（记忆），反之，任何内部的、在自由虚构中形成的幻想都可以用于此目的，只要该幻想具有充分的直观清晰性，而且这类幻想甚至更为适用于此；另一方面，现象学直观，正如我们已经反复强调过的，首先排除了任何心理学的和自然科学的统觉及现实的存在设定，也排除了一切有关现实事物、物体、人的心理物理性质的设定，包括自身经验性的自我主体，如一般而言，一切超越纯粹意识者。此种排除实际上当然是可达成的，因为现象学的本质直观，作为基于内直观的内在性观念化，是如此实行的，它使此观念化目光特别朝向于被检视的体验之<u>自身</u>实在的或意向性的内容〈Bestand〉，并使得在此单一体验中被个别化的特殊"体验本质"及其所属的（因此是"先天的""观念的"）"本质关系"得以充分被直观到。最重要的是对此事态予以充分阐明并确信如下认知仅只是虚妄而已：当人们在认识论讨论中（以及同样在心理学的那样一种讨论中，即当人们在根据意识材料提出一般命题时诉诸确然明证性）相信，明证性的根源应当存在于内<u>经验</u>中，特别是内知觉中，因此就是存在于<u>存在性设定</u>的行为中。此一基本的误解决定了心理主义的这样一种特殊形式，即它相信足以满足一种纯粹逻辑学、伦理学和认识论的要求并能够克服极端经验主义的偏差，因为它谈到了确然明证性，甚至谈到了先天明见性，而并未因此实际上离开内经验和心理学的基地。原则上人们并未因此超越休谟，他的"观念之关系"的形式的确承认了先天性，但他同时极少在内经验和观念化之间进行原则性区分，他按照

440

---

* 以下一段为作者在第二版中的补论。——中译者注

唯名主义方式将观念化曲解为一种偶然事实之系列。 441

　　现在我们进行详细讨论，明显可见，每一意向性体验都具有一"观念呈现"作为基础；明显可见，如无我们进行判断的事态呈现于我们的观念中〈uns...vorstellig sei〉，我们即不能进行判断。对于问询、怀疑、猜测、欲望等行为，也是如此。但是，"观念呈现"在此的意义是否同于我们在此关联域之外所说的观念呢？我们难道不可能是为该词的歧义所误吗？特别是当我们使该明证性扩大为如下一种原则时：每一行为体验都或者是"单纯观念呈现"或者具有"观念呈现"为其基础。使我们从一开始就有所犹豫的是如下情况：我们实际上以严格描述性方式持有体验，一种并非"单纯观念呈现"的行为分析，在其中我们将绝无可能将所谓构成单纯观念呈现的诸行为分解为诸部分行为。我们以意向性关系方式，即假定着质料的完全同一性，将一真正复合性例子对比于任何可疑的例子。我不会对某事物感到快乐，除非是我在存在方式中，即在知觉、记忆的方式中，或者在陈述行为等意义上的判断行为中，面对着令我快乐的事物。此一复合关系在此是无可置疑的。例如，当我对所知觉者感到快乐时，此快乐之行为特性是基于知觉的；后者具有其自身的行为特性，并通过其质料而同时产生了快乐之质料〈Materie für die Freude〉。快乐特性可能完全消失，但该知觉持存着，自身无变化地存在着。因此知觉无疑是快乐之具体而完全的体验的一个组成部分。

　　知觉立即为我们提供了一个有关可疑的行为复合的例子。在此，正如在一切行为中一样，我们区分了性质和质料。与一相应的单纯观念呈现、（例如）一单纯幻想进行比较时显示，同一对象如何能够在完全不同的"方式"中被再现前为同一物（在同一的"统握意义"上）。在知觉中 442
对象像是"躯体性地"，所谓在个人身上，现前的。在幻想观念呈现中对象只是"浮现"，只是"再现前"，但不是躯体性地现前。然而这并非我们此处观察的区别；因为这是一种由于既非相关于质料又非相关于性质的因素〈Momente〉产生的区别，正如同一的、在同一统觉意义上呈现的对象之知觉与记忆之间的区别，如此等等。因此让我们来比较知觉和任何与其相应的单纯观念，后者抽离了这种区别。按照我们的理解，一种抽象的共同性的质料，以两种不同的方式在区别性的行为性质中被给予。按照另一种在我们看来可疑的理解，以知觉为基础的质料，其本身再次为一行为性质，即一单纯观念呈现的根基性行为的性质。在分析中可发现任何这类情况吗？因此知觉能够被看作一行为复合体〈Aktkomplexion〉吗？而且作为独立行为的一纯观念呈现能够实际上与其分离吗？

也许人们在此指出一完全与之相应的虚幻可能性，并认为，一旦被揭示后，该虚幻就可被解释为被分离出的纯观念呈现，后者完全包含在知觉中并带有其质料。虚幻，只要还未被揭示其虚假性就是一纯知觉。但是，接着知觉特性，"相信"之行为性质消失了，留下的是纯知觉观念。应该承认，在一切知觉中，同样的复合物继续存在着；在任何情况下，根基性的知觉观念呈现——其性质构成了知觉的质料——由相信特性补充着。

443　　　为了进一步考察此问题，让我们举一个具体的例子。在蜡像馆台阶上我们遇到一位可爱的、向我们招手的陌生女士——这是一著名的蜡像馆幽默作品。这一偶像（蜡制物）让我们一时受骗了。只要我们在受骗中，我们就具有一知觉，它与任何其他知觉一样。我们看到的是一女士，而非一偶像。当我们发觉受骗后，情况就反转过来，我们看到的就是一偶像了，此偶像呈现着一女士。此处所说的"呈现"〈Vorstellen〉，当然并不意味着该偶像起着展现一女士形象的作用，因此其方式类似于馆藏中"关于"拿破仑、"关于"俾斯麦的蜡像所起的那种"再现肖像"的作用。对偶像物的知觉因此并非一再现肖像意识的基底，不妨说该女士同时仅只显示为与该偶像合一：两个知觉的统握，或者两个物显象，按照某种显象内容，相互融合或所谓相互叠合。而且二者在冲突方式中相互融合，以至于我们观察的目光有时朝向显现对象的这一个，有时朝向显现对象的另一个，二者相互否定着对方的存在。

现在人们能够说：虽然在此原初的知觉观念呈现并未达到完全被分离的存在，而是相关于一新的偶像知觉而出现，而此偶像仍未起着一真正的知觉的作用：被知觉的只是偶像，只有偶像在"相信"中被设定为实际存在于那里。因此，此分离以这样的方式达到了，该方式对于目前的目的来说是完全有效的。但是此分离只有这样才是充分有效的，即如果事实上我们在此有理由谈到分离的话；换言之，如果在第二种情况下女士的观念能够事实上被认为包含在第一种情况下同一女士的知觉中的话。但是，在第二种情况下（当虚幻被揭示后），观念就相当于在观念冲突中"被释放的"知觉意识。此意识如其出现时所定性的，当然并不存在于原初知觉中。二者当然具有一种共同性；在按此观点选择的此一最佳例子中，它们彼此的共同性有如在知觉和相应的一般观念之间可能有的共同性。二者肯定具有同样的<u>质料</u>（对此例子而言如此紧密相似的共同性绝非必要）。同一女士在两种情况下出现，而且她在两次出现时具有完全相同的现象规定性系列。但是，在一种情况下她对于我们而言是真人，在另一种相反情况下是虚构，以躯体性方式呈现着，但无所再现。在两种情况下，区别都存在于我们行为的性质上。在任何情况下我们都"几乎"具有这样的印象，似乎她本身在那儿，一个真正的、现实的人。相关于质料和行为的其他非性质的构成成分的极不一般的相似性，事实上激发了一种倾向，使我们从肖像意识滑向知觉意识。一种活生生的矛盾阻止着我们顺从此种知觉倾向（信念倾向），此知觉经受着这样的矛盾：在其对招手女士的朝向中对该偶像（蜡制物）的知觉，虽然部分地与实人相符而又排除着其他成分；以及特别在其信念性质中也经受着此一矛盾。但是，虽然如此，此区别具有如下性质，它仍然排除着这样一种思想：似乎观念可能被包含在知觉中。同一质料有时是一知觉的质料，而有时是一纯知觉性虚构的质料。二者显然不可能同时相互统一。一知觉不可能同时是知觉物的虚构，一虚构也不可能同时为被虚构物的知觉。

因此，描述性分析似乎绝非偏向被多数人几乎视为当然的如下观点：每一知觉都是一复合物，在其中构成着知觉行为性质的一<u>信念</u>因素，是建立在"知觉观念呈现"的一<u>完全的</u>因此具有自身性质的行为之上的。

§28 在判断中事态的特殊研究

我们在一种行为类别中发现了一种类似的情况，此即逻辑学家特别关心的<u>判断</u>行为。我们在此按照该词的主要意义采用该词，此意义即朝向于<u>陈述</u>（述谓判断）的，并因此而排除了知觉、记忆和类似的行为

（尽管存在并非不重要的描述类似性）。在判断中，一种事态对我们"显现"，或者更明确说，对于我们成为意向性对象。但是，一种事态，即使当其相关于一种感性知觉物时，也不是这样一种对象，此对象可在一感性（不论是"外感性"还是"内感性"）知觉物方式上对我们显现。在知觉中一对象作为躯体上的存在者被给予我们。我们称之为一现前存在者，只要我们是基于此知觉而具有此判断：它存在着〈er ist〉。在能够持续作为本质上同一者的此判断中，即使知觉消失了，该"显现者"，被意向性地意识者，不是感性存在的对象，而是"它存在着"的事实。此外，在判断中对我们而言似乎是：如此被构成的某物，以及一般而言内容上具不同形式的"看似行为"〈Scheinen〉被实现着，此看似行为当然不应被理解为可疑的猜测，而应（在"判断"一词的通常意义上）被理解为明确的意见、肯定、信念；它是一种推断〈Vermeinen〉："S 存在或不存在"，"S 是 p 或不是 p"，"或者 S 是 p 或者 Q 是 r"，如此等等。

我们将此判断性的〈urteilenden〉推断的对象物称作被判断的〈beurteilten〉事态；我们在反思的认知中将其区别于作为行为的判断本身，在判断行为中某某物以某某方式对我们显现，正如在知觉中我们区别被知觉的对象与知觉行为。此一类比也相应地促使我们现在来思考此一有争议的问题：在判断行为中构成质料者，因此即决定该判断为该事态之判断者，存在于一观念呈现的根基性行为内。该事态首先被此观念所呈现，而且与此被观念呈现者相关的是判断性设定，后者作为新的行为，或者准确说，作为以其为根基的新行为性质。

然而无人怀疑，对于每一判断（先天的，即在本质一般性意义上的）都存在一观念呈现，此观念呈现与判断具有共同的质料，因此此观念呈现按照准确对应的方式呈现着同一物，正如判断对该物进行着判断一样。例如，"地球的质量大约是太阳质量的三十二万五千分之一"此一判断句，作为伴随着它的"纯"观念呈现，与其对应的是某人所实行的行为，该人听见、理解此陈述，但并未发现在判断上进行决定的理由。我们现在问：此同一行为是否也是判断的组成部分，而且该判断是否只因判断性的决定行为而分划，而此决定行为则作为一种"增添"〈Plus〉而加于一纯观念呈现行为〈Vorstellen〉上？就我而言，我徒劳无功地在描述分析中想要发现对此类假设的证实。我丝毫未能发现行为性质中在此所要求的双重性。当然人们不应该通过分析的借口从<u>纯</u>观念呈现的<u>表达</u>中进行论证。形容词"纯的"〈bloß〉(名词"纯"〈Blöß〉)在此,以及一般而言,意味着一种欠缺;但并非永远为一种可通过<u>补足</u>加以弥补的欠缺。于是我们设定知觉与"纯"想象对立。使其相互的区别在于知觉方面具有的一种优越性,而并非在于一种"增添"。于是,在纯呈现行为与判断行为对立的表达中,前者的欠缺性对应着后者的优越性,也即相关于先前仅只事态被呈现时具有的判断性决定之优越性。

§29 继续:对事态的纯观念呈现的"确认"或"认同"

也许其他人发现,我们忽略的复杂性在某些场合明显可见。这些场合使我们想起了一些熟知的体验,在此类体验中,我们没有立即在判断上做出决定,而是在心中先浮现出纯观念,只是其后将赞同(承认或拒绝、否定)作为一种明证的新行为加于该观念之上。

对此明证性我们当然并不怀疑;但是,我们应当试图对此明证性与整个事态做出不同的解释。当然,一种新行为终止了该"纯观念呈现",也就是它继纯观念呈现而起并之后确立于意识中。然而现在的问题是,新行为是否实际上完全包含着旧行为,而且更准确说,新行为是否根本就是以如此方式产生于旧行为:<u>特殊的判断性质</u>,"信念"特性,<u>被加于</u>纯观念呈现之上,并因此完成了具体的判断体验——就像是快乐的行为性质被加于一知觉行为并因此完成了快乐之具体行为一样。毫无疑问,在此旧行为产生新行为的过程中包含着一种同一因素,此因素中包含我们所说的质料。不过,此同一因素不必须是一种完全的观念呈现行为,而且此唯一的变化也不必须是以此行为为根基的新性质的增加。此一过程也可这样解释:在纯观念呈现的原初行为中,该观念呈现的特性被判断特性<u>所分离</u>,虽然包含着质料的同一因素可以存于一抽象因素内,后者本身并不构成完全的行为。

然而我们应该进行更细致的讨论。我们刚才尝试的思考只是对事态的一部分略有描述而已,其中特别欠缺的是关于"<u>赞同</u>"一词的理由何在的问题。我们将以一事例来支持一细致的描述，在此事例中"赞同"
一词将被特别加以讨论：我们赞同另一人说出的一判断。他的话语因此
448　并未直接地在我们一侧引起协同一致的〈gleichstimmige〉判断：实行一
协同一致的判断，直接进行一种传达，这并不意味着赞同。对此而言，
不如说我们首先理解此陈述，而并不自己判断，因此我们意识到，所陈
述者为"暂不决定者"〈dahingestellt〉，而且接着我们要对它考虑或反
思。因为显然，在此所有这类行为都相关于纯观念呈现，赞同即以之为
基础。我们在思考判断说出者的意见中深化了自己的认识。最初对我们
仅只为被提出者之物，不应当始终是"暂不决定者"，我们要对其质疑，
我们企图对其做出决定。之后实现了决定，出现了认可性的赞同，我们
现在亲自判断并与说出判断的他人协同一致了。在此判断中当然没有包
括先前的"纯观念"，也未包括该思考中的问答行为系列。毋宁说，一判
断被给予，该判断与说话者的判断、与思考的问题"协同一致"，即它们
具有相同的质料，于是"赞同"被实现了。我赞同了该判断，这就意味
着，我以同样的准确性进行了判断，我根据着同样的质料进行判断。我
赞同着该问题，就是说，我认为是真者，正是在该问题中被质疑者，因
此行为根据同样的质料被实行了。

　　然而再进一步看，此分析仍然是不完全的，实际上还欠着赞同的
特殊性。问题和协同一致的判断的相续性，或者判断和协同一致的判断
的相续性，并未构成全体：对问题或对判断的赞同性判断。显然，某一
过渡性体验在两个不同成员之间调节或不如说将二者连接起来。思考的
和提问的"意向"在协同一致的决定中获得了充实，而且在此回答〈Bea-
ntwortung〉（此回答具有一种统一成分的现象学特征）中。此两种行为
449　并不是简单地相互接续，而是内在统一地相互关联。回答与问题相符，
"决定"意味着：就是如此，正是在思考过程中我们所见者。

　　当思考完全如天平一般左右摇摆时，当问题转换为其反面，而后者
接着又转换为前者时（"是如此还是非如此？"），意向也正是两面性的，
而且全部的思考体验通过两种可能决定（"是如此"与"不是如此"）的
任何一个而达到了充实。当然，充实性回答特别相关于在思考中的问题
中与其相应的那一半。反之，在简单的事例中含有对立质料的决定具有

否定性充实的特征，即所谓"预期证误"〈Enttäuschung〉的特征。此一从自身转向多元可能性，就意味着不是简单地转向"是与否"的二中择一。于是，否定性充实存在于这样的决定中：既非 A 也非 B 也非 C，如此等等。

赞同性判断话语——在判断中相关于他人的，以及任何言说者说出的一个判断——的原初根源，显然也存在于与此思考中的问题相关的充实体验中，存在于一种张力之松解中。判断陈述者把聆听者设想为〈对该判断进行〉考虑者，并希望获得后者的赞同，如果陈述者不可能直接假定聆听者方面会有一个协同一致的判断的话；于是陈述者理解，甚至当没有必要考虑是否达到了同一的判断时，作为赞同的协同一致，尤其是协同一致的价值，经过考虑后，将进一步获得珍视。聆听者，即使当他并无理由进行考虑时，也乐意在陈述者面前显示为思考者及其后的赞同者，以便能够使陈述者获得被赞同的愉快。于是，简单化的彼此一致性往往被混同于赞同思想，而真实的赞同是在复合的体验中被构成的，在其中一被知觉的或被观念呈现的判断通向一问题质询，后者则继而在相应的实际判断中达到其充实性（以及在相反的事例中达到预期证误或拒绝）。

450

经此考察后，我们应该把赞同看作一种完全与以下行为同类的过渡性体验，如一种猜测、一种期待、一种希望、一种愿望以及其他类似的"被朝向的"的意向之充实。例如，我们在愿望充实中不再采纳愿望意向和被愿望者出现之间的简单的相续关系，而是认同具有特征性的充实意识中之统一性。在此我们也发现了相关于质料的彼此一致性；但是仅只是彼此一致性是不够的，否则它会使得具有相同质料的任何两种行为形成"充实统一性"。正是此充实意识协调着（以本质法则上的限制性方式）"S 是 p"的愿望和"S 是 p"的判断经验，并赋予后者以充实性行为的相对性特征，正如给予愿望本身以（严格意义上的）实行意向的〈intendierenden〉、朝向性的行为之特征。

正如我们马上在后面的研究中要提醒注意的，此一分析使我们充分理解一种"判断理论"；或更恰当地说，判断的一种纯粹现象学特征说明，误入了不正确方向，如果此说明将判断的特殊性质，与一对被观念呈现的事态（或者就是一被观念呈现的对象）之赞同或承认，或与对其的否定、拒绝相等同的话。附加的赞同并不是一加于纯观念的先前行为的行为性质；此分析实际上发现的首先就是纯观念呈现（以及在此包括的"暂不对其做决定之容受"〈Dahinstehend-Haben〉、提出问题和考虑等行为的交叉关系），此观念由于充实特性而过渡到一具有相同质料的判断。判断自身并不是对该最初所与的纯观念呈现的认可；它只是在这样一种充实关联域中才是认可和赞同，只是在此关联域中它才具有此关系性的属性，正如"观念呈现"（或者考虑）只有在此关联域中才具有"朝向"此关联域的"意向"之关系性特征。与另外一种充实（如愿望充实）的类比是富有启示性的。于是，被愿望的事实之出现，或者更准确说，对此出现之信念（并非相关于客观的出现，而是相关于我们对出现的认识和信念），也不能自行确立或自身即具有愿望充实之特性，而只有那种曾具有愿望并体验到其愿望在充实中的人才具有愿望充实之特性。在此无人会将充实体验描述为一种新行为性质对原初愿望的简单附加，甚至也不会有人设想将此过程的最终目的，即实现着使充实的〈erfüllende〉信念（作为），解释为一种复合物，此复合物将作为根基性的部分行为之愿望包含在内。

因此，经此讨论之后，其后加于一纯观念呈现的赞同体验，不再可用于那样一种论证，其目的在于，至少在判断领域，证明我们所怀疑的意向性体验之构成。

【补论】我们当然并未忽略，在一个发生于赞同之前的考虑，大部分情况下，也与一个朝向于判断决定的愿望意向相连接。但是，我们认为完全错误的是，人们把所谓理论性问题的应予回答的充实化（理论性问题中构成着"似乎成问题"的性质），和与其为根基的愿望（愿望问题）之充实化相等同。在我们看来，"问题"一词有二义：在一种意义上，某种愿望被意念；在另一种意义上，一种特殊类型的行为成为每一个这类愿望的前提。该愿望朝向于"判断决定"，即愿望朝向于一判断，此判断将解决此问题，而在问题为选言判断时，则解决一怀疑（"在二者之间的"）。简言之，愿望朝向于对"问题"的回答，因此，在此情况下，问题本身并不是愿望。

同样，此一怀疑不是情绪行为。一般而言，它并不是一不同于理论问题的、只是偶尔与其相连接的行为，而正是在我们目前所说的理论性意义上的选言判断问题之特殊例子。

§30　作为"纯观念呈现"的语词与句子之同一性理解

人们或许企图以下面的一般论证来反对我们的怀疑：

相同的语词与词组在非常不同的语境中保持了它们同一的意义，而且成为极其不同的行为的表达部分。因此应该有一种随处相同种类的体验与这些语词对应，此体验只能被理解为一种随处为根基性的观念。

某人在判断中说"S 是 p"，另一人听到了并理解了同一词句，但自己未做判断。同一些词语以同一意义起作用，它们以同一意义被接受和把握。构成区别者很明显：在后一种情况下实行的只是语词的纯意义理解，在前一种情况下还存在有更多的东西。理解是相同的，但此外我们还要判断。让我们扩大例子范围。不同的人可能对此同一的"S 是 p"表示愿望、希望、猜测、怀疑等等，甚至是在表达式上相互关联的诸行为中。他们都理解共同的词语，他们也都和判断者共同具有后者与"对'S 是 p'纯理解者"所共同具有者。显然，在后一人〈对"S 是 p"纯理解者〉处以分离方式显现者，在第一人处似乎此外还带有信念、愿望、希望等特点。纯理解在此即纯观念呈现，后者处处为具同一质料的诸行为之系列提供相同的基础。于是此相同的理解就自然地从表达行为转换到非表达行为。

453

这的确是一种具有诱惑力的论证。当谈到同一意义，谈到对同一语词与语句的理解时，当然是指在不同种类行为中一种处处同一的因素，这些不同的行为都是以这些同一词句表达的，甚至以为是指这样一种东西，相对于后者，我们不仅在此行为（信念、愿望、希望等等行为）中赋予我们一种"立场采取"决定，因此赋予一种主体性活动，而且我们以为自己也在一种活动性中，在一种积极的实行理解的过程中，使自身具有此同一因素。然而不论此一分析在多大程度上将我们引至真正实在的现象学特性，也应注意到，我们并未将行为概念定义为一种活动性，而是只想用此词简单地作为<u>意向性体验</u>词组的简称而已。但是，我们用"意向性体验"一词表示任何具体体验，后者按照已知的和仅只借助例子进行说明的"意识样式"，"在意向性上相关于"一对象物。因此，此同一性理解能够再次提出两种解释的可能性：<u>或者</u>，问题相关于一共同因素，后者并不是一完全的行为，而是在相关行为中的这样一种东西，该行为赋予此共同因素以对象性关系的规定性。此共同因素于是在不同的行为性质中被给予，因此，那些相关行为的完全意向性本质可被达成。<u>或者</u>，共同因素存在于一完全的意向性本质中，因此存在有以一种特殊理解行为为基础的一切相互一致的行为组合，此理解行为有时成为此行为之基础，有时成为彼行为之基础，或者不如说成为行为性质之基础。于是，例如，因此出现了判断（通过判断性质形成的纯观念呈现之丰富化）或出现了愿望（由于愿望性质形成的丰富化），如此等等。

无论如何我们都不可能以任何方式肯定地说：根基性观念在陈述句的"纯理解"内的此一所谓的分离性〈Isolierung〉，实际上就是在此处相关意义上的一种分离性。如果更准确观察，毋宁说显示出，<u>此体验与实际判断的关系，类似于纯幻想观念与准确相应的记忆的关系</u>。对于同一的、在相同"意义"上被意识的对象存在不同的意向性关系方式，而且这意味着存在<u>质料相同而性质不同</u>的两种行为。其中之一并非实在地包含在另一之内，而且甚至是前者在后者中获得一种新的性质化之纯附加因素。

454

§31 对于我们的理解的一种最终反对。纯观念
呈现与分离的质料

如果在此问题上不受约束地深入描述性关系研究，就能够既不被偏见也不被词语歧义性所误导，就一定会和我们一起具有这样一种信念：在行为意义上的观念，作为"纯"观念呈现被分离并且与作为特殊行为的<u>判断</u>相对立，它在认知中并未像人们习惯上以为的那样起着支配性作用，

而且，人们赋予纯观念呈现者——即在一切行为中使意向性对象在观念上呈现者——通过必然属于一切行为的非独立体验所达至，因它们作为抽象因素属于其意向性本质。

然而反对此一观点者仍然暗中受到以下论述的诱导：如果一意向性特性能够相关于一对象物，后者就必定在我们的观念上呈现。我如何能够在对一事态判断为真、寄予愿望、加以怀疑等等时，却根本未曾在我的观念上呈现它们呢？使〈对象达成〉观念呈现的〈Vorstelligmachende〉正是此基础性的观念。

就此事实而言，自然无可反对，所说相关一切完全真实，但是这并不构成对我们的理解的反驳。在一切意向性体验中确实存在使相关对象达至观念呈现者所包含的成分或方面。但是，成为问题的正是将一成分本身视为一完整行为，而且尤其相关于我们特别关心的判断例及其作为被判断事态之观念的内在成分问题。我们似乎不得不认为：此成分，相对于事态借以达成"观念呈现"的本质因素，必须在本质属别上不同于我们在他处所说的行为性质之特征，换言之，后者即那样一种熟知特征，"被观念呈现者"可借由此特征成为被判断者、被愿望者等等。我们也将上面所说的特征归于"纯"观念呈现，但不包括"内容"或质料那种始终同一性的因素，哪怕后者，或者整个根基性的行为成分，也被称作观念〈Vorstellung〉或观念呈现〈Vorstellen〉。

人们可能最后寻求这样的解决办法：如果人们承认，"内容"不是行为性质，因此似乎就有可能是，正是出现于行为中因此出现于与行为性质进行完整化的结合中的同一内容，在其他情况下也自行出现或出现于摆脱一切行为性质的具体体验中。而且在后一种情况下，作为具体体验的纯观念的真正事例实现了，而此具体体验根本不是"行为"，即如果我们仍然坚持在行为概念中应该有某类行为性质一同出现的话。

无论如何，对此处相关的体验进行仔细的本质思考后都似乎必然将纯观念呈现实际上理解为一种行为。质料与行为性质的结合，如我们根据例示性直观所相信者，是一种诸抽象因素间的结合。因此质料不可能以分离方式出现，它显然只能够通过某些因素的完整化补充才能实现其

455

456

具体化，这些因素是通过作为最高属的行为性质被合法界定的。当然，简单的理解，一般而言的单纯"搁置不论而采纳"〈Dahinstehendhaben〉，其本质是完全不同于信念"设定"的，或者是不同于猜测、愿望等其他的"立场采取"的。但是这样我们就在作为整体属的行为性质中承认了此区别，并在现象学上予以确定。[①]

———————————

① 参见我的《观念1》第二部分§109第222页及以下。对"性质变样"（"中性变样"）特性的较深入认知，要求对有关"行为性质"理论加以进一步展开，后者虽然并未影响本章讨论的基本内容，但可引起对本章所获结果进行部分地再解释。

第四章　特别相关于判断理论的根基性观念呈现之研究

§32　"观念呈现"一词的歧义性，以及每一行为均以一观念呈现行为为根基之命题的假定明证性*

如果我们能够将上章结论视为可靠，那就需要进而区分有关观念呈现的两种概念。在第一种意义上的观念呈现是一行为（或一特殊的行为性质），它与判断、愿望、提问等完全一样。一切单独词语，或仅只在其正常功能外被理解的完整语句，为此观念呈现概念提供了例子：我们理解陈述句、问题句、愿望句而并不自己进行判断、质问、愿望等等。每一未加表达而"仅只浮现于"思想却不采取任何立场的情形也一样，"纯"幻想行为等等均如此。

在另一种意义上，观念呈现〈观念〉不是行为，而是行为质料，后者在一切完全行为中构成了意向性本质的一个方面，或者，在更具体的理解中，此质料与它为了达到完全的具体化所需要的其他因素相联合——这就是我们以后将称作再现作用〈Repräsentation〉者。此"观念呈现"成为一切行为的、自然也包括"观念呈现"〈Vorstellen〉行为（按照第一意义）的根基。如果这样，那么可在不同种类行为中起相同作用的质料，就在一特殊的"意识方式"中，被赋予一特殊种类的、作为行为性质的"观念呈现"。

---

*　关于此处论及 Vorstellun/Vorstellen 歧义性及其中文对应词译法的问题，请参见莫兰《胡塞尔词典》中译本附录的译者相关说明。——中译者注

如果人们按照上面的例子朝向有关纯观念呈现话语的意义，毫无疑问，我们就能在此行为中完全像在其他行为中一样根据性质和质料进行现象学分析。正如我们在信念的特有特征和信念的内容之间进行区别一样，在此也同样在单纯理解行为的特殊心态（即"暂且接受"）和构成着此理解行为之实质〈Was〉的规定性之间进行区别。不论人们可能选择的用来说明此纯观念呈现或获得其概念的例子的范围如何，结果都是一样的。必须始终记住，我们在目前分析中并未谈到一种可能的行为分解，而是讨论这些行为的诸抽象因素或方面之间的一种区别。这些因素在比较性研究中出现，它们是存在于行为本身本质中的因素，后者规定着诸相似行为和不同行为被排入一定系列的可能性。在这些系列中可直观显现的相似性或不同性，正是像性质和质料那类特性方面。同样，人们不可能将某一运动分解为方向和加速度等，却可能区别其中的诸规定性。

我们前面的研究已揭示，如下的命题只具有似是而非的明证性：每一意向性体验或者其自身是一（纯）观念呈现，或者以一观念呈现为其基础。此一错解乃根源于我们讨论过的"观念呈现"一词之歧义性。在其第一部分，正确理解的话，该命题说的是在某行为种类〈Aktart〉意义上的观念呈现，在其第二部分，说的是在纯（在以前面指出的方式中予以完全化的）行为质料〈Aktmaterie〉意义上的观念呈现。这第二部分自身，也就是命题"每一意向性体验都具有作为其基础的观念呈现"，是具有真正明证性的，就观念呈现被解释为完全化的质料而言。如果命题在此也被解释为行为的话，我们加以贬斥的这个伪命题就出现了。

然而就此问题而言我们还需要特别慎重。是否只有一种方式将"观念呈现"解释为行为呢？这个可疑的命题是否还有另一种我们的反驳未曾考虑到的解释呢？在此事例中我们的说明，虽然按照该词通常意义所假定的观念呈现概念来说是确当的，但在相关于其他观念概念以及因此产生的对意义多变的命题之新解释时就不确切了。

§33 根据一新的观念呈现概念来重立该命题。命名与陈述

因此我们应该提出这样的问题：命题如果根基于另一观念呈现概念

是否就不可能完全成立？

行为统一体在任何情况下都和与其相关的客体统一体，即（广义理解的）对象之统一体相对应，此行为与对象是"在意向性上"相关的。然而我们怀疑所讨论的命题，如果命题把观念呈现理解为某一行为，后者相关于任何行为的此一全部对象统一体并成为其基础的话：判断中被意指的事态，愿望中被愿望的事态，猜测中被猜测的事态，等等，必然是被观念呈现的事态，即在一作为特殊行为之"观念呈现"中被观念呈现的事态。按此解释，"观念呈现"一词将指作为一种行为的"纯"观念呈现，我们通过对分离性词语或者对所听闻的陈述性命题的单纯理解，对该种行为进行例示性说明，而我们对该陈述命题则"持完全中立态度"。但是，该命题立即获得一种新的并无可怀疑的意义，如果我们将一新的概念置于观念呈现一词之下的话，而这个新概念人们并不生疏，特别因为关于<u>名称作为观念呈现之表达</u>的说法会引向此概念。当然我们不应进而要求此观念呈现在意向性关系上包含着任何行为的全部客体统一体。因此我们在"观念呈现"一词下<u>理解一切行为</u>，<u>在其中某物在某一狭义上成为我们的对象</u>，例如，按照在一顿悟中把握的、在单一意念束中进行意念的知觉和类似的直觉，或者也按照在<u>断言陈述句中一单分节的〈eingliedrigen〉主体行为</u>，<u>简单假设的行为</u>，后者在假言陈述中起着前件的作用，如此等等。

我们在此看到了如下极其重要的描述性区别：

如果我们进行一判断，一自足的述谓行为，那么某物在我们看来<u>或者存在或者不存在</u>，例如，"S 是 p"。但是，同样的存在，在此对我们"观念呈现"者，显然是在完全不同的方式上对我们进行观念呈现的，如果我们说"S 是 p 存在"。同样，我们在完全不同的方式中意识到在一判断中的事态"S 是 p"，在其中我们简单地陈述"S 是 p"以及在另一判断中的主体行为，如当我们说"事实'S 是 p'"，或简单说，"S 是 p"导致了……"是高兴的""是可疑的"等等。同样的，当我们在一假设句或因果句的前件中说"如果或因为'S 是 p'时"，当在一选言句后件中说"或者 S 是 p"，如此等等。在所有这些事例中，事态——但<u>不是判断</u>——才是我们的对象，而其意义不同于判断中的事态，因此也是在改变的意义上

459

460

呈现着观念，在判断中事态构成着其完全的客体相关项。于是事态显然在与如下事物类似的意义上成为对象，对此事物我们通过在知觉中、幻想中、形象直观中的一瞥光束望见——虽然事态不是事物，而且绝对不是在直接的、严格的意义上可被知觉、想象或再现的。

关于起主词作用的句子，我上面在括弧中谈到，它并不是关于判断的观念呈现，而是关于相应事态的观念呈现。对此必须加以注意。判断，作为具体的体验，正像事物一样，当然是可能的知觉的、想象的以及（或者）一种即使为非物质性形象再现的对象。于是它们也可能在判断中起着主词的功能。这就是关于判断的判断之事例。在其表达中，如果被判断的判断不只是被间接地指称（例如作为"此判断""你的判断"），一个句子就占据着主词的位置。但是，在一句子占据此位置的一切情况下，它并不像在此例子中一样具有标志一判断的功能。对一判断进行判断，不同于对一事态进行判断；因此，对一判断和对一事态在主词上进行观念呈现〈subjektivisch vorzustellen〉或加以称名，也是两件不同的事。例如当我说"S 是 p 一事是令人快乐的"，我并非意指着该判断是令人快乐的。因此在此情况下人们在判断中是意指单一行为或句子，还是意指在特殊意义上的该判断本身，这是无关紧要的。令人愉快者毋宁是如是状态，客观的事态，该事实。此一事实也由如下客体等价物表示，虽然意思有所变通：S 是 p 一事（如"正义事业的胜利"）是令人愉快的。

如果人们将如此改变的观念呈现概念作为基础并如前面所说的那样也放弃这样的要求：作为根基性〈fundierender〉行为的观念呈现包含着全部具有根基的〈fundierten〉行为的质料，那么我们刚刚放弃的命题——凡其本身不是一观念呈现的一切行为必定以一观念呈现为根基——似乎实际上获得了一种有价值的内容，对此内容我们完全可以付之以自明性。目前我们当然应该更精确地表述如下：每一行为都或者自身为一观念呈现，或者根基于一个或多个观念呈现。说明此命题的第一部分的例子是知觉、记忆或期待、想象等等的单分节的（单射线的）行为。现在这就是"简单的"〈bloße〉观念呈现。说明该命题的第二部分的例子是判断（述谓判断）以及作为其对应形象〈Gegenbilder〉与其对应的/在先前词义上的简单观念呈现。一个判断至少具有一观念呈现作为基础，以及每

一充分表达的陈述至少包含一个"名字"。如果目前主流意见——该意见
赋予简单判断以标准形式"S是p"——正确的话，我们就应当甚至至少
采取两个观念呈现或两个名字。但是，并无最大数量方面的限制，在一
个单一判断中能够有任意多个观念呈现，而且如果在此引入综合判断，
结果也是一样：因为每一综合判断也是一个判断。

对于一切其他行为似乎也是一样，只要它们是完全的及完整的行为。
愿望"但愿S是p"，"但愿真理胜利"，如此等等，在S和p中有其观念
呈现，真理是一简单的主词设定之对象，而且愿望根基于其在谓词上以
观念呈现的胜利。对于一切结构类似的行为，以及对于直接基于直观的
简单行为（如对于一被知觉物的快感），情况也是一样。

最后我们还可以添加这样的命题：在每一行为综合体中最终的根基
性行为必然是观念呈现。

§34 难点：名称概念。设定的与非设定的名字

新的观念呈现概念当然并未免除难点。毋庸争议，那些被指定为最
终根基的行为，就其在严格的意义上将作为其对象的事物予以"观念呈
现"而言，都具有某种共同性。但是，在此意义上的观念呈现是否标志
着意向性体验的一个本质属，也就是说该属级的统一性是完全由行为性
质确定的，而且被排除于观念呈现领域的行为必然完全属于性质上不同
的属，这些问题均未提及。然而不易确定这些行为的共同特征究竟是
什么。

就此而言，我们可以提出以下详细说明。当人们习惯性地用名字作
为观念呈现的表达者时，我们目前的观念呈现概念本质上是成问题的。
无论如何，一切名称上可表达的"观念呈现"构成了一种统一性，对此
我们要首先加以检讨。"表达"一词的不同意义当然具有这样的后果，在
此人们可将观念呈现或者理解为名称的意义意向，或者理解为相应的意
义充实。但是不论哪一种理解，非直观的与直观的行为在此都属于所界
定的观念呈现概念。我们不应把名称理解为单纯的名词，名词本身不表
达完全的行为。如果我们要清晰理解名词在此为何及意味着什么，我们

462

463

最好检视语境，尤其是检视陈述句，在后者中名词显示出其通常的意义。
然而我们在此看到，相当于名词的词或词组，只是表达着一种<u>被完成的</u>
<u>行为</u>，当其或者呈现着一<u>完全的</u>及简单的陈述句主词（因此它们表达着一
完全的主词行为），或者在排除句法的形式构成后，能够在一陈述句中<u>实</u>
<u>行</u>简单的主词功能而并不改变其<u>意向性本质</u>。① 因此，简单的名词，甚至
与一定语从句或关系从句相连接时，并不构成一完全的名称；反之，我
们在此还必须加上起着重要意义功能的定冠词或不定冠词。"这匹马"
"一束花""一座建筑在砂岩上的房屋""这次国会的开幕"——但是这样
的表达式〈关系字句〉也是名称："国会开幕一事"〈daß der Reichstag
eröffnet ist〉。

现在我们来看一下一种显著的区别。在许多情况下，但显然不是在
一切情况下，名称或名称的观念呈现似乎将对象作为一种<u>实际的存在者</u>
加以意念及称名，而并不因此超越单纯名字的作用，换言之，并不应该
被视为完全的陈述句。后者已由这样的事实加以排除：陈述句不可能占
据主词位置而不改变其意义。判断虽然可以在<u>被判断的对象</u>的意义上起
着判断句主词的作用，但绝不可能相当于另一判断句的<u>主词行为</u>或相当
于"观念呈现"而不改变其意义。当然，承认此一重要命题仍须加以进
一步论证，下面我们将对此进行讨论。为此我们暂时先忽略完全陈述句
显然取代主词的情况，只考虑如下名词："亨利希亲王"，"市场上的罗兰
雕像"，"快速走过的邮差"，如此等等。我们在真实话语中以及在通常意
义上使用这些名称时都"知道"：亨利希亲王是一个真实的人，而非虚构
者；市场上有一罗兰雕像；邮差确实走过去了。但并不止于此。对我们
而言，所指称的对象不同于想象的对象，对我们来说，它们不只是存在
者，我们还将其如是表达着。然而在称名行为中我们对此什么也未表达，
我们可能特别在表达此事实时至少加上定语，即在"此一实际存在的 S"
形式中（正像在相反情况下或许说："此一假想的 S"，"此一想象的 S"，
如此等等）。但是甚至在语法上丰富化的名词中（暂不考虑其意义是否经

<u>464</u>

---

① 因此也排除了主词侧的合取的或析取的复合性，如 "A 与 B 是 p" "A 或 B 是 p" 诸例所
示。我们也可说：主词的功能<u>其本身</u>是一简单的功能，述谓判断在广义上不是<u>多数的</u>。

受着本质的意义改变而非仅只是经受着意义展开的问题）该设定也是由行为的那样一种因素实行的，该因素被表达于定冠词中，而只有质料是改变的。无论如何也不再说"S 存在着一事"，而是说此 S（在其意义的可能改变中）由一如"实际存在着的"定语加以表达，进而加以设定并以如下形式被<u>称名</u>："该实际存在着的 S"，而且在此情况下称名行为的意义也不再等同于表达行为。

如果人们承认以上所言，我们就应该区分<u>两种名称</u>或<u>两种称名行为</u>：一者给予被称名者以一存在者价值，另一者不如此。后者的例子，如果需要时，即由每一存在性思考的名称质料提供，此一存在性思考在提出时并非先有任何存在设定。

我们在其他根基性行为中也显然发现一种类似的区别，如在一假言前件和在一因果前件之间的比较所指出的，这是毋庸置疑的，因为这些行为与称名行为本质上是类似的。一般来说，在设定的和非设定的行为之间的区别扩展到目前意义上的<u>全部观念呈现领域</u>，远远超出了真正称名的观念呈现领域。在此处相关的直观观念呈现领域内（此观念呈现本身并不起着称名的功能，而是具有充实化称名的意义意向的逻辑职能），存在设定性的行为：感性的知觉、记忆、期待。它们都通过设定的意向的单束射线把握着对象物。反之，相应的非正常知觉欠缺存在的设定，因为其无法提供存在的价值，例如，免除了显现者实在性的一切设定后的虚幻，也包括一切纯幻想事例。<u>一般来说，在此具有相同质料的每一可能的非设定行为都对应着每一设定的行为，反之亦然</u>。

然而此一特有的区别显然是<u>一种行为性质上的区别</u>，并因此在观念呈现概念中存在某种二分性。我们是否还能够在严格的意义上谈一种观念呈现属呢？我们是否还能够假定设定的和非设定的观念呈现是此统一属之种差呢？

此一难点将立即被消解，如果人们把设定的行为理解作已经是具有根基性的，并因此应该假定，它们本身根本不是纯观念呈现，而是以观念呈现为根基的，该设定的特性是重新加于纯观念呈现的（对此问题人们于是只需理解，此新特性显然不与判断性质属于同一类）。

但是在我们上面详细分析后这样的理解似乎是非常可疑的。正如一

465

种知觉不能分离开一种纯观念呈现行为，或者，正如一种实际的陈述不能分离开一种被简单理解却未被判断的陈述一样，同样的，例如，一种非设定的行为也不能分离开名词的意义意向之设定行为。名词的行为和设定的行为之间必定是完全可类比的，因为每一设定的及完全的名词行为都先天地对应着一可能的独立陈述，而且每一非设定的行为都对应着一被改变的陈述的相应行为（对一陈述的简单理解）。因此，此分析甚至在此扩大的范围内导致这样的结果：具有相同内容的设定的和非设定的行为所共同具有者，并非在于一完全的行为，而只在于行为的质料，此行为质料在两种情况下呈现出不同的行为性质。人们可以简单地理解一名称，但此简单的理解并不包含在名称的设定性使用中。因此在我们目前的名词行为的意义上的观念呈现类别之间，似乎无法排除所讨论的分裂性。

§35 名词的设定与判断。一般而言，判断能否成为名词行为的部分

现在我们回到前面提出的有关设定的观念呈现和述谓的判断之间的类似性以及一般而言关于二者之间正确关系的问题。或许人们企图将两种行为类型的区别理解为一种非本质性的区别，并说：设定的名词当然不是陈述，即不是任何独立的述谓句，不是任何所谓自足判断的表达。但是它仍然含有一判断，只是此判断应当作为另一行为的前提或基础，该行为建立在此前提或基础上。此一功能虽然并未改变判断的意向性内容，却规定了语言形式的差异性。当某人说"正在走过的邮差"时，其中包含着判断"邮差走过了"。名词的形式是主词设定功能的一种简单标志，此功能意指着谓词的完全设定。

然而我们很难赞成将此相关的区别完全加以外在化这一方式，似乎新的行为直接连接着始终同一的判断，而且名词的语法形式只是对于此连接方式的一种间接的标志。许多逻辑学家，包括思想如此深刻的鲍尔扎诺，都把名词和陈述之间的区别看作本质性区别，而且当科学发展后还支持这一主张。在两方面无疑都可能存在某种共同因素，但是将此

差别视为纯外在的则必须加以质疑。严格说，人们应当阐明，名词行为和完全的判断不可能具有相同的意向性本质，因此一种功能转化为另一种功能，尽管保持着共同的内容，但在此本质中必然引起改变。

在此似乎最经常令人困惑的是，事实上，真正的述谓判断，<u>完全的陈述</u>，可能以某种方式起着<u>主词的作用</u>。虽然它们在此不是主词行为，但以某种方式增加了主词行为，也就是在相对于在其他方面已经被观念呈现的主词时相当于<u>规定性判断</u>。例如，"部长（　）他刚开车到（　）将做出决定"。人们也可不改变意思地将括弧内的陈述说成是："部长，他刚开车到"，或者"刚刚开车到的这位部长"。但是人们将注意到，这样的理解并非总是恰当的。定语句往往呈现某一限定性的述谓判断，但是即使定语句始终如此（当然不会如此），它仍然只相关于主词名称的一部分。在排除了一切这类限定性的附加语后仍然存留下来一个完全的名词，将此名词假定为具有判断主词作用是徒劳无益的。在我们的例子中限定性的述谓句依存于名词"部长"，从其中不再可能分离出第二个述谓句。在此作为基础的判断应该是什么呢？我们如何能够独立地对其表述呢？"这个〈der〉部长"就相当于意味着"这个人〈der〉是一位部长"吗？但在此情况下 der 是一完全名词并要求它自己的判断。但对此如何表达呢？它是否是这样的判断，在独立把握时它表示："它存在吗?"但我们在此再次有同一主词 der，于是我们陷入无穷尽的倒退。

毫无疑问，很多名词，其中包括一切定语性名词，都是直接地或间接地"产生于"判断，而且按照其起源，都指涉着判断。但是，谈到"起源"和"指涉"二词时，已经是说二者是不同的。差别如此明显，我们不应为了理论的偏见或为了更简明起见，对其视而不见，在观念呈现和判断的理论中，简明性是可期待的。在先的判断还不是从其产生的名词意义。<u>在作为判断之余存〈Niederschlag〉的名词中所给予者，并不是判断，而是一与其明显不同的变样。</u>变样行为的实现不再包含未变样的行为。如果我们知悉了或者明见到："哈勒城是在萨勒河畔"，"π 是一超越数"，那么我们就立即知悉"萨勒河畔城哈勒"，"超越数 π"。此时我们不再实行判断，至少无此必要这样做，而且此判断甚至在偶尔出现时，它对于名词的意指行为也无任何参与。而且在一切情况下均如此。

468

　　当然，我们前面说过，判断能够出现于决定性的功能中，但不应完全严格死板地看待此说法。因为，进一步思考后看到，其功能只存在于：（可以说）在我们眼前<u>使丰富着名词的定语出现</u>。<u>判断本身无定语功能而且也不可能承担此功能</u>，它只提供了一个基础，在此基础上该定语的意义以现象学的方式产生。一旦目的达到，该判断就会再次消失，而该定语连带其意义功能则留存下来。在此极端情况下，就出现了诸复合句；<u>定语功能与述谓功能连接在一起</u>；述谓功能引生了定语功能，但此外同时具有自身的意义——由此产生了插入式中的正常表达。定语功能的通常情况免除了此种复杂性。某人谈到"德国国王"或"超越数 π"，并不是意指着"该国王——他是德国的国王"或"π——它是一超越数"。

　　为了充分理解以上所论，我们应该予以重要的补充说明。我们说过，实行"被变样的"行为，不再<u>包括</u>"原初的"行为，后者至多附带地及非必须地与其构成复合式。但是这并不排除"原初的"判断以某种方式"在逻辑上""存在于""被变样的"行为中。在此应注意到，<u>关于"起源"和"变样"的词语，在任何情况下都不应按照经验心理学的及生物学的意义来理解，而应理解为表达着一种基于体验现象学内容的特殊本质关系</u>。在名词的、定语的观念呈现之自身的本质内容，其意向"指涉着"相应的判断，而且其本身呈现为此判断的"变样"。如果我们要"实现"表达式"作为 S 的 p"（"超越数 π"），以充分清晰严格的方式实行之，并且我们因此介入这样一种说明方式，它充实着由这样一种表达"所意指者"，我们就应该可以说，诉诸相应的述谓判断，就应当实现它并从中"原初地"引出名词的观念呈现，使其从其中产生，从其中导出。显然，在必要修正后，对于非设定的定语观念呈现来说也如此。为了予以"真正的"实行，它们要求性质上被变样的现象学上的述谓行为（实际判断的对应项），以便能够从述谓行为中原初地产生。因此述谓的观念呈现在现象学上含有某种中介性，后者由关于起源、导出或反之由指涉诸词语表达。结果，每一名词的定语意义之根基均先天地回归为相应的判断，而且相应地也应该说，名词的对象，在其每一范畴理解中，都是由相关事态"导出"的，此事态在其真实存在中自然是先于该对象的。

　　因此，经此说明后，我们可以一般地肯定，在名词和陈述之间存在着区别，此区别相关于意义的本质，或者基于作为本质性行为的"观念呈现"和"判断"。同样的，按照意向性本质，人们是在知觉上把握一存在者或是判断"它存在着"，二者并非同一事；甚至人们如是为一存在者命名或对命题"它存在着"加以表达（进行述谓），二者也并非一事。

　　如果现在我们注意到，每一设定的名词都显然对应着一可能的判断，或者每一定语都对应着一可能的谓词，或者反之：那么在我们否定了与其本质相关的行为同一性后，我们只能假定在此存在合法则的及显然是观念上合法则的〈idealgesetzliche〉关联性。作为由观念法则性支配的关联性，它既无关于因果生成性，也无关于相连行为间的经验同在性；但它们意指着观念上可把握的诸相关行为本质的有效互属性，后者由观念性法则加以支配①，诸行为本质在现象学观念性领域内有其"存在"及其合法则的"存在秩序"，正如纯数及纯粹几何构造类型在算数的或几何的观念性领域内有其存在一样。如果我们进入了纯粹观念的先天性范围内，我们也可以说，在考虑相关行为的特殊意义本质时，"人们"不"可能"在纯粹的因此绝对的一般性中实行诸行为而不"能"实行与其相连的行为；此外，我们可以进而说，从逻辑有效性观点看，在此也存在法则上等价形式的相关关系〈Zuodnungen〉，以至于人们——按照理性——（例如）不可能开始说"此 S"时而不潜在地因此承认"存在有一个 S"。换言之：说具有任何设定性名词的一命题是有效的而说与此名词对应的存在判断是无效的，二者在先天上是不相容的。"分析性的"观念法则系列之一是基于思维的"纯形式"上的，或基于作为特殊观念的范畴的，此特殊观念属于"严格意义上的"思想的可能形式。

§36　继续：陈述能否起到完全名词的作用

　　我们还应考虑一系列重要的例子，以便借以确证我们对有关名词行为和判断之间关系的理解。我们关心的是这类事例，在其中陈述命题不

---

　　① 从纯逻辑语法角度看，在此存在某种基于意指行为纯本质的意义变样。（参见《第六逻辑研究》，324 页）

471

只是用于确定的意向中，而且在此情况下——作为实际的陈述——似乎构成了名词的诸部分，而且在此它们<u>似乎的的确确起着完全的和完整的名词作用</u>。例如，"雨的最终到来将使农夫高兴"。在此似乎是无可争议的主语句为一完的陈述。因为它意味着雨实际上已经下了。因此，判断通过一子句形式所获得的被变样的表达在此只能用于指出这样的情况：陈述在此履行着主语功能，它应相当于在其上可构成一述谓陈述的基本行为。

472

这些说明似乎很中听。但是，如果该有争议的概念在我们这类事例中获得实际的支持，并且在那些事例中实际上是容许的，那么，尽管我们持有异议，人们也会立即怀疑它在更广阔的范围内是否适用。

让我们进一步看这个例子。对于农夫因何而高兴的问题，人们回答说"因为……"，或者"因为雨最终降下了"。因此，该事实，即在存在方式中被设定的事态，为高兴的对象，是所提陈述中的主语。此事实我们可以用不同的方式为其称名。我们可以简单地说"这个"，就像在一切其他对象中所说的那样，但我们也可说"这个事实"，或者再进一步明确化说"已降雨的事实"，"雨的降下"，如此等等，也可以像在前例中那样说"雨降下一事"。在此不同说法的列举中，该句子显然为一名词，其意义正像与该事实相关的一切其他名词表达式一样，而且它在一般意指行为中与其他名词本质上没有区别。它与它们一样称名，而且在称名中它具有<u>代表功能</u>，而且像其他名词一样，为其他事物、属性等等称名，于是它正是为一<u>事态</u>特别是为一经验性事实进行称名（或代表之）。

那么在此<u>称名行为</u>〈Nennen〉和在独立陈述中（因此即在我们的"雨最终降下"的陈述例子中）的<u>事态之陈述行为</u>〈Aussagen〉之间的区别为何。

情况可能是，我们<u>最初</u>进行简单的陈述，之后在称名中指涉着该事态："最终……这使农夫高兴"。我们在此可研究此无可置疑的对比关系。

473 该事态在两种情况下等同，但它以完全不同的方式成为我们的对象。在简单陈述中我们对于雨和其下降进行判断；在该词严格的意义上二者均对我们"<u>形成对象</u>"，均"<u>呈现为观念</u>"。但我们不是实行一纯观念系列，而是实行一<u>判断</u>，一特殊的"<u>意识统一体</u>"，此统一体将诸观念"<u>加以连</u>

接"。而且在此连接中关于事态的意识对我们构成了。实行判断，以及在此"综合的样式"中"意识到""相对于某物"设定着某物的事态，这是一回事。实行一命题，在该命题上设定第二命题，于是在这些命题的互为基础关系中事态的综合统一性获得意向性的构成。显然，此综合性意识非常不同于在一可能的简单主词行为中、在一观念呈现中、在一所谓单射线命题中设定某物。人们在比较中注意到雨"被意识到"的方式，而且首先人们将判断意识，事态的"被陈述性"〈Ausgesagtsein〉，与在我们的例子中直接界定的观念意识，同一事态的"被称名性"〈Genannt-sein〉加以比较："这使得农夫高兴。""这"有如用手指指示所陈述的事态，因此它意念着此同一事态。但是，此意念行为〈Meinen〉不是判断行为本身，因为判断行为发生在前，即作为如此如此被规定的心理事件已成过去；它是一新类型的新行为，此行为指向先前在综合的（多射线的）方式中被构成的事态，现在直接面对着在单射线命题中的事态，因此其成为对象的意义完全不同于该判断。因此，判断中的此事态"更原初地"被意识到；在单射线中朝向它的意向假定着多射线中的意向，而且在其固有意义上指涉着后者。但是在每一多射线的意识方式中都先天地含有转换为单射线意识方式的可能性（作为"观念的"本质可能性），在其中事态在严格的意义上"成为对象"或"被观念呈现"。（正如几何图形的观念性本质上存在先天的可能性："人们"可通过将其变为其他图形而在空间中使其移动，如此等等。）无论如何，现在十分清楚："意识的方式"，客体成为意向性的方式，对二者来说是不同的。但这只是以下意思的另一种说法：我们处理着"本质上"不同的行为，处理着具有不同意向性本质的行为。

如果我们忽略严格的指示行为〈Hinweisen〉，在我们先前例子中所强调的"这"的本质因素，也出现在占据主词位置的（以及占据要求观念呈现的任何语境中的任何位置的）简单句子的思想中，以及反之，在严格独立的陈述思想中该本质因素必然欠缺。只要作为定冠词根基的意义因素是有效的，那么在目前意义上的观念呈现行为也就被实行了。不论语言或方言是否实际上使用该冠词，不论人们是说"那个人"、"人"、"卡尔"还是"那个卡尔"，就此而言都无关紧要。不难看出，此意义因素在主词性功能的句子"S 是 p 一事"中并不欠缺。事实上，"S 是 p 一事"与"这个 S 是 p 一事"意思相同，或者更直接些说，"S 是 p 一事这个事实，这个情况"，意思也一样。

尽管如此，情况并不容许我们说判断，实际的述谓，可能即是一<u>主词</u>，或一般地说，<u>一名词行为</u>。我们毋宁非常清晰地看到，在诸作为事态名字的句子间，以及在关于同一事态的相应陈述间，存在一种意向性本质的区别，此区别以观念法则性的关系为中介。<u>一陈述如起名词的作用，或者一名词如起陈述的作用，就不可能不改变其本质特性</u>，即不改变其意义本质，因此不改变该意义本身。

当然，这不意味着，诸相应的行为，从描述的观点看，是彼此完全无关的。陈述的内容与名词行为的内容是部分同一的，在各自情况下同一的事态被意念着，虽然以不同的形式。因此，表达形式的高度类似性不是偶然的，而是以意义为根据的。如果偶然地，尽管意义功能改变了，<u>表达保持不变</u>，我们就正好遇到一种特殊的意义含混的例子。此含混例子属于那样一种广泛的事例类，其中表达的<u>意义是反常的</u>。显然，此种反常性，由于根植于意义领域的纯粹本质，属于纯粹语法的反常性一类。①

我们的解释因此在逻辑上适用于一切情况，我们处处区分观念呈现和判断，以及在观念呈现之内我们区分赋予存在价值的设定性观念呈现和非如此设定的观念呈现。于是我们将毫不迟疑地否定因果前件句（如"因为 S 是 p"句）具有判断特征，并使其与假设前件句存于同一关系中，有如我们在设定性名词和非设定性名词之间认识到的。"因为"可以指涉一判断，所陈述者（"S 是 p"）；但是在因果句本身中此判断不再实行，它不再是被陈述者"S 是 p"，而是在简单的"观念呈现性的"基础上——此基础作为前件的因果性命题在其本身的意义上被刻画为一判断性综合的变样——建立起（"在其上"被实行的）第二个后件命题。整体而言，这是一种新形式的判断性综合，将其意义内容稍加改述，可表达为：根基性的事态之存在<u>决定着</u>继后的事态之存在。只有在复合句的方式中，

---

① 参见《第六逻辑研究》，§ 11，321 页及以下，以及 §13 的补充，333 页。

前件和后件，<u>此外</u>，在此可起判断的作用，如当我们说"S 是 p，而且因为如此，于是 Q 是 r"。在此不只是说综合地确定结论，而且也在相关性的综合意识本身内，具有和坚持判断中的这两个事态："S 是 p"和"Q 是 r"。

【补论】我们刚才进行的补论指出，名词的观念呈现，在严格的意义上，仅只为我们表达了一个更广阔的但相当受限定的"设定性的"〈the-tischen〉、"单射线设定的"行为类。对此我们以后应该牢记，我们的思考限于实际上名词性观念呈现时，因此"名词性观念呈现"术语在起着类术语作用时，应按照相当广义来理解。

也应仔细注意<u>此处</u>规定的术语，按此我们把<u>判断</u>理解为一完全独立陈述的意义。我们前面确立的命题是：此意义，如无内在的改变，将不可能成为一假设句的或因果句的前件之意义，或者甚至一般地成为一名词性意义。

第五章 关于判断理论的进一步讨论。"观念呈现"作为名词行为与命题行为的统一性质属

§37 以下研究的目的。客观化行为的概念

我们不久前进行的讨论还未解决§34开头提出的问题。我们的结果是："观念呈现"和"判断"是本质上不同的行为。词语的多义性要求我们不断诉诸精确规定的概念，所以我们在名词性行为的意义上使用"观念呈现"一词，在陈述的意义上使用"判断"一词，后者即通常的、自足的陈述之实行。称名行为和陈述行为因此不是"在纯语法上"不同，而是"本质上不同"，而且这意味着，两种行为或者是赋予意义的，或者是充实意义的，按其意向性本质以及在此意义上作为行为类型是不同的。我们因此指出，观念呈现和判断，赋予称名行为和陈述行为以意义和语义充实的此两种行为，是否属于意向性体验的不同"基本类"呢？

当然，回答应当是否定的。问题并非在于类属的区别上。我们不应忘记，意向性本质由质料和性质这两个侧面组成，而行为的"基本类"的区别，一目了然，仅只相关于行为性质。我们再次应该记得，我们的说明并未导致这样的结论：名词的和命题的行为一般来说应当具有不同的性质，更不要说具有不同的性质属。

人们对后一强调的观点不应提出异议。行为的质料，在我们的意义上，当然不是什么不同的或外加的成分，而是一种内在的因素，是行为意向的、意向性本质本身的一种不可分离的侧面。关于在其中可意识到相同事态的"不同的意识方式"说法，不应使我们误解。此说法指示着

不同种类的行为，但并非因此指示着不同种类的行为性质。即使性质可以相同（在构想质料观念时我们一直受此引导①），同一对象仍然以不同的方式被意识到。例如，我们想到诸歧义的设定性观念呈现，它们正是借助不同的质料朝向同一对象。一陈述在转换为名词的（或其他类似的）功能时经受的那种本质的意义变样（我们前面强调过该功能的证明），不可能具有其他的功能，除了质料的一种改变的内容，而性质或至少是（按照名词性变样的种类）性质属始终同一。

对于质料本身的仔细思考已经指明了在此描述的实际事况。前面讨论的例子已经指出，通过具名词性意义的冠词或通过名词性表达（如"……这样的情况"，"……这样的事实"，在这些例子中人们赋予命题意义以主词功能）对陈述进行补足的必要性。这些补足例子使我们注意到这样的情况，在其中意义的变化显现于质料并未改变的本质内容中，在其中因此也出现了在原初陈述中所欠缺的或被其他功能取代了的把握功能〈Auffassungsfunktionen〉。我们随处可以看到，彼此相互一致的本质因素经受了一种不同的"范畴形成过程"。例如人们可以比较"S 是 p"形式与其名词变样"是 p 的 S"。

另一方面，以下研究将阐明，就性质而言，在名词的和命题的行为之间存在属的共同性，而且我们将因此同时获得一种新的观念呈现概念的界定，它比此前的讨论更广泛并更有意义，由于此概念，观念呈现内一切行为基础的原则将获得一种新的而且特别重要的解释。

为了维持目前两个"观念呈现"概念的区别，我们要谈到（并不同时推荐此最终术语的用法）作为狭义概念的名词性行为和作为广义概念的客体化行为。在上一章详论了名词性观念呈现概念之后我们不须再强调，当我们谈到名词性行为时，我们不只是将该行为理解作联系于作为意义赋予者或联系于作为意义充实者的名词性表达，而且理解作具有类似功能的一切行为，甚至无关于它们是否具有一种语法性功能。

479

---

① 参见前面 § 20，414 页。

§38　客观化行为按照性质及按照质料的区分

在名词性行为之内我们区分设定性的和非设定性的行为。前者在某种意义上是"存在意向"〈Seinsmeinungen〉，它们或者是感性知觉，或者是一般假定的"存在理解"〈Seinserfassungen〉这一广义上的知觉，或者是其他行为，这些行为不被认为是对象"本身"（躯体地或一般而言直观地）却仍然被认为是存在者。[①] 其他行为搁置了其对象的存在性问题，客观地看，对象可能存在着。但其本身不被以存在方式意念，或者其本身不被认为具有实在性，毋宁说"仅只被观念呈现着"。在此情况下适用的法则是，每一设定性名词性行为对应着一非设定性行为，后者即具有同一质料的"纯观念呈现"，反之亦然；对此而言，此对应性当然是在观念的可能性意义上加以理解的。

我们也可这样来表达这个问题：某种变样作用将每一设定性的名词性行为转换为具有同一质料的一纯观念呈现。这正是我们在判断中再次见到的同一变样作用。每一判断都具有其变样，一种行为，此行为仅只将该判断视为真者予以观念呈现，也就是不在对象的层次上决定其真伪。[②] 从现象学立场看，判断的变样与设定性名词行为的变样完全属于同类。因此，作为设定性命题性行为的判断，在纯观念呈现内的对应项正是非设定性命题行为。二者都是具同一质料却具有不同性质的对应行为。于是，正如我们将在名词性行为内的设定性的和非设定性的行为列入一个性质属那样，在命题性行为内我们也把判断和其变样的对应项列入同一性质属。对二者来说，性质的区别是同样的，但不应认为是较高性质属的区别。当我们从设定性行为过渡到变样的行为，我们并未进入一异质性的类别，有如当我们从某一名词性行为过渡到一种欲望行为或意愿行为。但是就从一设定性名词行为过渡到一论断性陈述行为而言，我们并无理由假定一种性质的区别。我们在比较诸相应的"纯观念呈现"时

---

① 参见§34，464页。
② 在此请注意，此一表达方式是描述性的。

当然也是一样。质料本身（在目前研究中规定的质料意义上）构成了彼此的区别，因此单只质料就决定着诸名词性行为的统一性以及诸命题性行为的统一性。

481

于是一包括广泛的意向性体验属获得界定，它包括按其性质本质规定的一切所讨论过的行为，并规定着全部意向性体验类内"观念呈现"一词所可能意指的最广泛的概念。我们自己想将此性质上统一的和按其自然范围采取的属称为客观化行为属。为了清晰显示其对比性，我们将此属概念表示如下：

1. 通过性质的区分可分划为设定性行为——信念行为，穆勒和布伦塔诺意义上的判断行为——和相关于被变样行为之设定的非设定性行为，即对应的"纯观念呈现"。"设定性"信念概念包括的范围如何，如何加以细分，这些问题在此不予解决。

2. 通过质料区分，产生了名词性行为和命题性行为的区分，虽然我们仍须考虑此区分是否不是一系列同样有效的质料区分下的一种特殊区分。

事实上，如果我们回顾一下上章的分析，就不得不注意到，在此真正决定性的对立为：综合性的、多射线统一性的行为和单射线的、在单一命题中设定的或搁置判断的行为。但是，应该注意，述谓性综合只呈现为一种特殊偏好的综合形式（或者不如说一全部形式系统），与此形式对立的是其他往往与其相连接的形式：如合取综合与析取综合。例如，在多项述谓句"A 和 B 和 C 是 p"中我们看到一统一的、在三个述谓层上均终止于同一个谓词 p 上的述谓句。在 A 的基本设定、B 的第二设定、C 的第三设定"之上"，保持同一的 p 在单一的三层行为内被设定。于是，此判断行为似乎借助一"逗号"划分为一主词设定和一谓词设定，以至于该单一主词项自身成为具三个名词项的一统一连接体。这些主词项在该连接体内结合在一起，但它们并非在一单一的名词性观念呈现内相结合。然而正像谓词性综合一样，"连接性"（或最好说"集合性"）综合确实可形成一种名词化，按此名词化，已由该综合构成的集合体在一新的单射线行为中成为纯"被观念呈现的"对象，并因此成为严格意义上的对象。于是集合体的名词性观念呈现，在其自身意义上（在其相对于原

482

初行为被改变的"质料"上)再次"指涉"原初构成着它的质料，或者"指涉"原初构成着它的意识。一般而言，进一步考虑后我们发现，在谓词化综合中我们不得不关注者①（在此我们只关注述谓的元形式，"范畴综合"的形式），也再次出现在一切综合中：在一切综合中名词化的基本运作都是可能的，即综合的多射线性转换为一"名词的"单射线性，后者保持着回指于原初质料的相关质料。

于是我们在全面考虑观念上可能的"客观化"行为时实际上回到了"设定的"〈thetischen〉和"综合的"〈synthetischen〉行为、"单射线的"和"多射线的"行为。单射线的行为是未划分的，多射线的行为是划分的。每一项都有其客观化的性质（相对于"存在"的它的观点采取方式，或者相应的性质变样）和其质料。同时，作为单一的客观化行为，一切综合都有其性质和质料，但此时质料是分划的。这样的整体分析一方面引领我们看到词项，另一方面引领我们看到综合的形式（句法）。此外，词项可能是简单的和复合的，即其本身再次是分划的，因此是综合性统一的：于是就像前面例子中的多项述谓句的合取主词，或者像在假设性述谓句中的诸合取性前件的结合体，或者像二者中相应的析取结合体，如此等等。

我们看到简单的、单射线客观化的词项，但并非因此必然是在最后意义上的原初词项。因为单射线的词项也可能是名词化的综合，关于事态或关于集合体〈Kollektivis〉或关于析取体〈Disjunktivis〉（它们的词项本身可能也是事态）的名词观念呈现，如此等等。因此在质料中也出现具或多或少复杂性的回指性〈Rückbezüglichkeiten〉，并因此在特殊变样的、间接的意义上出现蕴含的词项分划作用〈Gliederungen〉和综合形式。如果词项不再是回指性的，那么从此一观点看它们也是简单的：例如在专有名词观念呈现中或者在一切单项的（没有在说明性综合中分离的）知觉及想象观念呈现等等之中，这一点是显然可见的。这样一种完全简单的客观化就免除了一切"范畴形式"。每一（非简单的）客观化行为的分析，只要它们在包含于此行为中的名词化中也遵循回指

---

① 参见前面§35，469页。

483

〈Rückdeutungen〉的步骤，最终都显然通向这种"简单的"行为项，后者在形式和质料两方面都未分划过。

最后，我们还注意到，有关可能的分划和综合的构成的一般研究使我们达到了法则性，对此我们在《第四逻辑研究》中作为纯粹逻辑语法法则已经谈过。在这方面，基本上只有质料是相关的（客观化的行为意义），在质料中一切形式都表达于客观化综合的结构中。例如，其中包括这样的原则：每一统一完整的客观化质料（因此每一可能的独立意义）都可在每一可能形式的可能综合中起词项质料的作用；由此引生的特殊原则是，每一这样的质料都或者是一完全命题的（述谓的）质料或者是该质料的一个可能的词项。另一方面，如果我们考虑性质，那么我们就可断定这样的原则：从观念角度看，任何客观化的质料都可能与任何性质相结合。

如果我们考虑名词性行为和命题性行为之间的特殊区别（此区别在我们目前的研究范围内具有特殊意义），那么就不难确证刚才主张的有关任何性质与任何质料相结合的可能性。在上一节研究中还难以完全清晰地推出此可能性，因为我们仅只考虑到判断的变样，因此仅只考虑到在一名词性行为中设定的命题性行为的变样。但是，毋庸置疑，每一在性质上变样为"纯"观念呈现的判断也可能转换为一相应的名词化行为，例如"2×2＝5"（在纯理解性的、非设定性的陈述中）转换为名词"2×2＝5一事"。因为我们也在未涉及性质的句子向名词的这类转换中，即在命题的以及一般而言综合的质料向名词性质料的单纯转换中谈到变样，我们最好明确地将其涉及性质的另一种变样（设定性名词或陈述转换为非设定性名词或陈述）称作性质性变样。只要作为唯一形式赋予或形式区分的根基性质料仍然在此存在或应在此存在（名词始终是名词，陈述始终是陈述，以及按照一切内在的分划和形式），那么我们就必须也谈到设定性行为的一致性变样。但是如果一致性变样概念按其自然的普遍化来理解，以至于扩展到一切不涉及行为质料的变样，那么，如我们还将讨论的[①]，它将成为比我们目前讨论的性质变样概念更广泛的概念。

484

485

---

① 参见§40，489页及以下。

§39 客观化行为意义上的观念呈现与其性质变样

为了把诸客观化行为聚集为一个类别，我们已经赋予如下事实以关键的重要性：这个类别全体是以一性质的对立为特征的，因此，正如每一名词性信念都有一"纯观念呈现"为其对立项一样，每一命题性信念都对应于每一完全判断。现在我们要考虑，一般来说此性质变样是否真适合用于刻画一意向性体验类别，以及该类别是否不如说在此体验的全体范围内具有作为划分诱因〈Teilungsmotiv〉的价值。对于后者而言一种显而易见的论证是：一般来说，每一意向性体验都对应着一纯观念呈现，一愿望对应着愿望的纯观念呈现，一憎恨对应着憎恨的纯观念呈现，一意欲对应着意欲的纯观念呈现，如此等等。正如实际的称名行为与陈述行为对应着各自的纯观念呈现一样。

然而在此人们不应混淆基本上不同的事物。每一可能的行为，正像每一可能的体验，以及一般来说正像每一可能的客体，都对应着一与其相关的观念呈现，而且此观念呈现既可以定性为设定性的，也可以定性为非设定性的（作为"纯"观念呈现）。不过基本上并非只有单一一种观念呈现，而是具有极其众多的不同观念呈现，甚至当我们在此（如我们似乎默默所做的）局限于名词性类型的观念呈现时也如是。此观念呈现可以直观地或在思考中，直接地或通过表语中介，即以多种多样方式呈现其客体。但是，对于我们的目的而言只谈单一一种观念呈现或选择其中任何一类（如想象的观念呈现）已足，因为一切种类的观念呈现处处都是同样可能的。

因此，每一客体对应着客体的观念呈现，一房屋对应着房屋的观念呈现，一判断对应着判断的观念呈现，如此等等。但在此要注意，判断的观念呈现，如我们前面①已经说过的，并不是被判断的事态的观念呈现。而且同样的，更一般地说，一种设定的观念呈现不是按设定方式所呈现的对象的观念呈现。二者的被呈现对象是不同的。因此例如，将实

---

① 参见§33，460页。

现一事态的意志，不同于将实现一判断或实现一此事态之名词性设定的意志。一设定性行为对应着其性质对立项的方式，完全不同于该行为或任何行为对应于此行为之观念呈现的方式。一行为的性质变样似乎与产生与其相关的观念呈现为不同的"运作"。此两种运作的本质区别显示为：后者，即观念呈现的客观化的运作，是可无限重复的，我们可将其用符号序列表示为：

$$O，V(O)，V[V(O)]$$

其中 O 表示任何客体，V(O) 表示 O 的观念呈现，但性质变样则不是可无限重复的。此外，观念呈现的客观化可应用于一切客体，而性质变样只对行为具有一种意义。而且二者的区别也显示于，在某一变样系列中，"观念呈现"只是名词性的，而在另一变样系列中则不存在此限制。最后，在前一系列中性质始终不具有相关性，因此变样只相关于质料，而在后一系列中在性质变样中，正是性质成为被变样者。信念的每一行为，作为其对立项，对应着一"纯"观念呈现，后者呈现着同一对象，并以和信念的每一行为完全同样的方式，即基于同一的质料，而且纯观念呈现与前一行为的区别仅在于，毋宁说它搁置了被呈现的对象，不在存在意向的方式上对其设定。此变样当然不可能被重复，同样也不可能赋予不属于信念概念的行为以意义。因此，事实上，它在此性质行为和其对立项之间建立了一种特殊的联系。例如，设定性知觉或记忆在一具有相同质料的"纯"想象的相应行为中具有其对立项。因此，例如，在一知觉的图像直观中，有如我们在仅以美学方式观赏一幅绘画时，我们对于被表现者不加于任何存在或不存在的设定；或者也像在对一"幻想图像"进行直观时那样，我们不在幻想中给予任何实际的存在设定。当然，在此该"纯"观念不再具有一对立项，在此纯观念呈现意念为何及应该具何种功能的问题是没有意义的。如果"信念"转换为"纯观念呈现"，那么我们至多只能够返回信念，但并不存在一种变样，它在同一意义上可重复及可持续。

如果我们将性质变样的运作换以观念呈现的客观化运作和名词的客观化运作，情况将不同。在此情况下重复的可能性是显而易见的。对此我们可以用最简单的方式在行为与自我的关系中以及在不同时间点或不

487

488 同人的分布中加以指出。首先我知觉某物，之后我想到我对其知觉，再次我又想到我想到我对其知觉。① 或者再看另一个例子，A 被绘画，第二幅绘画表现着第一幅绘画，之后第三幅绘画表现着第二幅绘画，如此等等。在此区别是无可置疑的。当然不是感觉内容的简单区别，而是把握性的行为特性的（尤其是意向性质料的）区别，无此区别关于幻想图像、绘画等的说法也就没有意义了。这些区别是内在地被把握的，是现象学上确定的，只要人们实行着相应的体验并因此转向对其意向性区别的反思。例如当人们以不同的方式说：我现在有一 A 的知觉，有一 B 的幻想观念呈现，在此 C 被表现于此绘画中，如此等等。有谁对这些关系清楚把握，就将不会犯这样的错误：将观念呈现的观念呈现解释为现象学上不可证明的，甚至解释为<u>虚构</u>。谁要是如此判断，就是在此混淆了两种不同的运作：他将一纯观念呈现<u>的</u>观念呈现替换以对此观念呈现来说当然是不可能的性质变样。

现在我们相信有可能假定由一致性变样加以相互协调的诸性质间存在一属的共同体②，而且我们也认为正确的是，这些性质中的某一些是适

489 合于一切行为的，基本上由其形成了每一性质上未变样的或变样的判断之统一性，不论我们是研究纯意义意向行为还是研究意义充实行为均如此。此外显然，任何全部行为的这些纯观念呈现（我们前面只③在设定性行为中将这些行为与可能的性质对立项加以区分），作为纯观念呈现，本身即这样的对立项，只是不是相对于其原初的行为，后者反之为其观念呈现客体。一愿望的纯观念呈现不是愿望的对立项，而是与此同一愿望相关的任何设定性行为的对立项，例如此愿望的一<u>知觉</u>。知觉和知觉的纯观念呈现<u>这</u>一对因素均列为单一属，二者都是客观化的行为；而愿望本身和其知觉，或其想象，或任何其他与此愿望相关的观念呈现，则分

---

① 当然这一切都不应按照经验心理学的方式理解。它关系到（以及在本研究中各处）先天的、根基于纯本质性的可能性，对此可能性我们在绝对明证性中加以把握。

② 然而对此问题参见我在《通论》233 页对于"属共同体"的解释，它相当于"本质和对立本质"之间的一种特殊关系。一般来说，继续推进目前研究的结果可导致我们的探讨获得相当的改善及深化。

③ 参见前面的注解。

列不同的属。

§40　继续：性质变样与想象变样

人们极其倾向于称设定性行为为真确性的〈fürwahrhaltende〉行为，称其对立面为想象性的〈einbildende〉行为。这两个表达式，虽然初看起来似乎不无道理，但引生了疑虑，特别是对于后一表达的术语规定来说。我们将把此一疑虑的思考视为机会，以继续补充一些并非不重要的论述。

整个逻辑学传统仅只在判断问题上谈到确证性概念，如陈述意义的真确性。但是现在我们要将真确性用于指称一切知觉、记忆、期待和一切名词表达的设定性行为。就"想象性"一词而言，在通常的语言中它虽然指非设定性行为，但它应该超出感性想象范围以将其原初意义扩大至包括真确性的一切对立面。另一方面，此词也应该加以意义限制，因为我们应该排除这类想象：如有意识的虚构，无对象的观念，或根本错误的意指。我们往往满足于所叙述者，而不以任何方式判定其真伪。而且甚至当我们读一部小说时通常情况亦如是。我们知道该小说为一美学式虚构，但此认知对于纯美学效果并不发生作用。[①] 在此情况下，一切表达式，不论就其是意义意向还是其后开始的幻象充实而言，都是在我们提出的术语意义上的非设定性行为、"想象行为"的意义载者。因此，此结论也适用于一切陈述。虽然判断在一定的方式上被实行，但它们不具备真正判断的特性；我们既不相信也不否认和怀疑所叙述者；我们仅只实行"想象行为"而非实际判断，因此不让叙事影响我们的任何真确性判断。然而此种说法不应被理解为，好像我们提出应该以幻想判断取代实际判断。反之，我们没有实行作为其事态的"真确性"判断，而是实行着性质变样，同一事态的中性的意义之搁置〈Dahingestellthalts〉，后者无论如何不应与此事态的幻想行为等同。

正是"想象"一词具有一种不利性，它严重阻碍了其作为术语的使用：它指涉着一想象性的把握，指涉着一幻想性把握或一严格意义上的

490

---

① 对于其他艺术表现来说当然也如此，例如对于美学式形象思维。

491 形象性把握，而我们决不能说，<u>一切非设定的行为都是想象性的，一切</u>
<u>设定的行为都是非想象性的</u>。至少后一看法是显而易见的。例如，一被
想象的感性对象既可以在设定的方式上作为设定者呈现于我们，又可以
在被变样的方式上作为被想象者呈现于我们。同样的，甚至当其直观的
再现性内容始终同一时，因此始终同一的是：赋予此直观的一般不只是
与<u>此</u>对象的关系确定性，而且同时赋予其一种想象性的再现特性，后者
以幻想性的或再现性的观念呈现准现前着该对象。例如，一幅画的呈现
内容，连带其被绘的形象等等，始终是同一的，不论我们将其视为实际
客体的观念呈现还是使其以非设定性的、纯美学的方式作用于我们。无
论如何似乎可疑的是，类似的情境是否会在通常的纯粹知觉中出现；也
就是知觉是否会在保持其他现象学成分的完全同一性中发生性质的变样
并因此失去其通常的设定特性；人们可以质疑，知觉特有的将对象作为
一"自身的"（以及机体性的）呈现者的知觉性把握，是否不会立即转换
为一形象把握，在此把握中对象似乎显现为作为形象的所与者，而不再
是作为自身的所与者，正如在通常的知觉的形象物（绘画等）情况中所
见那样。然而人们在此可指出许多感性的似是而非者，如人们可自然视
为"纯现象"的立体现象，如艺术客体，因此无设定性问题，却同时仍
然以其本身视之而非将其视为其他物之形象。然而指出以下一点就足够
了：知觉可以转换为一对应的形象物（因此在这样一种方式中，它含有
同一质料而以不同的把握形式）而不须改变其设定特性。

　　我们看到，人们在此可以区分两种一致性变样：<u>性质的变样和想象</u>
492 <u>的变样</u>。在两种情况下质料都不改变。虽然质料同一，在行为中仍然能
够变化的不只是性质。我们当然把性质和质料理解为具"绝对本质性"，
因为意义性与任何行为都是不可分离的；但是我们首先指出，行为中还
有其他因素是可区分出来的。正像接下去的研究会进一步指出的，这些
因素正是出现于非直观的客观化和直观之间，以及再出现于知觉和想象
之间。

　　一旦此描述性关系被阐明了，显然一种纯术语的疑问就出现了：人
们是否就像我们在传统的意义上所做的那样，将"<u>判断</u>"一词局限于
（未变样的）陈述意义，或者是否赋予其整个信念行为领域以其应用范

围。在前一情况，没有任何行为的"基本类"，甚至一种最低性质种差，被完全包括在内，因为质料——在我们的质料概念里既包括"是"〈存在〉也包括"不是"〈不存在〉——也相关于范围的界定。而这一切并非问题所关。因为判断是一逻辑术语，于是只有逻辑的关注和逻辑的传统必须决定，何种概念赋予其意义。在此问题上，人们必须肯定说，一个如此基本的概念，如（观念的）陈述意义概念，应该保持其自然的和传统的表达，这样一种陈述意义概念成为最终之统一体，一切逻辑因素必定与其相关。因此术语判断行为应该局限于相应的行为种类，局限于完全陈述的意义意向，以及局限于与其适合的、具有同一意义本质的充实行为。对作为判断的一切设定性行为的标称都具有遮蔽这样一种本质区别的倾向，这就是将名词的和命题的行为与一切性质共同体分离的区别，并因此混淆了一系列重要的关系。和"判断"一词一样的是"观念呈现"　　493一词。逻辑学本身的需要应该决定逻辑学将此术语理解为何。当然应该关注观念呈现和判断之间特有的区别，以及关注如下事实：观念呈现应被视为某种可能构成完全判断之物。此外，人们是否应该采取这样的观念呈现，鲍尔扎诺通过综合逻辑判断的一切可能的部分意义，使其成为自己科学理论研究的基础；或者人们是否应该局限于此类相对独立的意义，按现象学的说法，局限于独立的判断项以及特别是名词的行为；或者，人们是否反之并不必须由于偏重另一划分方向而把纯再现理解为观念呈现，即理解为诸行为的全体内容，后者在抽离了性质并因此抽离了意向性本质后保持了质料——这些都是困难的问题，而且无论如何在此是难以解决的。

§41　关于观念呈现作为一切行为基础之原则的新解释。客观化行为作为质料的首要载体

在古代和近代一些研究者把"观念呈现"一词理解得如此广泛，使其除"纯观念呈现的"行为之外还包括"真确的"行为，尤其是包括了判断，简言之，包括了一切客观化行为领域。如果我们现在以此显示一自足的性质属的重要概念为基础，此观念基础〈Vorstellunsgrundlage〉

的原则——我们前面已指出过——就获得了一种特别重要的新意义，而基于名词性观念呈现概念的前一意义仅只是新意义的一个第二分支。也

494 就是我们应该说：<u>每一意向性体验都或者是一客观化行为或者以这样的行为作为"基础"，即在后一情况下，它必然含有一客观化行为作为组成成分，客观化行为的全部质料，同时的，并尤其以个别相同的方式，即为其全部质料</u>。我们在分析此一尚未阐明的原则的意义时已经谈过的一切，现在都可在此几乎完全采纳并同时以其说明"客观化行为"一词的正当性。事实上，如果其本身不是客观化行为一类的任何行为，或者不如说任何行为性质，不可能具有其质料，除非借助于与其连接为一统一行为的客观化行为的话：那么客观化行为就正好具有独一无二的功能，首先为一切其他行为提供其对象的观念呈现，而这些客观化行为则应以自己新的方式与对象相关联。与一对象的此一关联，一般来说是在质料中被构成的。但是，按照我们的法则，每一质料都是一客观化行为的<u>质料</u>，而且只有通过此行为它才能够成为以其为基础的新行为性质的质料。在某种意义上我们应该区分第一意向和第二意向，后者只有在前者的基础上才具有其意向性。此外，此一功能无关于前一客观化行为是具有设定性的（视为真确的，引起信念的）还是非设定性的（"纯观念呈现的"，中性的）特性。许多第二行为都要求绝对的真确性，例如快乐和悲伤；对于其他的行为，简单的变样就足够了，例如像愿望和美感。基本的客观化行为往往是包含着两种行为的复合性行为。

§42 进一步论述：复合行为的基本原则

495 为进一步阐明此值得注意的情境，我们再增加以下评注。

每一组合行为其本身都是性质复合行为，它具有如此多性质（不论其是不同还是相同种类或种差的），有如其中可区分出诸不同的单一行为。每一组合行为继而也是一有根基的行为，其性质总体并不是诸部分行为性质之单纯总和，而是<u>一个</u>性质，后者的统一性根基于这些构成的性质，正如质料总体的统一性并非诸部分行为质料的单纯总和而是根基于诸部分质料一样，只要一般来说质料是按照诸部分行为加以划分的。

但是，在一行为是性质复合的并根基于另一行为的方式中，存在有本质的区别，而且此区别是相关于不同的方式的，在其中不同的性质彼此相关，与统一的质料总体相关，并与可能的部分质料相关，在其中这些区别是通过不同的基本根基化作用获得其统一性的。

一行为可以具有这样的复合性，其复合的性质总体可划分为<u>多个性质</u>，其中每一个都与另一个，或个别或同一地，共同具有<u>同一质料</u>；于是例如，在针对一事实的快乐时存在有快乐之特殊性质与真确性之特殊性质的复合体，对后者而言，该事实呈现为我们的观念。接着我们或许认为，每一性质，除了其中某独一无二者外，都可能消失，而一具体完全的行为却始终存留着。人们还可继续设想，任意属别的性质都可按规定的方式与一独一无二的质料相结合。但按照我们的法则，这一切都是不可能的，在每一这样的复合体中以及一般来说在每一行为中，都必然存在一客观化属别的行为性质，因为一般来说一质料是不可能成立的，除非作为一客观化行为之质料。

结果，其他属别的性质永远以客观化性质为根基，它们永远不可能直接并独立地与一质料相结合。当其出现时，全体行为必然是性质上具<u>多形式</u>的，即持有不同性质属的性质；而且准确说以这样的方式，永远有可能使其与一完全客观化行为（单侧地①）分离，此客观化行为也具有整体行为之全部质料，后者即其质料总体。然而相应地，<u>单形式的</u>行为并不需要是简单的。一切单形式的行为都是客观化的，而且我们甚至可以反过来说，一切客观化行为都是单形式的，但客观化行为可能仍然是复合的。现在诸部分行为的质料就是全体行为质料的诸单纯部分，在此全体行为中构成着质料总体，因为诸部分质料属于诸部分行为，以及因为质料总体的统一性属于质料性质总体的统一性。此外，此一划分〈Teilung〉可以是一显在的分节连接〈Gliederung：词项分划〉；但是（在先前描述过的名词化方式中②）在被名词化质料之内也可能出现在自由综合中通常形成的每一形式的一个蕴含的分节连接。每一陈述句，不论在其

①　参见《第三逻辑研究》，§16，264页。

②　参见前面§38，482页。

通常的意义上（作为断定句）还是在变样的意义上，都为我们提供了一个例子。诸组成项对应着带有部分质料的诸基本部分行为；诸连接的形式，"是"或"不是"，"如果"与"那么"，"和"，"或"等等，对应着根基化的诸行为特性，但同时也对应着质料总体的根基化的因素。在所有这些复合形式中行为都是单形式的，我们也只发现属于该质料总体的单一的客观化性质，<u>而且只有单一的客观化性质相关于一独一无二的、被视为整体的质料</u>。

497 从此单形式中现在产生了多形式，不论因为客观化的全体行为是与<u>新种类的</u>、与质料总体相关的性质相连接，还是因为新的性质只伴随着单一的部分行为；就像是由于一统一的、被分节连接的直观，当一个组成项被偏好、另一个组成项不被偏好。反过来说，显而易见，在每一复合行为中这些行为性质都似乎可能被完全删除了一样，这些复合行为，不论是基于质料总体还是基于其部分，都包含着非客观化的行为性质；于是始终存在着一完全的客观化行为，它仍然包含着原初行为的全部质料。

在此主导性法则的另一结果仍然是：每一复合行为的最终根基性行为（或者名词的组成项中的最终蕴含的行为）都必定是客观化行为。这些同样的行为都属于名词化行为一类，也就是[1]，最终蕴含的组成项在每一方面都是简单的〈einfachen〉名词化行为，一简单的〈einfache〉性质与一简单的〈einfältigen〉质料之单纯结合。我们也可以这样表达此原则：一切简单行为都是名词性的。反过来当然不如是：并非一切名词性行为都是简单的。当在一客观化行为中出现了一分节连接的质料，那么在其中就出现了一范畴形式，而且重要的是一切范畴形式均形成于根基化的行为中，对此我们还将进一步讨论。[2]

【补论】在本节及其后的讨论中，人们不须将质料理解为意向性本质的纯抽象因素。在不考虑性质的情况下，人们也可以用全体行为取代它——因此就是用我们在下一研究中称作的<u>再现作用</u>取代之：此时一切本

---

① 参见 § 38，483 页。

② 在《第六逻辑研究》的第二部分。

质因素仍然保持不变。 *498*

§43　对以上论述原则解释之回顾

现在我们可以理解为什么我们前面主张，根据名词性的观念概念所解释的布伦塔诺原则，在新的解释中仅只是此同一原则的一个次要结果。如果每一本身已经不是（或不纯粹是）客观化的行为是根基于客观化行为的，那么它当然必定最终也是根基于名词化行为的。因为，如同我们说过的，每一客观化行为都或者是简单的，因此当然是名词性的；或者是组合的，因此是根基于简单的，即再次是根基于名词性行为的。此一新的解释显然具有更重要的意义，因为按此解释此一本质的基本关系获得了一种纯粹的表达。按照另一种解释，虽然所言并无不正确之处，却混淆了或叠合了基本不同的根基化类型：

1. 非客观化行为（例如喜悦、期待、意欲等行为）以客观化行为（观念呈现，真确化）为基础，在其中一种行为性质首先根基于另一种行为性质，并只是间接地根基于一质料。

2. 客观化行为根基于另一客观化行为，在其中一行为质料首先根基于另一行为质料（例如一述谓性陈述的行为质料以根基性的名词行为的行为质料为根基）。因为我们也可以此方式看待事物。如无客观化行为就不可能有任何质料一事，本身必定得出结论说，当一质料根基于另一质料时，前一质料的一个客观化行为也即正好根基于后一质料的这样一种行为。因此，每一行为永远根基于名词性行为的事实具有不同的根源。原初性根源永远在于：每一简单的因此不再包含任何质料根基的质料就 *499* 是一名词化质料，而且每一最终根基性的客观化行为就是一名词化行为。但是因为一切其他种类的行为性质都是根基于客观化行为的，于是最后的根基化作用就由于名词化行为而从客观化行为转换为一切行为了。

第六章 有关观念呈现与内容二术语之最重要歧义性的综述

§44 "观念呈现"〈Vorstellung〉

我们在上章看到关于"观念呈现"一词的四种或五种歧义性。

1. Vorstellung 作为<u>行为质料</u>；或者如我们也可以更切近、更完全的方式说的：观念呈现作为行为以其为根基的<u>再现</u>*，即作为不含性质在内的行为之完全内容；因为这个概念在我们的论述中也起着作用，尽管我们在特别关注性质与质料之间的关系时特别强调质料。质料同时表明，行为中所意指的是什么对象，以及对象是在何种意义上被意指的；此外，再现引出了意向性本质之外的因素，这些因素决定着，对象是以何种方式被意指的：例如，是以知觉的还是想象性的直观，或者是以纯非直观的意指作用。在下一研究的第一节我们即对其加以详尽分析。

2. Vorstellung 作为"<u>纯观念呈现</u>"，作为"信念"〈belief〉的任何形式的性质变样，例如作为<u>纯命题</u>理解，而无关于肯定或否定、猜想或怀疑等等的内部决定。

3. Vorstellung 作为<u>名词行为</u>，例如作为一陈述行为之主词观念呈现。

---

4. Vorstellung 作为<u>客观化行为</u>，即在行为类的意义上，此行为类必然表示于每一完全的行为中，因为每一质料（或再现）均首先作为这样一种行为的质料（或再现）。此性质的"基本类"既包含着名词的及命题的信念类，也包含着其"对立项"，于是在上述第二种和第三种意义上的一切 Vorstellung 也均被包含于此。

关于 Vorstellung 概念或其所包含的体验的严格分析，以及关于它们彼此之间关系的最后论断，必然将是现象学进一步研究的任务。我们在此仅打算列举与该词相关的其他一些歧义词。对这些歧义词加以严格辨析，对于我们的逻辑学与认识论研究具有基本的重要性。现象学的分析构成了我们解决这些歧义词的不可或缺的前提，但我们在此前的说明中对此只有局部性了解。然而，这些欠缺已经多次被提及，而且已被指出到这种程度，即我们能够简明地列举出其要点。因此让我们继续列举如下。

5. Vorstellen*，作为观念呈现行为，通常与 Denken〈思想行为〉相对立。二者的区别原则上相同于<u>直观</u>和<u>概念</u>之间的对立。关于一"椭圆体"我有一观念，关于一"库莫尔平面"则无；但通过适当的绘图，通过模型或通过理论引导的想象运动，我也可以获得关于此数学名词的观念呈现。一个"圆的四角形"、一个"规则的二十面体"以及先天不可能的类似之物，在此意义上都是"不可观念呈现的"〈unvorstellbar〉。同样的，"多于三维的欧几里得复多体的一个完全分离的部分"，"数 π"，如此等等，都是免除了一切不相容性的形态。在所有这<u>些</u>不可能观念呈现的例子中，我们只有"纯概念"；更准确说，我们在此具有名词的表达式，后者为意义<u>意向</u>所激活，在意义意向中被意指的对象以或多或少不确定方式——尤其如在"一个 A"这样的不定定语形式中作为被确定称名的定语之单纯载体——"被思想"。现在"观念呈现行为"与思想行为对立：<u>显然直观赋予意义意向以充实，即适当的充实</u>。因此这一新的事例类受到偏重，因为在其中不能满足最终认知兴趣的"思想观念呈现"——或者是纯粹象征的意义意向，或者是与支离零碎且永远不充分

501

---

　　* Vorstellung 的动词形式，在此以大写开头表示为动名词。——中译者注

的直观相混合的意义意向——全面地及个别地相符于一"对应的直观"：在知觉或想象中的被直观者呈现于眼前，正如在思想行为侧所意向一样。因此，观念呈现某物现在意味着：因此，仅只被思想者，即虽然被意指着却至多只是非常不充分地被直观者，获得了一相应的直观。

6. 一个非常通行的观念 Vorstellung，相关于想象与知觉的对立。在日常语言中 Vorstellung 这个概念经常使用。如果我们望着圣彼得大教堂，我对其没有观念呈现。但当我在"记忆形象"中再现它时，或者当我在绘制的、素描的图画等等中看到它时，我对其即有观念呈现。

7. Vorstellung 刚才被说成是想象的具体行为。但进一步看，作为物质物的图画也意味着被绘制者的观念呈现，如在如下词组中：此照片呈现着 * 圣彼得大教堂。** 于是 Vorstellung 还进而意味着呈现着的图像这个客体〈Bildobjekt〉（区别于图像主题〈Bildsujet〉和被绘制的客体）：在此照片彩色中呈现着的东西并不是被摄影的教堂（图像主题），但它只是呈现着〈再现着〉教堂。此歧义性在记忆和纯幻想中转换为单纯准现前性的"形象性"。在俗常观点看来，在体验中被幻想者的显现本身，被解释为在意识中的一图像的实在存在；在其显现方式的"如何"〈Wie〉中的显现者被视为一内部图像，而且正像一被绘制的图像被视为所幻想者之"观念呈现"。此时人们并未阐明，内部"图像"及其与另一可能图像"呈现着"同一物的方式，是在意向性中被构成的，而且其本身不能看作幻想体验之实在因素。①

8. 在一切人们假定存在有图像关系的事例中有关 Vorstellung 的歧义性说法里，以下的思想也颇有影响。往往极不充分适当的图像"再现着"事物并同时使人想起它，成为它的记号。后者的意思是，它显示为适合于引起事物的一个直接的和内容更丰富的观念呈现。照相使人们想起原物并同时为其再现者，并以一定的方式为其代表者。其图像观念引生许

---

* 再现着，在此我们可以看到此词含有的一个基本含混义："心中的呈现"和"再现"。——中译者注

** 在胡塞尔此例中，我们进一步看到 Vorstellung 一词含义的混合性：观念呈现、呈现结果、再现。当其表达"再现"意思时，其实与原初的观念呈现有所不同了。——中译者注

① 参见《图像理论批评》，421 页及以下。

多判断，如无图像判断将需要以原物的知觉为基础。一个与事物在内容上不近似的记号往往也起着类似的作用，例如，一代数符号。它可引起所代表者的观念呈现（即使是一非直观物或一〈数学〉积分），进而引起我们的思考（有如当我们准再现着积分的完全的定义之意义）；同时，在数学运算场合的符号可"以代表方式"起到代替者的作用：人们以其进行加法、乘法等等运算，好像在其中由符号代表者被直接给予了。我们在前面的讨论中了解到，此表达方式是相当粗糙的①，但它表示了一种概念，此概念对于一种观念呈现的说法是具有决定性的。按此理解，观念呈现实际上正像再现一样，在双重的意思上，既意味着观念呈现的激发又意味着替代作用。于是数学家在黑板上边画边说道："OX 代表双曲线的渐近线。"或者边计算边说道："xb 代表着方程式 f(x) ＝0 的根。"②一般来说，记号，不论是图像记号还是名称记号，都意味着被标记者之"观念"。

現在所说的 Repräsentation〈再现〉（我们不想将其作为术语加以固定）相关于客体。此一"再现着的客体"在一定的行为中被构成，而且通过超越解释的〈hinausdeutenden〉观念呈现某一新行为，保持着作为新客体的"再现者"的特性。再现的另一个原初性意义在"1"中提及过，按此，再现者是被体验的内容，后者在再现中经验着客观化的把握，并在此方式中（其本身并不成为对象）有助于我们在观念上呈现一客体。

这立即使我们面对新的歧义性。

9. 知觉和想象之间的区别（后者本身也显示了重要的描述性区别）永远会与感觉和幻象〈Phantasmen〉之间的区别相混淆。前者是关于行为的区别，后者是关于非行为即关于被体验的内容的区别，被体验的内容在知觉或幻想中被把握。（如果人们要把一切在此意义上再现着的内容都称作感觉，那么人们就必须在术语上区分印象式感觉和再生式感觉。）至于在感觉和幻象之间一般是否存在本质的区别，在活跃性、稳定性或

503

504

---

① 参见《第一逻辑研究》，§20，68 页及以下；也参见《第二逻辑研究》，§20，156 页；同样参见《抽象与再现》一章，166 页及以下。

② 此一表达方式近代以来已越来越少见，在从前很常见。

流动性等等之间习惯上引起的区别是否充分，或者是否必须依赖双侧的意识方式，这些问题我们在此尚难考虑。无论如何可以肯定，可能的内容区别仍不构成知觉与想象之间的区别，毋宁说，后者，正如分析可绝对清晰地指出的，是一种行为本身之间的区别。我们不可能认为在知觉或幻想内描述上的所与者就是被体验的感觉或幻象的纯复合物。另一方面，在彼此之间习惯上极易发生的混淆是基于这样的事实，人们有时将 Vorstellung（按照"6"和"7"的意思）理解为幻想观念，有时又理解为相应的幻象（幻想图像性的再现性内容的复合体），于是由此产生了新的歧义性。

10. 由于在显现（例如，具体的幻想体验或"幻想图像"）和显现者之间存在混淆，被观念呈现的对象也被称作 Vorstellung。无论在知觉中还是一般地在作为单纯直观或逻辑上把握的直观意义上的 Vorstellung 均如此。例如，"世界是我的表象〈Vorstellung〉"。

11. 以下看法导致将一切意识内容称作 Vorstellung：一切意识体验（在真正现象学意义上的内容）都在内知觉或其他内部朝向物（被意识者〈Bewußtheit〉，原初的统觉）的意义上是被意识的，以及由于此朝向性自然有一 Vorstellung（意识或自我在观念上呈现着内容）。这就是自洛克以来的英国经验主义哲学中的 idea〈观念〉（休谟则称其为 perceptions〈知觉〉）。"具有一 Vorstellung"而"体验一内容"，这两个词都是经常被视为同义词使用的。

12. 在逻辑学中重要的是将具有特殊逻辑性意义的 Vorstellung 概念与其他 Vorstellung 概念加以区分。我们前面已经不时谈到此词具有不同含义的问题。现在我们提一下在关于此歧义性类型列举中尚未谈及的布伦塔诺的"Vorstellung an sich"〈观念呈现本身〉，我们将其解释为在一完全陈述内部的每一独立的或非独立的部分意义〈Teilbedeutung〉。

关于 Vorstellung 的一切纯逻辑性概念，一方面要区别 Ideale 和 Reale，例如在纯逻辑意义上的行为之名词 Vorstellung，后者在行为中被实现着。另一方面要区分纯意义意向和为其提供或多或少充实性的体验，即直观意义上的 Vorstellung。

13. 除了已谈到的那些使得任何严肃深入思想体验现象学的人深觉有

害的歧义性意义外，该词中还存在有其他较不重要的歧义性用法。例如我们可以提到 Meinung（δόζα）〈信念，意见，看法〉。这是我们在一切日常词语中看到的由于随意传播而发生的一种歧义性。我想到以下这些语言上各有不同而意义永远相同的词语，此即广泛流行的 Meinung、Vorstellung、Ansicht、Anschauung、Auffassung。

§45　"观念呈现的内容"

当然，与 Vorstellung 相关的诸表达也相应地具有多义性。特别是这样的说法："was eine Vorstellung vorstellt"〈一观念呈现所呈现者〉，即 Vorstellung 的"内容"。我们此前的分析已经清晰阐明关于 Vorstellung 的内容和对象之间的纯区别性，如特瓦尔多夫斯基继 Zimmermann 之后所主张的远未充分（尽管在此问题上坚持严格区别的观点是有其价值的）。在逻辑学领域（这些作者在此没有看到加以限制的必要性）与被称名的对象应加以区别的不只是作为"内容"的单一者，而可能并必定存在许多可加区别者。首先，内容，如名词的观念呈现，意味着作为观念性〈ideale〉统一体的意义：在一纯逻辑性意义上的 Vorstellung。作为观念呈现行为之实在性〈reelen〉内容的实在性〈reeles〉因素与其对应的是具有观念呈现性质和质料的意向性本质。在实在的内容中我们继续区分可分离的、不属于意向性本质的组成部分："内容"，它在行为意识中（在意向性本质中）被把握，即感觉和幻象。此外在许多 Vorstellung 中还有关于形式和内容的多义性区别；尤其重要的是质料（在一完全新的意义上）和范畴形式之间的区别，对此问题我们还必须进行更多的研究。例如，与此相联系的还有关于概念的内容这样的绝非意义一致的说法：内容等于"特性"的总体，它不同于其连接形式。在将行为、内容和对象加以简单的对立后而统一地使用词语"内容"时所引起的疑虑，显示于（前面部分指出的）特瓦尔多夫斯基陷入的那种困难和错误中，例如：他谈到"在两个方向上运动的观念活动"，他完全忽略了观念性意义的意义，他由于诉诸词根的区别而在心理学上排除了明显的意义区别，他有关"意向性的不存在"理论的研究，以及他有关一般对象的理论。

506

507

【补论】晚近以来，一种流行的观点是，观念呈现行为〈Vorstellen〉*和被呈现的内容之间没有区别，或者至少说这种区别不可能在现象学中被证明。人们在此采取此立场，当然取决于人们如何理解 Vorstellen 和内容二词。将其理解为对于感觉和幻象的单纯"具有"〈Haben〉而忽略或不考虑关于把握之现象学因素，当然可以有理由说：并不存在 Vorstellen 的真正行为，Vorstellen 和被观念呈现者就是同一的。对内容的那种单纯具有，作为对体验〈Erlebnisses〉的一种单纯体验行为〈Erleben〉，并不是意向性体验（只通过一种把握意义〈Auffassungssinn〉相关于对象），而且特别不是一种内知觉，因此我们也将感觉〈Empfindung〉和感觉内容〈Empfindungsinhalt〉视为同一。但是如果人们区分了关于 Vorstellung 的不同概念就会怀疑，一个如此界定的概念是否还能够坚持，而且此概念是否可以只从对更原初的、意向性的 Vorstellung 概念的错误解释中产生？不论 Vorstellung 概念可如何被规定，一致的看法是，适当的概念不应当仅根据心理学规定，而且也应根据认知批评和逻辑学，特别是根据纯粹逻辑学加以规定。因此，如果人们承认这一解释却仍然根基于上面描述的概念，就当然陷入了混淆。因为，在认知批评和纯粹逻辑学中此概念一般来说并不发挥作用。

仅只按照此一词义混淆事例我也可阐明，一位在其他方面如此敏锐的学者如 V. Ehrenfels 有时也认为（《心理学和感官心理学》杂志，XVI，1898）：我们能够不放弃关于一种不同于观念呈现内容的观念呈现行为的假设，主要因为，如若不然我们就不可能在"一对象 A 的观念呈现"和"同一对象的观念呈现之观念呈现"之间指出区别。对此他说，他还从来不曾直接相信过此类现象之存在。对此我回应说，一观念呈现行为本身是可以被我们直接直观到的，在此我们正是在现象学上证实了观念呈现和此观念呈现之观念呈现之间的区别。但是如果事实非如此的话，人们就不可能在世上找到任何足以直接证明此一区别的证据了。于是我相

---

　　* 此为 Vorstellung 的动名词形式。Vorstellung 主要暗示"呈现结果"，次要暗示"呈现行为"，而 Vorstellen 只意指"呈现行为"。我们用"观念呈现"这个兼指二者而不免含混的字组翻译一般情况下的 Vorstellung，而在与 Vorstellung 对举 Vorstellen 时则对后者增加上"行为"二字，以强调其专门的动名词词性。——中译者注

信，当我们在一简单声音现象与作为可理解的名字的同一声音现象之间阐明了二者的区别时，我们就已经直接地证实了一观念呈现行为之存在。

第六逻辑研究　认知现象学阐释原理

前　　言

　　《逻辑研究》最后部分的目前新版，遗憾，并不符合我在 1913 年第 *iii*
二版第一卷前言中的声明。为此我不得不决定仍发表其中只在若干节段
中基本改进过的旧文本，而不发表彻底的修改本，其中很大一部分那时
已经在排印中了。一个古老的谚语再一次证明了其真确性：书籍有其自
己的命运。首先，一段时期以来超强的工作所自然引生的劳累迫使我中
断了排印。在此期间感觉到的理论上的困难要求对新构想的稿本加以彻
底的改写，对此任务来说需要作者养精蓄锐。在接下去的战争年代我没
有能力继续对逻辑现象学进行全神贯注的投入，无此投入则研究是不可
能富有成效的。我只能通过沉浸于最一般的哲学思考和重新致力于有关
现象学哲学观念的方法论的和实质性的改进工作，来承受住战争和其后
的"和平"，并在此努力中系统地构思其基本路线、工作安排以及继续这
些方面所必不可少的具体研究。我在弗莱堡的新教学工作也要求我的研
究兴趣朝向指引方向的一般性和系统性方面。只是最近以来此系统性研
究导致我再次返回了我的现象学研究的初始领域，这使我想起了如此长 *iv*
久以来有待完善和出版的关于纯粹逻辑的基础研究。我还不能肯定，由
于分身于繁忙的教学工作和同样繁忙的研究工作，何时能够使其相符于
在此期间完成的改进以及重新完成文字的整理；也不肯定，我是否能在
此过程中同时利用《第六逻辑研究》的稿本，或者使我的在内容上已远
远超出该研究的构思成为一本全新之书。

　　就这样，我向本著作的友人们的催促让步了，并不得不为此而决定，
将其最后部分，至少以其旧的形式，再次予以发表。

　　我不可能详细予以加工的第一部分几乎是逐字逐句地重印了旧稿，因为任何改动都会有损全书的风格。反之，在我特别重视的关于"感性和理智"的第二部分，我进行了不少改进。我仍然相信，关于"感性直观和范畴直观"一章，连带着此前诸章中的预备性论述，展开了对逻辑明证性（以及因此当然也是价值学和实践学领域内的相应明证性）的一种现象学阐释之路。如果人们对此章足够关注就不会发生有关我的"纯粹现象学观念"的许多误解。因为显然在该书中谈到的一般本质观的直接性，完全像任何其他范畴直观的直接性一样，是与一种非直观的、如一种象征的-空的思想对立的。与此相反，人们将此直接性代换以日常意义上的直观之直接性，正是因为人们不了解感性直观和范畴直观之间的区别，而此一区别对于每一理智理论来说都是基本性的。一部二十年来广遭敌意却仍然被广泛使用着的著作所提出的有关如此深刻意义的简明论述，却始终不能获得显著的学术影响，在我看来，这反映了哲学科学界目前状态之特点。

　　同样的情况表现在关于"真正思想与非真正思想的先天性法则"的一章中（此章在文字上也进行改善了）。此章至少为我们初次彻底克服理智理论中的心理主义提供了范式；此范式显示于仅只关注形式逻辑问题的本研究中，因此限于形式逻辑理性范围。本章在如何粗浅的方式下被读解之事实，可由经常听到的、在我看来却荒谬无比的指责予以揭示，此指责说：在本书第一卷中明确放弃了心理主义之后，我却在第二卷中重新陷入心理主义。——如果我补充说，在二十年来的继续工作之后，我今日在很多方面不会再那样写作了，不会再赞成那些规定，例如关于范畴再现的理论，但这并非是在否定我曾经说过的话。不过我想我仍然应该说，在此著作中的那些不成熟的甚至错误的观点，也仍然值得仔细深思。因为该书中所说的一切都来自实际上达及事物本身的研究。再者，此研究纯粹朝向于其直观的自所与性，并对纯粹意识持有本质现象学的态度，而只有根据纯粹意识才能产生富有成效的理性理论。读者如要理解本书中以及《通论》中我的论述的意义，当然应该不畏辛劳，特别是要努力将他自己的概念以及有关相同的或以为相同的论题的信念"置入括弧之内"。但是此辛劳是事物本身的性质所要求的。凡不惮辛劳者将会发现有足够的机会来改善我的论述，而且，如果愿意的话，对其不完备 *vi* 之处进行批评。读者不应只是根据粗浅的阅读及坚持非现象学的思想观点来进行这样的努力，如果他不想招致所有真正理解者的否定的话。我们从石里克的《一般认识论》一书中了解到，很多作者多么随意地进行着否定性批评，他们多么费心地阅读我的著作，他们如何肆意地将荒谬之论加诸我及现象学。在该书中（121 页）我们惊讶地读到："《通论》主张一种特殊直观的存在，此直观将<u>不是实际心理行为；而且谁要是不能发现在心理学领域内所没有的这样一种'体验'</u>，这对他就意味着，他还不理解此理论，他还未曾深入持有正确的经验态度和思想态度，此正确态度正是要求着'特殊的和艰苦的研究'。"任何熟悉现象学理论的人都必然一眼看出，我根本<u>不可能</u>提出那类荒谬的主张，像石里克在上述带有着重线的引文中所加于我的那样，并理解其关于现象学意义的其他论述是不正确的。当然，我一再要求着"艰苦的研究"。但这不过相当于数学家对每一位要参加数学讨论的人，或者对每一位甚至自诩能够对数学科学的价值提出批评的人，所提出的要求。无论如何，要把握一门学问的意义而不进行必要的充分研究，而且还要对其批评，这是违背人文学术良知之永恒法则的。没有任何自然科学的、心理学的甚至哲学史的丰富学养可以免除或哪怕是减少深研现象学所要求的辛劳。然而任何人，只要他付出了此种辛劳并上升至难得的偏见之免除，他就可获得关于科学<u>基础</u>所与性以及为此所要求的方法内在正当性的无可怀疑之确定性， *vii* 此方法在现象学以及在其他科学中，均使得概念上规定的研究问题之共同性与坚实的真伪判定性成为可能。我还必须补充说明，对石里克来说，问题并非仅因不恰当的失言而已，而是涉及其全部批评以之为根基的、曲解意义的概念偷换。

在表达了上述自辩词后，对于第三部分我还应补充说，关于问题句和愿望句的现象学解释问题，我的立场在此书初版后不久就已改变了，而眼下可能对其进行的任何有限的改写都是不够的。因此这部分文字未加改变地保留下来。至于经常使用的有关"外知觉和内知觉"的<u>附录部</u>

分，我可能较少保守。虽然文稿的基本内容保持下来，但其形式现在看起来已大有改善了。

遗憾的是，为全书提供一套索引的合理愿望未能实现，因为我的本来前途无量的学生 Rudolf Clemens 博士为其祖国捐躯了。

胡塞尔，1920 年 10 月于弗莱堡

导　论

　　我们的前一研究初看起来似乎失之于并非切题的描述心理学问题，其实是我们的认知阐释目的所急需者。一切思想，尤其是一切理论思想和认知，均实行于某种"行为"之内，此行为出现于表达性的语言关联域中。在这些行为中存在着一切有效性统一体〈Geltungseinheiten，或有效性单元〉的根源，有效性统一体作为思想和认知的客体，或作为其阐明的根据和法则，作为其理论和科学，直接相对于思想者。在这些行为中也存在着与其相关的一般的和纯粹的观念〈Ideen〉之根源，纯粹逻辑将从观念中导出观念法则性的关系，而认知批评将对观念进行阐明。由于规定了行为本身的现象学特殊种类，此一颇多争议和曲解的体验类别显然已相当地促进了认知阐明的工作。由于将逻辑体验归入此类别之内，我们在界定逻辑领域和认知概念分析的可理解性方面，取得了最初重要的进展。但我们的研究进展也导致我们对不同的<u>内容</u>概念进行区分，这些概念在涉及行为及与其相关的观念统一体时，习惯上彼此处处相互混淆。在《第一逻辑研究》中意义及意义赋予行为在较窄范围内已使我们惊异的区别，现在再次回到较广的领域和最一般的形式里。在上一研究中作为新获得的及特别值得注意的内容概念、意向性本质概念，与逻辑领域并非没有这种关系；因为以前曾用于说明意义同一体的同一个"同一体系列"，一旦适当地一般化后，就提供了与任何行为相关的某一同一体，即"意向性本质"同一体。通过此种连接，或将现象学特性和逻辑领域的观念性统一体归于在一般行为领域内具有其场域的最一般的特性和统一体，我们就在显著的程度上对前者获得了现象学的和批评的理解。

　　前面最后几章中完成的研究紧接着关于统一的意向性本质内行为性

质和行为质料的区别，再次使我们深入逻辑主题领域。我们不得不探讨这些意向性质料与对每一行为具本质性的观念呈现基础间的关系，并不得不区分若干重要的、经常相互混淆的观念呈现概念，这使我们得以同时发展出"判断理论"的一个基本部分。当然，关于观念呈现和判断概念的特殊逻辑概念尚未获得最终决定性的阐明。在此问题上以及一般而言，我们还有很长的路要走。我们始终处于起始阶段。

我们甚至尚未能达到切近的目的：阐明<u>意义</u>观念的起源。表达之意义，毫无疑问地存在于（这是一种极重要的明证性）相关行为的意向性本质中；但是还根本没有讨论的问题是，何种行为一般而言适合意义功能，或者反之，是否在此问题上一切种类行为都不具等同性。但是如果我们想要着手解决这个问题，我们就遇到了（下一节我们将马上指出）<u>意义意向和意义充实的关系</u>，或者按照传统的、含混性的表达方式说，就遇到了"概念"或"思想"（在此思想正是被理解为未经直观充实的意见）和"<u>相应直观</u>"的关系。

对此在《第一逻辑研究》中已经指出的区别进行最细致的研究是极为重要的。在进行相关的、首先与最简单的名词意向相联系的分析时，我们立即注意到，全部思考都自然既要求范围的<u>扩大</u>也要求范围的<u>界定</u>。我们在其中发现，意向和意向的充实或意向的预期证误之间区别的最广行为类，远远超出了<u>逻辑领域</u>。后者本身是通过一种特殊的充实关系加以界定的。一种行为类——客观化行为——是相对于一切其他行为以如下方式为标志的：与其领域相关的充实综合具有<u>认知</u>、<u>同一化</u>、诸相互协调者间"单一体设定"〈In-Eins-Setzung〉等特性，而且相应的，预期证误综合具有"诸矛盾者"间"分离"的特性。在客观化行为的此一最广领域内，我们将研究<u>一切相关于认知统一性关系</u>，也就是不只是相连于语言表达这类特殊意向的充实问题。类似的意向也独立于语法的联系。此外，我们的直观，一般情况下甚至也有直观的特性，后者仍然要求着并往往经受着继续的充实化。

我们将从现象学观点，也就是通过充实现象，来刻画最一般的概念<u>意指</u>〈Signifikation，意义〉和<u>直观</u>〈Intuition，直觉〉，而且为了阐明认知去深入<u>各种直观</u>〈Anschauung〉的、首先是感性直观的基本分析。于是我们将进入认知阶段现象学，而且将对一系列与其相关的基本认知概念进行阐明和加以准确规定。在此，以前分析中仅只附带提及的新内容概念将凸显出来：直观〈intuitiven〉内容概念，再现性的〈repräsentierenden〉（aufgefaßten，被把握的）内容。认知性本质将连接于此前的意向性本质，而在认知性本质内部我们将区分意向性性质、作为把握意义的意向性质料、把握形式以及被把握的（被统觉的或再现性的）内容。于是我们可通过把握形式将把握或再现概念规定为质料和再现性内容之统一体。

现在，有关意向和充实化之间存在着"层级系列"〈Stufenreihe〉的问题，我们将承认在意向性本身内具有或多或少中间性的区别，意向性本身排除了一种简单的充实化，而是要求着一种级次性"充实系列"，而且我们将因此理解到最重要的、迄今尚未阐明的语词意义：间接的观念呈现。我们于是按照意向和与其在认知中融合为充实化的直观体验之间或多或少的相符性〈Angemessenheit，适当性，充分性〉区别进行研究，并据此规定了客观上完全相符〈Anmessung〉之事例。与此相连，我们致力于对可能性与不可能性（一致性，相容性——矛盾性，不相容性）概念以及与此相关的观念性公理，予以一种最终现象学的阐明。在回顾我们已颇久未曾论及的行为性质时，我们现在要考察那种与设定性行为相关的、在临时性充实化与最终充实化之间的区别。最终充实化表示了一种完全性观念，它始终存在于一种相应的"知觉"内（对此当然应假定这是一种超越了感性限制的知觉概念之必要扩展）。此类事例的充实化综合就是严格意义上的明证性或知识。在此实现了真理意义上的存在，正确理解的"一致性"，"adaequatio rei ac intellectus"〈物与理智的相符性〉，在此真理本身是所与性的，是被直观和被把握的。不同的真理概念，均应基于同一现象学情境被构成，在此获得了完全的阐明。结论同样适用于相应的非完全性观念的，因此即适用于荒谬性事例，甚至在相关于"矛盾性"及其中被体验的非存在时，也适用于非真理性〈Unwahrheit〉。

我们最初仅只关注于意义意向研究的自然过程导致了这样的结论：所有这些研究最初均以最简单的意义开始，因此抽离了诸意义之间的形式区别。我们在第二部分将此区别性纳入考虑的补充研究，立即将我们引致一个关于质料的全新概念，也就是引出了感性材料和范畴形式的基本对立性，或者为了以现象学立场取代客观的立场，引出了感性行为和范畴行为之间的基本对立性。与此紧密相连，我们指出，在感性的（现实的〈realen〉的）和范畴的对象、规定性、连接性之间也存在着重要的区别；按此，对于范畴性的后三者而言的特征是，它们在"知觉的方式"中仅能在行为中"被给予"，此行为根基于其他行为，最终基于感性行为。一般而言，范畴行为的直观的因此也是想象的充实化，根基于感性行为。但单纯的感性永远不可能为范畴的意向，准确说，包括范畴形式的意向，提供充实化；毋宁说，充实化永远存在于一种由范畴行为形成的感性中。由此产生了原初的感性概念、直观和知觉的绝对不可欠缺的意义扩大，这使我们能够谈到范畴直观以及特别谈到一般直观。于是感性抽象和纯范畴抽象之间的区别，决定着感性概念和范畴这两种一般性概念之间的区别。感性和理性之间的古老认识论区别，由于简单的或感性的直观和有根基的或范畴的直观，获得了所期待的充分清晰性。同理可说明思想和直观之间的对立，后者在哲学语言习惯中将意指和充实性直观间的关系与感性行为和范畴行为间的关系相混淆。关于逻辑形式的一切说法都相关于所说的意义和意义充实的纯粹范畴方面。但是，逻辑"质料""术语"全体，由于范畴直观的一种级次式叠加性，使我们甚至仍然能够区别材料和形式，以至于材料和形式的逻辑对立性凸显了我们前述的绝对区别具有某种不难理解的相对性。

本逻辑研究的主要部分将结束于对一种限制性的思考，此限制性阻碍着一种材料的实际范畴形成的自由度。我们将关注真正思想的分析性法则，此种法则由于基于纯粹范畴而独立于材料的一切特殊性。类似的限制性也限定了非真实思想，即纯意指〈作用〉，就纯意指应该能够进入真正意义上的表达而言，即此表达基于先天性原则并独立于被表达的材料。根据这种要求产生了作为纯意指规范的真正思想法则的功能。

在本研究开头提出的有关意义给予行为和意义充实行为的一种自然限定的问题，就通过将其归入客观化行为类以及通过将客观化行为划分为意指性行为和直观性行为获得了解决。本研究全部进程中所实行的对与充实化有关的现象学关系的阐明，使我们能够以批评的态度来评价这样一些论述，它们对于亚里士多德的作为述谓关系的愿望命题、命令命题等等的理论或赞成或反对。本研究最后部分即致力于对这些争论予以充分的阐释。

有关刚刚描述的我们努力的目的并非对于一般认知进行的一种最终的及最高的现象学阐释。我们的如此广阔的分析也并未对有关居间的〈mittlebaren〉思想和认知的成果极其丰富的领域加以足够的开拓，中间性因素的明证性及其观念的相关项的本质仍未获得充分阐明。然而我们相信不应将努力局限于细微目的，我们希望自己已经揭示了认知批评的最基本的和按其性质而言最初步的基础。甚至在认知批评中应该贯彻一种自我谦逊态度，这是一切严格科学研究的本质所要求的。如果严格科学的目的朝向于问题的真实的及最终的解决，就不该再抱如下幻想：重要的认知问题可经由对传统哲学和或然的论证进行简单批评来解决。如果严格科学最终意识到，问题的解决只有通过对其切实的把握方可前进和形成，那么严格科学也必定顺从于如下义理：认知问题首先不应该在使我们最感兴趣的、较高的、最高的格局中加以处置，而应在其相对简单的形式中，在其可达及的发展阶段加以处置。以后的分析将显示，此一如是谦逊的认识论研究仍然须待克服巨大的困难，甚至还有种种工作有待完成。

第一部分

客观化的意向及充实化。作为充实化与其层级之综合的认知 [8]

第一章　意义意向与意义充实化

§1　可作为意义载者的是一切种类的行为
还只是某些种类的行为

让我们开始讨论导论中提出的问题：意指作用是否只是实现于某种限定的属的行为中。初看起来可能非常自然的是，并不存在此种限制，任何行为都可具有意义赋予功能。我们可能赋予每一种类行为——观念呈现、判断、猜想、疑问、愿望等等——以表达，而且在这样做时它们为我们带来了相关于词语形式、名称、陈述、问题、愿望等等的意义。

但是人们也可能认为相反的理解也必然具有同样的自明性，而且特别是当其肯定一切意义都限制在一种严格限定的行为类时。现在人们说，当然一切行为都是可表达的，但他发现，行为的每一表达都在一适合他（在足够发展的语言中）自己的词语形式中。例如对于句子而言，我们有这样的语词形式区分：陈述句、疑问句、命令句等等。在陈述句类中还有范畴句、假言句、选言句等等的区别。无论如何，行为在以这种那种语词形式进行表达时，都应在其行为规定性中被识别，疑问句作为疑问句被识别，愿望句作为愿望句被识别，判断句作为判断句被识别，如此等等。对于组成它们的诸部分行为亦完全同此，只要后者也进行表达的话。诸行为不可能找到适合它们的形式，除非它们是按照形式和内容被统觉到、被识别到的。因此，词语的表达作用并不存在于单词本身中，而是存在于进行表达的行为中；后者在一新材料中显示了由其所表达的相关行为，此表达性行为从其相关性行为中创造出了具有思想性内容的

9

〈gedanklichen〉表达，其一般性本质构成了相关词语的意义。

此一观点的一种极佳证实似乎存在于表达的纯象征性功能的可能性中。精神思想性的表达，应被表达的行为的那种思想性对应者，连接于语言表达并可与其一起激活，即使该行为本身未被理解者所实行。我们理解一知觉的表达，自身并未去知觉，我们理解一疑问的表达，自身并未提出疑问，如此等等。我们并非只有语词本身，而是也有具思想性意义的形式或表达式。在相反的情况下，当被意向的行为现前时，表达与被表达者相符，与语词连接的意义相符于其所意指者，意义的思想性意向在其所意指者中获得了充实性的直观。

在与这些对立的观点显然紧密相关的情境中存在如下古老的争论：疑问句、愿望句、命令句等等的特殊形式是否不应被视为陈述，因此其意义应相当于判断。按照亚里士多德的理论，一切独立完全句的意义均存在于种种心理体验之中，存在于判断行为、愿望行为、命令行为等等的体验之中。反之，按照近代以来越来越流行的其他理论，意指行为只出现于判断行为之中，或者只出现于其观念呈现的变样之中。在疑问句中一疑问当然被表达于某一意义中，但只因为该疑问被把握为疑问，在此思想性的把握中被视作说话者的体验，因此被判断为其体验。在一切其他情况下均如此。在此理论的意义上，每一意义都或者是名词性意义或者是命题性意义，或者如我们最好能够说的，每一意义都或者是一完全陈述句的意义，或者是如此意义的一可能部分。陈述句在此即述谓句。因为一般而言，按此观点，人们把判断理解为述谓性行为，而当然，如我们还将看到的，此争论仍然具有其意义，如果判断被理解为一般的设定行为的话。

为了获得对所提问题的正确态度，需要进行比上述粗浅论证更精细的思考。以上从不同论点视其为自明性者，在进一步思考后，就会显露出其不清晰性，甚至错误性。

§2 一切行为的可表达性并不具决定性。一种行为表达的词语具有两种意义

前面提到，人们对我们说，一切行为都是可表达的。这当然无可置

疑，但这并不意味着人们可以自行暗示说，一切行为也可因此承担<u>意义载者</u>的功能。如我们先前说过的①，关于表达的用语是多义的，即使当我们将其联系于待表达的行为时也仍然如此。人们可以说，被表达者是意义赋予者，后者在狭义上指"被宣告的"行为。但是，还可能有其他行为，自然在其他意义上，称作被表达的。我在此是指非常通常的情况，在该情况中我们对自己<u>刚体验的行为</u>称名，并通过此称名作用<u>表达</u>我们体验过那些行为。在此意义上我在"我愿望……"形式中表达一愿望，在"我询问，是否……"形式中表达一疑问，在"我判断……"形式中表达一判断，如此等等。当然，我们也可以像判断外部事物那样判断自己的内部经验，而且我们在这样做时，相关句子的意义存在于关于该体验的判断行为中，而非在该体验本身中，如愿望、疑问等等。同样的，关于外部事物的陈述的意义也不存在于该事物（马匹、房屋等）中，而是存在于判断中，此判断是我们内心宣布的，或者说，存在于有助于形成该判断的观念呈现内。在一种情况下，被判断的客体是超越于意识的（或要视其为如此），在另一种情况下，是内在于意识的，但此一事实并未形成本质的区别。当然，在我将其陈述时充实着我的愿望，是与我的判断行为具体合一的。但是此愿望并未真的形成判断。愿望是在一反思性知觉中被把握的，愿望被列于愿望的概念之下，借助于此概念和愿望内容的确定性的观念呈现被称名；于是关于愿望的概念性<u>观念呈现</u>直接地导致关于愿望的判断的成立，而且相应的愿望<u>名称</u>导致愿望陈述的成立，完全同于关于人的观念呈现导致关于人的判断的成立（或者人的名称导致关于人的陈述的成立）。如果我们在句子"我愿望……"中用相关的专有名词取代主语词"我"，那么句子的意义按照未改变的部分看肯定不受影响。但不容置疑的是，愿望陈述现在在相同的意义上被一听者所理解，而且在该听者的愿望判断中可被其继后体验，即使他<u>根本没有参与该愿望</u>。因此我们看到，即使愿望偶然地与朝向它的判断行为合一，该愿望实际上并不属于判断意义。如果表达的有效的意义维持不变，真实赋予意义的体验就不可能消失。

11

---

① 参见《第一逻辑研究》，46 页。

12 结果，同样明确的是，一切行为的表达可能性都与这样的问题无关：一切行为是否也能起到意义赋予的功能，只要实际上把此可表达性理解为形成有关这些行为的某些陈述的可能性。正因如此，一般的行为并不承担着意义载者的功能。

§3 关于一行为表达之词语的第三种意义。我们的论题的表述

我们刚才区分了被表达行为词语的两种概念。或者该词语指这样的行为，在其中相关表达的意义*被构成，或者指这样的行为，言谈者以述谓方式将其视作自身刚刚体验者。我们能够设想将此后一概念加以适当扩展。不用说，按此概念把握的情境就其本质方面而言是同一的，当被表达的行为不是在述谓方式中与进行体验的自我而是与其他客体相关时；而且同样不变的是，一切可设想的表达形式，当其将此行为实际上称名作被体验者，却以并非将该行为标记为一述谓句之主词项或宾词项的方式。重要的是，被称名的或以其他方式"被表达"的行为，似乎就是实际现前的词语的对象，或词语以之为基础的客观化设定的对象。然而对于意义赋予行为来说情况并非如此。

在第三种意义上，同样的语词，正像在第二种意义上一样，相关于一种属于相关行为的判断或其他的客观化行为，但非相关于一有关该行为的判断——因此也并非借助于涉及它们的观念呈现及称名行为而相关于这些行为的一种客观化——而是相关于以并不要求其客观化的这些行为为基础的判断。例如，"我赋予我的知觉以表达"可能意味着，我在对我的知觉予以述谓性陈述时，此知觉具有某种内容。但是它也可能意味

13 着，我从此知觉引出我的判断：我不仅主张而且知觉相关的事实，并如是对其主张，好像我在知觉它。在此，判断非相关于知觉，而是相关于被知觉者。当人们简化地谈知觉判断时，通常正是指刚才描述过的那类判断。

---

* Sinn 与 Bedeutung——在中文语境中此二词的意思几乎无法区分，在西方语言中其区分也仅只是修辞习惯上的，故只能都译为"意义"。——中译者注

　　我们也能同样地表达其他直观行为，如想象、回忆、期待。

　　当然，在根据想象的陈述中应当怀疑，其中是否存在还是不如说其中并没有一种现实的判断。我们在此想到这样的情况，在其中，随着想象的驰骋，我们将对我们显现者，在通常陈述中称作被知觉者；或者也想到叙事的形式，在其中故事讲述者，小说家等所"表达"的不是真实的事件而是其艺术化幻想的作品。按照上一研究中的论述①，所谈者相关于诸一致被变样的行为，这些行为对应着作为其对<u>应项</u>的、以相同词语被表达的现实判断，正如直观性想象对应着知觉，或者也对应着记忆和期待。目前我们要忽略这些区别。

　　与我们刚才指出的那类情况以及与由其限定的关于被表达行为之词语的新意义相联系，我们想对意义和被表达的直观之间的关系加以阐明。我们想考虑，此直观是否即构成着意义的行为，如果不是，应该如何以其他方式理解二者之间的关系及为其归类。我们在此尤其遇到的最一般性的问题是：一般能够赋予表达的行为本身，以及一般能够承受表达的行为，是否在基本上不同的并因此严格规定的行为类型的范围内运动，以及尽管如此是否存在一决定性的、作为标准的属统一体，它包括着并封闭着全体行为，这些行为在广义上能够承担一种意义功能——或者是意义本身的功能，或者是"意义充实"的功能，以至于一切其他属的行为自然地并合乎规则地始终被排除在这些功能之外。因此，这就是我们研究的最直接目的。随着思考的展开，研究的自然扩大将使得此处提出的问题对于一般知识理解的意义明晰起来，到那时新的、更高的目的将立即进入我们的视野。

§4　知觉的表达（"知觉判断"）。其意义不可能存在于知觉之内，而必须存在于特殊的表达行为之内

　　让我们看一个例子。我刚才向花园望去，并对我的知觉给予词语表达："一只乌鸦飞过。"<u>在此含有意义的行为是什么</u>？按照《第一逻辑研

---

　　①　参见第五章，§40，第一版454页，第二版491页及以下。

究》的论述，我相信可以说：它不是知觉，至少不只是知觉。在我们看来，目前的情境不可能被这样描述，好像除语词声音之外就没有其他因素被给予，而且对于表达的意义性具有决定性者，也只有与其相连的知觉。根据此<u>同一知觉</u>，该陈述还可能有其他的表述法，并因此显示<u>其他的意义</u>。例如，我可能说："它是黑色的，是一只黑色的鸟"，"这只黑色的动物在飞行，在盘旋"，如此等等。反之，<u>当知觉变化多端之时</u>，语词声音和其意义可能始终<u>同一</u>。知觉者的相对位置的任何偶然的变动都会

15 改变知觉本身，而同时知觉同一物的不同的个人永远不会具有同一的知觉。我们刚刚指出的那些区别，与知觉陈述的意义并不相关。人们当然可能有时特别注意这<u>些</u>区别，但那时该陈述一定有完全不同的内容了。

现在人们自然能够说，该反对意见只证明，意义仍然无关于<u>诸个别</u>知觉的这种区别性；意义正是存在于一种<u>共同物</u>中，后者包含在属于单一对象的诸多种多样的知觉行为中。

但是，与此解释相反，我们注意到，知觉不仅变化着，而且甚至能够消失，而表达却并不终止并始终具有意义。我的听者理解我的语词和整个句子，而无须注视花园，他因相信我的真实性故虽无该知觉却产生了和我一样的判断。或许某种幻想的形象化作用影响着他为此，或许并无此作用；或者形象化作用如此缺漏，如此不适当，以至于按照在陈述中"被表达的"特征，它不再可能被视为知觉显象的对应形象了。

但是，如果在不存在知觉时陈述仍然保持着一种意义，而且甚至是与之前<u>相同的</u>意义，那么我们就不能假定，知觉即行为，在其中实现着知觉陈述的意义，其表达性的意念。行为与语词声音的合一性，相关于语词声音是否根据纯幻想或实现着的知觉而具有纯象征的或直观的意义，由于行为在现象学上是如此不同，以至于我们难以相信意指行为有时实现于此行为中有时实现于彼行为中；我们应当选择这样一种理解，它可

16 在同类的诸行为中指出此意指功能，此类行为摆脱了经常使我们受挫的知觉与（甚至）幻想，并在严格意义上的表达情况下只与被表达的行为相互一致。

但是，仍然无可争辩的是，在"知觉判断"中知觉与陈述的意义具有一种内部的关系。这样说并非没有道理：陈述表达着知觉，或者表达

着知觉中的"被给予"者。同一知觉可能成为不同陈述的基础，但不论此陈述的意义可能如何变化，意义仍然"朝向于"知觉的显现内容；有时这一知觉部分有时另一知觉部分（即使它们可能相关于统一的、完全的知觉之非独立部分）为判断提供着特殊基底，但它们并不因此成为真正的意义载者，正如一切知觉消失的可能性所显示的那样。

因此人们将必须说：<u>一知觉的此一"表达作用"</u>（或者客观地说：一被知觉者本身）并<u>不是与语词声音相关，而是与某种表达性行为相关</u>；表达在此情况下意味着由其全部意义所激活的表达，后者在此被置于与知觉的关系中，知觉本身正因为此关系才称作<u>被表达的</u>。同时这意味着，在知觉和语词声音之间<u>插入了</u>一行为（或一行为组合），我说一行为，因为表达体验，无论是否伴随有知觉，都与对象物具有一种意向性关系。此种中介性行为必定是真正用于意义赋予的，它属于具有意义作用的、作为本质性组成部分的表达，而且它决定着意义的同一性，不论是否能够伴随以对其给予证实的〈belegende〉知觉。

随着本研究的进行，此一理解的有效性将不断获得证实。

§5　继续：知觉作为确定意义的行为，而非作为 17
持有意义的行为

我们需要先考虑一个眼前有争议的问题才能继续讨论。我们的论述似乎要求某种限制，似乎其中存在我们未能充分肯定者。尽管知觉从不构成一根据知觉所实行的陈述之完全意义，然而它仍然多少有助于意义的形成，特别是在刚才讨论过的类别事例中。如果我们先修改一下例子，不说完全不确定的"一个乌鸦"，而说"这个乌鸦"的话。"这个"基本上是一偶然性的表达，此表达只是在考虑到陈述的状况时，在此即考虑到被实现的知觉时，才具有完全的意义。被知觉的客体，当其在知觉中被给予时，就是此"这个"所意指者。此外，动词语法形式中的现在时也表达着对实际现前的一种关系，因此再次是与知觉的一种关系。显然，对于我们未修改的例子来说也是一样；因为谁要说"'一个'乌鸦飞过"时，他肯定不是意指着一个一般的乌鸦，而是意指着一个此时此地飞过的乌鸦。

当然，所意向的意义并不依赖于"这个"的词语声音，它并不属于一般地和紧密地与此词相连的意义。然而不能忽略，一致性陈述的意义依存于意指的全部行为，该意指也许成为其基底——不论它是否完全借助其词语的普遍意义加以表达。于是我们似乎应该承认，当知觉对陈述在判断中表达的情境赋予其直观时，知觉就有助于形成该判断的意义内容。此一"有助于作用"当然也可能由其他行为以本质上相互一致方式

18　提供。听者并未知觉花园，但他也许熟悉它，对其具有直观的观念，将观念中的乌鸦和被陈述的事件置于其内，并顺从着说话者的意向，借助于纯想象的形象性，如是达到了一种意义相同的理解。

但是，此情境还允许有第二种理解。在一定的意义上应当说，直观有助于知觉陈述的意义的形成。正是在此意义上，没有直观帮助的话，意义不可能在其与被意向的客体的确定关系中发挥作用。因此另一方面，人们并不说直观行为本身是意义载体，或者它在严格的意义上有助于意义形成，或者说，接着此助成作用可能在完成的意义中作为组成成分被发现。本质上偶然的表达的确随着事例的不同而有变化的意义；但是在一切变化中仍然存留有一种共同物，后者使此种多性性不同于偶然歧义词的多义性。① 于是直观的加入具有这样的效果，此共同物，在其抽象性中具有意义的不确定性，可被规定。直观赋予其对象方向的确定性，而且因此赋予其最终的种差。此一功能并不要求意义本身的一部分必须存在于直观中。

我说"这个"而且立即意指着刚放在我前面的纸张。是知觉使此语词与"这个"对象发生了关系。但是意义并不存在于这个知觉本身。当我说"这个"时我不只是在知觉，而是在此知觉上形成了一新的行为，此行为朝向于知觉并在其区别中依存于知觉，此即"意指着这个"的行为。意义存在于并只存在于此指示性的〈hinweisende〉意指行为中。没

19　有一知觉——或者没有一起着类似作用的行为——此指示作用就是空的，没有确定的区分性，具体来说是根本不可能的。因为显然，"说话者指着

---

① 参见《第一逻辑研究》，§26，80页。

'某物'"这样的不确定的思想，这个思想可能显示于听者，当他还不了解我们想用"这个"指什么客体时，就根本不是我们自己在实际指示行为中实行的思想：似乎在我们这里还只是与所指示者〈Aufgezeigten〉的确定的观念呈现相联系。人们不应该将实际指示行为本身的一般特性与"某一"指示行为的不确定的观念呈现相混淆。

因此知觉以其与对象（例如与我面前的这张纸）的确定关系<u>实现着</u>对"意指这个"〈Dies-Meinens〉说明的<u>可能性</u>；于是在我们看来，无论它自身还是它的一个部分，都不构成意义。

指示的行为特性在朝向于<u>直观</u>时，获得一种意向确定性，此意向按照一种<u>一般的</u>内容〈Bestande〉在<u>直观</u>中充实着自身，此内容可被描述为意向性本质之特征。因为指示性的意指永远是同一的，不论多种多样的同类知觉中的哪一个成为其基础，在其中显示的永远是同一的并<u>可认识</u><u>为</u>同一的对象。"这个"的意义仍然是同一的，如果多种多样的想象的观念中的某一行为取代了该知觉，此行为则以可认识的相同方式在形象中将同一对象呈现于观念。但如果假定直观来自其他的知觉范围或形象性范围，那么意义就改变了。我们再次意指"这个"，但在此处实行的意指的共同特性，即直接地（即无任何定语中介）朝向对象的指示行为的共同特性就改变了；现在一种针对另一对象的意向与此共同特性相连，有如身体性的指示行为随着空间方向的改变而在空间上发生着变化。

按此理解，我们无疑能够把知觉当作<u>决定着意义的但不是包含着意</u><u>义的行为</u>。对此理解的肯定可由如下情况加以支持：像"这个"这样的本质上是偶然的行为表达，也往往在没有适当<u>直观</u>基底的情况下被使用和被理解。一旦最初根据适当的直观所设想的、针对对象的意向形成，它即可被重复或一致性地再生，而无须以任何适当的知觉或想象为中介。因此本质上偶然的表达极其类似于<u>专有名词</u>，就专有名词发挥其真正意义而言。因为专有名词也"直接地"称名对象。它不像某些标志的带有者以定语方式意指对象，而是无须"概念性"中介，有如它就是其"本身"，于是就像知觉将对象置于眼前。因此专有名词的意义也存在于一种"直接对此对象之意指行为"内，此意指行为只在知觉中被充实，并以"临时的"（进行说明的）方式被想象所充实，但不等同于那些直观行为。

20

知觉正是以这种方式赋予"这个"（在此它朝向着可能知觉的对象）以对象；对"这个"的意指行为〈das Dies-Meinen〉，在知觉中被充实，但并不等同于知觉本身。而且当然，此直接称名的表达之意义，从两方面看最初也产生于直观，按此直观，名词的意向最初朝向于个别的对象。按照另一观点，区别在于：一种指示〈Hinweisung〉思想与此"这个"相连，此指示，按照我们先前讨论过的方式，引入了某种中介性和复杂性，因此即引入了某种专有名词所欠缺的形式。另一方面，专有名词，作为固定的称名关系，属于其对象。某物也在与对象关系的方式中对应着此不变的从属关系，此一情况可显示于对如此称呼人或物的名称认识的事实中："我认识称作汉斯的汉斯，称作柏林的柏林"。显然，我们的说明忽略了那些起着引申意义功能的专有名词。如果一旦某一专有名词在与所与对象的知觉连接中（也根据所与的直观）形成，那么在对专有名词命名的反思中形成的称名〈Heißen〉概念就可能用于这样的对象，或者用于认识对象的专有名词，此对象并未给予我们，也不为我们直接了解，而是仅只被间接描述为某特征的载者。例如"西班牙的首都叫（有着专有名称）马德里"。某人不知道马德里城市"本身"，却从此句中获得对其名字的认识以及对其正确应用的可能性，但并未因此认识"马德里"一词的专门意义。他不是采取只有对此城市的直观才能引生的直接意指，而是利用间接的标记〈Anzeige〉进行这样的意指，所谓间接也就是通过具有特征的标志观念〈Merkmalvorstellung〉和"如此称名"概念之中介作用。

如果我们能够相信这些论述，那就不只是一般地要在知觉和知觉陈述的意义间进行区别，而且也不应认为知觉本身还存在此意义的任何部分。知觉和陈述也必须严格分离，知觉呈现着对象，陈述借助判断或借助与判断统一体缠结的"思想行为"进行思想和表达，虽然它们在目前的知觉判断状态里，彼此仍存在于最紧密的相互关系中、相符关系中以及充实统一体中。

我们几乎无须继续说，同样的结果也适用于一切其他直观判断，因此适合于这样的陈述，后者在类似于知觉判断的意义上"表达着"一种想象、一种记忆、一种期待的直观内容。

【补论】在《第一逻辑研究》§26 的论述中①，我们从听者的理解开始，在本质上偶然的表达以及特别是代词"这个"之中，区别了"标记的"和"被标记的"意义。对于听者，我们说，在其那时的眼界内，或许根本没有出现我们要指出者，即只是最初引起了不确定的一般思想，只是指示了〈hingeweisen〉某物；随着补充的观念（一种直观的观念，如果它正好相关于一种直观上所指示者）在他那里形成之后，指示的确定性以及该指示代词的完全的、真正的意义也形成了。对于说者，这种行为序列并不存在，他并不需要不确定的指示性观念，后者对于听者起着一种"直指"〈Anzeige〉的作用。对于说者，被给予的不是指示的观念呈现，而是指示〈Hinweisung〉本身，后者当然确定地朝向于事物本身；从一开始说者就具有"被直指的"〈angezeigte〉意义并在直接的、朝向直观的观念意向中具有该意义。如果事物不是直观地存在的，如同在数学论证中援引一定理那样，那么相关的概念思想就起着一种直观的功能：指示的意向将通过对该终止的思想的实际再生而获得其充实。在每一情况下，我们都在指示的意向中证实了某种双重性：在第一种情况下，指示的特性与直接的对象意向密接在一起，也就是由此产生的对于确定的、此时此地被直观的对象的指示在另一种情况下也同样。即使先前的概念思想严格说来没有实际实现，那么在记忆中仍然存留着一种与其相应的意向，而且后者与指示的行为特性联系在一起，赋予指示〈Hinweisung〉以方向的确定性。

因此当谈到直指的和被直指的意义时，可能指两个意思。1. 两种彼此交替的思想，它们描述着听者的连续性理解的特点：首先，某个被"这个"（dies）意指者（Gemeinten）的不确定观念，之后是由补充性观念形成的变样，即确定方向的指示的行为。在后一行为中存在被直指的意义，在前一行为中存在直指性的意义。2. 如果我们坚持一开始于说者处被给予的、已完成的、方向确定的指示，那么我们就可以在其中再次区别出两个意思：指示的一般特性以及对其进行确定者，后者将其限定于对"此处这个"的指示上。我们也可将第一个特性称之为直指性意义，或更好称之为对不可分离的统一的意义之直指者，只要它是听者借助其

① 参见《第一逻辑研究》，83 页。

23

可表达的一般性能够对其直接把握者，以及可用于对被意指者进行直指。当我们说"这个"时，听者至少知道某物被指示着。（正像在其他基本上偶然的表达中那样。当我说"在这里"时，相关的是"某物"存在于我的或近或远的周围。）另一方面，说话的真正目的不存在于此一般性因素上，而是存在于对相关对象的直接意向中。我们所关注的是该对象及其内容的充实性，而该空洞的一般性无关于或几乎无关于其确定性。在此意义上，直接的意向就是首要的、被直指的意义。

我们前面说明（第 83 页）的定义基于此第二种区别。此处进行的区别以及更清晰的论述，或许将有助于对此困难情境的进一步阐明。

§6　表达性思想与被表达的直观之间的静态统一体。认知

我们现在要对支配着直观行为和表达性行为之间的关系进行更深入的研究。首先，我们要在此一节内完全限于一个最简事例范围内，因此自然限于取自名词领域的表达或意义意向。但我们并不因此要求涉及该全体领域。我们只关注名词性表达，后者以可能的最清晰方式相关于"对应的"知觉和其他的直观。

在此领域我们首先要考虑的是静态的统一性关系：在此赋予意义的思想根基以直观，并由此而相关于其对象。例如，我谈到我的墨水瓶，此墨水瓶本身此时就放在我眼前，我望着它。此名称对知觉对象称名，并借助于意指性的行为对其称名，此行为与其种类和形式一致地表达于名称的形式内。名称和被称名者之间的关系在此统一性状态中呈现着某一描述性特征，我们已经注意过这个特征："我的墨水瓶"名称就像是"落在"被知觉的对象上，可以说感觉上属于它。但此属于性有特殊意义。这些语词当然不属于此客观的关联物，在此即它们所表达的物质性物品，在其中它们并不占任何位置，它们并不被意指为物品中的或与物品联系的某物。如果我们返回体验，那么就会一方面，如已描述过的那样①，发现语词显象行为，另一方面发现事物显象的类似行为。从后一观

①　参见《第一逻辑研究》，§9、§10。

点看，在知觉中我们面对的是墨水瓶。按照我们反复提请注意的知觉之描述性本质，它在现象学上只不过意味着：我们此感觉类中获得的某种体验总和，此感觉类在感官上统一在它们如此如此确定的序列中，并被某种赋予其客观意义的"把握"之行为特性所活跃化。此行为使得一对象，即此墨水瓶，在知觉方式中对我们显现着。而且类似的，该显现的语词自然地在知觉或幻想观念的一种行为中被构成了。

因此不是语词或墨水瓶，而是刚刚被描述的行为体验进入了关系，语词和墨水瓶显现于行为体验中，但它们绝对不是存在于行为体验"之内"。但这是如何发生的呢？是什么导致行为被统一？回答似乎显而易见。此关系作为称名者不只是以意指行为而且也是以认知行为为中介的，而且认知行为在此就是分类行为。被知觉的对象被认识为墨水瓶，而且就意指性表达以特殊内在方式与分类行为合一后，以及分类行为再次作为被知觉对象的认知行为与知觉行为合一后，表达似乎显现为落于物品上有如其外衣似的。

我们按通常方式谈到知觉对象的认知和分类，就像是行为作用于对象。但是我们说，存在于体验本身的不是对象而是知觉，即如此如此确定的印象感觉〈Zumutesein〉，因此体验中的认知行为根基于知觉行为。自然，人们不应误解，以为我们将如此提出事物，好像我们加以分类的是知觉而不是对象似的。我们绝非在这样做。实际上，类似的做法假定着非常不同的、更复杂的构成行为，此构成在具有相应复杂性的表达中（如"对墨水瓶的知觉"）被表达着。因此构成体验者即一种认知行为，它以确定的和直接的方式使表达之体验与对应的知觉相互融合。

当不是知觉而是形象观念时情况完全一样。呈现形象的客体，例如在幻想或记忆中的同一墨水瓶，是名词表达的可感觉的载者。按照现象学的说法，这意味着，与此表达体验结合的认知行为，是以这样的方式相关于形象化行为的，即我们客观上将其描述为对形象性观念呈现（例如我们的墨水瓶）之认知。当然此形象性客体也绝对不存在于观念呈现中，我们的体验毋宁说是某种幻象组合（幻象感觉），后者被某种把握性的行为特性予以活跃化。体验此行为与具有一种关于对象的幻象观念是一回事。于是我们在表达中说："我具有一幻想形象，即有一墨水瓶。"

25

26

于是我显然与表达同时实现着<u>新的行为</u>，而且尤其是一种与形象化行为内在统一的<u>认知</u>行为。

§7　作为行为特性的认知以及"语词的一般性"

以下更精细的思考似乎充分地肯定着，在一切对一直观所与物称名的事例中，我们都可在语词声音的或具有完全活跃意义的语词的显现和事物直观之间，假定存在一种中介性的行为特性。人们经常听到说<u>语词意义的一般性</u>，而且人们在大多数情况下以为此多义性说法意味着如下事实：此词并非联系于单一的直观，而是属于一具有无限复多形式的可能直观。

那么什么存在于此从属关系中呢？

让我们观察一可能最简单的例子，如作为名称的"红色"。此名字将一显现的客体称名为红色时，由于在客体上显现着红色因素，它属于此客体。而且每一带有一同类因素的客体都肯定着同一称名行为，此同一名称属于每一客体，而且由于相同的意义，名称属于客体。

由于一<u>相同的意义</u>，在此称名行为中存在的又是什么呢？

让我们首先注意：此词并非只是自外部基于隐在的心理机制而具有直观中与之对应的同类单一特征。首先，仅只承认如下事实并不足够，不论何处这样一种单一特征出现在直观中，此词作为纯声音组合的语词都<u>伴随</u>着该特征。这两种显现的单纯聚集、单纯外部的并存或连续，在它们之间并不产生任何内在的关系，并肯定不产生任何意向性关系。然而显然我们在此看到了这样一种意向性关系，它具有一种<u>现象学</u>的特征。此语词<u>称</u>红色是红的。显现的红色是以该名称意指者，即作为红色的被意指者。在此称名的意指方式中，名称显示为属于被称名者并与其合一。

另一方面，此词甚至在与此直观的连接之外具有其意义，甚至与任何"相应的"直观没有联系。由于意义到处同一，于是显然，我们应该将其作为称名的关系之基础者，不是纯<u>语词声音</u>，而是真正的和<u>完全的</u>语词，后者具有处处相同的意义特征。但是，即使如此我们也不能满足于把具有充分意义的语词和相应直观的统一体描述为一单纯之同在

〈Zusammen〉。让我们想象，就好像我们不用此词进行一切实际称名行为，而将其理解为纯符号，此外并予以相应的直观：此两种显现可能立即因生成性理由而被组成现象学的称名统一体；但是"同在"本身仍然不是此统一体，后者是作为一种显然新的现象出现的。先天地可以想象，这样一种统一体不会产生，于是两种同在的显现现象在现象学上没有关系：显现者不相当于在具有充分意义的语词中的被意指者、被称名者，而且语词不再在名称方式中作为属于显现者、对其称名者之物。　28

　　然而按照现象学观点，当我们发现，此内在的统一体，即一意向性统一体，不是单纯的聚合物时，我们就可以有理由说：此两种行为，其一对我们构成了完全的语词，另一构成了事物，在意向性上组成了行为统一体。当然，我们也可以同样地把呈现者描述为：此红色客体被认识为红色，并由于此认知被称名为红色。"称名红色"——在称名的实际意义上，此意义假定着被称名者的基本直观——和"认知为红色"基本上是意义同一的表达；二者的区别仅在于，后者更清晰地表达了这样的事实：在此所给予的并不是纯二元性，而是通过一行为特性产生的统一体。我们当然必须承认，在融合的内在性中出现的此统一体——物质性声音显现与意义的活跃化因素的统一体，认知因素和被称名者的直观的统一体——的诸蕴含的因素并非彼此明确地分离着；但是在我们的论述之后，我们应承认其全体的存在。此外，我们还将对此问题进一步地思考。①

　　显然，语词将其对直观对象的意义关系赋予认知的行为特性，后者并非本质上属于语词声音；毋宁说它属于语词的具有意义的（意义性的）本质。人们在不同的语言中，用不同的语词声音，思想着"同一"语词，　29
认知关系能够是完全同一的；客体本质上被认知为同一，虽然借助于不同的语词声音。当然，对红色的完全认知，就其与实际的名称等义而言，也包含着语词声音。不同的语言共同体成员体验着不同语词声音的此一相对于不同语词声音的从属关系，并将不同的语词声音包括在认知统一体中。然而属于语词声音的意义和在其中意义与被意指者实际上合一的认知行为处处不变，以至于语词的区别当然应视为非本质性的。

---

　　① 参见本书第 37 页及以下。

结果，语词的一般性意味着，同一语词通过其统一的意义包括着（以及当其意义谬误时"自以为"包括着）一种观念上被明确界定的多种多样可能的直观，意味着每一个此种直观都相当于一种意义相同的名词性认知行为。例如，将可能直观中的一切被给予的红色客体都正是认知为和称名为红色的可能性，都属于此语词"红色"。但是与此进一步相联系的还有一种先天确证的可能性，即通过同一化综合，意识到这样一种认知，即此客体与另一客体是意义性上同一的，即此 A 是红色的，另一A 是同一的，即也是红色的；直观的两个单一体属于同一"概念"。

一种怀疑在此产生了。我们前面说过，语词可能被理解而无须实际对某物称名。但是我们不应当至少赋予它一种具有实际称名功能之可能性，因此即获得对对应的直观之实际认知关系的可能性吗？我们不应该说：如无此可能性，一般来说就没有语词吗？回答自然是：此可能性联系于相关认知的可能性。但是，并非一切被意向的认知都是可能的，并非一切名词性意义都可被实现。"想象的"名称也同样是名称，但它们不可能具有被实际称名的功能，应该说，它们不具有外延，它们不具有可能性的与真理意义上的一般性。它们的一般性是空洞的奢望〈Prätention〉。但是这一说法其本身方面如何被阐明，在其背后从现象学观点看存在者为何，将在以后的研究中讨论。

我们已经论述者适用于一切情况，不只是适用于（例如）这样一类表达，后者在一般性概念的方式上具有一种一般的意义。它也适用于个别的意义之表达，如专有名词的情况。人们习惯于称作"语词意义一般性"的事实，绝非意指着这样的一般性，即人们在与个别性概念对立中将其赋予属级概念者，反之它以相同的方式包含着二者。结果，我们在有关一具有充分意义功能的表达与相应直观的关系时谈到的"认知"，不应还被理解为一实际的分类作用，后者将在一直观上或甚至思想上被呈现的对象，归入一个类中加以实现——因此必然根据于一般概念以及语言上借助于一般名称。甚至专有名词也具有其"一般性"，虽然在此情况下专有名词实行着一种实际的称名功能，这当然与分类作用没有关系。专有名词，就像一切其他名称一样，如在称名时无所认知，就不可能对任何事物称名。实际上，它们与一对应的直观的关系同样是中介性的，就像其他表达一样，此一事实显示了一种与我们前面所论述者非常相似的观察。两种情况下名称显然既不属于一确定的知觉，也不属于一确定的想象或其他的形象物。同样一个人显现于无数可能的直观中，而所有这些显现都不仅具有直观的统一性，而且也具有认知的统一性。来自这样一种直观的复多关联域中每一单一的显现，都同样有效地可以通过专有名词成为意义相同的称名行为之基础。不论显现如何被给予，称名者都意指着同一的人或物。而且他对其意指时不是仅在直观朝向的方式中，有如在观察一个对他来说是个别生疏的客体那样，而是他将其认知为此确定的人或物，在称名中他将汉斯认知为汉斯，将柏林认知为柏林。此外，将此人、将此城市如是认知是这样一种行为，它不与该语词显现的确定意义内容相联系。在不同的（它们可能是无限众多的）语词声音中它是同一种行为，如下面的例子：众多不同的专有名词可被使用于同一个别事物。

当然，专有名词的一般性及与其对应的特殊意义，具有与类名词的一般性非常不同的特性。

前者在于，诸可能直观的一个综合相关于一个个别的客体，诸直观是借助于一共同意向性特征形成一单一体的，此特征将对同一对象的关系赋予每一直观，尽管诸单一直观之间存在其他现象的区别。于是此统一体就成为认知统一体的基础，后者属于"语词意义的一般性"，属于其观念上可能的实现化外延。这样，此称名的语词具有了与一无界限的直观复多体的认知关系，此语词对直观的同一对象既加以认知又加以称名。

对于类名词而言，情况完全不同。类名词的一般性包括一对象外延，每一对象，就其本身看，包含着一可能的直观综合，一可能的特殊意义，一可能的专有名词。一般名词，按照对此外延的每一成员普遍称名的可能性，"包含着"此外延，即不是按照通过专门认知的专有名词方式，而是按照分类法的共同名词进行称名；某物或者因直接直观而被认知，或者已经在其自性〈Eigenheit〉中被认知，或者因其特征而被认知，现在都作为一个 A 被认知及被称名。

31

32

§8 表达与被表达的直观间的动态统一体。
充实意识与同一性意识

我们现在不谈意义和直观间的不动的所谓<u>静态的</u>相符关系，而考虑<u>动态的</u>相符关系；在后者，表达最初仅具有象征的功能，之后才伴随有（或多或少的）相应直观。如果这样的事件发生，我们就体验到一种描述的特殊的<u>充实意识</u>①：纯粹意指行为在一目的朝向的意向方式中发现了它在直观化行为中的充实。在此过渡体验中，在其现象学基础中，显然同时出现了两种行为的<u>相互关联性</u>，此两种行为即意义意向和与其对应的或多或少完全的直观。我们体验到，在象征的行为中"仅只被设想的"<u>同一</u>对象，如何被直观地准现前；而且我们也体验到，此对象正是在直观中成为如是被确定物，正像其最初仅只被设想的（仅只被意指的）那样。与此意思相同的另一种表达法是，<u>直观行为的意向性本质相符于</u>（以其或多或少的完全性）<u>表达性行为的意义性本质</u>。

在最初讨论的意义行为和直观行为的静态关系中，我们谈到认知。
33 我们说，此认知产生了名称与在直观中作为被称名者之所与者的意义性关系。但是，在此意指行为其本身并非认知行为。一意指行为在纯象征的语词理解中被实行（该语词对我们意指着某物），但它并未被认知。按照前一节的说明，区别不在于被称名者之直观的单纯"同所与性"〈Mit-gegebensein〉，而在于现象学上特殊的统一形式。此认知统一体的特性现在使我们理解了该动态关系。首先存在意义意向，而且它是自所与的；之后才出现了相应的直观。同时产生了现象学统一体，后者现在显示为<u>充实意识</u>。因此关于对象认知和意义意向充实的说法，纯粹从不同的角度，表达了同一事态。前者采取了被意指对象的角度，而后者只是将两侧的行为作为参照点。从现象学观点看，存在的都是行为而绝不是对象。因此，"充实"一词赋予认知关系的现象学本质以更富特征性的表达。一

---

① 参见我的《初等逻辑的心理学研究，II：关于直观和再现》，载《哲学月刊》，1984，176 页。在本著中显然可见，我那时偏好的直观概念今已放弃。

种最初的现象学事实在于，意指作用〈Signifikation〉行为①和直观行为都能够进入此特殊关系内。而且当情况如此时，当意义意向行为偶尔在一直观中被充实时，我们也说，"直观对象借助其概念被认识"，或"相关名称被应用于显现的对象"。

34

我们将不难指出在静态的与动态的充实或认识之间在现象学上无可怀疑的区别。在动态的关系中，关系项和使与关系项发生关系的认识行为，是在时间中相互区别的，它们是展开于时间形态中的。在作为时间过程中的留存结果的静态的关系中，它们是在时间上和事物中相互符合的。一方面，我们在最初步骤中具有关于作为显然不令人满意的意义意向之"纯设想"（＝纯概念、纯意指），此意义意向在第二步骤中获得了或多或少适当的充实；该设想在对所思想者之直观中获得某种充实性满足，所设想者，正是由于此统一性意识，才显示为设想之所设想者，显示为其中的所意指者，显示为或多或少被完全达到的思想目的。另一方面，在静态关系中我们只有此统一性意识，在其之前或许没有一未充实意向之界域明显的阶段。意向性的充实在此不是一种自充实过程，而是一种静止的充实；不是一种相符行为，而是在相符中之状态。

在对象方面，我们在此也谈到同一化。如果我们一般地比较一种充实统一性的两种成分（不论我们在彼此动态过渡中观察它们还是作为静态统一体分析它们，都是要使诸成分分离，以便看到它们立即相互融合），那么我们就证实了对象的同一性。我们甚至说并能明证性地说，直观的对象与在对象中被充实的思想之对象是相同的，而且其至在准确相符情况下也明证性地说，对象正是作为同一对象被直观着、被设想着

① 我使用此表达词并非考虑到术语的需要，而是因为它只是 Bedeutung 的替换词。同样的，我经常谈到 signifikativen 行为或其至更简单的 signitiven 行为，用以代替"意义意向行为""意指行为"〈Bedeutens〉等等。人们最好不说"bedeutende Akte"，因为通常此表达式用于指"意指行为"的主体。Signitive 也是 intuitive 的一个术语上的适当对立词。Signitive 在如下情况下被当作了 symbolisch 的同义词：近代以来，如康德已经指责过的，Symbol 一词被广泛误用为 Zeichen 的等义词，遂失去了其原初的、今日仍然必不可少的意义。〈此处辨析的语词意义问题在现代符号学研究中会有更明晰处理。此注解表明胡塞尔不得不使用传统上界定含混的语词进行其准确表意时具有的不得已的随意性和变通性。因此中文读者不必处处泥执于必然难以准确对应的中译词来把握胡塞尔概念。我们时时在名词后列出的原文词才是理解文义的可靠基础。——中译者注〉

35 （或者在此永远同样地说：被意指着）。显然，此同一性并不是通过比较的及由思想作为中介的反思引生的，而是从一开始就存在着，它是体验，是未表达的、未被领会的〈unbegriffenes〉体验。换言之，我们按现象学观点，相对于行为，表示为"充实"者，应该是相对于该双侧的客体（一方面相对于被直观的客体，另一方面相对于被思想的客体）被表达为同一性体验、同一性意识、同一化行为；或多或少完全的同一性即客体性，它相符于充实行为，或"显现于"其中。正是因此理由，我们不应该仅只将意指〈Signifikation〉和直观，而是也应该将二者的相符性〈Adäquation，充分适当性〉，即充实统一性，称之为一种行为，因为行为具有它所特有的意向性相关项，一种它对之"朝向"的对象物。按照前面所说，对同一情境的另一描述再次表达于关于认知的说法中。意义意向在充实方式中与直观相互统一一事，赋予显现于直观中的客体（当我们最初朝向客体时）以被认识者的特性。如果我们企图更准确地把被认识者表示"为某事物"，客观的反思就不是朝向意指行为〈Bedeutens〉的，而是朝向意义〈Bedeutung〉本身（同一性的"概念"）的，于是关于认知的说法，从直观客体角度（或者从充实性行为的客体角度）以及相对于意指行为的意义内容，表达了对同一统一化状态的把握。在相反的关系中人们当然也能说，大多数情况下只在较窄范围内，思想"把握着"事物，思想就是其"概念"。当然人们也能够按此说明将充实和认知——二者只是同一个词的不同说法——表示为一同一化行为。

【补论】我现在不能再对一种疑虑保持沉默，此疑虑朝向于对此处出现的、作为同一化或认知行为的同一统一体或认知统一体的概念，后者在其他方面曾如此富于启发性；而且我尤其不能对此疑虑再予沉默，因*36* 为随着晚近以来研究的展开和阐述工作的发展，它将显示为一种更加严肃的并可激励我们富有成效地思考。如果更深入分析，我们就会实际上注意到，在目前情况下一个名字在实际称名行为中相关于一直观客体，我们意指着被直观的并与此一致地被称名的对象，但并非意指着此对象（作为既被直观的又被称名的对象）的同一性。我们是否应该说，在此起决定作用的是注意的偏向呢？或者我们不应宁肯承认说，同一化行为实际上还没有被完全构成：此行为的主要构成部分，即意义意向和相应的直观的连接为一体的因素，虽然实在地出现着〈vorhanden〉，但此统一性因素还未起到一客观化"把握"的"再现者"〈Repräsentant〉的作用；被体验的相符性统一体〈Deckungseinheit〉并未成为任何关系性统一化行为的根基，没有任何同一体的意向性意识（在其中此同一体〈Identität〉作为被意指的统一体〈Einheit〉）首先成为我们的对象。在对充实统一体进行反思时，在对彼此相连的行为进行分解和对比时，我们自然地甚至必然地也实行着此关系性的把握，后者先天地赋予其统一体形式。在本书第二部分①，我们将以最普遍的形式讨论此有关一般范畴行为特性的问题。我们目前将继续讨论刚才描述的统一体特性的问题，如一完全行为，或者至少使此讨论不与完全行为明确分离。我们讨论的基本部分将不因此受到影响，只要从统一性体验向关系性同一化的过渡始终是敞开的，因为其先天的可能性获得了保证，于是我们能够有理由说：同一化的相符作用被体验了，即使不存在对同一体的有意识的意向，不存在关系性的同一化。

§9 在充实统一体之内的与之外的意向的不同特性

我们将动态的、展现于一分节过程形式内的充实作用引向静态认知行为，也排除了一种困难，此困难对于清晰把握意义意向和充分认知行为之间的关系具有误导的可能性。我们事实上是否能够主张，在认知统一体中可能进行四种区分：语言表达，意指行为，直观，以及最后，认知或充实的全面统一化特性？人们可能反驳说，该分析事实上所发现者，一方面是语言的表达，尤其是名字，另一方面是直观，而二者都是通过认知性称名行为的特性被统一的。但是，对于这样的假定必须否定：一种意指行为仍然联系于语言表达，如与认知特性和充实性直观不同却与在其认知功能之外的同一表达之理解特性同一之物；至少这也是一种多余的假定。

因此，此怀疑针对我们于认知统一性分析之前在§4中所持的颇可

---

① 参见本书第六章，§48和整个第七章。

理解的概念。以下即是我们在思考中必须再次提出的观点：

首先，在认知功能中的表达和在其之外的表达之间的比较指出，二者的意义实际上是同一的。我是将语词"树"仅只理解为符号，还是以直观方式"使用着"一棵树，在两种情况下我显然都是用该词意指着某物，而且在两种情况下都意指着同一物。

其次，显然，表达的意义意向存在于此充实过程中，此表达被"充实"并因此与直观"相符"，并因此认知作为相符过程的结果即此相符统一体。然而，在一相符统一体概念中已经涉及的问题，在此不是不同术语出现的二元性，而是一未区分的统一体，后者正是由于时间中的推移才划分开。因此我们必须说：以空洞符号构成的观念呈现的意义意向之同一行为，也存于复合的认知行为内；但是在先曾经是"自由的"意义意向，现在在相符阶段则"受到了拘束"，并具有了"非相关性"〈Indifferenz〉。它以如此方式缠结于或融合于此复合过程中，以至于其意义性本质虽未受影响但其特性在某种意义上却经受了变异。

对于一般情况也一样，我们有时对内容本身进行研究，有时在其与其他的、作为缠结于整体之部分的内容相连接时进行研究。此连接将无可连接，如果被连接的内容在连接中未曾经受任何变异的话。某种变化必然发生，而且自然正是那些作为连接规定性〈Verknüpfungsbestimmtheit〉的变化构成了相对的对象属性之现象学相关项。例如设想在一白色背景下的一段直线，然后设想同一直线作为一图形的组成部分。在后一情况下，直线遭遇其他直线，并与它们接触、交接等等。如果我们不考虑数学观念，而只关注经验性直观中的直线，那么正是现象学的特性，参与确定了直线显现的印象。同一直线（即按其内在内容同一的），随着它们进入或此或彼的现象的背景中，在我们看来永远是不同的；而且如果我们将其插入一性质上与其同一的线或面上，那么它们甚至在此背景下成为"无区别的"，它们失去了现象的分割性和特殊效力〈Eigengeltung〉。

§10 更广泛的充实体验类。直观作为须待充实之意向

充实意识特征的进一步描述将指出，问题在此相关于一种在我们的

心理生活的其他方面也会起到重要作用的体验特征。我们只需回忆一下
以下诸方面就可立即明了，在不同的意向性体验类之内，本质上出现了
在此我们特别关注的与意义意向和意义充实间的对立相同的对立，这就
是：愿望意向与愿望充实的对立，意志意向与意志充实对立，或者，希
望或恐惧的充实，怀疑的解除，猜想的证实等等。我们前面已经提到过
这一点①，而且在严格意义上的<u>意向</u>标题下界定了一个意向性体验类，后
者的特性能够为充实关系提供根基。在此类别中纳入了一切属于或狭或
广逻辑范围的行为，其中也包括直观的行为，此直观在认知中能够充实
其他意向。

　　例如当一只熟悉的曲调开端响起时，它刺激出了某确定的意向，即
在曲调的逐步展开时充实该曲调。当曲调生疏时也会出现类似的情况。
曲调中支配的规律性决定着一种意向，它虽然欠缺完全的对象确定性，
但仍然发现了或能够发现其充实化。当然，这些意向本身作为具体体验
是完全确定的；与其被意向者相关的"不确定性"显然是一种描述的特
性，它属于意向的特征，以至于我们完全像是在先前类似的情况下那样，
不无矛盾地却有理由地说，此"不确定性"（即这样的特性，它要求一种
非完全被确定的补充作用，但只在一种法则规定的范围内）即此意向的
一种确定性。而且与此意向对应的不只是可能充实的某种范围，而且对
于每一来自此范围的实际充实对应着一种充实特性中的共同因素。从现
象学观点看，以下二者是完全不同的：具有确定的和非确定的意向的行
为被充实，以及此外在非确定的意向被充实情况下，其非确定性指示着
可能充实的这一或另一方向。

　　在目前的例子中，我们的问题同时关系到<u>期待与期待之充实化</u>间的
关系。但是显然不正确的是，如果也反过来，将一意向与其充实化的每
一关系解释为期待关系。<u>意向性并不是期待</u>，对于意向而言重要的并不
是朝向于一种未来的出现。当我看见一不完全的设计图时，例如被一家
具部分遮盖住的一个地毯，那么我看到的家具部分似乎就附带上指示着
其有待补充作用的意向（可以说我们<u>感觉到</u>，线条和颜色形象在所见部

40

————————————

　　①　参见《第五逻辑研究》，§13，379 页。

分的"意义"中继续着），但是我们对此并不期待。我们可能会期待，如果我们的运动使我们看到更多部分的话。然而可能的期待或可能期待的机会其本身并非期待。

一般来说，外部知觉提供了无数相关的例子。落入每一知觉的确定性指示着补充的确定性，后者本身似乎出现在新的可能知觉中，而且是按照我们对对象"经验认知"的程度，有时以确定的方式有时以逐渐不确定的方式。进一步分析指出，每一知觉和每一知觉组合都由这样的成分组成，它们应该在意向及（现实的和可能的）充实这两种观点下被理解，此一情境可直接用于说明幻想、一般想象等类似的行为。通常，在一切情况下，意向并不具有期待特性，在一切静态知觉或想象的情况下均如是，意向只在这样的情况下才具有期待特性：当知觉在流动之中，并在一连续的知觉系列中展开于一单一对象之知觉复多体内时。从客观角度看：对象显现着不同的侧面；从一个侧面所见者只是形象性暗示〈Andeutung〉，从另一侧面所见者则是一被证实的及充分可满足的知觉；或者，从一个侧面所见者只是间接地由其轮廓所共同意指者，只是被预期者，而从另一侧面看时就至少成为形象性暗示，对象在透视景中缩短并呈现出侧面，以便显现出"如其所是"的一个新侧面。按照我们的理解，每一知觉和想象都是诸部分意向之组合，这些部分意向融合为一全体意向统一体。后者的相关项即物，而每一部分意向的相关项即物的部分〈Teile〉及要素〈Momente〉。只是如此我们才理解，意识是能够超出真正被体验者的。可以说，意识可以超越地进行意指〈hinausmeinen〉，而且此意指可被充实化。

§11　预期证误〈Enttäuschung〉与冲突。区分之综合

在更广泛的、适用于意向与充实的一般区别的行为范围内，与充实并列的是作为与其互不相容的预期证误。人们习惯于在此问题上使用的、大多数情况下具否定性意义的这个表达，例如像表达"非充实"一样，并非意味着仅只是充实的欠缺，而且意味着一种新的描述性事实，一种像充实化一样的特殊的综合形式。一切情况下均如此，因此在其与直观

意向关系中的意义意向的较窄范围内也如此。认知的综合即是某种"一致性"。然而与一致性对应的，作为相关可能性的，是"不一致性"，即"冲突"。直观性与意义意向不"一致"，与其"冲突"。冲突"进行分离"，但冲突的体验形成关系和统一性，这是一种综合的形式。如果前面的综合属于同一化类，那么现在的综合属于区分类（我们在此遗憾地并未提出另一肯定性名字）。此一"区别"不应与和比较〈Vergleichung〉相对立的区别混同。"同一化和区别"之间的对立与"比较和区别"之间的对立不是一回事。此外显然，同一表达的运用阐明了一种现象学上的高度类似性。在此处相关的"区别"中，预期证误行为的对象显现为与意向中的行为之对象为"非同一者"，显现为与意指性行为的对象"不同者"。然而此表达指示了比我们迄今为止所偏重的情况更广泛的一般性范围。不只是意指性的〈signifikativen〉意向，而且也是直观的意向，在同一性方式中被充实化，并在冲突性方式中达至预期证误。有关同一者和不同者（我们也可表达为"是"和"不是"）所属行为类的自然分界问题，我们将马上①进行进一步讨论。

这两种综合当然完全不同。每一冲突都假定着某种东西，它赋予一般意向以针对诸冲突行为对象之理解方向，而且只有一种充实化综合才能最终赋予它以此方向。冲突似乎假定着一致性的某种基础。如果我的意思是"A 是红色的"，而其"事实上"呈现为"绿色"，那么在此呈现过程中，即在与直观的比对中，红色意向就与绿色直观相互冲突了。但无可置疑的是，这一情况只是在意指〈Signifikation〉行为中的 A 和直观行为中的 A 等同的基础上才如此。只是如此时意向才能够一般地与直观相比对。全体意向相关于一个为红色的 A，而直观指着一个为绿色的 A。在意义和直观在朝向于同一 A 方面相符的情况下，在同一统一体内被共同给予的双方意向性因素间发生了冲突，假定中的红色（所假定者是 A 之红色）与被直观到的绿色不一致。只是由于同一性关系，诸不相符的因素才彼此对应；它们不是被充实化所"连接"，而是被冲突化所"分离"，意向被指向直观中所归予他者，却又被此直观所拒绝。

① 参见本研究 § 14，49 页及以下。

我们在特别指向意义意向的特殊关系以及与其遭遇的预期证误时所论述者，显然适合于先前提到的全部客观化意向的类别。我们因此可以一般地说：一个意向在冲突方式中发生预期证误，只因它是一更广泛的、其补充的部分被实现着的意向之一部分。因此对于简单的或单一化的行为，不可能谈到冲突性问题。

§12 整体的与部分的同一化与区分化，作为述谓性的表达形式与限定性的表达形式之共同现象学基础

迄今所讨论的意向（特别是意义意向）和充实之间的关系即<u>全面一致性</u>关系。其中存在一种为尽可能简化而提出的限制：我们抽离了一切形式，尤其是在小词"是"中显示的形式，而且在表达与外在的或内在的直观的关系中只考虑那种像衣服一样适合于被直观者的部分。考虑到与冲突可能性对立的完全一致性的情况——我们以后（虽然并非完全不招致误解地）可能称冲突为<u>完全的冲突</u>——我们立即注意到新的可能性，即在意向和充实着意向的或使意向预期证误的行为之间的部分一致性和不一致性的重要情况。

我们一开始即对如此一般性情况坚持仔细考察：对有关前面指出的较广范围的意向性（因此就不仅是对于意义意向）的一切本质性论断之有效性，均加以阐明。

一切冲突均归结为如下事实：预先所与的、被预期证误的意向是一广泛意向的一部分，此广泛意向部分地，即根据补充的部分，被充实着，并同时根据前一部分被疏离着。因此在每一冲突中某种意义上也存在有部分的一致性和部分的冲突性。此外，对对象关系的关注也将我们引向此可能性；因为当谈到相符时，我们自然谈到排斥性、包容性和交叉性等相关的可能性。

如果我们首先看冲突的情况，那么就会接下来有补充性的思考。

当一 θ 由于与其他被充实的意向 η，ι…相遇而在一 θ^- 中招致预期证误，η，ι…并不需要如此与 θ 合一，以至于总和 Θ（θ；η，ι…）具有一种被呈现的全体行为之名称，一种"我们在其中生存的"行为，我们"注

意着"此统一的对象。在我们意识的意向性体验组合中存在很多对行为和行为复合体予以凸显和选择的可能性，但一般来说它们始终是未被实现的。当我们谈到单一行为及其综合时，所考虑的只是那些被强调的统一体。完全的及纯粹的预期证误情况只存在于单只 θ 而非 Θ 被强调或至少被首先强调时，而且一被强调的冲突意识只在 θ 和 θ⁻ 之间产生着统一体；换言之，我们的关注特别朝向于对应着 θ 和 θ⁻ 之间关系的客体。当一绿意向在一被直观的红色中遭遇预期证误时即如此，而且此时所关注的只是绿色和红色。如果红色的冲突性直观以某种方式被表达时，即通过一种在其中被充实的语词意向被表达时，于是预期证误本身也获得了表达，我们或许将说：这个［此红色］不是绿色的。［但是当然，这个句子不与我们刚才设想的以下句子相同："语词意向绿色在红色直观中遭遇预期证误。"因为，新的表达使我们此处关心的行为关系成为对象，并使行为关系紧密联系于全部充实中的它的新意义意向。］

　　但是另一方面，情况也可能是，Θ（θ；η，ι…）作为整体进入了综合，即因而或者与一相关性的整体 Θ（θ⁻；η，ι…）一起，或者与其中的单一性的部分 θ⁻ 一起，进入了特殊关系。在最初提到的情况中，诸交接的因素中存在有部分相符关系（关系于 η，ι…）和部分地完全冲突关系（θ−θ⁻）。全部综合在此具有全部冲突的特性，但不是纯粹的冲突，而是混合的冲突。在另一种情况下，单只 θ⁻ 作为相关性的行为凸显出来，或许也是由于在混合的冲突中统一体 Θ（θ⁻；η，ι…）解体了，冲突的特殊综合现在把作为成员的 Θ（θ⁻；η，ι…）和 θ 结合起来，或者按照适当的表达如："这个［全部客体，红色的屋顶］不是绿色的。"我们可以把此重要的关系称作排除［Ausschedung］。排除的主要特性显然不变，如果 θ 和 θ⁻ 本身是复合的；于是我们可以将纯粹的排除与混合的排除加以区分。大致说，我们可以把后者用以下例句加以说明："这个［此红色屋顶］不是。"

　　让我们现在再来看包容〈Inklusion〉的情况。一意向可以在一行为中被充实，此行为所包含者多于其充实之所需，只要它于观念中呈现着一对象，此对象共同包含着意向的对象，不论是作为一般意义上的部分，还是作为属于该对象的、明显地或隐含地被共同意指的因素。当然，我们再次忽略了这样的行为，在行为中一更广阔的对象物在对象背景方式中被构成，此行为并未被一致地界定而且并未成为予以偏重注意者。否则我们就再次返回了全部相符性综合。因此例如，一红色屋顶被给予，而且语词红色的意义意向在红色屋顶中被充实。语词意义在此以和被直观的红色相符的方式被充实；但是因此红色屋顶的完全直观，在其由于注意功能而从背景凸显出来的统一体内，仍然与意义意向红色共同进入了一特殊种类的综合性统一体：［这个］是红色的。我们在此说"包含"〈Einordnung〉关系，它与前面提到的排除关系形成对立。此包含关系显然只能够指纯粹的包含。

包含性综合行为，即作为使意向性的行为与充实性的行为相互一致的整体行为，在相应对象的部分同一性关系中具有其对象性的相关项。"包含"一词所指示者，表达着通过活动性形象对该关系的把握：部分被包含在整体内。这显然也是同样的客观关系：人们按照统握〈Auffassung〉的观点（此概念自然指示着一种还未讨论的、但在表达形式中已显示的现象学区别）将其表达为："Θg 具有 θg"或者"θg 属于 Θg"。记号"g"用于提醒注意，这是所指行为的意向性对象，此行为进入了此关系；我们强调意向性对象，即这样的对象，如其在此行为中被意指着的那样。

显然，刚才的说法也可转换为"排除"情况及转换为表达式："不具有"，"不属于"。

一般的客观统一性处处属于"是"本身，非同一性（冲突性）属于"不是"。在特别相关于包含和排除的关系问题时，需要其他的表达法，例如，形容词形式，此形式刻画着"所有者"〈Gehabte〉或"所属者本身"〈Zukommende als solches〉，正如名词性形式表达着相关项"具有者本身"，即在其作为形成一同一化的"主词"的功能中所表达者。在定语性表达形式中，或一般而言在决定性的表达形式中（也能决定着完全的同一性），存在形容词的词尾变化，只要它不是明显地及分离地表现于关系性词句中，或反之，不是被完全压制住（"这个哲学家苏格拉底"）。至于不论是在述谓关系或定语关系中的，还是在名词性形式（非同一性、非一致性）中的、一直是间接的非同一性表达，是否表达着一种实际

47

"否定"与一种即使不是实际的也是被变样的肯定的必然关系，我们对此问题尚未进行讨论。

因此，在通常的陈述中所陈述者都是关于同一性或非同一性的，而且在与一"相应的直观"关系中所表达者，即针对同一性或非同一性的意向是在所实行的同一化或分离化中被充实的。前例中所说的"屋顶"，如果意向本身在前出现，那么它就是"事实上是红色的"。谓词意向符合于主词（例如在"此屋顶"被观念呈现着并被直观着）。在相反的情况下说"'事实上'它不是红色的"，谓词与主词不相符。

但是如果"是"的意义根据一实际的同一化（其本身经常具有充实化的特性）达到了其充实，那么同时很明显，我们因此被引向超过了我们先前一直关注的范围（对于该范围的界限我们一直并不明了），即超过了通过相应的直观得以实际被充实的表达之范围。或者毋宁说，我们注意到，直观在我们习惯上视为基础性的外在的或内在的"感性"中，并不是唯一的功能，此功能自以为由于其具备直观性而能够实行真正的充实行为。我们将此问题的进一步讨论留待于本研究的第二部分中进行。

最后，我们仍要清楚地注意到，我们此前的讨论并未对判断进行全部分析，而只是触及其部分问题。我们实际上根本还没有讨论有关综合性行为、定语关系与述谓关系的区别等等问题。

48

第二章　客体化意向的间接特性说明与其按照"充实综合"区分所获得的本质子类

§13　认知综合作为客观化行为特有的充实化形式。意义行为包含在客观化行为类之下

我们前面将意义意向归入该词严格意义上的"意向"的更广泛范围。一切意向都对应着可能的充实化（或其否定的对立项：预期证误），特殊的转换体验，后者本身被描述为行为，而且似乎能够使每一实行意向的行为在一相关关系性行为中达到其目的。此相关关系行为，就其充实着意向而言，被称作充实性的〈实行充实的〉行为，但它如此被称呼只因为在被充实意义上的充实化之综合性行为。此一过渡性体验并非具有处处同一的特性。在意指性的意向中以及在同样明显的直观意向中，它具有认知统一体特性，后者就对象而言即同一化统一体。但是一般而言这并不适用于意向的更广泛范围。我们当然能够处处谈论一种相符关系，而且我们甚至处处发现一种同一化。但此同一化往往只由于与这样一组行为密切交织的行为而出现，此组行为使得一种同一化统一体发生并在此关联域内使得这样一种统一体具有根基。

现举一例证来马上阐明此情境。一愿望的被充实化实现于一行为中，此行为包含着一种作为必要组成成分的同一化。因为对其约制的法则性在于，愿望性质根基于一观念呈现中，即根基于一客观化行为中，以及

更准确说，根基于一"纯"观念呈现中；此外还存在扩大的法则性，按此法则性，愿望充实化也根基于一行为，此行为在同一化过程中包含着根基性的〈提供根基的〉观念呈现：愿望意向只能通过如下过程获得其充实性的满足，即为其提供根基的所愿望者〈被愿望物〉之纯观念呈现，被转换为对一致性之确信〈Füwahrnehmung〉。然而所出现者并非单纯的转换，即并非如下单纯的事实：想象被确信所置换，而是二者在同一化的相符作用中的合一。在此综合性的特征中所构成者是：它事实上并真正地如是［就像我们先前对其单纯观念呈现的及所愿望的那样］；当然这并未排除此事实仅只是想象的，尤其在大多数情况下它仅是一未被充分观念呈现者。如果该愿望根基于一纯粹符号性〈signitiven〉观念，那么同一化当然也能够具有该更特殊的、前面谈过的相符性特征，此相符性通过——致性直观充实着该意指作用〈Signifikation〉。我们显然能够类似地论述一切在观念呈现（作为客观化行为）中具有其根基的意向；而且同时，适用于充实者，稍经意义调整，也可转换为预期证误〈预期证误-判误〉的情况。

我们预先所谈者清楚显示，如果愿望充实，为了坚持我们的例子所示，也根基于一种同一化并最终根基于一种直观认知行为，此后一行为并不彻底完成愿望充实，而只是以之为根基。特殊愿望性质的被满足，是一种本身的和其他种类的行为特性。当我们也倾向于在情感意向范围之外谈论满足甚至谈论充实时，这只不过是一种比喻的说法。

因此与意向的特殊特性相连接的是"充实性相符"〈erfüllenden Deckung〉的特殊特性。不只是因为意向的每一侧显都对应着相关性充实的同一侧显，而且同时也对应着综合性行为意义上的被充实行为，而且因为本质上不同的意向类也对应着前面所说的双重意义上的充实化之基本的种类区别。显然，属于此类似系列的成员永远属于一单一行为类。在愿望意向和意志意向中的诸充实化综合当然显示了紧密的类似性，并与（例如）出现于意义意向中的综合相互明确区别。另一方面，意义意向的充实化和直观行为的充实化当然具有共同的特性，而且一般来说对于一切我们归之于客观化行为者均如此。对于我们此处只关心的客观化行为类，我们可以说，它们的充实化统一体具有同一化统一体特性，并可能更严格地具有<u>认知统一体</u>特性，因此具有这样一种行为的特征，此行为对应于作为意向性相关项的对象同一性。

就此问题而言我们应该注意以下难点：我们前面指出，每一通过直观性意向获得的符号性意向的充实化，都具有一种同一化综合的特性。但是反过来说，在每一"同一化综合"中并非必定实现着一种意义意向的充实化，以及更非必定通过一种对应的直观实现着此充实化。而且再者，我们并非倾向于说，在每一同一化中已经谈到一意向的<u>充实化</u>，并相应地谈到了一种认知。广义而言，在通常的说法中当然把每一实际的同一化称作一种认知。而狭义而言，我们明确感觉到，问题相关于对干认知目标的渐近，或者甚至对于更加严格的认知批评而言，问题相关于对此认知目标本身的达成。目前我们只坚持说，<u>同一化统一体以及一切认知统一体</u>，在严格的并最严格的意义上，<u>在客观化行为范围内具有其根源</u>。

充实化的特殊性可用于描述充实化本质上所从属的行为之统一类别。因此我们可以把客观化行为实际上定义为其充实化综合具有同一化特性者，以及因此定义为其预期证误综合具有区别化特性者；或者，也定义为那样一类行为，它们可以在现象学上起到同一化或区别化的可能综合之成员的作用；或者最后，在一还有待确立的法则性假定下，定义作这样一种行为，它们可以，或者一方面作为意向性的或充实性的行为，或者另一方面作为预期证误行为，起着一种可能的认知性功能。于是<u>此类别中就包括着同一化及区别化本身的综合性行为</u>；它们实际上本身或者是一种把握同一性或非同一性的单纯猜想，或者是相应的对彼此的实际把握。该猜想在一（严格意义上的）认知中可被"肯定"或"否定"，对前者而言为实际上被把握的同一性或非同一性，即"充分适当地被知觉者"。

我们刚才进行的概略性分析因此得出这样的结论：<u>意义意向的行为以及意义充实行为</u>，"思想"行为以及直观行为，<u>都属于同一行为类，属于客观化行为类</u>。因此我们断定，其他类的行为永远不可能具有赋予意义的行为功能，我们只能这样来"获得表达"：附属于语词的符号意指意向借助于知觉或想象获得其充实性，知觉或想象均朝向于作为对象的表达性行为。因此当行为具有意义功能时，并在此意义上获得表达时，此

52

类行为与某种对象的符号性的或直观性的关系被构成，而在另一种情况 *53*
下，这些行为就是对象本身，而且对象自然是相关于其他的、在此作为
具有真正意义载者功能的行为的。

然而在我们更详细讨论此问题之前，尤其是对此似是而非的相反论
点的否定进行讨论之前①，我们应该更细心地研究值得注意的，尤其是客
观化行为范围内的充实化现象。

§14　通过充实化特殊性对符号意向与直观意向的区分进行现象学的特性说明

a）记号、图像与自呈现。

在以上讨论中我们注意到，意向的属特性与充实综合的属特性如此
密切相联系，以至于客观化行为类，可直接通过被假定为充实综合的属
特性，被定义为一种同一化综合。沿着此思路我们提出的问题是，在此
客观化类内部显示的本质的类区别，是否可由充实化方式的相关区别来
规定。借助一种基本的划分法，客观化意向被分为意指性意向和直观性
意向。让我们尝试对此两种意向进行说明。

由于我们以表达性行为开始，我们把符号性〈signitiven〉意向理解
为意指作用〈Signifikation〉，理解为表达的意义〈Bedeutung，意指〉。
如果我们暂时不考虑有关起着意义赋予功能的这种行为是否也可能出现
于意义功能之外的问题，那么此符号性意向就始终具有一直观的支持物
〈Anhalt〉，即存在于表达的感性因素上，但它们因此就不具有一直观的 *54*
内容〈Inhalt〉，虽然它们在某种意义上与直观行为一致，但与后者在种
类上不同。

如果我们比较记号与图像的话，就不难把握表达性意向和纯粹直观
性意向间的区别。

大多数情况下记号与所标记者在内容上没有共同之处，记号既可以
标记与其异质性之物也可标记与其同质性之物。反之，图像通过相似性

---

① 参见本研究最后部分。

指涉事物，如果没有此相似性关系，就谈不到图像的存在。记号作为客体在显现行为中被构成。此行为还不是标记性行为，在我们先前分析的意义上它需要与一新意向、一新的统握方式相连接，借助于后者，一种新的被标记的客体取代了直观的显现者，被意指着。正如大理石胸像这样的图像也是完全不同的另一物一样，正是新的统握方式使其成为图像，它看起来就不仅是一个大理石物，而同时地并根据此显现，是以图像意指的一个人物。

从两方面相互连接的意向，并不是外在地固定于此显现内容上，而是本质上以其为根基的，因此以至于意向的特性是由其规定的。对此情境在描述上进行的不正确理解是：人们认为全部区别在于，同一意向，有时和一与被意指客体<u>相似的</u>客体之显现相连接，有时和一<u>不与其相似</u>的客体之显现相连接。因为记号也能够与被意指者相似，甚至完全相似。但记号观念并不因此成为图像观念。我们把记号 A 的照片直接统握为此记号的图像。但是当我们把记号 A 用作记号 A 的图像时，如当我们写道：“A 是一拉丁文字母”时，那么，尽管图形相似，我们并不把 A 理解为图像，而只是理解为记号。

因此，在显现者和被意指者之间的类似性的客观事实并不确定任何区别。然而对于图像观念的情况而言这并非是无关紧要的。这一点可显示于可能的充实化中，而且只有对此可能性的记忆使我们能够在此考虑〈诉诸〉此“客观的”类似性。图像观念显然具有其特殊性，每当其获得充实时，其显现为“图像”的对象，通过类似性而与在充实性行为中<u>被给予的</u>对象同化。当称此为图像观念的特殊性时，我们已经在说，<u>在此由于类似性而形成的类似性充实，内在地决定着作为一种想象性综合的充实综合之特性</u>。另一方面，当由于记号和被标记者之间的一种偶然类似性，产生了一种关于其相互类似性的认知，那么此认知就不属于记号性意向的充实——先不谈此认知绝不是与该特殊性的同一化意识为同类的，此同一化意识，按照图像和事物之间的方式，在类似性与类似性之间确定了一种相符关系。毋宁说，一种<u>意指性</u>意向的特殊本质在于，在此情况下意向性行为的显现的对象（例如在它们相互实现的统一体内的名字和被称名者），<u>彼此之间“没有任何关系”</u>。同样明显，事实上充实的不同的描述性特性，正如它们根基于不同的描述性意向的特性那样，反过来也能够促使注意此特性的区别并用于为其定义。

我们此前只考虑了符号性和想象性意向的区别。如果我们在此忽略了在想象性行为的较广泛范围内的较不重要的区别（我们前面的确偏重于物质性图像的观念，而非也关注幻想观念），那么就还须考虑知觉。

与想象对立，如我们习惯于表达的那样，知觉的特征是：在其中对象"本身"显现，而不是仅"在图像中"显现。在此我们立即认识了充实化综合的特有区别性。想象是通过图像性的特殊综合被充实的，知觉是通过事物的同一性之综合被充实的，事物通过"自身"肯定自身，在此过程中知觉显示于不同的侧面并因此始终只是单一物。

b）对象之知觉性的与想象性的侧显。

然而我们必须在此注意如下区别：当知觉自以为呈现着对象"本身"时，它因此实际上自以为并非只是纯意向，而是能够为其他行为提供充实的行为，但其本身甚至不再需要任何充实了。在大多数情况下，而且例如在"外"知觉的一切情况下，始终存在此种自以为是。对象事实上不是被给予的，即它不是完全作为本身所是者被给予的。它只是"从前侧"显现的，仅只是"在透视中被缩短和侧显的"，如此等等。当其众多规定性，至少在此前表达所例示的〈透视〉方式中，在知觉的核心内容中，被图像化时，在该知觉的此一图像形式中并无其他规定性出现；未见到的背面、内部等等的组成部分，虽然在或多或少确定性方式中被共同意指着，它们都是通过最初显现者被象征地指示的，而其本身根本未出现于知觉的直观的（知觉的或想象的）内容中。因此同一对象具有无限多的内容上不同的知觉可能性。如果知觉如其自以为地那样即为对象之处处事实上的和真正的自呈现，那么每一对象就只有唯一一个知觉，因为其独特的本质可在此自呈现者中被穷尽。

但是另一方面要注意，对象如其本身〈an sich〉所是——"本身"在此唯一相关的及可理解的意义，即知觉意向充实化所实现的意义——并非完全不同于知觉（尽管是不完全地）所实现者。可以说，成为对象的自显现，即意味着存在于知觉的自身意义中。即使从现象学角度看普通知觉也是由诸多种意向所构成，部分是纯知觉性意向，部分是单纯想象的意向，甚至部分是符号性意向：作为<u>全部行为</u>，普通知觉把握着对象本身，即使只是以侧显方式。如果我们设想知觉和充分知觉之间的充实关系，此充分知觉，即在该词真正的、观念严格性的意义上，<u>给予了</u>我们对象<u>本身</u>，那么我们就能说：该知觉意向着对象，以至于观念的充实化综合具有意向性行为的纯粹知觉性内容与充实性行为的纯粹知觉性内容之间的一种<u>部分上相符</u>的特性，并同时具有双方面在完全知觉意向之间的完全相符的特性。在"外"知觉内的"纯粹知觉性的"内容即我们在排除一切纯想象的和象征性的成分后所持有者，因此这就是纯粹知觉性统握内的"被感觉的"内容，此统觉直接与此内容相关，而且此统觉赋予其一切部分和因素以知觉对象的相应部分和因素的自侧显〈Selbstabschattungen〉意义，并也赋予全部内容以"知觉图像"特性，即对象的知觉性侧显的特性。在充分知觉的观念性界限情况下，此被感觉的或自呈现的内容，与被知觉的对象相互符合——与对象本身的这种共同的及属于一切知觉意义的关系，因此即与充分适当性〈Adäquation〉观念的关系，也显示于复多性的、属于单一对象知觉的现象学相关关系域〈Zusammengehörigkeit〉中。对象在一个知觉内有时显现这一侧有时显现另一侧，有时近有时远，如此等等。在每一知觉中，尽管其彼此多有不同，而只有唯一一个对象"在那里"，在每一知觉中，对象都在被我们认识的以及在该知觉中现前的全过程中，被意向着。在现象学上与此对应的是，在"属于同一对象"的诸知觉之常在相续系列中的充实化或同一化之连续流。这些知觉的每一个都是被充实的和未被充实的意向之混合体。在对象中与前者对应的是在<u>此</u>单一知觉中对象在或多或少完全性侧显中所给予者，与后者对应的是还未被对象所给予者，因此在新的知觉中会成为实际的及充实性的出现者。而且一切这类充实化综合都具有一共同的特征，这就是作为一对象的自呈现与同一对象的自呈现之同一化。

显而易见，类似的区别也适用于想象的观念。后者反映着〈abbilded〉同一对象的这一侧或那一侧；在其中同一的对象永远自呈现的复多性知觉综合，对应着复多性想象的类似综合，在想象中此对象本身成为<u>图像式</u>的呈现。对象的变化着的知觉性侧显在此对应着类似的想象性的侧显，而且在完全的反映〈Abbildung〉中侧显与完全的图像相符合。想

象性行为，有时在想象性关联域内，有时通过知觉被充实，于是在充实 59
化综合的特性中此一区别是一目了然的，从图像到图像的过渡与从图像
到事物本身的过渡，二者具有不同的特性。

此一分析对于我们的进一步研究是有益的，而且在下一章我们还将
继续进行，此分析使我们了解了知觉和想象的相关关系，并了解了它们
与符号的意向都是对立的。我们全面区别了所意指的——被标志的、被
复现的、被知觉的——对象和一在显现中被实际给予的、但未被意指的
内容：一方面是记号内容，另一方面是对象的想象性和知觉性侧显。但
是，虽然记号和被标记者"彼此实无关联"，在想象性的或知觉性的侧显
与事物本身之间存在在该词意义上的内在相关关系。而且此关系在现象
学上显现于诸构成性的意向间的区别内，也同样显现于诸充实化综合间
的区别内。

当然，此呈现方式并不与我们将每一充实化解释为一种同一化彼此
相互冲突。意向处处与为其提供充实化的行为相符，即在其内被意指的
对象与在充实性行为中被意指的对象相同。但是我们的比较与此被意指
的对象无关，而是与在其对被意指对象的关系中的记号和侧显有关，或
者与现象学上和此关系相应者有关。

本节内我们主要关心的主题首先是充实综合的特殊性，通过此特殊
性我们间接地描述了直观的和符号的行为间区别之特性。只是在以后研
究中（§26）我们才能通过对意向本身的分析而不考虑其可能充实的方
式对其特性进行直接的描述。

§15 意义功能之外的符号性意向 60

在上节讨论中我们把某些直观行为的组成成分视为符号性意向。但
是在此前一系列研究中，符号性行为被视为意指行为，被视为在表达中
赋予意义的因素。"意指作用"〈Signifikation〉和"符号性意向"〈signi-
tive Intention〉二词被我们视为意义上等同的。因此现在到了考虑以下问
题的时候：我们通常在意指作用功能中遇到的这些同样的行为或这些本
质上同类的行为，难道不可能也出现于与一切表达分离的此功能之外吗？

　　某些非语言性认知的事例对此问题给予了肯定的回答，此类认知绝对具有语言认知的特性，但其语言的感性符号内容根本未曾出现。例如我们认知一对象为一古罗马路标，上面的凹纹刻符由于长时间被风雨磨损，其文字已难立即辨识或根本无从辨识；例如我们认知一工具钻，但其名称我们并未想起；如此等等。按照发生学观点，眼前的直观刺激了一种习惯性联想，后者朝向于意指性表达；但是后者的纯意义成分出现了，此意义成分现在在反方向上回射向该刺激性的直观，并以被充实的意向特性溢入直观内。因此，此一无语言的认知事例，只不过是意义意向之充化化，只不过在现象学上与本来应属于意义意向的符号性意向分离了。与科学性思考的通常关联性，也提供了与前可相比较的例子。人们实际上注意到，向前涌进的思想系列中很重要的部分，不是连接于属于它们的语词，而是通过直观的图像流或通过其自身联想网络而被激发的。

61

　　与此也相联系的事实为：表达性的言语活动如此广泛地超出了本应直观地给予者，以便确实符合认识性表达的适当性。无人会怀疑，此一事实部分上基于一相反的理由：语词图像可极其轻易地被所与的直观所再生，以便进而引生象征性的思想，但并非引生与其相适应的直观。但也可反过来观察到，语言图像的再生是如何往往大幅度滞后于每一直观在再生中所激发的思想系列的。在两种方式中大量不适当的表达产生，这些表达并不直接相符于实际首先出现的直观，也不相符于实际上基于直观的综合构成物，而是大大超出了如此这般的所与者。由此产生了复杂的行为混合体。对象实际上只被认知为在实际直观基础上的所与者；但是因为意向统一体范围甚广，对象似乎也被认知为在全体意向中的被意向者。认知特性在某种意义上扩展了自身。例如我们将一人认知为是国王的副官，将一手稿认知为是歌德的，将一数学表达式认知为是卡尔丹公式，如此等等。认知在此与直观中所与者当然并不相符，而至多存在与一直观过程相符的可能性，但此直观过程根本不需要被实现。按此方式，认知和认知系列甚至有可能基于部分的直观而成立，这些认知与认知系列假定由于包含有不相容物，即使根据更完全的直观，先天上也是绝不可能成立的。遗憾，实际上大量存在着错误的和荒谬的认知。但

是"真实地说",它们并不是认知,即不是逻辑上有价值的、完全的认 62
知,不是严格意义上的知识。我们这样说已涉及了未来要进行的思考。
因为我们在此还未涉及认知的级次系列问题,也未阐明对认知加以界定
的理想问题。

我们此前关注的是符号性意向,它实际上有时在意识功能之内有时
在意识功能之外出现,却始终保持同一性。但是无数的符号性意向均欠
缺与表达之间的固定的或临时的关系,虽然它们的本质特性使其都与意
义意向属于同一类别。对此,我想到一首曲调的或其他类型熟知事件的
知觉过程或想象过程,并设想在此过程中出现的(确定的或不确定的)
意向或充实化。我也同样地想到某种经验秩序和在其现象共在中之物联
合体,即相对于那样一种因素,它赋予在此秩序中的显现物,特别是在
每一单一物统一体内之部分,以一相互关联的统一体特性,此统一体正
好在此秩序〈Anordnung,规定〉与形式内。通过类比方式,再现和认知
可使图像与事物(相似物与被相似者)成为统一体,并因此能够使其显
现为彼此具有相互关联性,但不是在连续性中具有纯相互关联性,而只
是显现为具有相互关联性。甚至在连续性再现的实现中最初形成了图像
的情况下,此图像预先将符号的被再现者加以映现,之后通过其相应事
物的充实化而被证实,在连续性中的再现者与其被再现者之间的统一体,
不可能通过图像关系被给予(因为此关系在此二者之间不起作用),而是
只有通过符号性再现作用(即通过连续性的再现作用)的纯特殊关系被
给予。

因此我们应该在不充分适当的知觉和想象中正确地看到原初意向的
复合体,在其中除了知觉的和想象的因素外,也发现那类符号性意向。 63
一般来说我们可以判断,客观化行为的一切现象学区别都可归结为以其
为根基的"诸因素意向"与充实化,二者通过充实化综合连接在一起。
于是在意向侧作为唯一存留的最后区别,即作为邻近性意向的符号性意
向与作为类似性意向的想象性意向本身之间的区别,二者各自按其方式
出现。在充实化方面,每一种意向都再次部分地起着成分的作用,但是
有时(如在知觉的情况下)我们也有不应再将其称作意向的成分,因为
此成分只是进行着充实却不再要求充实化,即在该词严格的意义上被其

意指的客体之自呈现。"成分行为"〈Elementarakte〉的特性决定着充实化综合的特性，此充实化综合决定着复合行为的一致性统一体，而且某些"成分行为"的特性，借助于选择偏重的注意力而转换为"全体行为"的统一性：全体行为即想象或意指作用或知觉〈Perzeption〉（Wahrnehmung 本身）。而且当两个此类统一的行为发生关系时，就产生了一致性与冲突性之间的关系，其特性由此关系以之为根基的全体行为确定，但最终由其诸成分确定。

在下一章这些关系性都将在以下界限内继续加以研究，即它们应该在现象学上被肯定并因此在认识论上被评价。在此过程中我们要纯粹坚持现象学上所与的统一性，坚持它们自身带有的意义以及在充实化中所显示的意义。因此我们要避免误入假设性构造之途的诱惑，绝不应使得由此引生的怀疑妨碍着我们的认知阐明任务。

第三章　论认知层阶的现象学

§16　单纯同一化与充实化

正如我们从知觉的语言表达开始去描述意义意向与充实性直观的关系一样，我们曾说，直观行为的意向性本质适合于或从属于意指性行为的意义性本质。在每一全体同一化情况下也显然如此，全体同一化将性质同一的诸行为加以综合，因此将诸设定的行为或诸未设定的行为加以综合；而当诸行为的性质不同时，此同一化完全基于两种行为的质料。在适当改变后，这也适合于部分同一化的情况，以至于我们可以肯定，对于同一化（于是当然也对于区分化），质料就是同一化中须加考虑的进入综合的每一行为特性中的本质性因素。

在同一化的情况中，质料是综合化的特殊支撑者，但其本身并未被同一化。因为关于"同一化"一词，按其意义，相关于由质料语义所呈现于观念的客体。另一方面，在同一化行为本身中诸质料相互符合。然而一切例子均指出，即使假定了性质的相似性，两侧诸行为也并不完全相同，而且这是由于意向性本质并未穷尽一切行为。有关认知层级现象学的细致研究留给我们进一步探讨的这个任务，将显示出非常的重要性。首先，非常明显，如果认知行为包含其"完全性层级"，而且即使在质料相同时也如是，那么我们就不能让质料承担"完全性之区别"的功能，因此也不能让质料来决定相对于任一同一化的认知行为之特殊本质。我们将联系于我们先前已经讨论过的单纯同一化和充实之间的区别问题对此再进一步研究。

我们曾将充实化等同于①（狭义的）认知行为并指出，我们这样做只相关于某些同一化形式，它们可使我们接近于认知目的。我们能够尝试（例如）这样来说明此一说法的意义：在每一充实化中都存在有一具有或多或少完全性的直观性说明〈直观化：Veranschaulichung〉。意向虽然意指着什么，但所意指者是在或多或少非真正的或非适当的方式中被呈现为观念的，是直接地（或至少相对来说比该意向更直接地）对我们实行充实化的，此充实化即这样的行为，它形成于充实化综合中，为该意向提供其"充实性"。在充实化中我们似乎获得一种"这是其本身"的体验。这个"本身"当然不应在严格的意义上理解为：似乎一知觉必定被给予，此知觉在我们心中赋予客体本身以实际的现象性现前。情况可能是：在认知前进中，在行为从较小认知充实性向较多认知充实性逐渐升高的过程中，我们最终必定永远达到充实性知觉；但并不因此一定是：每一步骤，即每一单一的、其本身已可描述为充实化的同一化，都必然包含着一作为充实性行为的知觉。相对的说法"或多或少直接地"以及"本身"，某种意义上对于我们都是重要的：充实化综合显示着相互连接的诸成员的一种非等值性，以至于充实性行为因此具有了一种单纯意向所欠缺的"优点"，即充实性行为赋予了综合以事物"自身"的"充实性"，至少导致其"更直接地"达至事物本身。而且此"直接性"和"自身"的相对性继续指出，此"充实化关系"自身具有某种"增长性关系"的特性。因此似乎有可能形成这些关系之间的链接，在其中该优点得以逐阶增大；但是在此过程中每一个这类增长系列都指示着一理想的界限性或者已经将其实现于其"最终成员"〈Endglied〉内，此界限性为一切增长过程设定了一不可超过的目标：绝对认知的目标，认知客体的充分自呈现之目标。

因此现在，至少按照临时性的提示②，在较广的同一化作用类内提出了充实化的特有特征。因为这样一种对认知目的的接近不会在每一同一化作用中实现，因此无目的的持续同一化作用非常可能无限地进行下去。

---

① 参见前面§14，79页。

② 参见§24，84页及以下的更深入分析。

例如，存在具有同一数值 2 的无限多的数学表达式，因此我们可能无限地将同一化过程一个接一个地接续下去。同样的，同一事物可能有无限多的图像，并因此可能一再地决定着无限多的、毫无认知目的追求的同一化链接。同理，同一事物会具有无限复多性的可能知觉。

　　如果我们在这些直观例子中注意构成性的"成分意向"〈Elementa-rintentionen〉，那么就会自然发现，大多数情况下真正充实化之要素〈Momente〉也被缠入全体同一化之中。按此，如果我们将那些并非真的具有完全相同直观内容的诸图像观念视为同一，那么新图像将使很多事物对我们呈现为更清晰的观念，以及或许看起来"完全如其所是"似的，而先前的图像仅只将那些事物以侧显方式对我们呈现着或以象征方式对我们显示着。如果我们在幻想中设想一对象在全侧面地旋转着，于是图像系列，就部分意向〈Partialintentionen〉而言，一直通过充实化综合被连接在一起；但是每一新的图像观念，整体来说，并不是先前图像之充实化，而且全体观念系列并非在逐渐地接近一个目标。正如在属于同一外在物的知觉复多体一样。在每一步骤中的"获得"和"失去"之间相互维持着平衡，新的行为相对于某规定性而言具有较多充实性，而在相对于另一规定性而言将减失充实性。反之我们可以说，想象序列或知觉序列的全部综合，相比于这些序列中的单一化行为，表示着认知行为充实化的一种程度的增加，单侧呈现的不完全性在全侧呈现中相对地被克服了。我们仅只说"相对地被克服"，因为全侧性呈现并未如适当性理想所要求的那样，刹那间即实行于这样一种综合复合体内，并作为纯粹的自呈现而没有附加的类似化作用或象征化作用，而是反之在组成部分上由于这类附加作用而一直受到干扰。一种直观充实化系列的另一例子是这样一种过渡过程：从一草图到一较精确绘制的铅笔素描，再到一完成的绘图，最后到最终完成的生气勃勃的绘画，而所有这些绘图都相对于同一个，即视觉上同一个对象。

　　纯想象领域中的这类例子同时显示，充实的特性并不假定：无论在意向性行为中还是在充实性行为中的设定性质均须包含在逻辑认知概念中。我们在此倾向于这样来谈到一种认知，按此认知，通常意义上的信念中的假定〈Vermeinen〉在被肯定着或被证实着。

§17　充实与直观化之间的关系问题

68　　　现在人们可以问，不同属的客观化行为——符号性行为与直观性行为，以及在后者中的知觉性行为和想象性行为——在认知功能间起什么作用。直观性行为在此显然更习惯于发生，以至于人们最初倾向于将一切充实化（如我们前面顺便谈到的）称作直观化，或者，在其一相关于直观意向之时，即将充实化之功效〈Leistung〉描述为直观充实化中的单纯程度增加。直观和充实化之间的关系，现在肯定构成为一对偶概念——思想（严格说：概念）和对应的直观——形成之基础。但是我们不要忽略，一种直接朝向此关系的直观概念与直观行为根本不相符合，虽然由于所谓基于一切充实化之意义的直观倾向，它与其紧密连接，即以之为前提。正如人们在此也会说的那样，一种思想"使自身清晰"，这首先意味着，思想的内容获得了认知性的充实。但这也可能在某种意义上产生了符号性观念。自然，当我们提出明证清晰性要求以使得"事物本身"对我们清晰时，并因此使其可能性与真实性可认知时，我们所指涉的是我们直观的〈intuitiven〉行为意义上的直观〈Anschauung〉。正因此，在认知批评领域，关于清晰性的语词直接具有此狭义，它意指着回返充实性直观，回返概念的"起源"，以及与其事物本身直观相关的命题。

　　　现在，事例的精细分析对于证实和继续刚才的论述是很有必要的。这些分析将有助于我们阐明充实化和直观化之间的关系，并有助于我们更准确地说明在每一充实化作用中直观所起的作用。真正的和非真正的直观化（或充实化）于是将获得清晰区别，同时在单纯同一化和充实化之间的区别将获致最终的阐释。直观的功效将由于以下事实而被决定：

69　它在真正的充实化中，在"充实化"名目中，将带给意向性行为以某种新的东西；我们将因此注意到在行为的现象学内容中一个以前未被强调过而对于认知具有根本性意义的方面："充实性"〈Fülle〉将按照一特别属于质料之补全〈Ergänzung〉方式被阐明为一相对于性质和质料而言的、新的直观性行为的因素。

§18　间接性充实化的层阶系列。间接性观念呈现

展现在一定义系列内的每一数学概念的形成，都向我们指出了由符号性意向逐项被构成的充实化系列的可能性。我们通过诉诸以下定义的观念来阐明概念 $(5^3)^4$："为一数，当人们组成乘积 $5^3 \cdot 5^3 \cdot 5^3 \cdot 5^3$ 时得出的。"如果我们要继续阐明这后一观念，就必须回到 5^3 的意义。因此回到形式 "$5 \cdot 5 \cdot 5$"。继续回溯的话，我们通过定义系列 "$5=4+1$，$4=3+1$，$3=2+1$，$2=1+1$" 来阐明 5。但是在每一步之后我们将必须在最后形成的复合性表达式或思想中实行替换，而且如果此思想不断可重复的话（它本身肯定如此，虽然同样肯定不是为我们而如此），于是我们最后达到完全被阐明的多个 1 之和，对此和我们说："这就是数 $(5^3)^4$ 本身"。显然一充实化行为实际上不仅对应于最后结果，而且也对应于每一单一步骤，此步骤从此数的一个表达式达到对其阐明并使其内容丰富的下一表达式。此外，按此方式，每一个别的十进位数也指示着一可能的诸充实化系列，此系列的环节数也由比其构成单位之数减 1 的数所规定，以至于此种有无限多环节的系列是先天可能成立的。

人们习惯于说，似乎在数学领域内简单的语词意义是与复合的、确定的表达式内容同一的。于是在此所谈当然无关于充实化系列，我们只考虑同语反复类的纯同一体之内的问题。然而如果人们考虑由于置换产生的思想形成物的复合性，而且也只在其中置换可实行的最简单的情况下将它们与最初被体验的意义意向相比较，人们就很难认真假定一切复合作用一开始就已包含在此意义意向中了。无可怀疑，在此实际上存在着意向的区别，不管人们如何仔细对其描述，全部同一化的〈identifizieierende〉充实化关系彼此是连接在一起的。

刚刚谈过的例子中的或对例子进行说明的符号性观念的显著特殊性在于，在其中观念呈现的内容——更清晰的说法是质料——先天地规定了一种确定的充实化之级次过程。在此间接实行的充实化不可能直接地实行。此类中的每一符号性意向都包含着一种作为最近的充实化之确定充实化（或者一确定的充实化系列），属于此最近充实化者也是作为最近

充实化的确定充实化，如此等等。此种特殊性我们也在一定的直观意向中看到。如果我们通过一幅图画的图画来使一事物观念呈现时就是如此。观念呈现的质料在此也规定了一最初的充实，此充实在我们眼前呈现了第一幅图像"本身"。但是此图画包含了一新的意向，其充实化将我们引至事物本身。显然，所有这些间接的、或符号性的、或直观的观念呈现，都具有此共同的观念呈现存在之特性，此观念呈现不是以明显方式，而是通过或低或高级次相互叠加的观念呈现，将其对象呈现于观念的；或者更严格说，它是这样的观念呈现，它将其对象作为另一观念呈现之对象，或者作为与如此被观念呈现的对象处于关系中者对之加以观念呈现。于是正如与仟何其他对象处于关系中的对象被观念呈现一样，对象也可以在与观念的关系中被观念呈现，于是这些观念呈现就是在"关系观念呈现"〈Relationsvorstellung〉本身内被呈现的观念呈现〈vorgestellte Vorstellung〉；它们属于其意向性客体，但不属于其组成成分。

在描述上面的事例类时我们谈到间接的（或相互叠加的）意向或充实化，因此也谈到间接的观念呈现。于是存在这样的命题：每一间接的意向都要求一间接的充实化，当然此间接充实化是在有限数量的步骤之后最终达到其直接直观的。

§19 间接性观念呈现与"观念呈现之观念呈现"间的区分

应该细心地对此间接的观念呈现与"观念呈现之观念呈现"〈Vorstellung von Vorstellung〉进行区别，按此后者即这样的观念呈现，它直接相关于视其为对象的另一观念呈现。虽然一般说的"被观念呈现的观念呈现"其本身也是意向，因此能够被充实，所与的观念呈现之性质，"进行观念呈现的观念呈现"〈vorstellende Vorstellung〉之性质，在此绝非要求通过"被观念呈现的观念呈现"〈vorgestellten Vorstellung〉以达到一种间接的充实化。"观念呈现的观念呈现"之意向 V_1（V_2）针对 V_2。当 V_2"本身"出现时，此意向因此被充实并完全被充实；当 V_2 的意向本身被充实时，当其对象在图像中，或在相对丰富化的图像中，或干脆在知觉中显现时，它们未被充实。因为 V_1 实际上不意指此对象，而是完

全意指其观念呈现 V_2。自然，如按照 $V_1 [V_2 (V_3)]$ 公式，在此复合化的交织域中什么都未改变。

　　例如，思想"符号性观念"在一符号性观念的直观中，如在观念"积分"的直观中（如果愿意，甚至可说在观念"符号性观念"本身的直观中），获得其充实。人们不应误解此例，好像是符号性观念"积分"本身在此要求着直观的特性，似乎因而直观及符号性行为（意义意向）等概念在此相互混合着。不是符号性观念"积分"，而是关于此观念的内知觉才是对于思想"符号性观念"的充实性直观；此观念不是起着充实性直观的作用，而是起着充实性直观的对象的作用。于是正如一颜色思想在此颜色的直观行为中获得其直观一样，一思想的思想也在此思想的一直观行为中，因此在此思想的一适当知觉的最终直观中，获得其直观。而且在此不言而喻，在此处以及在他处，一体验之单纯存在还不是一直观，而且特别不是其知觉。应该注意，一般来说，在我们考察的思想或意向与充实性直观的对立中，不应把直观理解为纯粹的外直观的、有关外在的、物质性的对象物的知觉或想象。正如我们前面讨论的例子指出的，以及按照观念呈现行为的本质显然揭示的，甚至于内知觉或形象性因素〈Bildlichkeit〉也起着充实性直观的作用。

§20　在每一充实化内的真正直观化。真正的与非真正的直观化

　　在我们对间接的观念呈现和"观念呈现的观念呈现"之间的区别充分强调和阐明之后，另一方面自然应转向考虑二者的共同性方面。按照前面的分析，每一间接的观念呈现都包含着观念呈现的观念呈现，只要其意指着其对象，后者作为某种在其内被呈现的观念。例如，当我们将 1000 作为 10^3，即作为这个数，呈现于观念时，该数即被标志为这样一观念呈现之对象，此观念呈现本身将产生于所显示的乘方之实现。但由此显然可见，真正的直观化，在每一间接意向之充实内以及在此充实化的每一步骤内，起着本质的作用。一个对象，作为一被观念呈现的观念呈现的（或作为一与如此被定义的对象处于某种关系中的）对象，其特征描述在充实化中假定着观念呈现的观念呈现之充实性，而且这些被嵌入

的直观的充实化首先赋予全部同一体以一充实化的特性。"充实性"的逐步增加正在于这样的事实：一切观念呈现的观念呈现是一步步地被充实着，不论它是一开始即被嵌入其中的，还是通过每一被观念呈现的观念呈现之实现化的"构造"以及通过此被实现者的直观而新出现于充实中的，以至于最终主导性的全体意向连带其叠加与交叉的意向组合，似乎都等同于一间接的意向了。因此，此一同一化作为整体也具有充实化的特性。然而我们必须将此种充实化视为非真正的直观化：因为我们有理由把真正的直观化规定为一种并非以任何其他方式，而是只以如下方式获得充实性的直观化，即它赋予由全体观念所呈现的对象以增加了的充实性，也就是以更大的充实性使其呈现于观念。但是这只不过意味着，符号性意向本身一般不具有充实性，反之，一切充实性都存在于属干对象本身的规定性之实际准现前中。

74 　　我们将立即继续发展上述思想。现在我补充说，我们在真正的和非真正的直观间所说的区别，也可称之为在真正的和非真正的充实化行为之间的一种区别，只要意向朝向于其对象，所谓渴望其对象，而且严格意义上的充实化行为现在可以视为在表达着如下事实：与对象的充实化有关的某物至少被给予了意向。然而我们必须在此主张，在同一化综合内的非真实的和真实的充实化行为都是以共同的现象学特性（广义的充实化行为）为标志的，而且存在一特殊的原则，它表示一切非真正的充实化行为都包含着真正的充实化行为，因此前者的充实化特性可"归因于"此真正的充实化行为。

　　为了更准确地描述真正的和非真正的直观化之间的区别，并同时处理这样一类例子，在其中非真正的直观化完全显示出真正直观化的外表，我们还将继续此一讨论。

　　当一符号性意向之充实化以一直观为根基加以实行时，两种行为的质料，如前面所假定的那样，并非永远处于相符关系中，以至于直观上显现的对象本身呈现为在意义中的被意指者。然而只有在此情况出现时，才能够在真正的意义上谈到直观化，只有在那时思想才在知觉的方式上被实现，才在想象的方式上被说明。如果充实性的直观使得一对象显现，此对象具有一间接的再现者之特性，情况将不同。例如，当在对一地理名称称名时出现了一地图的幻象观念并与此名称的意义意向相融合时，或者当有关某街区、河流、山脉的陈述被眼前地图的图像所证实时。在此，直观根本未在真实的意义上可称之为充实性的，其特殊质料根本未发生效力；真实的充实化基础并不存在于其中，而是存在于一种与其相交织的并显然为符号性的意向中。显现的对象在此起着对于被意指的及被称名的对象的间接再现者作用，这在现象学上意味着，构成着它的直观是一新意向的载者，此新意向指示着在其之外的显现的对象，而且因此将其描述为一记号。显现者和被意指者的可能存在的类比，在此决定着的不是一简单的图像观念，而是一基于图像观念的记号观念。如地图绘制的关于英国的略图，可以反映土地的形式；但是在"英国"一词中出现的地图之想象观念，并非以图像方式意指着英国本身，也不是以由地图所再现的方式间接地意指着英国本身，而是以纯记号的方式意指着英国。这就是通过外在的联想关系，后者将一切我们有关该国家和人民的知识与地图图像连接着。这就是为什么当名词性意向根基于此想象观念被充实时，不是后者（地图）中想象的客体，而只是被其所再现的客体，才应看作与被名称意指者同一。

§21　观念呈现之"充实性"

然而现在必须进一步考虑直观意向的功能。间接意向的充实行为使我们诉诸充实行为，即诉诸直接意向的直观充实，而且也表明，全部间接过程的最终结果即一直接意向，在此之后我们现在关心的是有关直接意向的直观充实化问题以及相关支配性的充实化关系及充实化法则的问题。因此我们要研究这些问题。在接下去的研究中，我们将直接提请注意的是，在有关行为的意向性本质方面，只有质料对于有待建立的关系是具有决定性意义的。性质（设定及"纯"观念呈现）因此可能是随意假定的。

我们先来看以下命题：

每一直观意向都包含着——在观念上〈ideale〉可能的意义上——一正好适合其质料的符号意向。此同一化的统一体必然具有一充实化统一体的特性，在其中具有充实化特性的是直观成分而非符号成分，而且它也是在最严格的意义上的充实性给予者。

当我们说符号意向本身是"空的"并"需要充实"时，我们只是以另一种方式表达着以上论述的意义。在从一种符号意向过渡到相应的直观时，我们体验的不只是一种简单的充实性增加，有如在从一褪色的图画或一简单的素描向一栩栩如生的绘画过渡时那样。反之，符号观念欠缺任何充实性，正是直观观念通过同一化将充实性带入其内。符号意向仅只指向对象，直观意向在该词严格的意义上使其呈现于观念，它带来了对象本身的某些充实性。不论在想象情况下图像可能离对象多么远，它都与对象有很多相同的规定性；不仅如此，它还"相似于"对象，再现着对象，而且它使其在观念上"实际呈现于"我们。但是，符号的观念呈现并不借助类似性的比较来进行呈现，"严格说来"它根本就不是"观念呈现"，对象并不活跃地存在于其中。因此，完全的充实化作为理想即对象本身之充实，对象本身即构成着对象的诸规定性之总和。但是观念呈现的充实性即那些属于观念本身的规定性之总和，借助于规定性观念呈现类似地准现前着其对象或将其把握为所与者本身。因此此充实性即为性质与质料之旁的一种观念呈现之特殊因素；当然仅只是直观的观念呈现中的一种肯定的组成成分，符号的观念呈现中的一种欠缺。观念呈现越"清晰"，其"活跃性"越大，其所达到的形象性的级次越高：其充实性就越丰满。结果，充实性之理想即在一观念呈现中被达到了，此观念呈现在其现象学内容中就包含着其全部的或部分的对象。如果我们将个别化的规定性归入对象之充实性，能够达此充实性的不会是想象而只可能是知觉。反之，如果我们不考虑此规定性，那么该充实性理想也肯定适用于想象。

因此我们应该回溯被观念呈现的对象之诸特征：这些特征越参与类似性再现，而且特别是就每一特征而言，类似性的增加就越大，观念呈现在其自身内容中以此类似性再现着此特征，那么观念呈现的充实性也就越大。当然，正如在每一观念呈现中一样，在形象性观念中，其对象的每一特征也在某种意义上被共同意指着；但并不是每一特征都是以类似性方式被再现，在观念呈现的现象学内容中，一种特殊的、所谓使类似化的〈analogisierendes〉（使形象化的）因素并不属于每一特征。这些彼此内在交融的因素的总和，被看作纯粹直观的（在此为纯粹想象的）统握之基础，此统握正好赋予诸因素以相应对象之因素再现者特征，形成了想象的观念呈现之充实性。对于知觉的观念呈现也是一样。在此情况下，除想象的再现〈Repräsentationen〉之外，也有对象因素之知觉出现〈Präsentationen〉、自把握、自呈现。如果我们聚集了在知觉观念呈现中想象功能的或知觉功能的因素之总和，那么我们也就界定了知觉观念呈现之充实性。

§22　充实性与"直观的内容" 78

　　进一步思考发现，充实性概念仍然深具歧义性。人们可以不考虑纯粹想象功能和知觉功能，而就其自身内容组成来考察前面谈过的因素，正是此功能赋予它们以形象性价值或对象的"自侧显"价值，并因此赋予它们以实行充实化功能的价值。另一方面，人们可以在其统握中观察这些因素，不只是考察这些因素，而是考察全体图像或自呈现。因此即在单只排除意向性行为之后来考察全体纯粹直观行为，这些行为在将这些因素作为对象加以解释的同时，将它们包含在内。我们把这些"纯粹直观的"行为理解为先已存在的直观之纯组成成分，即作为在直观中的这样一种成分，它赋予前面仔细说明的因素以如下的关系：它相关于与之对应的并由其呈现的对象规定性；我们因此排除了（除了性质之外）那些或许此外仍然牵入其中的符号性关系，即相对于对象之其他未曾获得真正呈现的部分或侧面。

　　显然，正是这些纯粹直观的组成成分，它们赋予全部行为以知觉的与图像观念的特征，简言之，直观的特征，而且在充实化系列关联域内，发挥着赋予充实性的及增加或丰富现存充实性的功能。为了防止"充实性"一词的歧义性，我们引入了以下区别性术语。

　　我们将语词"呈现的〈darstellenden〉内容"或"直观再现的〈repräsentierenden〉内容"理解为那样一类直观行为的内容，它们借助于自身为其载者的纯粹想象的或知觉的统握，意义清晰地指涉着明确与之

79 对应的对象之内容，后者以想象的或知觉的侧显方式被呈现着。我们还
排除了以此方式标志上述对象内容特性的行为因素。因为想象的特性存
在于类似性的映现作用〈Abbildung〉中，存在于狭义的再现作用〈Re-
präsentation〉中，但知觉的特性也可被称为出现〈Präsentation〉，于是
为了在两种情况下的呈现性内容我们将使用如下区别性名称："〈使〉类
似性的"内容或"映现的"内容与"〈使〉出现的"内容或"自呈现的"
内容。语词"想象性侧显的内容"和"知觉性侧显的内容"也很适当。
外知觉的呈现性内容定义着通常狭义的感觉概念。外幻想的呈现性内容
即感性的幻象〈sinnlichen Phantasmen〉。

　　我们将在其内并与其相关的统握中的呈现性内容或直观再现性内容，
称为行为的直观内容，而且在此过程中仍然排除行为的性质（不论是设
定的还是非设定的），将其视为对于此处相关的区别无关紧要。按照上述
理由，行为的一切符号性成分都被进一步排除于直观内容。

§23　同一行为之直观性内容与符号性内容间的分量比较。纯粹直观与纯粹意指。知觉内容与图像内容，纯粹知觉与纯粹想象。充实性之等级化

　　为了对刚才界定的概念充分阐明，并为了对一系列根植于同一基础
的概念更易界定，我们来进行以下讨论。

　　在一直观的观念呈现中，一对象以想象或知觉的方式被意指；在此
方式中它以或多或少的完全性"对我们呈现"。对象的每一部分，一般来
说每一规定性，即作为此时此地的被意指者，都必然对应着行为的某些
因素或部分。与意念行为〈Meinen〉无关者，就不会朝向于观念呈现。
80 然而我们一般地发现了以下现象学区别的可能性：

　　1. 行为的纯粹直观内容，即一切在行为中对应于"出现于显现中的"
对象规定性之总和；

　　2. 行为的符号性内容，类似地对应于其他的规定性总和，此规定性
虽然被共同意指但其本身没有出现于显现中。

　　于是我们以现象学方式，在一物知觉或一图像的直观中在以下二者

间实际上做出一切区别：客体在现象中实际显现者，对我们显现的纯"侧面"和欠缺呈现者，被其他现象的客体遮蔽者。显然这些语词的意义含有现象学分析可在一定限界内更肯定地加以证实者：在直观的观念呈现中的"未被呈现者"也是被共同意指的，因此符号性诸成分的内容必定被归于直观观念。如果我们要保持直观的内容的纯粹性，就必须忽略符号性成分的内容。此直观性内容在呈现性内容与相应的对象因素之间形成了直接关系，而且只是由于相邻性，符号性类型的新的、（就此而言因此为）间接的意向，只由于临近性而与直观性内容连接在一起。

如果我们现在把直观的（或符号的）内容之"分量"，定义为以直观性方式或符号性方式被观念呈现的对象因素之总和的直观性内容或符号性内容，那么每一观念呈现内的两种分量都将扩大为全体分量统一体，即扩大为对象规定性的全体总和。因此永远存在符号性等式：

$$i+s=1$$

分量 i 和 s 都显然可能多方面变化：意向性上同样的对象可以因有时较少有时较多的不同的规定性而成为直观性的；相应的，符号性的内容也会相应地变化，或增加或减少。

从观念上说，现在有两种限界状况：

$$i=0 \qquad s=1$$
$$i=1 \qquad s=0$$

在第一种情况下，呈现的观念只具有一种符号性内容，其意向性对象中不存在任何规定性足可使该符号性内容呈现。因此，特别作为纯粹意义意向为我们熟知的纯粹符号性观念呈现，显现为直观性观念呈现的限界状况。

在第二种情况下，呈现的观念根本不包含任何符号性内容。在其中一切都是充实性的；对象的任何部分、侧面、规定性都是直观呈现的，没有任何部分、侧面、规定性仅只是间接地被共同意指的。不只是一切都是被呈现的，被意指的（这是一分析性命题），而且一切被意指者也是被呈现者。我们将对我们呈现的此一新观念，定义为纯粹直观。此外我们在一并非不便的歧义上使用此表达：它有时包含着全部行为，有时将性质忽略不计。我们可以有区别地谈到定性的及非定性的纯粹直观。对

81

于一切类似的行为也是一样。

在每一观念呈现中我们因而可以排除符号性成分，而且我们局限于在其再现性内容中实际上达到再现者。因此我们能够形成一<u>被还原的观念</u>，它带有一如此被还原的对象，在与后者的关系中被还原的观念就是纯粹直观。因此我们也能够说，一观念的<u>直观内容</u>包含着<u>一切在其中为纯粹直观者</u>，正如我们相关于对象时也可以说，对象的纯粹直观内容，即一切在此观念呈现中获得纯粹直观的内容。以上所论同样适用于观念呈现的符号性内容，我们可以将其称之为一切在其中为<u>纯粹意指作用</u>者。

全部直观行为现在或者具有知觉的特性或者具有"形象的观念呈现"〈Bildvorstellung〉。丁是直观内容特别地一方面被称为<u>知觉</u>的〈perzeptiver〉<u>内容</u>或<u>知觉内容</u>〈Warhnehmung〉，另一方面被称为<u>想象的内容</u>〈imaginativer〉或<u>形象内容</u>〈Bildinhalt〉。不要将此与我们所定义的（第79页）"知觉呈现的内容"〈perzeptiv darstellenden Inhalt〉或"想象呈现的内容"〈imaginative darstellenden Inhalt〉相混淆。

知觉内容包含着（虽然一般来说并非仅仅如此）出现的内容，形象内容只包含着类似性内容。后者在某些情况下仍然容许其他的解释，如在物质性图像情况下，类似性内容起着出现性〈präsentierende〉内容的作用，但这无关于我们的问题。

由于一知觉的直观内容所容许并通常所显示的知觉性成分和想象性成分之混合，我们可以再次设想一种分离法，按此分离法可将<u>纯粹知觉内容</u>中的知觉内容和一种扩大的〈ergänzenden〉形象内容区分开。

同样的，如果在一切纯粹直观中我们分别称 w_r 和 b_r 为其纯粹知觉的或想象的成分之分量，那么我们就能建立以下等式：

$$w_r + b_r = 1$$

"1"象征地代表纯粹直观的直观性全体内容之分量，因此即为其对象的全体内容。如果 $b_r = 0$，即如果纯粹直观不具有任何形象内容，那么就称其为 reine Wahrnehmung〈纯粹知觉〉或最好称之为 reine Perzeption〈纯粹知觉〉。因为性质的特性在此仍应排除，而 Wahrnehmung 一词的意义习惯上也包含着对性质特性的设定。如果反之 $w_r = 0$，那么直观就称作 reinen Bildvorstellung〈纯粹形象性观念〉（reine Imagination〈纯粹想象，纯粹形象化〉)。因此纯粹知觉的"纯粹性"不只是相关于符号性的增附因素而且也相关于想象性的增附因素。由于排除了符号象征性成分而获致的非纯粹知觉的减缩性〈Einschränkung〉，提供了内在其中的纯粹直观，而且，进一步的缩减〈Reduktion〉步骤，即对一切形象性的排除，提供了纯粹知觉的内容。

在纯粹知觉中，呈现性的内容不是与对象本身同一吗？纯粹出现〈Präsentation〉的本质仍然在于成为对象的纯粹自呈现，因此在于直接地（在"自身"方式中）意指着作为其对象的呈现性内容。然而此一推论是错的。作为出现的知觉以如下方式把握着呈现性内容：对象与此内容一起并在其中显现为所与者自身。出现是纯粹的，当对象的每一部分都实际上出现于内容中而且没有任何部分是直接被想象的或被象征表达的。于是正如在对象中凡不被出现〈präsentiert〉者也不存在一样，在内容中也是凡非出现的〈präsentiered〉就并不存在。虽然此准确的对应性〈Korrespondenz〉具有一单纯的、尽管是全侧面的侧显（一完全的"知觉图像"），此侧显并不需要达到充分性理想，在此理想中呈现的〈darstellende〉内容同时即被呈现的〈dargestellt〉内容。纯粹的形象性观念，由于其摆脱了一切符号性增附因素故完全地映现着其对象，此形象性观念在其呈现的内容中具有一对象的完全相似物。此相似物可以在或多或少的程度上靠近其对象，直到趋于完全相等的界限。对于纯粹知觉也完全一样。只是区别性在于，想象被理解为作为相似物、作为图像的内容，而知觉被理解为对象的自呈现。因此不只是纯粹的想象而且是纯粹的知觉，都可能在保持其意向性对象的同时容许充实性之差别性。

关于直观内容上的充实性等级性（再现性内容上的充实等级性当然与其具有平行性）我们可区分为：

1. 充实性的范围或丰富性，在变化中随着对象的内容而呈现为或大或小的完全性。

2. 充实性的活跃性，作为在对象相应"内容要素"的呈现之原初类似性的接近程度。

3. 充实性的实在性〈Realität〉内容，相关于其包含的或多或少的出现性内容。

在所有这些关系中充分适当的知觉呈现着充实性理想，它具有关于范围、活跃性、实在性的最大值，此最大值即充分完全的客体之自把握〈Selbsterfassung〉。

§24　充实化的增大系列

我们参照"充实化"的关系形成了"充实性"〈Fülle〉一词，充实化即同一化综合的特殊形式。但在此前的论述中，我们通过观念呈现的诸内在因素的关系以及相对于被意指的对象因素的关系，不仅阐述了充实性概念，而且也阐述了相关于其或大或小完全性、活跃性、实在性的区别，并也因此阐述了形象化的和侧显的等级化概念。然而明显的是，这些关系对应着由充实化综合构成的可能的增大系列〈Steigerungsreihen〉。

充实化，在一符号性意向的"对应性的"直观之同一化适应〈Anpassung〉中，根据最初朝向一种一般充实性而产生。直观性行为在相符关系中"给予"符号性行为以充实性。增大化意识在此是以充实性与符号性意向之相关部分的部分相符为根基的，而增大化意识的任何部分都不可能归之于两种意向彼此相应之"空部分"〈Leerstücke〉的同一化相符性。

充实〈化〉的连续性增大于是继续实行于直观行为的连续性中或者充实化系列中，后者以一直扩大的及增大的形象性将对象呈现为观念。假定 B_2 表示 一比 B_1"更完全的"图像，这就意味着，在相关形象性观念的综合关联域中存在充实化以及在 B_2 侧的意义中存在等级化。正如在一般情况下那样，等级化在此也涉及差距性，而在关系系列中涉及"超越性"〈Transitivität〉。因此，如果 $B_2 > B_1$ 和 $B_3 > B_2$，那么 $B_3 > B_1$，而且此最后例的差距大于中间例的差距。于是，如果我们分开来考虑上面不同的三种充实性因素——范围、活跃性、实在性——的话，至少会是这样的。

分析指出，此类增大化及增大化系列对应于与充实性之呈现性内容有关的相似性及相似性系列。再现者之间的相似性及相似性系列自然不应被直接解释为属于增大化及增大化系列。尤其不能这样来解释，如果这些"充实性"，就其相关的行为而言，是在其自身的内容构成中以及在排除了其再现性功能后被考虑时。正是由于此功能，因此由于这样的事实：在充实化系列秩序中以及在支配其行为的增大化秩序中，充实性的每一在后的行为会显示出更多丰富性，行为的再现性内容也达到了一种增大的秩序；它们本身逐阶地显现出不仅是一般地赋予着充实性，而且是赋予着越来越丰富的充实性。把此种构成部分称作充实性，只是给予其一种相对的、功能的性质，表达着这样一种特性，此特性由于行为及由于此行为在可能的充实化综合中的作用而增加着内容。此情况类似于对"对象"的称名。称之为对象并不是什么肯定的标志，并不具有一种内容的肯定类型，只不过把内容称之为一观念呈现的意向性相关项。此外，充实化关系和增大化关系显然根基于行为的现象学内容，此行为是<u>纯粹按其特殊的构成成分理解的</u>。与此处讨论有关的只是绝对由相关"种"〈Spezies〉所决定的关系。

但是，在直观行为综合中，并非总是存在充实性的增大化，因为部分的充实化和部分的去充实化〈Entfüllung〉可能共同发生，对此我们前面已经谈过。然而我们可以说，归根结底，<u>在纯同一化和充实化之间的区别</u>可归结为这样的事实：对前者而言，或者一般来说并不存在真正意义上的充实化，因为问题相关于完全不具充实性的行为之同一性设定〈Identitätsthesen〉；或者虽然存在充实化或充实性的丰富化，但同时也有去充实化，先已存在的充实性丧失，以至于并未产生显著的及纯粹的增大化意识。在一切情况下，初步的、相关于"成分意识"〈Elementarintentionen〉的关系是：一种空的，即纯粹符号性的意向的充实化与一种已相对被充实的意向之"附加充实化"〈Zufüllung〉，也就是一种想象性意向之增大化和现实化。

§25　充实性与意向性质料

我们现在要讨论"充实性"一词作为"观念呈现内容"理解的新概念与质料意义中的内容之间的关系，质料在我们此前的研究中起着一种非常重要的作用。质料被我们视作客观化行为的那样一种因素，此因素使得该行为于观念上呈现的正是此对象，并正以此方式，也就是正以此分节法和形式，特别相关于此规定性或关系。一致性质料的诸观念呈现所呈现的不只是一般而言的同一对象，而且它们这样意指着对象，将其严格地作为同一物，即作为完全相同的被规定者。一观念呈现在其意向中并未赋予对象任何其他观念呈现未曾赋予的东西。一侧的每一客观化分节方式和形式都对应着另一侧的一分节方式和形式，以至于相互一致的"观念呈现成分"客观上意指着同一物。在此意义上我们在《第五逻辑研究》中讨论质料概念和意义性本质时说①："两个判断是本质上相同的判断［即质料相同的判断］，如果，其中一判断（完全根据判断内容本身）关于所判断的事态所言者，也被另一判断所言，并仅此而已的话，它们的真值即相同。"它们在相关于对象时正好意指着同一物，即使它们在其他方面很不同，例如一个只是以象征的方式实行着，另一个以或多或少直观的方式被阐明着。

最初引导我形成此概念者正是在同一表达的陈述和理解中的同一者，就此而言，一人"相信"此陈述内容，而另一人能够"搁置"此内容而并不破坏此同一性。在此情况下也无关于表达的实现是否相符于相应的直观，以及一般而言是否能够实现。因此人们能够甚至倾向于（而且我甚至在此问题上长期有所犹豫地）把意义就定义为此"质料"，但是这会有碍于（例如）在述谓陈述中将实际断言行为的因素从意义中排除。［无论如何，人们可以把意义概念首先加以如此的限制，然后再区别被定性的意义和未被定性的意义。］然而在同一化相符的静态和动态统一体中，意义意向和其相关的直观的比较指出，此被界定为意义之质料的同一物，再次出现于相应的直观中并间接促成了同一化，而且因此在直观因素的甚至全体对应的直观的增减中的自由（在此只相关于每一表达的同一的意义性）是根基于如下事实的：依赖于语词声音的全体行为在直观侧正如在意义侧具有相同的质料。也就是就一切意义部分而言，一般来说都达到了直观化说明。

于是显然，质料概念应该经由全体同一化统一体定义为行为中充作

---

① 参见第二章 418 页。〈实为 419 页首行开始。——中译者注〉

同一化基础的因素，以及因此超出纯同一化的、多方面决定着充实化和充实增大化的充实性区别，在此概念构成中不应被考虑。然而不论一观念呈现的充实性在其可能的充实化系列中如何变化，其如是这般被意向的意向性对象都始终同一；换言之，其质料始终同一。但另一方面，质料与充实性不是无关系的，而且如果我们把一直观行为置于它赋予其充实性的纯符号学行为之旁，前一行为与后一行为不同，例如，并非由于在两种行为共同的性质与质料之外结合了第三种不同于前二者的因素——"充实性"。于是如果我们把充实性理解为直观〈Anschauung〉的直观性〈intuitiven〉内容，至少就不会如此。因为，直观内容本身已经包含着一种完全的质料，即相关于被归结为一纯粹直观的行为。如果在先存在的直观行为首先即一纯粹直观行为，那么其质料同时就是其直观内容的组成成分。

我们最好能将此处讨论的关系，通过符号性行为与直观性行为的平行性关系，以如下方式进行理解：

纯粹符号性行为就是一种性质与质料复合性作用本身，如果它可以一般地自行存在的话，即可以自行形成一种具体的体验统一体的话。它实际上并不能如此，我们发现它永远附着于一根基性的直观。此记号之直观自然与象征性行为的对象"无关"，即它不能与此行为进入充实化关系，但它以具体性方式将其可能性实现为一直接被充实的行为。因我们似乎可以承认如下命题：一象征意指作用的可能性仅在于，一直观〈Intuition〉具有一新的意向性本质，按此，其直观对象在一记号方式中（不论一记号是稳定地还是临时地自呈现着）超越自身进行指涉。如果进一步考虑，这一命题似乎并未以所需的分析清晰性表达出此处所说的必要性关联，而且或许是其所表示的多于其所能够证明的。我们似乎应该说，不是根基性的直观整体而只是对其再现性的内容，为符号性行为提供了基本的支持。因为超出此内容者以及决定记号为自然客体者，可以任意变化，而不至于影响符号性的功能。例如不管一语词记号是由木质、铁质还是墨水制成的，或者不管记号外表看起来是否一样，都无关紧要。相关的只是处处反复可识认的形式，但也不是作为由木质等材料制成之物的客观形式，而是作为在直观之呈现的感性内容中实际出现的形式。

89

如果只存在符号性行为和直观的呈现性行为间的关系，因此如果此直观的性质和质料对于符号学功能是不重要的，那么我们也不能够说，每一符号性行为需要一根基性的直观，而是说它需要一根基性内容。正如任何内容都可起到一直观的呈现性内容的作用一样，任何一内容都似乎可起到这样的作用。

让我们现在考虑纯粹直观的行为的类似情况，于是我们会注意到其性质和质料（其意向性本质）是不可能自行分离的，在此也需要一必要的补充。提供此补充的并非再现性的内容，即那样一种（在感性直观情况下感性的）内容，它在与一意向性本质的目前结合中获得了一直观再现者的特性。如果我们注意到，同样的（例如感性的）内容有时可作为一象征意指的载者，有时可作为一直观的载者（指示性内容——映现性内容），我们就会倾向于去扩大再现性内容的概念，并去区分符号性内容和直观再现性内容（或简言之：符号性的和直观性的再现者）。

但是此种划分是不完全的。我们迄今为止仅只考虑着纯粹直观的和纯粹符号性的行为。如果我们现在也引入人们一般地理解为直观的混合性行为，那么其属性就可被说明为：那些混合性行为具有一再现性的内容，后者在相关于被观念呈现的对象物的一个部分时就起着映现性的或自呈现的再现者作用，在相关于补充的部分时就起着纯指称的作用。因此我们必须将纯粹符号性的再现者与纯粹直观性的再现者与混合的再现者并列，后者既以符号性方式也以直观方式同时进行再现，也就是在相对于同一意向性本质时进行再现。现在我们可以说：

一切具体完全的客观化行为都具有三个组成成分：性质、质料和再现性的内容。随着此内容起着纯粹符号性的或纯粹直观的再现者作用，或者同时起着两种作用，行为就相应地是纯粹符号性的、纯粹直观性的或混合性的。

§26　继续：再现或统握。质料作为统握意义、统握形式与被统握的内容。直观性统握与意指性统握的不同特性说明

我们现在可以问，这些"作用"〈功能〉应该如何理解，因为如下的

可能性是先天地存在的：同一内容与同样的性质和质料相结合，以这三
种方式发挥作用。显然，只有统一体形式的现象学独特性能够赋予其内
容以作为一现象学上存在的区别。但是此形式特别地将质料与再现者相
连接。再现的功能实际上不受性质变化的影响。例如，我们把幻想之显
现看作一现实客体之准现前还是看作单纯想象，都不会改变它是"形象
观念呈现"的事实，因此其内容具有一形象内容的功能。我们因此称<u>质
料与再现者之间的现象学统一体</u>为再现形式，只要该统一体赋予后者以
再现者特征，而且将由该统一体产生的二因素之整体称作<u>再现本身</u>。按
照其现象学根源，此一名称表示再现性的内容和被再现的内容之间的关
系（被再现的对象或对象部分）。如果我们不考虑现象学上未给予的对
象，为的是只表达如下事实：当内容起着再现者作用时，或更准确说起
着这种那种类型的、对于这种那种对象物的再现者作用时，我们就会反
复地具有不同的"心境"，对此我们将其说成是<u>统握</u>之变化。我们因此能
够将再现形式也称作统握形式。因为质料可以说规定着意义，按此意义
再现性的内容被统握着，于是我们也能够说<u>统握意义</u>；如果我们要保持
对旧术语的记忆并同时显示其与形式的对立性，那么也可以说<u>统握质料</u>。
我们于是需要对每一统握进行现象学的区别：<u>统握质料</u>或<u>统握意义</u>，<u>统
握形式</u>及<u>被统握的内容</u>；被统握的内容〈aufgefaßten Inhalt〉应该和<u>统握
之对象</u>〈Gegenstande der Auffassung〉加以区别。"统觉"〈Apperzep-
tion〉一词虽然是历史上传承的，但由于与"知觉"〈Perzeption〉一词形
成错误的术语对立，故并不适当；反之，更适用的词是 Apprehension
〈领悟，统握〉。

　　另一个问题相关于再现或统握的不同方式之不同的特征描述，统握
按照前面的说明在统握质料相同时也可能是不同的（统握之"为何"〈als
was〉）。在前一章我们用充实化形式的区别来描述再现的区别：在目前语
境下，我们的目的是采取一种内在的特征说明法，即限于意向的自身描
述内容。如果我们利用此前论述中建议的一种分析性的说明方式，并同
时利用我们在再现之一般理解中所取得的进展的话，那么就得出了以下
的观念系列：

　·　我们先开始考虑这样的论点：<u>在质料和再现者之间的符号性再现作</u>

用产生了一种偶然的、外在的关系，而直观的再现产生了一种本质性的、内在的关系。前一情况中的偶然性在于，同一象征性意指可被看作依附于任何一种内容。象征意指性质料一般只需要一种支持性内容，而在其特殊的性质和其自身特殊的组成内容之间我们没有发现任何必然性联系。意义可以说不可能浮于空中，但对于它所意指者，记号（我们称记号所意指者为意义）是完全无关紧要的。

对于纯粹直观的再现而言，情况完全不同。在此情况下，在质料和再现之间存在内在的、必然的关联性，此关联性由二者的特殊内容所决定。只有一种与其类似的或相同的内容可被视为一对象的直观的再现者。用现象学方式说：我们并非完全自由地将一内容统握为此或为彼（或在此或在彼的统握意义上），而且这不仅是由于经验的理由——因为一切统握以及象征意指性统握都是经验上必然的——而是因为要加以统握的内容通过类似性和相同性的一定领域，也通过其特殊内容，给予了我们限制。关系的内在性不仅是将作为整体的统握质料和全部内容相结合，而且也把二者彼此的部分一一结合在一起。在纯粹直观的假定的情况下也如此。非纯粹的直观情况下，特殊的统一体是部分性的：质料的一个部分——被还原的因此自然是纯粹的直观的质料——显示了内容于其中被统握的直观意义；质料的其余部分不是通过相同性或类似性而是通过纯粹临近性而参与再现的，即在混合性直观中再现性的内容对于质料的一部分起着直观的再现者的作用，对于质料的其余部分则起着符号性再现者的作用。

如果我们最后问，在相同质料意义上的相同内容如何可能有时在直观的再现者方式上被统握，有时在一符号性再现者方式上被统握，或者问，统握形式的不同特殊性究竟何在，那么我是不可能对此给予进一步回答的。或许问题相关于一种现象学上不可还原的区别性。

在以上思考中我们把再现作用独立地看作质料和"再现性内容"的统一体。如果我们再次回到完全的行为，那么完全的行为即呈现为行为性质与（或直观性的或符号学性的）再现的结合体。人们称完全的行为为直观性的或符号性的，二者的区别也是由内在的再现决定的。充实化关系的研究在前面把我们引向直观性内容概念或一种行为的充实性概念。

如果我们比较该概念的结构与目前的概念结构，那么我们就注意到前者界定了属于一非纯粹直观行为的纯粹直观的再现（即纯粹直观）。"充实性"曾经是这样一个概念，它是特别为表示在其充实化功能中的比较行为研究而拟定的——与纯粹直观对立的极端情况，即纯粹的象征意指作用，当然是与纯粹符号性再现作用等同的。

94

§27　再现作用作为一切行为内必要的观念呈现基础。对于 "意识与一对象关系的不同方式" 语词的最终阐释

每一客观化行为都包含着一再现作用。一般来说每一行为，按照《第五逻辑研究》的说明①，或者本身是一客观化行为，或者以这样一种行为作为基础。因此，一切行为的最后基础都是再现意义上的"观念呈现"。

一行为与其对象的关系之不同的方式表达法，按照此前的研究具有如下基本不同的意义，包括：

1. 行为的性质，信念的方式，单纯终止判断，愿望，怀疑，等等。

2. 根基性的再现，即

a）统握形式：不论对象是以纯符号性方式、直观性方式或混合性方式被观念呈现的。其中也包括知觉观念呈现、幻想观念呈现等。

b）统握质料：不论对象在这种或那种"意义"上被观念呈现的，例如以象征意指方式由不同的意义所呈现，此意义在观念上呈现着同一对象却赋予对象以不同的规定性。

c）被统握的内容：不论对象是借助此一或彼一记号被观念呈现的，还是借助此一或彼一呈现性的内容被观念呈现的。进一步看，在此第二种情况下，由于直观再现者、质料和形式之间的法则性关系，问题同时相关于区别性，此区别性本身甚至在质料相同的情况下影响到形式。

95

---

① 参见其倒数第二章，特别是§41，第二版，493 页及以下。

§28 意向性本质与充实化的意义。认知的本质。作为种〈specie〉的直观

在《第一逻辑研究》中我们将意义〈Beideutung〉与充实化意义〈Sinn〉（或许也是充实着意向性意义〈Beideutung〉的意义〈Sinn〉）相对立，于是我们指涉这样的事实：在充实化中对象被直观地"给予"的方式，相同于"纯意义"意指对象的方式。① 我们曾认为，此观念上设想的与意义相符者即<u>实行充实化的意义</u>，而且说过，由于此相符性，"纯意义意向"或表达具有了与直观对象（表达式表达着此对象，并正是此对象）的关系。

如果我们应用以后要谈到的概念结构，那么此处含有的意思是，充实化意义将被理解为完全适当的充实化行为之意向性本质。

此概念结构是完全正确的并对于我们的目的来说是充分适当的，该目的凸显着情境的绝对一般性，在此情境中一个符号性意向与其直观观念呈现的对象相互关联，并因此表达了一种重要的明见性：符号性的（表达性的）行为的意义性本质在相应的直观行为中是<u>同一</u>的，虽然两种行为间存在现象学的区别，而且活生生的同一化统一体实现着相符性本身，并因此同时建立起表达者与被表达者的关系。另一方面，显然，正是由于此同一性，充实化意义并不包含充实性，<u>因此并不包含直观行为的全部内容</u>，只要我们从认知批评的角度考察直观行为的话。对此人们可能反对说，我们是在如此狭义上把握意向性本质的，以至于排除了如此重要的甚至对于认知具有决定性意义的行为组成成分。引导着我们的是这样的思想：客观化意向的本质应该是（一般来说）这种意向所不可或缺者，或不可能在任何这类意向中自由地变异而不影响到（按照观念的必然性）意向与其对象物的关系。但是，纯粹符号性行为是"空的"意向，它欠缺充实因素，并因此一般来说，对客观化行为而言只有性质与质料的统一体才可视为其本质。于是人们可以反驳说，符号性意向如

96

---

① 参见《第一逻辑研究》，§14，51页。

无感性内容是不可能成立的，因此按其种类也具有其直观的充实性。但是按照我们关于符号性再现论述的意义以及按照先前关于非真正的和真正的直观化的意义，符号性意向实际上根本不具有充实性。或者毋宁说，虽然它具有充实性，但不是符号性意向的充实性而是它以之为根基的行为的充实性，在行为中记号作为直观的客体被构成。我们看到，此充实性可无限制地变异而既不影响符号性意向也不影响与其对象相关者。考虑到此情境以及同时注意到如下情况：即使在直观行为中，尽管在有限制的条件下，充实性可连续变异并永远意指着带有同样规定性及同样性质的同一对象，那么显然，无论如何我们需要一种可表示性质与质料间纯统一体的术语。

另一方面，形成一个包含更广阔内容的概念也是有用的。因此我们将一客观化行为的认知性本质（对立于客观化行为的纯意义性本质）定义为具有认知功能的全部内容。它包含三种成分：性质、质料、充实性或直观内容；或者如果我们要避免后二者的重叠并使用分离的成分，那么可以说：性质、质料、直观再现性的内容，其中最后者以及“充实性”，都是空的意向所欠缺的。

一切与同一认知性本质有关的客观化行为，对于认知批评的观念性目的来说，都是“同样的”行为。如果我们说作为种的〈in specie〉客观化行为，我们心目中就有一相应的观念。在有关作为种的直观之限制性语词等等时，也是一样。

§29　完全的与缺漏的直观。充分相应的与客观上完全的直观化。本质

在一直观的观念呈现中，可能存在不同程度的直观充实性。我们曾经讨论过，关于不同程度的说法指示着可能的充实化系列；沿此系列进行，借助于一呈现性内容，后者越来越近似于对象并越来越活生生地、完全地把握着对象，我们就越来越清晰地认知对象。但我们也知道，可能存在这样的直观，在其中所意指的客体的全部侧面及诸部分根本不显现，即观念呈现具有一直观的内容，它不包含关于诸侧面和部分的诸再

现者，以至于它们只是借助于诸交叉的符号性意向"非真正地"被观念呈现着。这些区别决定着同一的并按照相同质料被意指的对象之仍然非常不同的观念呈现方式，相关于这些区别，我们前面谈到充实性范围的区别。现在在此应该区分两个重要的可能性：

1. 直观的观念呈现充分相应地〈angemessen〉呈现着其对象，即具有一种如是充实性的直观内容，即对象的每一组成部分，正如其在此观念呈现中所意指的，对应着直观内容的一再现性的组成部分。

2. 或者情况非如此；观念呈现仅只包含对象的一非完全的侧显，它
非充分相应地〈unangemessen〉呈现对象于观念 。

此处所谈者相关于一观念呈现与其对象的充分相应性和非充分相应性。但是如我们在广义上关于充实化关系之充分相应性时将要指出的，我们仍然要引出另一些术语：我们要提出的是完全性的直观和缺漏性的直观（特别是：知觉或想象）。一切纯粹的直观都是完全的。但是反过来则不然，因此我们会马上指出，此一划分并不直接相符于纯粹直观和非纯粹直观间的划分。

不论观念呈现是简单的还是复合的，均非相关于前面提出的区分之前提。但是，直观的观念呈现可以按双重方式被组合：

A）按照一种方式，与对象的关系是简单的，只要行为（特别是质料）并不指任何部分行为（或者没有分离的质料），已经是同一的完全对象独立地被呈现于观念。这并不排除这样的可能性，即行为是由相互一致结合的诸部分意向组成的，这些意向相关于对象的诸单一部分或侧面。在涉及"外"知觉和想象时，人们可能很难避免假定这样的组合〈Zusammensetzung〉，并因此即如此假定了。但另一方面我们有：

B）这样的组合方式，按此方式，全部行为由诸部分行为组成，每一部分行为都已经是此同一对象的一个完全的直观观念呈现。对此我们看到极其突出的连续性综合〈Synthesen〉，此综合将属于同一对象的众多知觉组合为一单一的"多侧面的"或"全侧面的"知觉，后者将对象在"变化的状态"下连续地加以把握，相应的想象之综合亦然。在此持续的但不分解为诸分离行为的统一体融合中，同一的一个对象只出现一次，不像诸可分离的单一行为那样多次出现。然而它出现在连续改变的内容

充实性中，而同时质料以及性质始终处于连续的同一性中，至少会是如此，如果当对象被全侧面地把握时以及此已知对象一再出现而不改变其内容丰富性时。

此一连续性综合与充分适当性和非充分适当性之间的区别性有关。例如，一外在物的充分适当的观念呈现，就其全侧面的表面形态而言，在综合形式中是可能的，而在客观简单的观念呈现中是不可能的。

在完全的直观中，客观简单的直观显然是纯粹直观，而被客观组合的直观就并不始终是纯粹直观。对应着一经验物的、我们不具有的纯粹直观，虽然在一定方式上存于该物的完全的综合性直观内，但可以说是在散乱的方式上存在的，并永远混杂以符号性再现者。如果我们将此综合性直观还原至其纯粹直观，那么并不会产生客观简单的观念呈现之纯粹直观，而是产生一种直观内容连续体，在其中每一对象因素不是一次地而是多次地进入呈现性再现，进入永远变化着的侧显，而且此“同一性融合”的连续体只构成着对象单一性现象。

如果一直观的行为具有赋予充实性的功能，即相关于一符号性的，如一表达性的意义意向，那么类似的可能性就出现了。对象，如其被意指的那样，可能是充分适当地或非充分适当地被直观的。对前者而言，在复合性意义的情况下，对象包含着两种可分离的完全性，即：

首先，对于自身具有意义特性之意义的一切部分（成员、因素、形式）来说，充实化通过充实化的直观之相应部分获得实现。

其次，在充实化的直观本身一侧，存在相对于对象的充分适当性，只要在此意义之（诉诸充实化功能的）诸分节〈Gliederungen〉与诸形式中对象（某种意义上）被意指着。

因此第一点决定着符号性行为对相应的直观的适当性之完全性，第二点决定着符号性行为——借助于完全的直观——对对象本身适当性之完全性。

这样，表达式“一栋绿色房屋”可这样被直观化：一栋房屋事实上在我们的观念上直观地呈现为一绿色的房屋。这是第一种完全性情况。对于第二种情况，需要有一栋绿色房屋的一种适当的观念呈现。当说到充分适当的直观化表达时，大多数情况下想到的是前者。但为

100

了在术语上标志完全性的双义性，我们想说符号性的观念呈现之客观上完全的直观化，以对立于其虽然是适当的却是客观上具缺漏性的直观化。

类似的关系也存在于冲突性的而非充实化的直观化情况中。当一符号性的意向被直观证为虚妄时，例如该意向意指着一绿色的 A，而同一 A（以及或许是一个一般的 A）是红色的，并正是被直观为红色的，那么此矛盾性的直观实现的客观完全性要求着：意义意向的一切组成部分获得其客观完全的直观化。因此必要的是，不仅是 A 意向以客观上完全直观化方式在 A 的所与直观中被充实，而且绿色意向——虽然自然是在另一与该红色 A 直观正好"不一致的"直观中——也在直观中被充实。于是，符号性的，而且毋宁说是被客观完全地充实的绿色意向与红色直观相冲突，这两种直观因素本身既发生于完全的"冲突"中，而相应的两整体直观又发生于部分的"冲突"中。人们将可明确认为，冲突首先相关于此充实化行为的直观的内容或呈现的内容。

如果不特别申明，以后我们将用"直观化"一词指充实化类型。

在性质与质料相同的情况下，充实性区别仍然促使我们形成了重要的概念：

我们将说两种直观行为具有相同的本质〈Essenz〉，如果其纯粹的直观具有相同的质料的话。于是，一知觉以及完全的、按其可能性是无限的幻想观念呈现系列（其中每一相同的对象以相同的充实性程度被观念呈现着），具有同一本质。同一质料的一切客观上完全的直观具有相同的本质。

一个符号性的观念呈现自身不具有本质。然而人们在非真正的意义上可将某一本质赋予它，如果它能根据此本质的可能的复多性直观并通过一种直观获得一种完全的充实化的话；或者同样的，如果它具有一"充实化的意义"的话。

因此此经院哲学的术语"本质"的真正意义可被阐明，此术语的确指涉着一"概念"的可能性。

第四章　相容性与不相容性

§30　在可能的（真实的）意义与不可能的（想象的）意义之间的观念性区别

在"客观完全的直观化"① 方式中的直观行为不可能相符于每一符号 102
性意向。因此，意义意向可区分为可能的（自相容的）意向和不可能的
（不自相容的、想象的）意向。此种划分或者以其为根基的法则，并不相
关于——因此并不适用于此处提出的其他命题——单一化行为，而是一
般地相关于认知性的本质，以及其中一般可被把握的质料。因为，例如
这样的情况是不可能的：质料 M 的一符号性意向在某一直观中发现充实
化的可能性，而相同的质料 M 的另一符号性意向欠缺此可能性。这些可
能性与不可能性不是相关于任何经验的意识复合体中事实上存在的直观
性；所说的是观念的可能性而非真实的可能性，它们是纯粹根基于种的
特性的。在人们可限制其中而无任何实质不便的表达性范围内，我们
可有如下公理：意义（作为种的概念和命题）分解为可能的与不可能的
意义（真实的与想象的意义）。

一意义的可能性（真实性〈Realität〉），如我们引用以上形成的概念
时，可以如下方式定义：可能性在客观化行为范围内对应于一作为种的
适当的本质〈Essenz〉，即这样一种本质，其质料与其本身等同；或者， 103

---

① 对于在本章和以后各章中进行的分析性阐明的理解，以及对其可能成就的评估，完全依
赖于坚守迄今为止所确立的严格概念，并防止俗常言语中的模糊观念取而代之。

同样的，可能性具有一充实化的意义；或者还可以说，存在有作为种的一完全的直观，其质料与其本身等同。在此"存在有"语词与数学中的具有同样观念性意义的语词一样；将其归之于相应单一性的可能性并非将其归之于其他事物的可能性，而只是用一相同的说法对其加以表达。（至少会是如此，如果可能性被理解为纯粹的可能性，因此不被理解为经验的可能性并在此意义上被理解为"真实的"〈reale〉话。）

如果我们进一步考察，一意义的可能性观念实际上表达着在客观完全的直观化情况下的充实化关系之一般化〈Generalisierung〉，而且前面的定义，与其被看作语词性解释，不如被看作观念上必要而充分的可能性判准。在其中存在特殊法则，按此法则，凡在一意义的质料与一本质的质料之间存在该关系处，就也被给予该"可能性"；反过来说就是：在每一可能性情况下都存在这些关系。

再者：一般情况下这样一种观念性关系是存在的，即此一般化是客观上成立的，因此就其本身来说是"可能的"，这一情况在此含有一种法则性，可简单地表示如下：存在"可能的"意义（在此应注意，"意义"〈Bedeutung〉不意味着"意指行为"〈Akt des Bedeutens〉）。并非一切经验性关系都容许此一般化的成立。如果我们发现了被直观为粗糙的此纸张，那么我们可能不会一般地说出"纸张是粗糙的"，有如我们可根据某确定的现实意指行为说出："此意义是可能的（真实的）。"正因如此，命题"每一意义都或者是可能的或者是不可能的"并不是排中律的一个个别的例子，按照熟知的排中律的意义，排除的是与个别的主词矛盾的谓词，而这样一种排除也只能针对这样一个主词本身。对在一观念性领域内（例如算数领域、意义领域）的矛盾性谓词的排除绝非明显的，而是必须在每一这样的领域内重新指明或作为公理提出。我们记得，例如不应当说，每一种纸张都或者是粗糙的或者不是粗糙的；因为其中任意一种纸张都或者是粗糙的或者不是粗糙的这样的主张，当然不是对于任意一种种类的构成都是正确的。结果，在可能的与不可能的意义划分的背后实际上存在一种特殊的、内容丰富的一般法则，此法则以观念的方式支配着现象学因素，即以一般命题的方式与其种相连接。

为了能够表达这样一个公理，人们应该对其具有明见性，而且肯定

的是我们在自己的例子中具有明见性。例如当我们根据直观理解表达
"白色平面"时，我们体验着该概念的真实性，直观的显现实际上将白色
物和一平面，也就是正好将一白色平面呈现于观念；而且这意味着，充
实化的直观不只是一般地于观念上呈现着一白色平面，而且通过其内容，
以意义意向所要求的如此的完全性，使其具有了直观的所与性。

可能性与不可能性并列，后者具有同样正当的观念，不应只定义为
可能性之否定，而是应通过一种特殊的现象学事实加以实行。此外，此
事实正是不可能概念获得应用的条件，尤其是它在一公理中——其中也
包含这样的公理：存在不可能的意义——可能出现的条件。"不可能性"
一词与"不相容性"一词的等值性对我们指明，此一现象学的事实应当
在冲突性课题中加以研究。

§31　一致性或相容性作为一般内容最广范围内的一种观念性关系。作为意义的"概念"之一致性

我们从相容性或一致性概念开始。后者适用于一般内容的最广泛领
域（范围最广意义上的对象）。

作为任何整体之部分的两内容在其中相合一，它们因此也是相互一
致的，在一整体统一体内是相容的。这似乎是一种空的自明性。但是这
些同样的内容也是相互一致的，即使它们偶尔并未相互合一。在谈到内
容的不相容时肯定仍然有正面意义的是，其事实上的统一性始终被排除
并将继续被排除。但是，如果两内容结合的话，那么其统一性不只是指
示其特殊的相容性，而且也显示与观念上无限多的其他内容的相容性，
即显示一切与两内容相同的或种属上近似的内容之相容性。显然，意指
此命题者以及我们在公理形式下所表达者，绝非一空洞的断言：相容性
并不属于诸分散的单一体，而是属于"内容种"〈作为种的内容〉。例如，
如果"红"因素与"圆"因素被发现结合在一起，那么通过观念化的抽
象，一复合的种可被获得并因此可被给予，此复合种在一结合形式中包
含着红色种和圆形种，而此复合种本身也被理解为一种。此复合种的观
念性"存在"即先天地成为每一可想象的单一例中的红色与圆形之可统

一性之根基，此可统一性因此为一观念上有效的关系，不论在任何环境中是否出现经验的统一性。因此，"可统一性"一词的重要意义在一切情况下可被规定为相关复合种的观念性存在，但仍须注意一重要之点，即"可统一性"一词永远与任何整体类〈Art von Ganzen〉具有关系（对于逻辑领域来说这具有决定性意义）。实际上我们在相关于下列问题时运用此词语：前所与的诸内容按照某些形式标准是否相互配合？此问题将通过直观的展示一相关种类之整体而获得肯定的回答。

此内容的可统一性的相关项是诸复合性意义的"可能性"。这一论断产生于前述可能性标准。适当的本质或相应复合性内容的完全直观化，实际上为其诸部分的根基，正如反过来与此相容性对应的是一本质与一意义。因此一意义的真实性意味着与以下论断相同者：意义是一直观的内容相容性之客观完全的"表达"。在一简单内容的极端例子中，人们可以把"简单种"的效力定义为"与自身"的一致性。十分明显，表达者和被表达者之间的结合（意义和相应的，即客观完全适当的直观之间的结合）其本身也是一致性的结合，我们前面曾规定其特殊的内容。另一方面，当谈到与意义（"概念"）有关的相容性时，一般来说不仅是相关于它们在整体上的一致性，或者甚至在一意义整体上的一致性——毋宁说这是在《第四逻辑研究》意义上的纯粹逻辑语法的一致性——而且，按照前面的论述，相关于在一"可能的"意义上的意义一致性，即在这样一种意义上，它在客观适当的认知统一体上与相应的直观间具一致性。因此在此所谈只是一种引申的用语。关于"可能性"一词亦然。原初的可能性（或现实性）是效力〈Geltung〉，即一种之观念性存在；至少它因此获得充分保障。因此一种与其对应的单一性的直观以及还有应予直观的个体物本身是可能的。最后，我们可以说，在这样一种直观中以客观完全性被充实的意义是可能的。一致性与可能性语词之间的区别仅只在于，后者表示一个种的效力本身，前者（在为此极端事例扩大概念之前）表示一统一有效种的诸部分种的关系——以及与此相关的还有这样的关系：一统一的直观之诸部分直观间的关系，在应作为统一体予以直观的整体内容内的诸可被直观的部分内容，在一应加以统一充实化的整体意义内之应被充实化的诸部分意义。

作为结束，我们还要指出，<u>本质</u>概念，正像可能性与一致性概念一样，正是通过转义将其原初意义赋予意义领域的。本质的此一原初概念可通过如下命题加以表达：<u>每一有效的种都是一本质</u>。

§32 一般内容的不一致性（冲突性）

为研究一般条件下的相对的情况我们现在可以说，诸内容是不一致的，如果它们在一<u>整体统一体</u>中是不相容的话。从现象学角度看：统一的直观在完全的适当性中赋予我们以这样的整体，这样的统一的直观是不可能的。但是我们对此应从何而知呢？在经验性的单一物中，我们设法使内容趋于统一性，有时成功，有时不成功——我们经验着一种不可抗拒的抵制。但是，<u>事实上的失败</u>并不<u>必然</u>显示为不成功。一种更强大的力量不是就有可能最终克服此抵制吗？然而，在对相关内容付出经验性努力和企图排除其"敌对性"时，我们经验到一种特殊的内容之间的关系，此关系再次根基于其特殊的内容构成并在其观念性中独立于一切经验的努力以及单一物中一切其他因素。<u>这就是冲突性关系</u>。

因此，此关系<u>在完全确定的内容组合内</u>，使完全确定的内容种处于关系中。诸颜色并非一般地彼此相冲突，而是只在确定的关联域中：不同特殊种差的多个颜色因素，作为同一外延物的同时性完全覆盖层，是互不相容的，然而它们以相续方式在统一的外延物中是完全相容的。一般来说均如此。一个种类 q 的内容与一个种类 p 的内容绝非<u>直接地</u>互不相容，而当谈到其不相容时，永远指涉着一种确定的种类 G（a，b，…；p）的内容组合，它包含着 p 而且现在也<u>应</u>〈soll〉与 q 相结合。"soll"在此当然暗示着一种意向，一种观念意向，以及大多数情况下也是一种意志意向，此意向想象着将在任一直观 A（q）中被给予的 q 并入 G 的目前直观中，即此意向以符号性方式使其呈现于观念。但是我们现在不考虑此意向，同样的，在相关于可一致性时也不考虑一致性意向，类似的，不考虑转换和一体化过程。我们只是强调，内容整体 G 中的 q——A 的其余部分是可任意变异的并不起其他的作用——和 p 在此进入了一描述上特殊的关系中，我们并强调，此关系是独立于所与事例的个别性因素的；

换言之，此关系是完全根基于 G，p，q 诸种的。冲突性意识的特性是从属于这些种的，即情境的一般化是现实的，是在一直观统一的一般性意识内可实现的；结果产生了一统一的、有效的（"可能的"）种，它根据 G，通过冲突性，把 p 和 q 统一起来。

§33　冲突性如何也能作为统一性的基础。
关于一致性与冲突性语词的相对性

与此最后的表达及命题相连接的是一系列令人不安的怀疑与问题。一种冲突性能加以统一吗？冲突性的统一性是一种可能性的统一性吗？无疑，一般来说统一性为可能性之基础，但可能性不是绝对地排除冲突性和不相容性吗？

我们如这样设想的话，困难就会解除：与某一（从主观侧说）支配该意向的整体 G 具有必然关系的不只有"不一致性"一词，而是也有"一致性"一词。从此整体的特殊内容看，我们称这些部分是相容的。我们将称在此作为诸部分的同样的内容 p，q…为不相容的，如果我们在象征的意向（此意向相关于一个正是这样的整体内的诸内容之统一体）中不是体验到直观的统一性反而是直观的冲突性的话。在其相对于每一确定种类的、相容的或不相容的内容的整体或联结体中，两种可能的情况的相关关系是明显的。此关系也确定着此术语的意义。我们称 p，q…为相容的并非绝对因为考虑到一般来说它们被相互一致了，不管以什么方式，而是因为考虑到它们在 G 方式内被相互一致了，而且 p，q…的此一相互一致性排除了同样的 p，q…在相关于同一 G 时具有的冲突性。另一方面我们又称内容 p，q…并不是在绝对的意义上互不相容的，而是考虑到它们在某种统一性〈Einheitsart〉G 所包含的任何统一性范围内互不相容，此某种统一性正好是与我们相关的，也就是因为对于这样一个统一性的意向所引生的不是该统一性而是一种冲突性，因此通过相关的冲突性对相关统一性的排除也发挥着自己的作用。

冲突性意识成为不一致性的基础，因为它排除了此处相关的 p，q…的 G 统一性。在此关注方向上，冲突性本身并不相当于一统一性，而是相当于区别性，不是相当于"联结"而是相当于"分离"。但是如果我们颠倒了关系，那么不相容性也可能起着统一性作用，例如，冲突性特征与由其所分离的内容之间的统一性。此特性与此内容是相容的但与彼内容可能就不相容。如果主导性意向针对"冲突性整体"（作为刚才所说的诸部分之整体），那么当我们发现此整体时，当冲突性因此成立时，在其关联域内以及在将其分离的冲突性中，这些部分 p，q…之间就存在相容性。当不存在冲突性以及此欠缺性被直观到时，一种新的冲突意识就与在不同的直观中那时分散的诸因素相结合。此冲突性不是所意向的冲突性（其欠缺性刚被提到）的诸成分之间的冲突性，而是这样一种冲突性，它与一直观中无冲突地一致的内容 p，q…以及在另一直观中被直观到的"冲突性因素"联系在一起。

　　因此，关于语词"由冲突性形成的一致性"〈Einigung durch Widersteit〉所含有的矛盾性，就通过考虑此概念的相对性而获得澄清。人们现在不再需要反驳说：冲突性绝对排除着统一性；在冲突的形式中最终一切的一切都会"一致化"；在统一性不存在处正好存在着冲突性，而冲突性如可再次被视作统一性的话，这就意味着，统一性和冲突性之间的绝对僵化的对立性会融解，而且其真正的意义就会减低——不是的，我们现在应该说，冲突性和统一性并不"绝对地"相互排除，而只是在每一确定的、仅只随境而变的相关关系中相互排除。在后一相关关系中它们作为严格的对立方彼此排除，只要人们将此"绝对性"限制在这样一种永远暗中假定的相关关系内，就可安心于主张相反的论断。再者，在冲突性形式中并非一切均可相互一致，而只有一切正好作为冲突性基础者，却非任何实行统一者及可统一者，才可被一致化。因为在一冲突性形式内的此一致性语词的意义包含着：在某结合体 Go 中被设想的任何 p，q…的冲突性形式，都应视作统一性，此统一性作为统一性实际上产生了一致性与相容性，而且因此相符于前面说的 G。但是，如果相对于 Go 结合体存在有 p，q…之间的统一性，那么这些 p，q…将不可能进入相对于此结合体的冲突性关系，因为一般来说结合体就具有一致性。

　　因此，实际上并不是在冲突性形式中的一切均可被一致化，而且至少不是因为（如说过的那样）当冲突性使得统一性之缺失显示出来之处，

110

111

冲突性反而产生了统一性。我们理解在此发生的混淆或者诸基本关系间的混乱。统一性 Go 的欠缺描述着与 p，q…相连接的冲突性的特性——在由观念 Go 决定的关联域内。但是，此冲突性并未创生统一性 Go，而是创生了另一统一性。相关于前者它具有"分离性"特征，相关于新的统一性它具有"连接性"特征。一切都有条有理，对此可举例子来说明。在一熟知的现象的关联域中我们说红色与绿色是不相容的，红色与圆形是相容的。冲突性特性在第一种情况下决定着不相容性，在红色与绿色之间进行了"分离"。然而，在相关于另一种关联域时冲突性却有助于产生一统一性，即在相关于这样一种关联域时——"一现象的客体的两感性的特征之间的冲突性"。因此现在红色与绿色之间的冲突性成了统一性，而且统一性当然是相关于如下诸因素的：冲突性、红色、绿色。反之，现在"红色与圆形的冲突性"成了非一致性，即在相关于以下因素时：冲突性、红色、圆形。

§34　若干公理

在对相容性关系的意义进行了对于我们的基本分析极为重要的解释之后，我们可以确立最初一些公理并对其进行现象学阐明。首先考虑的是相容性关系可逆性公理（相容性或不相容性），此公理在我们对基本性的现象学关系进行分析后可不言自明。

下一个须待阐明的公理是：统一性与冲突性或可一致性与不可一致性——每一对偶概念都相关于同一相关关系基础——是相互排斥的（即仍旧是：它们彼此是不可一致的）。现在不须再进一步强调，不可一致性不只是欠缺可一致性，因此不仅是意味着这样的单纯事实：客观上并不存在任何一致性。一致性与冲突性为现象学上具有不同根基性的观念，而且因此实际上人们表达出了一个重要的命题：如果一 p 与一 q 按照统一性公式 G（p，q…）发生冲突（而且此冲突具有现象学上肯定性的特征），p 与 q 在同一 G 的意义上即非同时"可能的"。以及反之：如果此统一性发生了，相应的冲突性就是"不可能的"。我们在以前的讨论中所阐明的现象学根据是，如果我们企图把 p，q…间的冲突性与对

112

应的 p，q…间的一致性加以统一——因此在任何时刻借助于某些 m，n…将实际上被直观的"统一性种类"〈Einheitsart〉G 强加于与 p，q…相关的冲突性事例中——就产生了一种新的冲突性，此冲突性既在前一冲突性中有基础又具有另一方面被直观的统一性特征。在相反的情况下也显示出类似之处，此相反的情况也可理解作最初公理的一种应用。

命题"存在有<u>一</u>冲突性"和命题"在任意而相同的 p，q…之间<u>不</u>存在有统一性"意思是相同的。每一"不"都表达着一种冲突性。

113

如果冲突性连接于如下情况：p，q 应当彼此冲突，因此 p，q…在冲突性形式中是同一的，那么 p，q…就是具一致性的。换言之：

如果 p，q 不相互冲突，<u>不是</u>不一致的，那么它们就是具一致性的（双重否定公理）。

由此得出：

或者存在一致性或者存在冲突性，二者必具其一，不存在"第三种"可能性。

在此应当区分四种可能性，表示如下：

存在有一致性；不存在有一致性。

存在有冲突性；不存在有冲突性。

但是，不一致性不是冲突性的同义词，而不冲突性，按照前述公理，相当于一致性。

对此公理及其与对纯粹逻辑性公理的关系所做的最终陈述，超出了目前研究的界限。我们迄今所论述者只相关于以后加以发展的内在的关系以及给予我们一种如下的鲜明生动的意识：我们在此的工作已经进入纯粹逻辑的现象学基础化领域了。

§35　作为意义的诸概念间的不可一致性

不可一致性以及可一致性，在相关于符号性的、朝向于某种连接体的意向中，以及因此相关于符号性的及直观的同一化作用中，出现于思想内。在上节中界定的不可一致性概念并不相关于意向，反之，相关于意向的以及同名异义的不可一致性概念为一转义词〈übertragener〉，它是原初性概念的一个特例，但具有完全确定的、被限制于预期证误〈Enttäuschung〉关系内的内容。在此我们遇到与前面①讨论可一致性与不可一致性时类似的问题。在有关意义（"概念"）的运用时谈到的不可一致性不再意味着意义的任何某种观念性的不可一致性，例如纯粹语法层次上的不可一致性；它只相关于一复合意义中诸部分意义的关系，此复合意义并不在客观完全的直观化中被充实，而是遭遇或可能遭遇预期证误。显然，直观化的内容的冲突性导致预期证误，在此应注意，冲突性本身并不意指及被表达，否则冲突性就属于充实化"直观"了，而且表达式作为绝对可能的表达式充分表达着客观的不可能性。

意义和每一统一的直观的相关关系（诸直观在直观冲突性过程中相互解消）同时即构成冲突性的关系（当然是部分相符的）。

人们为这些意义确立的可能性之观念性法则，根基于原初的和更一般化的概念，或者根基于前面为这些相同概念提出的（而且还将继续使其完全的）诸公理。这类命题为：

● 相同意义的不可一致性与可一致性在相关于同一关联域时是相互排斥的；

● 一对矛盾的意义（即其中之一意指为不可一致性的同一物，被其中另一意指为自身一致的），其一为可能的，另一为不可能的；

● 一种否定的否定——即一意义，它将某物 M 本身的不可一致性再次观念呈现为不可一致性——与相应的肯定项是等值的。此肯定项在此被定义为具有这样的意义，它借助于同一的（在取消否定后的余存者）观念呈现质料呈现同一 M 的内在一致性。

当然，在其逻辑关系中的一种有效的理论要求是：所有这样的命题均应在系统的秩序中提出和证明。

---

① 参见 § 31，106 页。

　　我们在此中断这些有缺欠性的思考，将其留存到以后的研究中再加以补充，以使其趋于完善。尤其是，按照逻辑的兴趣，需要一种更深广、更完备探讨的现象学，一种关于同一化和区别化的理论（而且特别是关于部分的同一化和区别化的理论），以及一种与一致性和冲突性理论具有显然密切关系的理论。

第五章 充分适当性的理想。明证性与真理内容及意识作为内知觉

§36 引 言

我们在此前的思考中从未谈及行为的性质问题，也未对此问题提出任何假设。可能性与不可能性和行为性质也无任何特殊关系。例如，对于一命题的可能性并无任何影响的是：不论我们将该命题质料理解为一设定性行为的质料（不是一种同意性的、在对此赞同予以认可或假定方式中的相信行为，而是一种直接采取的相信行为），还是我们以性质上变样的方式将其视作一纯观念呈现之质料被给予者；这样的命题永远是"可能的"，如果"命题性的意指"这样的具体行为容许与一同样质料的客观上完全的直观实现"充实化同一"的话。而且同样无关紧要的是，此充实化直观是否是一知觉，还是一纯幻想形象，如此等等。因为幻想形象的产生，在比一般知觉与设定之产生大得多的程度上，受制于我们的意志偏好，于是我们就习惯于使可能性联系于幻想形象的偏好。我们于是认为：客观地说，凡可在一充分适当的幻想形象方式中被实现者即是可能的，不论我们自己作为经验性的个体是否成功参与此实现。但是，由于知觉与想象间的观念性关联（按此每一知觉都先天地对应一可能的想象），此命题与我们的命题等价，而且此概念对于想象的限制性就无关紧要了。

我们现在所关注者，简单说，就是思考刚才指出的区别对于充实化

关系的影响，以便使我们的讨论至少获得一临时性结论以及为进一步研究提出一展望。

§37　知觉的充实化功能。最终充实化的理想

就观念呈现中对象物被呈现的方式而言，充实性的"完全度差异"显示为具有重要意义。符号性行为形成了最低级次，它们一般不具有任何充实性。直观性行为具有充实性，然而其充实性具有或多或少程度上的差异，尤其是在想象领域范围内。但是不论一种想象的完全性程度有多大，与知觉相比仍然会存在一种差别：此完全性并未给予对象本身，甚至并未给予其部分，而是只给予了对象的图像，此图像就其是图像而言，绝不是事物本身。事物本身的完全性我们归之于知觉。知觉"被给予"对象也是以其不同的完全性级次，以其不同的"侧显"程度。知觉的意向性特征是与想象的纯准现前化〈Vergegenwätigen〉及现前化〈Gegenwätigen〉（使出现〈Präsentieren〉）对立的。我们知道，这就是行为间的一种内在的区别，以及，更准确说，其再现形式（统握形式）上的区别。但是，一般来说，"使出现行为"〈Präsentieren〉并不形成一种真正的现前性〈Gegenwärtigsein〉，而只是形成一种显现〈Erscheinen〉，在其中对象的现前以及与此相连的知觉〈Wahr-nehmung*〉的完全性含有程度性差别。对此可从对相应的充实化级次系列的观察中得知，在此以及在他处，对象观念呈现中的完全性例示依赖于此充实化级次系列。因此我们明了，一种区别性超出了知觉充实性，后者正是我们通过知觉侧显一类词语企图论证的，但此区别性并非相关于其感觉内容的充实性或其内在特性的充实性，而是意味着其作为充实性特征的，因此即统握性行为特征的一种级次性的充实性分布。因此（永远独立于一切生成性方面，因为我们清楚知道，此区别性正如一切类似的区别性一样具有联想性根源）我们应当将某些充实性因素看作相应的对象因素之最终出现：充实性因素显示为与对象因素同一，不是作为其单纯再现者，而是作为

117

---

　　* 直译为"持-真"。——中译者注

绝对意义上的<u>其本身</u>。其他事例也应被视作纯"颜色侧显""透视性的缩减"等等，在此显然，这些词语也与现象学的行为内容以及在一切反思之前的事物相符。我们已经谈过此侧显中的这些区别，而且也在想象中（仅只在比喻的意义上）发现了它们。一切侧显都具有再现性特征，即它们通过类似性进行再现，但通过类似性进行的此种再现<u>方式</u>是不同的，即随着再现将被侧显的内容统握为图像还是统握为对象之自呈现（自侧显）而各不相同（参见第 83 页）。侧显充实性的增加所容许的理想界限，在知觉情况下为对象的<u>绝对自身</u>（如在想象中，此即为绝对相似的图像），即为在对象的每一方面、每一被呈现因素上的绝对自身。

118　　于是可能的充实化关系的思考指出了<u>充实化增加的一个最终目的，按此目的完全的和整个的意向达至其充实化，即不是一种直接的和部分的充实化，而是一种最终的和最后的充实化</u>。此最终的观念呈现之直观的内容为诸可能充实性之"绝对和"；<u>直观的再现者是对象本身，正如其自在存在</u>。再现性内容和被再现的内容在此达成同一化。而且当一观念呈现意向通过此理想的完全知觉被获得时，就产生了真正的 adaequatio rei et intellectus〈事物与思想的相符性〉对象物，正如其被意念的那样，成为实际上<u>"现前的"或"所予的"</u>，不再含有任何部分意向是未被充实的。

　　因此当然显示了每一充实化的，因此也包括象征意指充实化的理想；"思想"〈intellectus〉在此即思想的意向、意义的意向。而且当被意指的对象物于直观中在严格的意义上被给予时，以及正是作为被思想者和被称名者被给予时，"相符性"〈adaequatio〉就成立了。没有任何意向未获得其充实，即最后的充实，只要直观本身的充实化因素不再包含任何未被满足的意向。

　　人们注意到，"思想"与"事物"的相符完全性有<u>两个</u>意思：一方面，与直观的相符性是一完全的相符性，因为思想只意指着充实化的直观将作为属于思想者完全呈现于观念的东西。显然，前面（第 99 页）区分的两种完全性在此被结合起来：它们产生了我们称作充实化之"客观完全性"的概念。另一方面，在完全的直观本身内存在一种完全性。直观充实了在直观中终结的意向，不再以一仍须充实化的意向的方式，而是产生了此意向的最后充实化。因此我们需要区分：直观上的相符完全性（在自然意义上的和广义上的相符性）和最后充实化的、以直观为前提的完全性（与"事物本身"的相符性）。对一直观对象或过程的每一忠实的和纯粹的描述都提供了第一类型的完全性例子。如果对象物为一被内在体验者和在反思知觉中如其所是地那样为被把握者，那么就能够产生第二类型的完全性。例如，在考虑到刚才涉及的范畴判断时，我们谈到此判断的主词之观念呈现。反之，在如下情况下第一类型完全性将消失：如果我们称面前矗立的这株树为一"改良型"苹果树时，或者如果我们谈到一刚响起的声音的"振频数"时，以及一般地谈到一知觉客体的属性时，即使这些属性是在知觉意向中被同时意指的，也不会以或多或少侧显方式被显现。

我们在此仍然注意到了如下问题：因为最后的充实化当然不可能包括未被充实的意向，最后的充实化应来源于一纯粹知觉；但一客观完全的知觉对于最后充实化来说是不够的，如果该知觉实行于非纯粹知觉的一种连续性综合的方式中的话。

与将最后充实化置于一切知觉中的意向这样的思考方式相反，反对者称，被实现的一般意识赋予一般概念的观念呈现以其充实性，并使"一般对象""本身"直接可见，这样的一般意识是根基于纯想象的，或者至少是不涉及知觉与想象的区别的。按照我们刚才所说，如下自明性的一般陈述也同样是真确的：按照公理的方式可"根据纯概念"来进行阐明。

此一反对意见指出了我们的研究中一种已经偶尔触及的缺欠性。我们最初自然而然地把知觉就当作感官性知觉，把直观就当作感性直观。不知不觉地，没有真正意识到地，我们往往（例如）也在考虑相容性的语境中越出了此概念的界限：我们随处谈论着一冲突性的或一一致性的或一其他综合性本身的直观。在一般地有关范畴形式的下一章中，我们将证明扩大知觉和其他直观的概念的必要性。为了克服这一反对意见，我们现在只需注意，作为一般化的抽象之基础的想象，并未起到实际的、真正的充实化作用，因此并未构成"对应的"〈korrespondierende〉直观。正如我们多次强调的，显现的单一个别性〈Einzelne〉本身肯定不是一般性〈Allgemeine〉，而且也未将一般性作为实在的部分〈reellen Stückes〉包含在内。

§38 充实化功能中的设定性行为。在宽松和严格意义上的明证性

我们迄今为止把"意向"一词不加区别地理解为设定的和未设定的行为。然而，虽然充实化特性的一般性在本质上由行为的质料规定，而且对于一系列重要的关系来说只有质料是被考虑的，然而在其他的关系中性质也显示为共同的规定者，而且尤其如此的是，关于一意向、一"针对行为"〈Abzielen〉的语词，似乎只适合于设定性行为。意念〈Meinung，意向，意指〉朝向事物，随着它以某种方式相符于或不相符于知觉（在此即一设定性行为）而或者达到或者未达到其目的。于是，设定与设定相互一致，实行意向的〈intendierende，意向性的〉行为与进行充实的〈充实化的〉行为，在此性质上同一了。但是，纯观念呈现行为是被动性的，它"使事物被搁置不论"。凡一充分适当的知觉偶然地伴随着纯观念呈现行为时，根据相互一致的诸质料自然出现了充实化的相符性；但是，在此过渡过程中观念呈现已经具有了设定性特征，而且相符统一性本身肯定以一致的方式具有了此特征。每一实际的同一化或区别性都是一设定性行为，不论其本身是否根基于此设定性；而且此命题以言简意赅的方式附加了一根本性的特征说明，它决定着我们前一研究中关于相容性关系的一切结果，此特征说明即以比以前更清晰的方式，使同一化和区别性理论，显示为判断理论的一个组成部分。究竟是仅只设定性行为还是也有非设定性的行为可起着意向性行为及充实化行为的作用，与此问题相关，说明或例示法与肯定（证明与相反情况下的否定）之间的那种区别性可获阐明。肯定概念仅只在与其设定性充实化关系中，并最终在与其通过知觉的充实化关系中，相关于设定性行为。

让我们进一步来考虑此特别值得注意的情况。在此情况下适当性的理想提供了明证性。我们在宽松的意义上谈论明证性，每当一设定性意向（尤其是一断定）通过一相应的及完全相符的知觉获得其肯定，即使

121

这仅只是相互一致的诸个别知觉间的一种适当的综合。引用明证性的程度和级次说法可表达其清晰的意义。就此而言，应当考虑在其对象呈现的客观完全性上的知觉近似性问题，以及接着考虑对最终完全性理想的趋近性问题：适当的知觉理想，对象的完全自显现理想——就其某种方式在有待充实化的意向中被意念而言。但是，认识论上严格的明证性意义仅只相关于此最终的、不可超越的目的，这就是此最完全的充实化综合的行为，此行为赋予意向，例如赋予判断意向，以绝对的内容充实性和对象本身的充实性。对象不仅是被意念着，而且正如它被意念着以及被设定为与此意念行为〈Meinen〉一致一样，在最严格的意义上它被给予着；此外问题是有关于一个别的对象还是一般的对象，是有关于一严格意义上的对象还是一事态（一同一化的或区别化的综合之相关项），都无关紧要。

我们说，明证性本身就是一种最完全的相符性综合。正像每一同一化一样，明证性为一客观化行为，其客观的相关项称作真理意义上的存在或甚至称作真理——除非人们不情愿将此最后一词纳入那些植根于所说的现象学情境中的一系列概念里。但是对此问题我们还须进一步详细讨论。

§39 明证性与真理

1. 如果我们一开始坚持刚才提出的真理概念，那么作为一同一化行为的相关项的真理就是一事态，而且作为一相符性的同一化的相关项就是一同一性：在被意念者与被给予者本身之间的完全一致性。此一致性在明证性中被体验，只要明证性是适当的同一化的实际实行的话。另一方面，人们不可能把命题"明证性是真理之'体验'"直接做如下的解释：明证性是（按知觉的最广义理解）知觉，而且在严格明证性情况下是真理的适当的知觉。因为回顾先前所说的[①]怀疑时我们必须承认，同一化的相符性的实行还并非对象的一致性的实际知觉，反之，后者的成立

---

① 参见§8附论，35页，及第7章。

123 须通过客观化统握的一特殊行为，通过对现存真理的一特殊的关注。

2. 有关真理的另一概念相关于这样的<u>理想关系</u>，此关系作用于被定义为明证性的相符统一性内，此相符统一性存于诸相符的行为的<u>认知性本质之间</u>。虽然在先前意义上的真理是符合于明证性行为的对象物，在目前意义上的真理则是属于"行为形式"〈Aktform〉的观念，即经验上偶然的明证性行为之认知性本质及被把握为观念〈Idee〉的本质，或者即<u>绝对充分适当性本身的观念</u>。

3. 我们也在给予充实性的行为一侧，在明证性中，体验着在<u>被意指对象的方式中的所与对象</u>：所与对象即充实性本身。它也可被称为存在、真理、真实，即只要它在此并非在纯充分适当的知觉中被体验，而是作为一意向之理想充实性，作为证实性的对象被体验，或者作为意向的特殊认知性本质的理想的充实性被体验。

4. 最后，从意向观点看，对明证性关系的统握产生了作为意向<u>正确性</u>〈Richtigkeit〉（特别是，例如，<u>判断的正确性</u>）的真理，作为对真实对象来说是具充分适当性的真理，或者作为意向种的认知性本质的正确性的真理。对于最后一种观点，例如，命题的逻辑意义上的判断之正确性：命题"朝向于"事物本身，命题说"它是如此，它确实如此"。但是在此所说的是理想的、一般的可能性，即一般来说，在严格的充分适当的意义上，一个这类质料的命题可被充实化。

然而我们特别应该注意存在，此存在（在作为真理的第一个客观的

124 意义上）在此不应与"肯定性"范畴陈述的系词"存在"〈是〉相混淆。在<u>明证性</u>中，存在相关于<u>完全的相符性</u>，但其存在，即使不是永远至少也是在大多数情况下（性质的判断），符合于诸部分的同一化。

但是，即使在一完全同一化成为一述谓判断之对象时，一种存在概念也不相符于另一种存在概念。因为我们注意到，在一种判断明证性例中（判断＝述谓性陈述），<u>存在在判断真理意义上被体验但未被表达</u>，因此绝不与陈述中的"是"〈ist〉所意指和所体验的存在〈Sein〉相一致。此第二种存在为"真实物"〈Wahren〉意义上的"所是者"〈Seienden〉之综合性因素——它如何能够表达后者之"是真的"〈Wahrsein〉意思呢？我们在此正好看到<u>多重一致性</u>被纳入综合：其中<u>第一种</u>为部分的、

述谓的一致性，它在判断中被意指和被充分适当地知觉，因此其本身是被给予的（下一章我们将通过关于范畴性客观化的一般理论对此加以阐明）。这就是主词与谓词之间的一致性，二者的相互协适性。而对于第二种一致性，它构成了明证性行为的综合性形式，即在陈述的意义意向和事态本身知觉之间的完全相符性，此相符性是以逐步方式自然形成的；对于此种一致性我们目前不会再予关注。此种一致性显然未被表达，它不是与对象相关的，如第一种一致性那样属于被判断的事态。无疑的，任何时候它都能被表达并明证性地被表达。那时它就成为一新明证性的"证真性的"〈wahrmachenden〉事态，对于此新明证性也是一样，如此等等。但是在每一步骤上，人们都须在证真性的事态和构成着明证性本身的事态之间进行区别，在被客观化的事态和未被客观化的事态之间进行区别。

刚刚完成的区别引导我们进入下一步的一般性讨论。

在我们关于明证性概念和真理概念间关系的论述中，我们在行为的对象侧并未区分事态与其他对象，而此行为无论是在意向的功能中还是在充实的功能中都在明证性中达到了其严格的适当性。而且相应的，我们也没有考虑在关系性行为——一致性和非一致性的行为，述谓性行为——和非关系性行为之间的现象学区别；因此也未考虑在关系性意义、非关系性意义以及观念上把握的一般意向性本质间的区别。严格的充分适当性当然既可以使非关系性意向也可以使关系性意向与其完全的充实化一致。如果为了特别强调表达领域，并不需要专门关注作为陈述意向或陈述充实化的判断，即使名词性行为也可达到一种充分适当性。大多数情况下，对概念如真理、正当性、真实物等等的理解，仍然受到比我们曾经讨论的更大的限制：它们相关于判断和命题，后者相关于其客观的相关项——事态；同时，我们在相关于绝对客体（非事态）时仍主要用"存在"一词，虽然对其未加准确界定。我们对此概念的更一般性理解的权利是无可置疑的。事物本身的性质要求，真理与谬误概念，至少最初看来，包罗如此广泛，它们包括了客观化行为的全部领域。因此，将真理概念和存在〈是〉概念如此区分似乎是最适当的：真理概念（歧义性的某种程度上的存在是不可避免的，但在对此概念澄清后就不致为害了）相关于行为本身方面及其应从观念上把握的因素，<u>存在</u>〈Sein，是〉概念（"是真的"〈Wahrhaft‐sein〉）被用于相应的<u>对象相关项</u>。结果我们按照 2 和 4 把真理定义为"充分适当性观念"〈Idee der Adäquation〉，或者定义为客观化设定与意义的正确性〈Richtigkeit〉。在真理意义上的存在于是应该按照 1 和 3 规定为在充分适当性中同时被意指和被给予的对象之同一性，或者（按照该词的自然意义）规定为可适当知觉者本身，它与任何因此为证真性的（充分适当予以充实的）意向具有不确定的关系。

126

在这些概念以此方式被把握并以现象学方式确定后，我们就可以通过考虑关系性行为和非关系性行为（述谓关系，绝对设定关系）的区别过渡到界定<u>更狭义的真理概念和存在概念</u>。此更狭义的真理概念于是就限制于一种<u>关系性</u>行为与相关的充分适当的事态知觉之间的"理想的充分适当性"；同样的，更狭义的存在概念就相关于绝对对象并使后者区别于事态的"〈存在〉有"〈Bestehen〉。

结果显然：如果人们把判断定义为一般设定性行为，那么从主观方面看，判断的领域就相符于广义上的真与伪概念的统一领域。如果人们通过陈述和其可能的充实化对其定义，因此如果人们把判断理解为关系性设定化领域，那么同样的相符性再次出现，只要狭义的真与伪概念再次被视为基础。

我们此前曾经片面地应用明证性事例，因此偏重于描述完全相符性行为。但是如果考虑到冲突性的相关性事例，与明证性对应的就是<u>谬误性</u>，后者作为意向与准充实化之间的完全冲突性体验。于是，与真理和存在概念对应者为相关性的<u>谬误与非存在</u>概念。对这些概念进行的现象学阐明，在我们准备好了一切基础后，将可不难完成。首先应该对此<u>最</u>

127 <u>后证误〈预期证误〉</u>的负面理想限界加以准确描述。

我们在此为其提供基础的明证性概念获得严格理解后，显然可见，近代以来不时表达的这类怀疑是谬误的：同一质料 A 可能对一个人是明证性体验，对于另一个人则是谬误。这样的怀疑只有这样才可能发生，即人们把明证性与谬误性看作意味着一种独特的（肯定的或否定的）<u>情感</u>〈Gefüle〉，此情感偶然地联系于被特别赋予该特殊特征的判断行为，此即为我们逻辑上评价为真或伪者。如果某人体验到明证性 A，那么显然，没有另一人可能将同一 A 体验为谬误。因为"A 是明证的"意味着：A 不仅被意指着，而且正是作为该被意指者而也被真地给予着；在严格的意义上它是自现前的。但是现在对此第二个人来说此同一 A 应如何被意指呢，当意指〈Meinung：意指内容〉"它是 A"被一真所与者"非 A"加以真的排除时？人们看到，正如冲突性原则（关于其歧义性，前面第 123 页讨论的相关关系问题自然也有所涉及）所表达的那样，问题相关于一"本质-情境"。

按照我们的分析可获得可靠的清晰结果：存在和非存在不是那样的概念，按其根源它们表达着判断性质的对立。在我们的理解现象学关系的意义上，每一判断都是设定性的，而且设定不是"是"的特征，此"是"的性质上的相对者为"不是"。判断的性质上的相对者是同一质料的纯观念呈现。"是"与"不是"之间的区别即意向性质料的区别。于是在意义意向方式中的"是"表达着述谓判断的一致性，同样，"不是"表达着述谓判断的冲突性。

128

第二部分

感性与理解

第六章　感性直观与范畴直观

§40　范畴意义形式的充实化问题及其解决的主导性思考

在我们此前的讨论中我们反复清晰地感觉到一个严重的缺欠。此缺欠相关于范畴的客观形式或客观化行为领域内"综合性"功能，通过客观化行为，这些客观的形式可被构成，通过客观化行为它们可被"直观"，并因此也被"认知"。我们想试图对此缺欠有所弥补并再将其联系于第一章中的研究，后者朝向于认知阐明的一个有限的目的，即朝向于表达性的意义意向和被表达的感性直观间的关系。我们暂时再次以知觉陈述和其他直观陈述的最简单事例为基础，并据以阐明下一步思考的主题：

在知觉陈述情况下，被充实者不仅是与其相缠结的名词性观念呈现，全部陈述意义通过作为其基础的知觉获得其充实化。我们也同样说，全部陈述表达着我们的知觉；我们不只是说，"我看见这张纸、一个墨水瓶、几本书"等等，而是也说，"我看见，这张纸被书写，在此一个墨水瓶是铜质的，几本书是摊开的"等等。如果名词性意义的充实化在某人看来是足够清晰的，那么我们可向他提出问题：如何能够去理解<u>全部</u>陈述的充实化，尤其是考虑到超出其"质料"方面，在此即超出该名词性语词的方面？应该及可能使意义因素获得其充实化者为何，当此意义因素构成了命题形式本身，而且（例如）系词属于此意义因素，即"范畴形式"的因素时？

然而进一步看，此问题也转换到相关于名词性意义，只要它不是像专称意义那样直接成为无形式的。正像陈述一样，名字在语法现象里已经具有其"质料"和其"形式"。如果名字被分解为语词，那么形式就部分地表现为诸语词的排列方式，部分地表现为特有的形式词，部分地表现为每一个别语词的形成方式。每一语词于是可再区分为"质料"因素和"形式"因素。这样的语法区分法指涉着意义区分法，至少大体上，语法的分节和形式表达着根基于意义方式上的分节和形式，因此我们在意义中发现了很多特性不同的部分，其中特别引起我们注意的是那些表达于如下形式词中者，如：das〈那个〉、ein〈一〉、einige〈一些〉、viele〈很多〉、weinige〈很少〉、zwei〈二〉、ist〈是〉、nicht〈不〉、welch〈关系代词〉、und〈和〉等等，也包括那些名词的、形容词的、单数的和多数的等等构词形式。

那么所有这些词在充实化中的作用为何呢？我们现在能够坚持在第三章提出的完全适当的充实化理想吗？知觉的部分和形式也相符于一切意义的部分和形式吗？在此情况下，因此在意义性的意指和充实化的直观间，存在那种由"表达"一词所暗示的平行关系。表达就是知觉的一种形象的对立项（即其所有部分和形式都应该被表达），虽然此表达由一种新的素材〈Stoff〉所构成——在"意指行为"〈Bedeutens〉素材中的一种"Aus‐druck"〈表达〉。

意指行为和直观行为之间的关系解释之原型，是专称意义与相应的知觉的关系。人们如果知道科隆本身，因此就具有"科隆"一词的真正的专称意义，就在任何现实的意义体验中具有某种与未来将证实的知觉相对应者。后者不是知觉的真正对应项〈Gegenbild〉，就像是与知觉相应的幻想物那样，但是就像在知觉中城市（在假定中）本身是现前的那样，按照前面所说，在其专称意义中专名科隆"直接地"、如其所是那样地意指着同一城市。直接知觉在此无须其他的、以其为根基的行为之助，即可使意义意向所如实意指的对象被显现。因此意义意向在纯知觉中发现了它在其中被完全适当地充实的行为。

如果不是考虑直接称名的、无形式的〈无结构的〉表达而是反之考虑有形式的、有分节的表达，那么最初看来问题似乎相同。我看见白色纸并说出白色纸，因此我以准确适当的方式只表达了我所见者。对于整个判断来说也一样。我看见，这张纸是白色的，而且我正是如此表达的，我说出："这张纸是白色的。"

我们不会被此种在一定意义上正确却容易引生误解的说法所欺。因此人们甚至可能要论证，就此而言，意义存在于知觉中，而此知觉，如我们已经指出的，并未出现。"白色"一词肯定意味着白色纸张本身上的什么东西，因此，在此意指行为〈Meinen〉的充实化程度上，与相关于部分知觉的对象之白色因素相符。但是与此部分知觉的一种单纯相符的假定是不够的：人们在此习惯于说，显现的白色是作为白色被认识和被称名的。然而在通常说法中，"认知"一词毋宁说是指作为"被认知者"的主词之对象〈Subjektgegenstand〉。在此认知行为中显然存在或许包含着前一行为的另一行为，但无论如何与其有别。该纸张被认识为白色的，或者毋宁说被认识为白色的，当我们在表达该知觉时说"白色的纸张"时。"白色"一词的意向只是部分地相符于显现的对象之颜色因素，在该意义中仍然存有一种剩余意义，一种在显现本身中未发现任何可在其中证明自身的形式。白色，这就是："是白色的纸张"。在名词"纸张"中这个形式不是反复地出现吗，即使始终以隐蔽的方式？只是包含在其"概念"中的特征意义达到了知觉；也是在此全部对象被认识为纸张，也是在此一种补充的形式包含着存在，虽然不是作为唯一的形式。单纯的知觉的充实化功能显然不可能达到此种形式。

此外，我们只需进而质询，在知觉侧对应于那种基于同一知觉的两种表达式例子间的区别者为何？此二表达式为："此白色纸张"和"此纸张是白色的"。因此即定语表达形式和谓语表达形式间的区别。以及我们只需质询，在知觉侧此区别真正表达者为何？以及在充分的适当性情况下此区别以更为准确的方式表达者为何？这样我们就注意到难点之所在了。简言之，我们明显看到，在结构化的意义中，一切并不像在专称意义以及它与知觉的单纯相符关系中那样简单。人们当然可以明白无误地和令听者清晰理解地说："我看见，这张纸是白色的。"但是此句的意指不应是：所说的句子的意义表达着"纯粹看行为"。情况也可能是，看行为的认知性本质为某种连接的或相关的或任何其他构成的行为提供了基础，而在看行为中显现的对象物本身显示为所与者，正是带有其变化形

132 式的表达适应着看行为，而且在这些行为中，表达，就其与这些作为<u>根基于实际的知觉而被实现</u>的形式方面而言，获得了充实化。如果我们把此有根基的行为或（毋宁说）行为形式与其根基性的行为相结合，而且我们把<u>有根基的行为</u>一词理解为通过该形式的根基化关系所产生的完全复合的行为，那么我们就能说：在刚刚提出的可能性前提下，平行关系就再次产生了，只是此平行关系并非存在于表达的意义意向和与其对应的纯知觉之间，而是存在于意义意向与该根基于知觉的行为之间。

§41　继续：例示范围的扩大

如果我们设想一下把例示范围扩大到包括述谓性思想的整个范围，那么就会产生类似的困难及对其克服的类似可能性。于是特别也出现了一些与一应由任何直观赋予其单一性的个别物没有确定关系的诸判断，而它们却以<u>一般</u>的方式表达着观念性统一体。这样的判断的一般意义也能根据"相符性的"直观加以实现，同样，它们也直接或间接地起源于直观。但是直观的单一物在此并不是被意指者〈Gemeinte〉，它至多起着单一者的、例示性的作用，或者只是相当于一般性例子的大致而言的类似者，而我们关注的只是一般性。于是，例如，当我们一般地谈到"颜色"或特别地谈到"红色"时，一单一的红色物的显现可能提供着可信的直观。

此外，在此偶尔也可能出现的是，人们把一般性陈述就直接称作直观之表达。例如当人们说，一数学公理表达着直观中的存在者；或者当*133* 人们反驳一几何学家说，他只是表达着他在图形中所见者，而并未进行形式上的推演，即他只是从图示中取用却未实行证明步骤。这类说法有其正当意义（既然此反驳如此有力地击中欧几里得几何学的形式推演性），但是表达行为在此意指着不同于前例的东西。如果在<u>那里</u>表达并不是直观的单纯对应物，那么在此就更加不是了，在这里思想的意向并不是相关于直观上所与的显现及其直观的特性或关系，而且在所提出的例子中也根本不可能与之相关：在几何学的意义上图形显然是一种理想性界限，此界限无论如何不可能具体地加以直观证明。但是，首先，在此以及在一般领域内，直观与表达以及与其意义并无本质性关系；之后，此意义形成了一种有关一般性认知之直观的体验，不是单纯的并列，而是一种可感的相互协调的统一体。甚至在我们的例子中，概念和命题都朝向于直观，而且仅只通过直观，在对应的相符性中产生了作为认知价值的明证性。另一方面，不须多加考虑即可明见到，此处所谈的表达之意义根本不存在于直观内，而此直观只是赋予表达以清晰性之充实以及至多明证性之充实。我们实际上非常清楚地了解，绝大多数的一般陈述，特别是科学陈述，都无须任何使其清晰化的直观即可有意义地履行其功能，而且了解，只有正在消失中的一小部分（即使是真的和有根据的部分）仍然有待于直观加以完全的说明。

正像在个别的领域中一样，在一般的领域中关于认知的自然说法也相关于直观上有根基的思想行为。如果完全欠缺直观，判断虽然可将无物加以认知，但它仍然按照其纯粹思想的方式准确地意指着那种借助于直观所认知者——如果该判断一般而言为一真判断的话。然而认知具有充实化和一般化特性，如我们在对一般判断通过后续的直观而加以证实的每一事例中所可能看到的那样。

因为一般命题的形式，尤其是一般性的形式，徒劳地在个别性直观中寻求其感应的因素，为了解决认识同一化在此将如何可能发生的困难，于是，正像前面的例子所示，显示出有根基的行为的可能性，此可能性在进一步讨论后，似乎可表示如下：

当一般思想在直观中获得充实时，在知觉上以及在相同层次上的其他显现中，形成了某种新的行为，即这样的行为，它相关于显现的对象的方式，后者完全不同于任何构成它的直观的方式。相关方式的区别性表现于可直接理解的以及前面运用过的说法中：直观的对象本身在此不是作为被意指者给予的，而只是相当于有关真正一般意指行为的阐明性例子给予的。然而，虽然表达性的行为相符于此区别性，其象征意指的意向并不相关于一有待直观呈现的观念，而是反之相关于一只有通过直观加以显示的一般项。而且当新的意向通过基础性的直观加以适当充实时，它证明了其客观的可能性，或者一般项的可能性，或者"现实性"。

134

§42　在客观化行为全部范围内的感性素材与范畴形式间的区别

在这里，预备性讨论使我们了解了问题难点所在，并立即引导我们朝向问题的可能解决，现在我们就来设法进行认真的讨论。

135　　我们从这样的想法开始：某种形象性的表达，对于描述在结构性的表达例中表达性的意义和被表达的直观间的关系是完全不必要的。无疑这是正确的，而且现在只需要对其进行进一步的规定。我们只需严肃思考，"知觉之事"可能是什么，以及"意指之事"可能又是什么？而且我们应该注意，在纯判断形式中只有某些先前可确定的陈述部分在直观中有对应物，而其他的陈述部分根本不可能在直观中有任何对应物。

让我们对此情况进一步考察一下。

知觉陈述，假定在一通常完全的表达中，是具有变化形式的分节性语词。我们不难区分一定的类型如："E 是 P"（在此 E 可以表示专有名词），"一个 S 是 P"，"这个 S 是 P"，"一切 S 是 P"，如此等等。多种多样的复杂形式缘于：否定式的变异化影响，绝对的和相对的谓词或定语间的区别性影响，以及缘于连接的、选择的、限定的等等连接词的影响。在这些类型的区别性中表现出了鲜明的意义区分性。与这些类型中的不同字母符号和语词对应的是属于这些类型的实际陈述之意义中的分节成分与连接形式。现在不难看到，只有在这些"判断形式"中由字母符号所指示的位置上才能获得在知觉本身中被充实的意义，而如为了补充形式的意义企图直接在知觉中获得意义的充实，这是完全不可能的，甚至是错误的。当然，字母由于其纯功能性的意义也能够分享复杂思想的价值；的确可以设想，构造非常复杂的陈述能够根据极其简单的判断类型加以把握。因此，在我们一致地视为"术语"者中，不断表现出在"素

136　材"和"形式"之间的同样的区别。但是，在每一知觉陈述中，以及当然同样的，在每一在前一意义上表达着直观的其他陈述中，我们最终达到了术语中存在的因素——我们称其为素材的因素，这些因素在直观中（知觉、想象中，如此等等）获得了直接的充实，而补完的形式，虽然作为意义形式同样要求充实化，但在知觉中或同一级次的行为中并未直接

获得任何可与其相符者。

在自然地扩大至客观化的观念呈现的全部领域中，我们将此基本的区别称为范畴的<u>区别</u>，即在观念呈现行为的形式与素材间的<u>绝对区别</u>，而且同时将其区别于与其紧密联系的<u>相对性或功能性区别</u>，此区别在前面已经指出过了。我们刚刚说过此区别自然扩大到客观化的观念呈现的全部领域。这意味着我们把<u>与意义意向</u>的素材的或形式的组成成分对应的充实化成分，也看作素材的或形式的：因此显然，在一般客观化行为领域内也应被看作素材的和形式的。

在很多其他语词意义上我们也谈到素材（或也谈到质料）和形式。我们明确指出，其对立面为范畴形式的质料之其他语词，与对立于行为性质的质料没有任何关系。于是例如，当我们在意义中将设定的或单纯搁置不论的性质与质料加以区别时，此质料即告知我们被规定及被把握者为何，以及是如何被规定和被把握的，对象物是在意义中被意指的。为了更容易进行区分，我们在范畴对立中不说质料而说素材；而在其他场合要在先前意义上意指质料时，我们就以强调的方式说<u>意向性的</u>质料，或者也说统握意义。

§43　范畴形式的客观相关项不是"现实的"〈reale〉因素

现在我们要对刚才指出的区别进行澄清。为此目的我们要接续着先前的例子。

我们曾说过，赋予形式的语词曲折变化，在定语的和谓语的功能中的存在，并不在任何知觉中被充实。在此我们记得康德的命题：<u>存在不是现实的谓词</u>。即使此词相关于存在性存在，相关于"绝对设定"之存在，如赫尔巴特也这样称呼的，我们仍然能够将其应用于谓语的存在和定语的存在。无论如何它正好意味着我们指出要阐明者。如果我们可以看见该颜色，但不是看见"颜色的存在"；如果我能感觉到该光滑性，但不是感觉到"该光滑性的存在"；如果我可以听到该声音，但不是听到"该声音的存在"。存在并不是<u>在</u>对象<u>中</u>的什么东西，不是对象的部分，不是其内在的因素，不是性质或强度，也不是形象或一般内在的形式，不是任何可把握的构成性特征。但是，对象也不是对象上的任何东西，它也不像是任何现实内在的特征，因此也不是任何现实外在的特征，因而不是任何现实意义上的"特征"。因为它也并不相关于实质性的统一形式，后者使对象联系于更广泛的对象，使颜色联系于颜色形式，使声音联系于和声，使事物联系于更广泛的事物或事物秩序（花园，街道，现象的外在世界）。对象的外部特征，右和左、高和深、大声和轻声等等都根基于此实质性的统一化形式，而在这所有一切中自然未发现任何像是"ist"者*。

我们刚才谈到对象，它的构成特征，它与其他对象的实质性关系，此其他对象创造了更广泛的对象并同时赋予部分对象以外在的特征。我们说过，在它们之中不可能找到与存在相对应的东西。然而它们全是可知觉的，而且它们遍及可知觉领域，以至于同时可说并可认证：存在绝对不是任何可知觉物。

然而在此还需要进行补充的阐明。知觉和对象是彼此内在相连的概念，它们相互显示彼此的意义，相互扩大及缩小。但是应该指出，我们在此使用着某种自然界定的、日常切近的、但过于狭隘的知觉概念或对象概念。人所共知，人们也在广义上谈论知觉行为，尤其是看行为，后者包含着对一切事态的把握并最终甚至对于法则的先天明证性（作为"明见"）。在狭义上，通俗概略而言，一切对象都是被知觉的，此对象我们用眼看见、用耳听见、用任何"外在的"以及"内在的"感官可以把握。按照一般语言习惯，自然仅只相关于外在物以及物的连接形式（与其直接性质一起）可称之为"感官上被知觉"。但是如果因此引入"内感官"一词，感官知觉概念就须相应地扩大到包括一切"内在的"知觉，并在"感官对象"一词下应包括相应的内在客体领域，因此也包括自我和其内在体验。

在如此理解的感官知觉以及相应地一般感性直观的领域内——我们坚持"感性"一词的这一幅度——现在看到一种意义，正像"存在"一

---

　　* 此词形只存在于句子中，随语境不同可分别直译为："是""存在着""是存在的"。——中译者注

词一样，它没有任何<u>客观的相关项</u>，因此在这样的知觉行为中没有任何可能的充实化。凡适用于存在的，也显然适用于陈述的其他范畴形式，即使它们把术语的诸组成部分<u>相互连接</u>或者把诸术语相互连接以形成诸命题的统一体。"一"与"那个"，"和"与"或"，"如果"与"那么"，"一切"与"没有"，"某物"与"无物"，"数量形式"与"数的规定"，等等，所有这些都是有意指性的句子成分，但是我们不可能在现实的对象领域内找到其相关对象物（如果我们能够做出如此规定的话），现实的对象只能意指着<u>可能感性知觉的对象</u>。

139

§44　存在概念与其他范畴并非起源于内知觉区

然而我们明确指出，上一结论同时适用于"外感觉"〈外感官、外感性〉和"内感觉"〈内感官、内感性〉领域。一种熟知的、自洛克以来广泛流传而<u>根本错误</u>的理论是，我们所讨论的意义或与其相应的"名词上独立的"意义——逻辑范畴，如存在和不存在、统一、多、一切、数、原因、结论等等——<u>是通过对某些心理行为的反思，因此是在内感觉领域内、在"内知觉"内产生的</u>。沿此思路产生了以下诸概念，如：知觉、判断、肯定、否定、汇集和计数、前提和结论——它们因此都成了"感性的"概念，即属于"内感觉"领域。但是这一系列概念绝不可能这样产生，因为它们都不可能相当于心理行为或其现实的组成成分的概念。一个判断的思想是在一实际判断的内直观中被充实的；但 ist〈是，存在着〉的思想不是这样被充实的。存在不是判断，而且不是一判断的现实的组成部分。存在既不是任何外在对象的现实组成部分也不是任何内在对象的现实组成部分，因此根本不是判断。在判断中——在述谓性陈述中——ist 作为意义因素出现，正如（虽然是在其他场合及其他功能上进行比喻）"黄金"和"黄色"一样。Ist 本身并未出现于其中，它只是在小词"ist"中被意指着，即以符号的方式被意指着。但是它<u>本身是在充实化中被给予的</u>或者至少假定是在充实化中被给予的，此充实化不时会与判断相适应〈sich...anschmigenden〉，此即在被假定的事态之"统觉"〈Gewahrwerdung〉中。不只是在部分意义"<u>黄金</u>"中的被意指者直接显

140

现以及（同样）部分意义"黄色"显现，而且显现的是"黄金是黄色的"。判断和判断意向因此结合为明证性的判断统一体，并尤其会如此的是：如果判断是在理想界限意义上为明证性的话。

如果人们把判断不仅理解为属于实际陈述的意义意向，而且也理解为可能与其完全相符的充实化，那么肯定正确的是，<u>一种存在只是在判断中才可被把握</u>；但是因此<u>决</u>不能说，存在概念应该并可能在对某些判断的"<u>反思中</u>"被获得。此外，<u>反思</u>是一极其模糊的概念。在认知理论中反思至少具有洛克赋予它的相对确定的意义，即内知觉的意义；因此只是在此意义上我们能够在解释如下理论时可以坚持采用，即那种认为能够在对判断的反思中可以找到存在概念起源的理论。因此我们否定<u>这样一种起源论</u>。表达述谓关系的相关存在，例如，"ist"〈"是-存在"的单数〉、"sind"〈"是-存在"的多数〉等等都是非独立词；如果我们将其转换为完全具体的词，那么就产生了相应事态，即完全判断的客观相关项。我于是可以说：<u>感性对象与感性知觉的关系状态，类似于事态对</u>（在或多或少适当性程度上）<u>"给予着"事态的有感知行为的关系状态</u>（有必要简单地说：事态与事态知觉的关系状态）。感性对象（现实物）概念不能通过对知觉的"反思"产生，正因为它产生于知觉概念或知觉的任何现实构成者概念，于是事态概念也不能够从对判断的反思中产生，因为我们由此只能保持判断概念或判断的现实构成者概念。

显而易见，前一情况中的知觉和后一情况中的判断或判断意向（事态知觉）应该被体验，以便产生各自的抽象。"被体验"〈Erlebtsein〉并不是"成为对象"。但"反思"意味着，我们所反思者，即现象学体验，成了我们的对象（被我们内知觉到），而且由此对象的内容实际获得了一般化的规定〈generalisierenden Bestimmungen〉。

<u>事态和存在</u>（在其作为系词的意义上）<u>概念的起源实际上不是来自对判断或（毋宁说）判断充实化的反思，而是来自判断充实化本身</u>；我们不是在<u>作为对象的行为</u>中而是在<u>此行为的对象</u>中获得了所说概念实现化的抽象基础；而且自然，此行为的一致性变样也同样为我们提供了有效的基础。

首先，显然可见：正如任何其他概念（一观念、一特殊统一体）只

可能根据一种行为"产生"，即自行给予我们，此行为，至少想象地，在我们眼前提供了某种与其对应的单一事例，那么存在概念也只能这样产生，即当任何存在，实际地或想象地，在我们眼前被提出时。如果存在被我们视为谓词性存在，那么因此某种事态必定给予我们，而且这自然是通过一种给予它的行为——普通感性直观的类似物。

以上结论也适用于一切范畴形式或一切范畴。例如，一总体在一实际的聚集行为中被给予并只能这样被给予，因此即在这样的行为中，此行为在将 A 和 B 和 C……连续结合的形式中被表达。但是总体概念不是通过对此行为的方式产生的；我们不是关注此给予性的行为，而是关注它所给予者，关注它使其具体显现的总体，并将其一般形式提升至一般概念的意识。

142

§45　直观概念的扩大，特别是知觉概念与想象 概念的扩大。感性直观和范畴直观

如果我们提出如下问题：意义的范畴形式在何处达到充实化？如果不是通过狭义理解的知觉或直观的话——此狭义理解是我们在谈到"感性"一词时曾经试图临时提出的——那么回答已经通过刚才进行的讨论清晰地给予我们了。

首先，如我们直接假定的那样，该形式也实际上获得了充实化，或者，具有如此如此形式的全部意义，而（例如）不只是"素材的"意义因素，获得了充实化。这使得一种准确的知觉陈述的任何例子的准现前化无可置疑；而且这也阐明，为什么人们称完整知觉陈述为一知觉表达，在引申的意义上，称之为在知觉中被直观者及被自身给予者的表达。但是如果与其素材的因素同时给予的表达的范畴形式没有达及知觉，如果此知觉仅只被理解为感性知觉，那么在此"知觉表达"一词应该基于另一种意义：无论如何应该存在有一种行为，此行为为范畴的意义成分提供的作用相同于纯感性知觉为素材的因素提供的作用。充实化功能与一切借助于法则依存于它的观念性关系间的本质上的同类性，必然使我们在事物的证实性的自呈现〈Selbstdarstellung〉方式中，将一切充实化行

为称作<u>知觉</u>，将一切一般充实化行为称作<u>直观</u>，以及将其意向性相关项
称作<u>对象</u>。事实上，对于有关"范畴上结构化的意义获得充实化，在知
觉中被证实"这样的说法意味着什么的问题，我们只能够回答：这只意
味着，这些意义在其范畴的结构化〈Formung，形式化〉中相关于对象本
身。具有此范畴形式的对象不仅被意指，如同在意义的纯象征性功能例
中那样，而且它正是在此形式中呈现于我们眼前；换言之：它不仅被设
想而且正是<u>被直观着</u>或<u>被知觉着</u>。因此，当我们想要做如下问题分析时：
"充实化"一词的所指向者为何，结构化的意义和其中的形式成分表达着
什么，与其相应的、统一的或形成统一体的客观物为何？这时我们必然
遇到"直观""知觉""对象"等。这些词对于我们是不可或缺的，其扩
大的意义当然是显明的。因为，如果没有"对象"一词，我们将如何称
呼包含着一非感性的或不是感性的形式的主体观念呈现之相关项呢？我
们将如何谈论其实际的所与者〈Gegebensein〉或"所与的"显现，如果
我们没有"知觉"一词的话？因此，在通常的语词中有：总体、不确定
的多、一切、数、分离、谓词（"是正确的"）、事态等等，它们都成为
"对象"，而通过它们显现为所与者的行为则成为"知觉"。

　　<u>显然</u>，广义的和狭义的、<u>超感性的</u>（即超越感性被构成的或范畴的）
和<u>感性的</u>知觉概念之间的关系，不是外在的或偶然的，而是一种根基于
事物的关系。此关系被包含在行为的大类中，此行为的特性在于，在其
中任何东西都显现为"现实的"，即显现为"自行给予的"。显然，呈现
为现实物及自所与物的显现（这极其可能含有虚假性），时时可通过其与
本质上类似的行为的区别来表现出其特征，并可仅由此方式而获得其完
全的阐明；这就是说，通过与形象性的准现前及与纯粹象征意指的设想
的区别，它们都排除了事物的现前性（所谓"亲身的"显现），虽然并不
排除对其存在的信念。对于后一特点来说，于是形象的以及象征的再现
可能具有两种方式：在设定性方式中，通过形象的或象征的方式假定事
物的存在，而在非设定的方式中，视其为"纯"想象或虚构而不假定其
存在。在上一节可予充分一般化地解释分析之后，我们不再有必要对此
区别进一步分析了。无论如何，十分显然，想象的概念（在其多方面的
特殊化形式中），随着知觉的概念的扩大，<u>应该经受一种相应的扩充</u>。我

们不可能谈论一种超感性的或范畴的知觉，如果不存在"以同一方式"（因此不只是感性的）进行想象的可能性的话。因此我们将在感性的和范畴的直观间进行非常一般性的区别，或者应该指出这样一种区别的可能性。

扩大的知觉概念，此外，容许再次进行较狭窄的及较宽泛的解释。在广义上，一般的事态也可说是被知觉的（"被明见的"，在明证性中"被直观的"）。在狭义上，知觉仅指个体物，因此即指时间性存在。

§46　对感性知觉与范畴知觉之间区别进行的现象学分析

我们在接下去的讨论中先只考虑个别性知觉，然后考虑同一级次的个别性直观。前面有关"感性的"和"超感性的"知觉间的区分问题，我们只是在表面上提出并相当概略地对其特征予以说明。外感和内感这种古老的词语，来源于日常生活以及素朴的形上学和人类学，不应加以否定，因为目前而言仍有助于我们指出应加排除的领域；但是，感性领域的实际规定和界定并未因此而实现，范畴知觉概念仍然欠缺描述性基础。相关区别的确定和阐明是如此重要，以至于如下重要的区别完全依赖于此：如范畴形式和认知的具有感性根基的质料之间的区别，以及同样的，范畴和一切其他概念间的区别。因此问题相关于探索基础性的描述特征，这将引导我们明见到感性知觉和范畴知觉间的或者一般来说诸直观间的本质上不同的构成。

但是，对于我们的直接目的而言，对相关现象进行彻底分析并不是必要的。这将要求一种范围极广的思考和研究。在此我们只需关注若干较重要之点，后者使我们能够描述在其相互关系中的双侧性行为即已足够。

关于一切知觉，人们说，知觉在其对象<u>本身</u>内或<u>直接地</u>进行把握。然而此把握行为具有不同的意义和特性，随着它相关于狭义的还是广义的知觉而定，或者随着被"直接"把握的对象是<u>感性的</u>还是<u>范畴的</u>而定，换言之：随着对象是<u>现实的</u>还是<u>观念的</u>而定。我们可将感性的或现实的对象描述为<u>可能直观的最低阶对象</u>，将范畴的或观念的对象描述为较高

145

阶的对象。

一个对象在狭义"感性的"知觉中被直接把握或者自行现前，此对象在知觉行为中以直接的方式被构成。但是因此这就意味着：对象也是直接所与的对象，其意义是，它作为以此确定的对象内容被知觉者，并不是在关系性的、连接性的以及其他分节方式的行为中被构成的，此行为根基于将不同的其他对象带入知觉的其他行为。感性对象存在于单一行为层阶内的知觉中；它们并不需要在高阶行为内以多射线方式〈多层次上〉被构成，这些行为是借助于其他的对象构成着其对象的，而此其他的对象是在其他的行为中已经被构成的。

但是，每一直接的知觉行为，或单独地或与其他行为一起，现在可起着新行为的"基础行为"〈Grundakt〉的作用，此新行为，有时将其包括在内有时以其为前提，并以其新的意识方式同时使基本上以原初形式为前提的新的客体意识产生。随着结合、选择、确定的与不确定的个体统握（那个……某物）、一般化、直接的、关系性的及连接性的认知等一系列新行为的产生，并未出现任何主体体验，也未出现与原初行为相连接的一般行为，而是出现了我们所说的构成新客体的行为；在此行为中某物显现为现实物及自所与物，以至于在此显现的同一物还未在诸根基性的行为本身内被给予及可能被给予。但另一方面，新的对象物根基于旧的对象物，它们与在基础行为中显现的对象性关系相关。其显现方式是由此关系加以基本规定的。在此问题相关于客体的一个范围，此客体只能在此种有根基的行为"本身"内获得显现。

在这样的有根基的行为中存在着直观和认知的范畴因素，在直观和范畴中起着表达作用的陈述的思想获得其充实：与这些行为充分相应的可能性决定着作为其正确性的陈述之真理。当然，我们此前只考虑知觉范围以及其中最简单的事例。人们直接看到，我们在简单的和有根基的行为之间的区别，从知觉转换到一切直观了。我们已经清楚看到，这样一种复合行为的可能性，它们以混合的方式部分地根基于简单知觉，部分地根基于简单的想象；此外，也看到这样的可能性，新的根基性关系在有根基的直观中被构成，因此根基性关系的一切层次系列彼此互为根基；再者，我们看到，诸符号性意向按照这种或低或高层次的根基化关系被结构化，而且符号性行为和直观性行为之间的混合再次通过根基化关系被形成，即使得有根基的行为再根基于其他种类的行为之上。但我们的任务首先是要关注原初的事例并对其进行尽量充分的阐明。

§47　继续。作为"简单"知觉的感性知觉之特性说明

现在我们来进一步思考这样的行为，在其中感性的具体物和其感性的组成部分呈现为所与者；与此相对，我们其后考察完全不同的其他类行为，通过这类行为，具体的事态、集合体、选择项，作为复合的"思想客体"及"高阶对象"被给予，<u>高阶对象实在地〈reell〉包含着其根基性的对象</u>；而且接着考察那种一般化行为或不确定的个别物统握行为，其对象虽然属于高阶<u>但不</u>包括其根基性的对象。

在感性的知觉中"外在"物一当落入目光即对我们顿时显现。这种使物显现为现前者的行为类型，是一种<u>简单的</u>类型，它不需要根基性的或有根基的行为工具。其复杂的心理过程的发生学根源和活动方式当然与我们此处的问题无关。

我们也不应忽略显示在简单知觉行为的现象学形式中，尤其是其统一化意向中的明显复合性现象。

多种多样的构成性属性肯定属于内容上如此如此显现之物，这些属性有些"本身落入知觉"，而另一些仅只被意念着。但是我们绝未体验着一切<u>具分节性的</u>知觉行为，后者是这样产生的：当我们关注物的一切个别性方面时，或准确说，关注物的"对我们呈现侧"时，也就是当我们使其成为对象<u>自身</u>时。毫无疑问，补充性的、自身未落入知觉的属性之观念呈现，也具有"倾向上的激发性"，与其相关的意向肯定融入了知觉并决定着其全部特性。但是，正如显现中的物并不呈现为无数个别属性之简单和一样，尽管后续的细部研究可对这些属性予以区分，而且也正像细部研究并不将该物分裂为诸个别性部分一样，而是只能在永远固定的、统一的物对象上进行观察：于是，知觉行为永远也是一一致的统一体，此统一体以简单的和直接的方式现前着对象。因此，知觉统一体<u>不是由于特殊综合性行为产生的</u>，好像综合形式只通过有根基的行为即可

在诸部分意向上产生对象关系的统一性似的。对此并不需要分节化作用，因此也不再需要实际的结合作用。知觉统一体作为简单的统一体、作为诸部分意向的直接融合而产生，并不需要附加的新的行为意向。

149 　　此外，我们可能并不满意于"瞬时"知觉，我们宁愿在一连续的知觉流中对物进行全面观察。然而此知觉流中的每一单一知觉已经是此物之知觉。不论我在此从上从下、从里从外看此书，我看到的永远是这本书。它永远是同一事物，即不仅在纯物质的意义上而且按照知觉本身的意指都是同一物。即使某些属性在此起主要作用而且在每一步骤中都变化着，物本身都是作为知觉统一体被构成的，基本上并非构成于一种全面的、根基于特殊知觉中的行为。

　　然而进一步看，我们不可能将事物呈现为这样：似乎作为统一体的感性客体可以在一有根基的行为中被呈现（即在连续实行的知觉中），而它并不必须如此，尽管它应当在这样一种行为中被呈现。经过更严格的分析，连续的知觉流显示为诸部分行为向单一行为的融汇，而非显示为一种特殊的、根基于诸部分行为的行为。

　　为了指明这一点，让我们进行以下思考。

　　知觉流中的诸单一知觉是连续一致性的。此连续体不仅意指着时间分界的客观事实；不如说诸单一行为之流具有一现象学统一体的特征，在其中诸单一行为相互融合。在此统一体内，诸多行为不仅一般地融合为一现象学的整体，而且融合为单一行为，准确说，融合为一知觉。在诸单一知觉的连续流动中，我们的确连续地知觉到此单一对象。那么我们现在能否因为诸知觉结构成了单一知觉就称此连续性知觉为以其为根基的知觉呢？"有根基的"〈fundiert〉当然是在这样的意义上，即一整体是以其诸部分为根基的；但不是在此与我们相关的意义上，即有根基的行为将产生一新的行为特性，后者根基于某些基础性的行为特性，如无

150 这些特性是不能想象的。在目前的事例中，知觉似乎只在展延中；它能够与诸部分分离，诸部分本身已经能够起完全的知觉作用。但是朝向连续性知觉的此知觉统一体并不是由一特殊行为构成的统一体，似乎此特殊统一体在构成着一新的客体意识。反之，我们发现，在被延展的行为中客观上绝对没有新的东西被意指，而看到的永远是此同一的对象，此

对象已经由分别把握的诸部分知觉意指着。

人们现在可以着重于此"同一"〈Selbigkeit〉概念并说：统一体当然即同一化的统一体。诸接续行为的意向性是连续地自相一致的，而且统一体就这样产生了。这肯定是正确的。但是同一化的统一体——做此区别是必要的——并非同样意味着一种同一化的行为的统一体。我们设想：一行为意指着某物，同一化的行为意指着同一性。在我们的例子中，同一化被实行着，但同一性并未被意指着。在连续的知觉流的诸不同行为中被意指的对象虽然永远是同一的，而且诸行为由于相符性而相互一致，但是在此知觉流中被知觉者，在其中成为对象者，只是感性的对象，绝不是其自同一性。只有当我们使该知觉流成为一新的行为时，只有当我们将单一知觉分节而且使其诸对象发生关系时，在诸单一知觉间起作用的连续统一体（即经由诸意向性的相符产生的融合）才提供了一种统一性意识的支点；同一性本身现在成了对象；将诸行为特性连接的相符性因素现在充当了一新知觉的再现性内容，此新知觉根基于被分节的诸单一知觉内，而且引生了意向性的意识：现在的和先前的诸知觉只是同一知觉。于是我们当然涉及第二组的一个通常的行为。同一化的行为实际上是一新的客体意识，后者使一新的"对象"对我们显现出来，此对象可以仅只在一有根基的此种行为中被"自身把握"或"被给予"。

151

然而在我们进一步触及新类型的行为和客体之前，我们应该将有关简单知觉的研究做一总结。如果我们能够假定阐明了简单知觉概念的意义，或者阐明在我们看来是同样的感性知觉的意义，那么因此也阐明了感性的或现实的对象（在"现实的"一词最原初的意义上）。我们直截了当地将其定义为一种简单的知觉。由于在知觉和想象之间的必然平行关系，按此每一可能的知觉都对应着同一本质〈Essenz〉的想象（应该说，一整个想象系列），每一简单的知觉也与一简单的想象相互并列，因此也肯定同时获得了扩大的感性直观概念。我们因此能够将感性对象定义为感性想象和一般而言的感性直观一事，当然并不意味着对先前的定义进行任何本质性的一般化处理。由于刚才强调的平行关系，两种定义是等价的。

"现实的部分〈Teile〉"的观念，特别是"现实的组成部分〈Stück〉"概念，现实的要素〈Moment〉（现实的特征〈Merkmal〉），现实的形式等，也都可由现实的对象概念加以定义。

在简单的知觉中，我们说全部对象都是"显明"给予的，其每一部分（按其广义）都是"潜在"给予的。可在简单知觉中被显在地或潜在地给予的一切对象，构成了被最广泛把握的感性对象范围。

152

每一具体的感性对象在一显在给予的方式中都是可知觉的，因此这样一个对象的每一部分也如此。但是对于抽象因素呢？按其性质它们不可能自行存在着；因此显然，它们的知觉和想象是非独立的，因为再现性内容，即使是类比性的简单再现作用，不会自行成立，而是只能在一包罗较广泛的具体物中被体验。但是因此并非意味着，抽象物的直观必定是一有根基的行为。抽象物可能是有根基的行为，如果对一抽象因素的把握之前必定有对具体物整体的把握或对其补充因素的把握的话（把握作为一种直观朝向于对象的行为）：我当然不认为这是显而易见的。反之，可以肯定，对所与整体的一个因素及一般而言一个部分本身的把握，因此以及对一感性特征本身的、一感性形式本身的把握，都是指涉有根基的行为的，也就是指涉那种关系性行为的，因此人们也放弃了"感性"领域而进入"悟性"领域。我们要立即对刚刚指出的有根基的行为类组进行更深入的研究。

§48 作为有根基的行为的范畴行为之特性说明

我们可以不同方式来理解一感性对象。首先当然是以简单直接的方式。这种可能性，正像一切在此谈到的可能性一样应被严格地解释为理想的可能性，它的确即将对象据其特征描述为感性对象。如此理解后，感性对象似乎就直接存在于我们面前：构成着感性对象的诸部分虽然在其内，但在简单的行为中它们并不成为我们的显在对象。然而我们也能够以使其显在化的方式把握同样的对象：在分节化的行为中我们"凸显出"诸部分；在关系性行为中我们把诸部分在关系中抽出，或者使它们彼此分离或者使它们与整体分离。而且正是通过此新的统握方式，被连接的及彼此相关的节项获得了"部分"的特性或"整体"的特性。分节化的行为，以及在对其回顾时的简单行为，不只是在相续性中被体验；

153

宁可说，<u>诸相互交叉的行为单位</u>始终存在着，在其中<u>诸部分关系</u>被构成为<u>诸新的客体</u>。

如果我们最初把握着部分和整体间的关系，因此就限制于简单的例子内，那么就有："关系 A 是（有）a"以及"a 是在 A 内"。指出有根基的行为，在其中此典型的事态被构成为所与者，以及阐明刚才运用过的范畴陈述形式（即诉诸其直观的起源，诉诸其充分适当的充实化），二者是一回事。然而我们在此并不关心行为性质，而是只关心统握形式的构成，而且就此而言，我们的分析如果被视为判断分析将是不完全的。

一知觉性的行为，瞬时间以及在简单方式中，把 A 把握为一整体。一第二知觉行为朝向于 a（部分或非独立因素），它在构成上属于 A。但是，这两种行为并非仅只是同时或先后被实行于"无关联的"体验中，反之它们共同连接于一单一的行为上，在此综合中 A 正是作为包含 a 者被给予。同样，在关系性"知觉"的相反方向上，a 作为从属于 A 者达到其自所与性。

现在我们试图更深入讨论此问题。

对象的直观的"全面意指"（Gesamtmeinen）隐在地包含着朝向 a 的意向。知觉的确意指着对象本身的把握，而且因此其"把握"应该在对象整体中及和对象整体一起达到对象的一切组成部分。

154

当然，我们在此只关心对象的组成部分，<u>如其在知觉中所如何显示</u>，如其在<u>知觉本身中所呈现的内容</u>，而似乎并不关心那些属于在"客观现实"中存在的对象的东西，后者是其后应由经验、认知、科学所关注者。

在将知觉全体限制于特殊知觉中时，朝向 a 的部分意向并不从 A 的整体显现中被分离，似乎是将其统一体加以分解似的，而是在一特殊行<u>为</u>中 a 成为特殊的知觉客体。但是同时进行中的全体知觉行为借助其含有的部分意向而与特殊知觉行为达到了"相互符合"。与 a 相关的再现者在双重方式上相当于同一物起作用，而且就此而言，相符性的实行将相当于两种再现性功能之特殊统一性，即两种<u>统握</u>之相符，此再现者即为二统握之承载者。但是此统一性现在承担着一种再现作用；它们不被视作其本身，如行为间被体验的该联合体；它们本身不被构成为对象，而是支持其他对象的构成；它们以这样的方式再现着，A 显现为包含着 a 者，或者反之，a 作为<u>存在于 A 内者</u>。

155   按照"<u>统握观点</u>"或按照从整体到部分的"<u>过渡性朝向</u>"，或者反之——而且二者都是新的现象学特征，它们有助于形成关系性行为的意向性整体质料——存在两种先天规定的可能性，按此可能性"<u>同一关系</u>"可以达到实际的所与性。与此对应的是两种先天性可能的关系，它们客观上是不同的，但按照理想的法则性必然彼此相互关联，此种可能的客观关系只是<u>在所指出的那种有根基的行为中被直接构成</u>，即仅只能在如此结构的行为中达至"自所与性"，进入"<u>知觉</u>"。

此一说明显然适用于一<u>整体</u>和其<u>部分</u>之间的一切关系的特殊形式。所有这些关系都是范畴性质的，因此是观念性质的。那种要把它们置入简单的整体之内并通过分析在此整体内发现它们的想法是完全错误的。虽然在一切分节之前部分均存于整体之内，并在其中与整体的知觉性把握一起被把握；但部分存于整体之中的事实，最初只是使部分产生的一种理念上的可能性，此即：将部分及其在相应的被分节的及有根基的行为中"作为部分"〈Teil-sein〉导入知觉。

同样，问题显然存在于外在关系内，从中产生了如下类型的述谓关系式："A 在 B 的右面"，"A 比 B 大、亮、响"，如此等等。只要有感性对象——简单而独立的可知觉性——就有产生外在关系的可能性，因为尽管它们相互分离，却可组合成联合体和紧密性不同的统一体，因此从根本上组成包罗更广泛的对象。它们全体都应被包括在"<u>部分和部分构成整体</u>"的关系类型中。它们仍然是在一种有根基的行为中完成了相关事态的即外在关系的<u>初次显现</u>。显而易见，关系性知觉既非全部复合性的简单知觉也非与其分节项相关的诸特殊知觉本身，关系性知觉在此复合性中仅只具有可能性。只有当一节项被特别选为主节项而其他节项仍被保持在关注中时，其现象的决定性关系，才随着有效的"统一性种类"〈Einheitart〉的特殊形式之变化，由相关的节项显现出来，此相关的节项本身在这种情况下显然也应被凸显。在此情况下，主节项的选择或关系性统握的朝向性，也一般地决定着现象学上不同的并在相关性方式上具有其特点的关系形式，此关系形式在联合体的未分节知觉中（因此在其显现为简单对象那样的联合体中），并非真实地而只是作为<u>观念的可能性</u>

被包含，此即实行相关的有根基的行为的可能性。

如认为此部分关系实在地存于整体之内，这就意味着将若干基本不同的事物相混淆：感性的或现实的连接形式与范畴的及观念的连接形式之间的混淆。感性的连接行为即属现实对象的因素，即属其真实的因素，即使仅是潜在地存在于其内，但可通过一抽象性知觉从其抽出。反之，范畴结合的形式具有相关于行为综合的形式，因此是这样的形式，它被客观构成于综合的、根基于感性的行为内。在外在关系的形成中，感性形式可能充作与其对应的范畴形式构成的基础；有如当我们通过综合性形式"A 邻接于 B"或"B 邻接于 A"把握和可能表达内容 A 与内容 B 的感性邻接时那样，此 A 与 B 是在一包罗广泛的整体 G 内所与的。但是，在这些形式的构成中属于事态类的新的对象产生了，此事态仅包括"较高层阶的对象"。在感性总体中，A 部分与 B 部分由于把它们在感性上连接起来的邻接因素而统一起来。但是，此种部分和因素的凸显，A、B 与邻接的直观的形成，并未提供观念"A 邻接于 B"之呈现。对此要求一种新的、必使此观念有效呈现的行为，此行为将适当地赋予 A 和 B 以形式结构，并将它们连接起来。

§49　有关名词性形成方式的补充说明

我们现在要对迄今为止的分析做一重要的补充说明，此补充说明相关于被综合连接的诸观念呈现各自所涉及的形成方式〈Formung，结构化〉。我们曾经在一特殊类别的事例中研究过此重要之点。我们在《第五逻辑研究》中注意到，一陈述绝不可能在无变样的形式中成为一构建于其上的综合性行为的基础，成为一新陈述的主词项或宾词项。我们曾经说，陈述首先应采取名词的形式，按此形式其事态才在一新的、名词性方式中成为对象。[①] 在此一事实中所表达的正是我们在此关注的直观性区别，而且此区别不仅是相关于此前所考虑的、直接根基于感性的较低层阶上的综合之关系项，而且相关于一切观念呈现，后者是由任何种类和

157

---

① 　参见《第五逻辑研究》，第 4 章，§35 和 §36，466~476 页。

层阶的（多射线的）综合使其得以有效形成的。

我们首先或者可以一般性地说：纯粹独立的客观化行为和在构成着任何诸关系间的关系联系点的功能内的"同一"客观化行为，并非真的是相同的行为，它们在现象学上是有区别的，即与我们称之为意向性质料者相关联。它们的统握意义是变化的，并因此产生了适当性表达中的意义变化。情况并非像是人们只是将某种中间性的成分插入未变化的观念呈现之间，通过一种只是从外部将诸呈现的观念彼此连接起来的纽带。综合性思维的功能（思想性功能）对它们起着作用，赋予它们新的形式，虽然这是范畴的功能，一切均在范畴的方式中进行；因此显现的对象之感性内容始终不变。对象的显现并不连带着出现现实的新属性，它自身存在着，不过是以新的方式。被置入范畴性关系域后对象在其中被赋予一位置和作用，一种关系项的作用，特别是一种主词项和宾词项的作用，而且在此出现了现象学上所显示的区别。

158　　当然，与直接的观念呈现本身的变化相比，我们更容易注意到在表达中标志的意义改变。例如，当我们在一关系功能之内与之外对直观进行比较时，在简单直观范围内的情境完全不清晰。因此在前一研究中我并未考虑此问题。感性的单一化直观与具有名词性功能的行为是彼此相当的。① 同样，在简单直观中，对象直接置于我们面前，于是事态或任一被赋予范畴形式的对象在名词性行为中也如此置于我们面前。对象的逐渐构成在进行中，一旦完成它就成为关系项——它似乎完全保持着其构成性意义，不再改变。但是当然人们可能反对说，在知觉情况下，我们首先漏掉了现象学的改变，此改变是我们进入关系性行为时所经受的，正因为新的形式是这样一种东西，它包含了一切旧的统握意义并只赋予它一种"作用"的新意义。知觉仍然是知觉，对象如其曾经所是的那样被给予，"唯一的"区别在于它正是被"纳入关系中"的。综合性功能这样的形成方式并未改变对象本身，因此它们仍被我们视为属于我们的纯主观的活动，并因此我们在现象学的、朝向于认知阐明的反思中忽略了它们。因此我们应该坚持说：事态，当其实行主词的及一般来说名词的

_____

① 参见《第五逻辑研究》，§ 33，459 页。

功能时，肯定是同一事态，<u>至于其最终基础</u>，它也是借助于在孤立功能中对其构成的同一行为在原初的<u>直观</u>中被构成的；但是当它在较高的层阶上起着关系项的作用时，它是以<u>新的形式</u>被构成的（可以说以其<u>作用</u>所特有的外表），此新的形式在适当的表达式中由名词的表达形式显示出来。为了对刚才处理的现象学情境进行最后的阐明，现在我们需要进一步的研究。

159

§50　在范畴性把握中的而非在名词性功能中的感性形式

我们到此为止只是谈到<u>关系项经受的形成方式</u>，如整体和部分。但是在外在关系中我们看到，感性形式如何进入关系统一体内（在其谓词中），并在感性层次上决定着关系形式，<u>而未经受名词的独立化作用</u>。例如，"A比B亮"，"A在B的右面"，等等。毫无疑问，我说存在有这样的现象学的区别——统握意义的区别，此区别存在于两种情况之间：在其一之内，可以说是对亮度形式的直接关注，使其在如下表达式中成为名词的对象，"〔在A与B之间的〕此一亮度关系比〔在M与N之间的〕彼一亮度关系更易注意到"，而在类型完全不同的另一情况内，此同一亮度形式则以上述表达式"A比B亮"的方式被意指着。在后一情况下我们再次看到一种范畴形式，它指示着关系整体内的一种特殊功能。诸多概念如"关系项"、"关系形式"、"主体"〈主观，主词〉、"客体"〈客观，宾词〉以及其他，一直未经过清晰表达，而且至少迄今为止远未被充分加以阐明，这些概念显然都应诉诸我们在本节以及前几节中已经了解的这类范畴形式间的区别。

§51　汇集形式〔Kollektiva〕与析取形式〔Disjunktiva〕

我们迄今为止所考虑的范畴的即综合的对象形式，只是最简单的事态形式，即完全的和部分的同一性关系与简单的外在关系。现在我们要关注两个其他综合形式的例子，它们本身虽然不是事态却在与事态的关联中起着很大的作用：<u>汇集形式</u>和<u>析取形式</u>。二者都在这样的行为中被

160

构成所与者，这些行为为连词"和"与"或"提供着充实化的直观。

我们前面大致地说过，究竟什么可以直观地对应于如下这些词的问题——"和""或""二者""二者之一"，并非容易答复或有意义地把握，正如我们不可能将其真正地呈现于形象中，例如对其描绘。我可以描绘 A 和描绘 B，也可将 A 与 B 在同一图画内加以描绘；但是我不可能描绘"二者全体"，不可能描绘"A 和 B"。在此只存在一种时时对我们开放的可能性：根据我们的两次单一的直观行为去实行"联合〈Konjungierens〉"（汇集）的新行为，并以此方式意指着客体"A 与 B"之和〈Zusammen〉。在刚才作为例子考察的情境中此新行为并构成"A 与 B"的形象性观念呈现，而此整体在知觉"本身"方式内被给予，并只能在正是这样一种纯一致变样的行为中被给予，但此行为根基于 A 知觉与 B 知觉。

如果我们谈到一与这些知觉合一的行为，而未谈到这些知觉在意识中之和或任何结合，这就自然地导致这样的事实：在此一种统一的意向性关系被给予了，以及与此相应的，一种统一的对象被给予了，此对象只能在此行为连接体内被构成，这正像一事态只有在观念呈现的关系性结合体中被构成一样。人们在此立即了解到近代著名逻辑学家所犯的本质性错误：他们自信能够通过名词的和陈述的行为的纯"共在意识"去说明名字或陈述之间的连接性结合〈konjunktiven Verbindung〉，并因此将"和"作为客观逻辑形式加以摒弃。①

人们也必须防止将感性统一的数量、系列、群组等等的简单的知觉与连接性的知觉加以混淆，在连接性的知觉中只有"多意识"本身被真的构成。我曾经在我的《算术哲学》中企图指出，感性的统一体特征（我在该书中将其称作感性直观的比喻性或准性质性因素）可视作"多"的感性记号；这意味着，它们可充作对于"多"本身以及作为相关种类之"多"的（以其为符号性中介的）认知的感性支持点；这样的认知现在不再需要分节化的单一性统握和单一性认知，但因此也不再具有集合

161

---

① 于是我们读到 Sigwart（《逻辑学》卷一，第二版，206 页）："句子与'和'的语言结合……首先只是说在一个意识内之同时存在的此一主观的事实，而且因此它并不包含任何客观的意义。"也参见同书第 278 页。

本身的真正直观特性了。①

§52 一般对象构成于一般直观内

我们迄今为止讨论的简单的综合行为是这样根基于简单知觉的，综合意向同时朝向于根基性知觉的对象，同时综合意向将它们在观念上把握为总和概念（"总体"）或者把它们连接为统一体。而这就是一般综合行为的一种一般性的特性。我们现在从另一组范畴行为中举几个例子，在其中根基性的行为的对象并不一同进入有根基的行为的意向中，而且只是在关系性行为中才显示与后者的紧密关系。此即一般性直观的领域——这个语词在好多人听起来自然不会比"木制的铁器"更顺耳。

抽象显示在初级直观的基础上，并因此出现了一种新范畴行为特性，在此范畴特性上显现了一种新类型的客体，后者只能再次显现于作为实际的或形象的所与者这样的有根基的行为上。自然，我在此并不是指这样一种意义上的抽象，即在一感性客体上凸显任何独立的因素，而是指观念化的〈ideirende〉抽象，按此抽象不是独立的因素而是其"观念"、其在意识上的一般项，成为实际的所与者。此种行为应该被假定，以便在面对同一种类的单一因素的复多体时，我们可以专注于此一"种类"〈Art〉本身，即作为同一者的同一种类。因为我们于这样一种行为在多次个别直观基础上的反复实行中意识到了一般项的同一性，而且这显然是在一包罗广泛的同一化行为中进行的，后者把一切单一的抽象行为加以综合了。这样的抽象行为，连同其与新行为形式的联结，立即产生了一般规定作用之行为，此即一般而言对对象之规定，此对象属于某一种类 A，也属于该行为，在后者中未被规定的一 A 种类之单一客体呈现于我们的观念中，如此等等。

---

① 正是这样的问题：如何可能一目了然地，因此即在简单的行为中而不是在有根基的行为中，对"多"和"数"进行一般评估，然而实际的集合和计数都以较高层阶的分节的行为为前提。正是这个问题使我独立地关注直观的统一化特性，后者是 Ehrenfels 在其比我的著作更早出版的、根据非常不同的观点进行的研究中，细致地讨论过，而且他称其为形式性质（《关于形式性质》，《科学哲学季刊》，1890）。参见《算术哲学》第 XI 章。

在并不必然借助一称名化被实现的抽象行为内，一般项本身被给予我们；我们并不在纯象征意指性方式中思考此一般项，有如在对普通名词的单纯理解中那样，而是我们把握着它，直观着它。因此在此"直观"
163 一词，以及准确说，"一般项之知觉"一词，肯定是合理的。

然而从另一观点看也产生了疑虑。"知觉"一词假定着一种相应的想象之可能性，而且我们说过①，二者之间的区别相关于"直观"这个普通词的自然意义。我们正是在此忽略了此区别。此一忽略的根据似乎是：抽象性行为并非按照根基性的〈作为其基础的〉简单直观之特性而与之区别，它们完全无关于这些根基性行为的性质，不论这些行为是设定性的还是非设定性的，不论它们是知觉的还是想象的。"红色"，"三角"，在纯幻想中与在知觉中是完全一样的。一般项意识构建于知觉之上，正如构建于一致性想象之上，而且当它被一般地构建起来，那么正是此一般项，此"红"观念，此"三角"观念，其本身被把握到，一般项在此独一无二的方式中被直观到，而正是此方式不可能使得在图像和原本之间形成区别。

然而我们应该注意，以上引用的例子正是属于那样一种对于一般项之知觉适当的类型。一般项在此是根据真正对应的个别性事例真正地被把握和被给予的。在此情况下，似乎事实上没有与同样直观内容类似的想象，正如在每一适当的知觉情况下那样。一个内容如何可能，即使在个别性领域内，自与自相类比呢？因为，就其本身而言，它不可能在被意指的同时又是其本身的类似者。而且，当被意指的内容正是被体验的和被给予的内容时，如何可能没有设定性特征呢？但当我们（例如）通过数学分析间接设想出某类"第三阶曲线"〈Kurven dritter Ordnung〉而
164 并未直观到该曲线类时，情况将完全不同。在此情况下，（例如）我们熟悉的特殊类型的第三阶曲线之直观图形，不论是绘制的还是想象的，均可相当于直观图形，相当于所意念的一般项的类似物；也就是，一般项意识，作为直观的意识，但作为类似性的〈analogisierendes，进行类似性比较的〉直观的意识，建构于个别性直观上。而且，通常粗糙的绘图

---

① 参见前面第 45 节，144 页。

在与理想图形进行类似性的比较时，不会是已经同时决定了<u>一般观念呈现的想象性特征</u>吗？同样的，如果我们根据一蒸汽机模型来<u>直观蒸汽机观念</u>，在此情况下不是可能自然地涉及一适当的抽象或概念化的问题了吗？在此情况下，我们不再关心任何纯象征意指作用，而是通过类似性比较作用来关心一般性再现，因此关心一般性想象。但是如果在（例如）一<u>模型直观</u>中可能欠缺纯类似性的意识，那么就正好出现了"一般项知觉"的情况，即使是<u>非充分适当的</u>知觉的情况。

同样，我们现在就在<u>设定性的</u>和<u>搁置性的一般性意识</u>之间发现了先前省略的区别。当我们纯粹类似性比较地、想象地设想着一个一般性对象时，我们能够在设定性方式中对其意念，而且此行为正像每一设定性意念〈Meinung〉一样可能被未来更适当的知觉所肯定或否定。当一般性意念在一充分适当的知觉中，即在一新的一般项意识中被充实时，就发生了前一结果，此一般项意识是在相应的根本性事例的一种"真实的"抽象基础上被构成的。于是一般性对象不只是被观念呈现的，而且其本身是被给予的。我们能够再次在类比性方式中将一般项呈现于观念，但不必对其设定。我们对其设想，但可将其存在性搁置。建构于直观性基础上的对一般项的意向，现在并不决定着"存在"与"不存在"问题，但充分决定着一般项及其在适当的抽象方式中的可能性与不可能性问题。

165

第七章　关于范畴性再现的研究

§53　对第一部分研究的回顾

我们以选择性的例子所分析的有根基的行为，被我们视作直观，即视作新种类对象的直观，此新种类对象通过直观被显现，而且也只能在与其对应的每一种类和形式的有根基的行为中被给予。直观这一概念的扩大之说明性价值显然只能存在于这样的事实中：直观并不相关于一种不重要的、纯选择性的概念扩大，此扩大的概念使一在先的概念范围得以超越任何不同的概念①，而是相关于一真正的、基于共同本质性特征的一般化作用〈Verallgemeinerung〉。我们称这些新行为为直观，因为在对象的"直接"〈schlichten〉关系被搁置后（因此即将该被决定的"无中介性"种类〈Art〉加以搁置，此无中介性曾被我们定义为"直接性"〈Schlichtheit〉），它们具有一切直观的本质特性；在其中我们发现了相同的本质性区分，有如它们显示了也能够达至本质上相同的充实化功能。所指出的这后一能力对于我们特别重要，因为它朝向于全部研究所进行的实践。作为充实化统一体的认知不是实行于简单行为的单纯基础上的，

---

①　如果 a 代表一概念中的构成性特征而 b 代表任何其他概念的特征，那么人们永远可构建这样的形式："某物或为 a 或为 b。"此一外在类型的概念扩展，我称之为"析取性的"，有时证明它们相当有用。例如它们对于技巧性的数学技术学的发展，起着一种十分重要的作用，但并未获得逻辑学家的足够重视。当然，数学的逻辑学还处于初始阶段，而且只有很少的逻辑学家似乎一般地注意到，在此存在对于理解数学以及因此理解数学化的自然科学来说极其重要的问题领域，而且尽管困难巨大，这些问题是可获得严格判定的。

而是通常实行于范畴行为的基础上的，而且因此当我们把思想（作为意指行为）与<u>直观</u>对立时，不能把直观理解为纯感性直观。

正是由于对作为直观的范畴行为之此一理解，思想与直观的关系才实际上变得清晰起来，而以往的认知批评对此关系从未予以充分的澄清，而且因此认知本身的本质与功能也成为可理解的了。我们第一部分的临时性论述由于此概念扩大的结果而获得了适当的肯定。按照目前采取的广义上的直观，不论其与感性的远近如何，都作为其可能的观念性对立项，与表达性的〈对其进行表达的〉意义相符合。我们在认知性本质之内所做的区别以及我们形成的与其相关的概念，也在较广的领域内保持其价值，虽然它们是相对于一较窄领域被界定的。

因此直观的每一范畴行为都具有：

1. 其性质。

2. 其（意向性的）质料，即其统握意义。

3. 其再现者。

此区别性并不归结为属于根基性行为的区别性。全体行为的性质可能不同于一基础行为的性质，正如因为基础行为，当其较多时，可能具有不同的性质一样：例如，在将一虚构性客体和一被视为真实的客体之间的关系呈现于观念时。

此外，不仅是每一基础性行为都有一质料，而且有根基的行为带有<u>一自身的质料</u>，据此质料可提出这样的原则：此<u>新的质料</u>，或者，就其包含基础行为的质料而言，<u>其中新的附加部分，是根基于基础行为的质料的</u>。

最后，新的行为也有其<u>再现者</u>。然而相关于再现者而言我们遇到了严重困难——问题相关于，是否对于新的质料也应该承认有新的再现者，那么这新的再现者又为何呢？

167

§54　关于范畴形式的再现者问题

当人们开始进行范畴行为分析时，显然不得不首先加以关注的是：一切范畴行为的区别，在抽离了性质之后，都被归结为范畴行为以之为根基的那些行为之相应的区别，即范畴的功能引入的新因素是不可再区分的一种内容增附。一种集合体的想象的观念呈现与同一集合体的知觉，只能通过集合体的组成项在其中被给予的意向性方式加以区分。人们将说，在连接形式中，不能再对二者进行有意义的区分。或者，集合体形式（用连接词"和"表达的）在显现方式中，是否应区分为知觉式的和想象式的？但这样的话，我们就必须坚持这样的可能性：诸幻想显现是通过知觉的集合体形式被合一的，诸知觉显现是通过幻想的集合体形式被统一的，也就是按照不同的方式被统一的。这显然是不可设想的，的确是不可理解的。

人们当然可以反驳说，上述论说未免过于简单。谁会妨碍我们设想先把某些知觉客体加以聚合后而据此去想象地意念另一总体呢？而且谁又会妨碍我们设想将一些幻想显现聚合后而只去意念此幻想显现的总体并知觉它呢？就此而言，当然没有人阻碍我们这么做。但是，这样一来该知觉客体就成了形象物〈Bilder〉，即集合行为就成为不是直接根基于知觉而是反过来根基于该构建于知觉上的想象的了。而且同样的，在另一种情况下，不是幻想之观念呈现的对象而是此观念呈现本身被集合，即集合行为不是直接根基于幻想之观念呈现而是根基于该建构于幻想观念上的内知觉。根据知觉客体的"真实的"集合行为和根据想象客体的想象的集合行为并不证明任何区别性，而且这样的区别根本不存在，除非是作为根基性行为之间区别的话。

对于一切集合体意识可以显示的一切其他变样来说也是一样。一般性或特殊性，确定性或不确定性，以及人们可能考虑的根基性对象的一切其他范畴形式，也决定着集合体观念呈现的特性，但是在结合特性中不可能找到任何现象学区别，看到的永远是相同的"和"。因此按照根基性观念呈现的种类，显示给我们的或者是一种一般对象集合体（例如颜色种：红色、蓝色、黄色），或者是确定的对象集合体（如前举例子所示），或者是不确定对象集合体（一人、另一人，一种颜色，一种声音）。人们不可能看到集合行为之间的可能区别，除了通过根基性的行为的这些区别之外。

于是在关系性直观中似乎马上显示出同样的情况。关系行为永远指出同一形式，一切变样都依存于作为基础的行为。

　　但是，在此情境下，在相关于有根基的行为的新增部分时，因此即在相关于其连接形式的综合性行为中，我们是否仍然能够期待发现<u>再现者和统握意义</u>之间的可确定区别呢？虽然在简单直观中统握意义（质料）和再现者获得内部统一，它们彼此发生关系并在其变化中不再完全独立，但在此情况下它们彼此也经受了极丰富的变异。在变化的统握意义中感性的再现者能够始终同一，但在不变的统握意义中仍然在变化着；于是，例如，一种幻象之观念呈现，不仅是按照质料而且甚至是按照充实性程度来说可能始终同一，然而在活跃性方面发生着显著的变化。因此在感性领域内质料和再现者之间的区别很容易看出，并可被毫无疑义地采纳。但在范畴性行为中如何呢？在其中，先不谈根基性的行为，似乎根本没有变化的可能性？对于该形式，我们是否将说，它们完全欠缺相关的区别，它们并不具有任何超越根基性行为的再现者之再现者？而且当根基性行为本身已经是范畴行为、（例如）观念化〈Ideation〉行为时，它们也将欠缺再现作用，后者只存在于充作最终根基性的简单直观中。

§55　关于特有范畴再现者假设的论据

　　为了能够对此问题采取立场首先应注意，在先前的讨论中，我们可能夸大了甚至误解了在与整体行为及其基础的多形式变化对比下形式的完全无区别性〈不变性〉。因为如果整体行为是知觉之观念呈现，那么其形式作为一知觉之观念呈现的形式，无论如何在特性上将不同于一幻想之观念呈现。如果该形式在范畴的观念呈现中是真正新的和本质性的，那么它就应该也同时具有该本质的特征，此特征贯穿着全体并属于其全体。如果反思未向我们指出该形式中统握意义间存在的区别，或者至少没有在综合行为的形式中指出〔在§52关于抽象行为的问题已经加以充分讨论〕，那么此区别无疑已由如下事实阐明：我们不由自主地舍弃了此统握特性，因为它们并未标志此综合因素却一致地贯穿于全部有根基的行为内，以便因此只注意共同的特性，此共同特性被强加于

169

170

（例如）集体性综合的一切形成方式中。正是此共同特征可成为所探索的再现者。正如在简单的感性知觉中知觉意义具有一致的统一性，而此统一性贯穿于全部再现过程一样，正如此统一性无疑与再现性内容的每一可界定部分均具有确定关系而在内部反思中并不显现为被界定的部分统握的组合物一样：那么在此，在范畴性直观中统握意义就贯穿于全体行为及其全体再现作用中，而并不完全按照在反思中可区别的再现者加以清晰界定。然而我们如果承认此解释，以上的论述就包含着这样重要的真理：尽管存在根基性行为和再现性内容的统握形式的全部变化，对于每一“种”有根基的行为，只存在唯一一个再现者。感性性质、感觉形式等等的多种多样的无比丰富性，为了再现的目的，可供简单的、感性的直观所用。在集体性直观或同一性直观等等范围内，我们永远被限制于一个种〈eine Art〉：无论“和形式”〈Und-Form〉还是“是形式”〈Ist-Form〉等等，到处都一样。但是这些形式在此被理解为感性核心的类似者，在感性直观中的可感觉者之类似者，而它们的性质和统握意义则不在考虑之列。

人们可以怀疑，在此愿望即为思想之父，而且可使我们注意从先前讨论中产生的如下事实：再现者根本不构成行为的绝对本质组成部分。

171 一切符号性行为的特殊性确实在于它们欠缺再现者，当然指真正的再现者，其本身相关于对象本身的内容成分。因为，非真正的再现者也具有符号性行为，此再现者所准现前的不是在行为中被意指的对象而是一根基性行为的任何其他对象。但是如果非真正的再现者是足以进行再现的，我们就不再感到困难，因为在我们的例子中就当然不欠缺根基性行为时时提供给我们的此内容，其真正的再现者就可能在相关于有根基的行为时被统握为非真正的再现者。

然而，正是与此纯符号性行为的比较使我们鲜明地意识到，在有根基的行为中不可能没有真正的再现作用，即相关于范畴性形式的再现作用。此比较使我们记起可能的充实化关系，记起直观行为提供给符号性行为的“充实性”，记起那样的渐增系列，它在直观行为内由变化中的不同充实性所决定，此充实性的理想的极限就是最终的适当性。这就是再现者，它构成了“空的”意指作用和“完全的”直观之间的区别，由于再现者而有了"充实性"，因此正是再现者决定着"充实性"一词的诸种意义之一。①　只有直观行为使对象"显现"，使对象被"直观"，即因为一再现者的存在，统握形式才将再现者统握为对象的类似者或统握为对象本身。结果一种情境根基于充实化关系的一般性本质，并因此必定在我们目前的领域内是可证明的。也是在此领域内我们确实发现了符号性和直观性之间的对立，即在以下二者之间的对立：一者是以符号性方式意指着范畴对象物的客观化行为，另一者是在同一统握意义上以直观方式准现前着——不论是比喻地还是直接地——同一对象物的类似行为。因为意向性质料在两种情况下相同，于是我们可以再次只这样来把握范畴直观侧的新因素：范畴直观正是再现作用，范畴直观按照内容将对象置于我们面前，范畴直观把被体验的内容统握为所意指的对象的再现者。但是，再现作用并不能单独地实现于根基性行为中，因为被准再现者不仅是其客体而且也是整个事态、全部总和，如此等等。

§56　继续：被连接行为与相应客体的范畴统一体之心理连接

人们可能一时认为，例如，就一种关系而言，被准现前的仅只是关系项，而且新的因素存在于将两种显现结合在一起的一种纯心理性特征。然而一种行为间的连接并非直接就是一种客体间的连接，行为连接至多是有助于这样一种显现连接：行为连接本身仍然不是显现于客体中的连接。行为间的心理连接可被建立，并因此导致对象间的关系可以显现，而此关系，即使它使得存在的诸客体实际上合为一体，仍然并非存在着。如果我们以象征性符号方式进行判断而且没有被判断的事态的直观性准现前（有如在通常的数学判断中那样），那么行为的关系性统一体就是分节性的，就具有其心理的结合形式和准确的类似物，如同在相应的直观情况下那样。但是，严格说，该事态并不"显现"，它只是被意指着。反之，如果我们看直观的准现前例，如当我们把两个被知觉的平面或两个记忆中再次准现前的平面视为等同时，或者例如一个人被呈现于两个想

---

①　参见§22，78页。

173 象的观念里时；那么，此统一性就被再次意指着，但是在知觉的方式中被意指着，此知觉方式产生了对象或者在图像表示中赋予对象以形象。使此区别可能发生的是什么呢？我们是否应该说，全部区别存在于根基性的行为中呢？然而与此解释相反，我们的疑虑是，例如，在符号性的同一化中似乎体验不到被意指的对象之同一性，此同一性只是被设想着；再者，在对象的直观情况下，同一性肯定被知觉着或想象着，但只是在适当性条件下同一性才被完全严格地给予和体验。产生着综合性的心理连接因此即意念〈Meinung〉，而且此心理连接多多少少是被充实的。此意念当然是全体意念的一种单纯的和独立的组成部分，一种象征意指性的意念之象征意指的成分，一种直观性意念之直观性成分；但是，尽管如此，一种组成部分本身参与着意念之特性并因此也参与着充实性的区别。按此我们确有理由这样来解释此情境，即此组成部分甚至也实行着一种再现功能：在对不同情况进行比较的考察时，而且按照前面考虑的可能性方式，我们相信在现实的同一化或聚集化等等过程中（"现实的"〈aktuellen〉即真正直观的）被体验的心理连接可被归约为一种全面的共同性〈Gemeinsames〉，此共同性须独立于性质与统握意义来思考，而且此共同性在此归约过程中产生了那种特别属于范畴形式因素的再现者。

§57 根基性直观的再现者并非直接由综合形式的再现者加以连接

我们在此自然应该增补一段并非无关紧要的论述。

客观地看，综合，例如同一性、定语的同一性等等的综合，属于根基性的客体；同一性例如就是个人的同一性，定语的关系例如就是主词 *174* "树"和谓词"结果实的"之间的关系。于是被连接的客体是借助于其再现者对我们显现的，而且人们可能设想，综合性连接以现象学的方法将根基性客体的那些再现者简单直接地结合在一起，在此综合性连接〈Band〉内，连接作用〈Verknüpfung〉对我们（或者借助于综合性连接，同样在一个再现者的方式内对我们）显示为一种形式。

但是与此相反，我们断定，综合性因素并未产生属于基础行为的诸再现者间的<u>直接组合</u>〈Verbindung〉，而是，例如，同一化的现象学形式本质上建基于根基性行为本身，因此建基于这些行为在其再现性内容之外所是者和所包含者。

如果同一性因素被体验，其心理特性就是再现性感性内容的一种直接的连接（我们肯定能够限制于最简单的事例，在其中根基性的行为或客体是感性的），那么通过此因素产生的统一体也是一种感性统一体，正如空间的或性质的构型〈Konfigurationen，配置〉或其他的统一体类型，它们在其他方面也是建基于相关的感性内容之上的。但是，一切感性的（现实的）统一体都是根基于感性"内容属"内的统一体。如我们在《第三逻辑研究》中已经论述的。具体的内容当然是多侧面的，它们自身包含着种种抽象的因素，成为变化和连接的种种可能性的基础。因此我们将很多连接类型归之于内容的这种或那种因素。虽然这些不同的统一体〈Einigunen〉并非永远按其纯粹种级的内容根基于复合性整体的属级特性，但是它们无论如何根基于原初的属，后者对应于每一整体的<u>因素</u>。反之，范畴的行为形式与其基础的感性内容间的无实质关系性显示，此内容的属是无限多种多样的，换言之，没有任何内容属是先天可能的，如果此内容在一切种类的范畴行为基础中不可能起作用的话。范畴性根本不属于再现性的感性<u>内容</u>，而是，即必然是，属于其对象，并因此仍然不是按其感性的（现实的）内容方面属于对象的。然而这意味着：<u>范畴形式在其中被构成的心理特性，在现象学上属于"行为"，对象就是在行为中被构成的</u>。在此行为中感性内容呈现为再现者，而且就此而言当然也和再现者一起属于此行为。但是，感性内容并不构成行为的特征性本质，没有统握它们也不可能存在，此统握使它们首先成为再现者；在后一情况下它们存在着，但没有什么因其存在而<u>显示</u>，并因此也不存在什么可被连接者，可在范畴方式中被把握为主词或谓词者，如此等等。<u>有综合性根基的行为的范畴因素并未连接根基性行为的此非本质的成分</u>，而是在两方面连接着其<u>本质性因素</u>。在一切情况下所连接的是<u>其意向性的质料</u>，而且在真正的意义上正是以意向性质料为根基的。这是我们前面已经一般地说过的。我们说，在一切范畴行为中，有根基的行为的质料是根基于根基性的行为的<u>质料上</u>的。例如，同一性并非直接是感性内

容的统一性形式，而是一种"意识统一性"，后者以同一对象的某种
（"重复性的"或内容上不同的）意识为基础。对于范畴行为也一样。不
言而喻，每一种直观，不论是简单的还是范畴的直观，都能按其种类采
取相同的范畴结构〈Formung〉；但因此这只意味着，此范畴结构在现象
学上根基于客观化行为的一般性因素，或者存在一种功能，它本质上连
接于客观化行为的属级因素〈Gattungmäßige〉。只有此属的体验能够容
许范畴性综合成立，而且此综合直接地将诸意向性本质连接在一起。

176

尤其是在直接根基于个别性直观内的适当的综合性直观的情况下，
人们应该防止一种虚幻的假象：似乎至少在此范畴综合的最低层次上，
在一种根基性的行为和另一种有根基的行为二者的感性再现者之间，存
在一种直接的现象学结合〈Verbindung〉。由于全部行为之充分适当性
（明证性）与根基性直观的充分适当性间的功能从属性，事态在此似乎以
下列方式形成：因为根基性行为是充分适当的，于是再现性的内容与被
再现的对象相互符合。如果在这样的基础上形成了一种关系的直观，例
如，部分和整体间的关系，那么关系性行为就也具有了明证性特征，此
关系随着真正被给予的内容本身也真正地被给予了。因此关系的心理性
连接〈Band〉被统握为存在于感性内容和客体间的关系，它在一种直接
的连接方式中将这些被体验的感性内容连接在一起。

人们会反驳说：并无什么被连接着。不是感性的内容，而是此内容
的充分适当性直观成为关系行为统一性的根基。在此以及在任何场合，
我们都应该关注对象，关注该同时再现性的和被再现的感性内容，以便
能够实行该关系性行为，以便能够使作为整体的内容与作为部分的内容
发生关系。关系性只能够根据所与的对象被给予，但是对象不是由纯体
验行为给予我们的，此体验行为本身是盲目的，而是唯一地由知觉给予
我们的，而且在我们的例子中是由被体验的内容之知觉所给予的，此体
验内容除本身之外什么也不复再现。

但是因此这只证明了我们关于范畴行为作为有根基的行为的最初假
定。本质上正是一切思想性领域在其中被构成的这些行为是逐阶被实现
的。客观化是在其他客观化的基础上被实现的，而且构成着这样的对象，
它们作为高阶对象，作为在广义的、思想性意义上的对象，只能在这样

177

的有根基的行为中显现。但是这在此综合性行为中排除了直接的再现统一性，正如它统一着简单直观的一切再现者。全部综合性直观于是（如果我们在前面企图更仔细地进行解释时正确的话）以这种方式产生：将诸根基性行为加以结合的心理内容被统握为有根基的对象的客观统一体，被统握为它们的同一性关系，即部分对整体的同一性关系。

§58 两种区别之间的关系：外部感觉与 内部感觉，以及范畴之感觉

现在非常重要的是对我们目前研究一开始时提出的①那两种区别的关系予以最后的澄清，这就是外部感性与内感性之间的区别以及简单行为与范畴行为之间的区别。

作为心理体验的观念呈现，不论它们是简单的还是有根基的，因此不论它们是感性的还是范畴的，都属于"内部感觉"领域。但是这里是否存在一种矛盾？如果一内知觉，它"反映着"一行为，甚至一有根基的行为，例如，2+1＝1+2等式的实际明见行为，那么此内知觉当然就不是有根基的，因此是非感性的？在此知觉的行为中，有根基的行为与提供其根基的〈根基性的〉行为是一同被给予的，而且是在严格的意义上被给予的。它属于内知觉的实在的〈reellen〉组成内容。只要内知觉在此朝向于它，内知觉就是与其相关的，因此内知觉本身就是有根基的。

我们显然应该说：一行为的或一行为因素的知觉，或者一行为复合体的知觉，不论其性质如何，都被称为感性知觉，因为它是一简单的知觉。而且这是毫无疑问的，因为知觉性的行为与一被知觉的行为的关系不是根基性关系，而且再者，即使当我们把一有根基的行为假定为被知觉的行为也如是。一行为的有根基性并不意味着，它不论在什么意义上都是建立在另一行为之上的，而是意味着，有根基的行为按其性质，即按其属，只可能如是地建立在根基性行为之属的行为上，而且因此有根基的行为的对象性相关项具有——一般性〈Allgemeines〉、一形式，一一般

178

---

① 前面 §34，138 页，以及 §46 及以下，144 页及以下。

对象只有通过此形式才能直观地显现于一归于此属的有根基的行为内。于是，如无基础性的个别直观就不可能存在直观的一般性意识，如无相关于被同一化客体的基础性的行为就不可能存在同一化。

但是朝向于一有根基的行为的知觉正如可朝向于一非有根基的行为一样也可朝向任何外感性的客体，朝向于马、颜色等等。在每一情况下知觉都存在于对客体的直接朝向中。知觉的质料（其统握意义）与被知觉的行为的质料间不存在必然的联系；反之，此行为的全部现象学内容都具有一再现者的纯特性，它是按照知觉的统握形式在对象层次上被解释的，即解释为此行为本身的。

根据这一点，每一抽象都是建立在内感觉上的，如朝向于一有根基的行为，因此每一抽象都是一感性的抽象。反之，建立在一有根基的行为本身上的抽象，只要其本身是一直观之特性，哪怕是一范畴直观的特性，它即一范畴的抽象。如果我们朝向一同一化的直观行为，即一同一性直观，而且如果我们从其抽离出同一化行为的因素，那么我们就实行了一感性的抽象。但是如果当生存于同一化中时我们朝向于客体的同一性，而且使此同一性成为一抽象的基础，那么我们就在实行一范畴的抽象。① 客体因素"同一性"不是行为也不是行为形式，而是一对象的范畴形式。另一方面，而且与此对立，按照现象学方法将诸有根基的行为合一的同一化行为因素，就是一感性的和范畴的行为形式。在本质上，同一的区别此外也分离着这样两种概念，其一建立在对任何直观行为的反思上，另一建立在此直观的行为本身上。我知觉到一房屋，并在反思此知觉时我形成了该知觉概念。但是，如果我直接地望着该房屋，因此我不是利用该知觉的知觉，而是利用该知觉本身作为抽象的根基性行为，那么概念"房屋"就产生了。

因此当我们这样说时不需惊讶：在内知觉中被感性地给予的同样的心理因素（因此在其中相当于感性的再现者），可以在一具有范畴性知觉或想象的特征的有根基的行为中构成一范畴形式，因此在此承担着一完全不同的范畴的再现作用。

---

① 参见§60，182页上的详细讨论。

作为形式的范畴形式的依存性在内感觉领域内反映于如下事实内：一范畴形式可在其内被构成的因素（而且此因素对于每一形式都如此严格限定，以至于每一"形式种"都对应着这样的因素的独一的种[①]），呈现着依存性的心理内容，此内容根基于行为的特性中。但是因为一切行为特性最终都根基于外感觉的内容[②]，于是我们注意到，<u>一种本质上现象学的区别存在于感性领域内</u>。我们将首先定义： *180*

1. <u>反思内容</u>，作为这样的内容，它本身就是行为特性或者是根基于行为特性的。

2. <u>初级内容</u>，作为那样一种内容，一切反思内容都是直接地或间接地根基于其内的。这就是<u>"外"感觉的内容</u>，但此内容在此似乎不是通过相关于外与内的区别（作为一种形上学的区别）来定义的，而是通过其再现者的性质来定义的，此再现者是作为现象学上最终根基性的被体验内容。此初级内容形成了一独一的最高属，虽然该属被划分为不同的种。反思内容在其中以初级内容为根基的方式，<u>显然</u>是可设想的最松散的如下方式：反思内容绝未受限于一较窄规定的初级内容属。

于是，在<u>纯感性的</u>和<u>纯范畴的直观</u>客体间的区别也对应于再现性内容间的一个区别：<u>只有反思内容可承担纯范畴的再现者功能</u>。

人们现在也可企图这样来规定范畴概念：<u>范畴包含着一切对象的形式，此形式产生于统握形式而不是来自统握材料</u>。如下一种疑虑会自然发生：于是感性直观将不可能有一种范畴行为的特性，只要感性直观构成了对象性形式？在知觉中被知觉者<u>不只</u>是被给予，而且是作为对象在其中被给予。然而对象概念是相关于知觉概念被构成的，并不仅是假定着一种抽象行为，而且也假定着关系行为。因为此概念在我们目前的意义上也是一种范畴概念。 *181*

---

① 参见§55，170页。

② 当然不是根据于同一<u>特殊</u>的属，而是一般地根据于这样的内容的全体属。参见下页。

第八章　真正的与非真正的思想的
先天性法则

§59　形式不断更新的复杂化。可能直观的纯粹形式理论

　　在有根基行为的不同形式内，被构成的不是简单的感性直观对象而是范畴上结构化的及综合地连接的对象，这些有根基行为的不同形式使得多种多样的复杂化呈现新的形式，只要范畴统一体能够一再地（也就是根据一定的先天性类型的范畴法则性）成为新连接的、新关联的或新观念化的行为之对象。于是如果人们能够，例如，将诸一般性对象加以集体地连接，如此形成的集合体再次与其他相同的或不同的类型的集合体集体地相连接，如此以至无穷。在此过程中无限制的复杂化可能性具有先天性和明证性。同样，如果人们能够把事态，即使仅在法则限制内，与新事态相互统一，人们就能够一般地和无限制地探索存在于一切可能统一体之间的内部关系或外部关系，就能将此探讨结果再次用作新的关系对象，如此等等。当然，有根基行为内的复杂化永远实行于较高的层阶上。在此主导的法则性是纯粹逻辑语法法则性的直观对立项。在此，问题不是相关于那种将对不同层阶被呈现的对象的真实存在进行判断的法则。这些法则对于在任何情况下关于充分适当性充实的可能性之理想条件并无规定。意义的纯粹形式理论在此符合于一种关于<u>直观的纯粹形式理论</u>，按此理论简单直观和复合直观的初级类型的可能性，应该经由直观的一般化作用确立，而且其连续的、朝向永远更新的、更加复杂化

直观的复杂化法则性应该被规定。只要适当的直观本身呈现一种直观类型，那么一般直观的纯粹形式理论也就包含着一切与适当直观相关的法则：于是这些法则就与象征意指的或已成为直观的意向之适当<u>充实化法</u>则具有了特殊关系。

§60　在质料与形式之间的相对性的或功能性的区分。纯粹理智行为与混合有感性的理智行为。感性概念及范畴

　　<u>素材与形式的相对的、纯功能性的区别</u>，与使范畴直观本身再次成为新范畴直观基础以及之后也在相应表达或意义中对其表达的可能性，是相互联系的。我们前面对此已经顺便提及。① 在绝对的意义上，一种根基性的感性为建立于其上的范畴形式行为提供着素材。在相对的意义上，一般而言<u>根基性行为的客体形成着素材</u>，即相对于新的范畴形式，后者是在有根基的行为中重新增附于素材的。如果我们使两个已经是范畴的客体，例如两个事态，发生一种关系，那么这些事态就成为相对于一种关系形式的素材，此关系形式将二事态结为一体。素材和形式概念的此一规定性正好对应于在<u>陈述</u>中的<u>质料</u>和<u>形式</u>之间的传统区别性。这些术语正表达着全部"关系性的观念呈现"的根基性行为，或者同样的，它们对根基性的对象称名，而且<u>为此它们也呈现着一个在其中只有感性可被探讨的位置</u>。② 但是根基性对象本身可能已经是范畴行为。于是<u>充实化</u>显然在一系列行为中被实行，<u>这些行为引导我们穿过根基化的层阶序列</u>；因为无论如何间接的观念呈现在此起着本质的作用，其准确的研究对于阐明认知思维的复杂形式是一非常重要的任务。

　　我们称简单直观行为是感性的，我们称有根基的行为是范畴行为，不论它是直接地还是间接地归之于感性的。然而重要的是在范畴行为领域内部区分<u>纯粹范畴行为，即"纯粹理智"行为，和与感性"混合的"</u>理智行为。问题的性质在于，归根结底一切范畴性因素都基于感性直观，

183

---

　　① 参见§42，136 页。

　　② 参见 135 页。

再者，一范畴直观，因此一理智明见，一高级意义上的思想，如无感性根基，都属一种谬误。一"纯粹理智"观念，当被解释为纯粹思维的（在此即范畴行为的）一种"机能"并完全分离于每一"感性机能"时，只可能在对其明显不可归约之内容进行一种初级认知分析之前被设想。然而刚才指出的区别，因此即在纯粹范畴行为概念和（如果愿意的话）一纯粹理智概念之间的区别，具有一种有效的意义。因为如果我们观察，观念性抽象的特性虽然必定基于个别的直观，但并不因此意指着此直观的个例；如果我们注意到，此直观不如说是一新的统握方式，它不是构成着个别性而是反之构成着一般性：那么就出现了一般性直观的可能性，此一般性直观不仅将一切个别性因素而且将一切感性因素排除于其意向性内容之外。换言之，我们区分了感性概念给予我们的感性抽象——即纯粹感性的或混合以范畴形式的——和纯粹范畴概念给予我们的纯粹范畴抽象。颜色、房屋、判断、愿望都是纯粹感性概念，颜色性〈Farbig-keit〉（"是有色的"〈Farbig-sein〉）、德性、平行公理等等是范畴上混合的，统一、多、关系、概念是纯粹范畴性的。当我们简单谈到范畴概念时，指的永远是纯粹范畴的概念。感性概念在感性直观的所与物中具有其直接基础，但是范畴概念在范畴直观所与物内具有其基础，也就是相关于全部具有范畴结构的客体之范畴形式。例如，如果一关系直观成为抽象的基础，那么抽象意识或许朝向于作为种的关系形式，以至于关系基础的一切感性因素始终不起作用。于是就产生了范畴，但这个名称，如果严格理解的话，只包含着此处相关的初级概念。

我们刚才将概念与"种"〈Spezies〉等同，因为这正是我们进行的讨论的全部意义所在。然而如果人们把概念理解为一般的观念而不是一般的对象，不管它是指一般性直观还是指对应于一般直观的一般性意义，那么此区别也可直接转换为对象；同样，转换为形式"一 A"的观念，即考虑到"种"A 可能包含着或反之排斥着感性因素。因此，一切逻辑形式和公式都是纯粹范畴的，如"一切 S 是 P"，"没有 S 是 P"，如此等等。因为大写字母 S、P 等等仅只是关于"某些"不确定的概念以及"任何"概念之间接标志，因此在公式的全部意义中与它们对应的是一种复合的、由纯范畴成分组成的思想。于是，正像全部纯粹逻辑一样，全部纯粹数学，纯粹复多性理论，简言之，最广义的"纯粹科学"，都是纯粹的，其意义是：它们在其全部理论内容中不包含感性概念。

§61 范畴的形成方式并非对象的真正改变

正如此前一系列讨论中显然可见的，我们使用的"范畴形式"一词具有一种不致为碍的歧义性，此歧义性表现于我们加于行为和对象间的一种自然而一贯的区别上。一方面，我们在其中理解有根基的行为特性，此特性赋予简单直观的或甚至有根基的直观的行为以形式，并将这些行为转换为新的客体呈现〈Objektivationen〉。后者，与根基性的行为相比，构成了一种真正变样的对象性〈Gegenständlichkeit〉；原初的对象，在与根基性的行为比较中，现在呈现于某种以新的方式对其把握及连接的形式中，而且这些形式就是在第二种意义上的、在对象性意义上的范畴形式。"A 与 B"的连接式，作为统一的行为意指着一种对象范畴统一体（"二者"的总体），可作为我们的例子用。

此外，"A 与 B"表达式，特别在相关于"与"的意义上，对我们还说明了"范畴形式"一词的另一种意义：由于范畴形式，还有在有根基的行为特性中获得其可能充实化的象征意指的形式，都被称作范畴形式，或者为慎重起见，称作非真正意义上的范畴形式。

如此假定后，我们将因一命题的重要性而对其予以更充分的澄清，此命题我们已经谈过并在我们的全部讨论中实已意义显明，这就是：在其"形成"感性对象中的范畴功能其本质可保持不变。对象通过理智，特别是通过认知（其本身就是一范畴功能），被理智地把握，但不因此被歪曲。为了对此进行说明，我们可提醒注意以前讨论过的一种区别，即在对象意义上被理解的范畴统一体和现实统一体之间的区别，后者如一物之诸部分的统一体、一路径上诸树木的统一体等等。属于现实统一体

的还有：一心理体验的实在组成部分的统一体，以及个别意识中一切并存体验的统一体。所有这些统一体，作为整体来看，都像其部分一样，为初级的和简单的意义上的对象，它们在可能的简单直观中都是可直观的。它们正好并非仅是在纯范畴的意义上被统一的，它们都不是通过聚

集、选择、关系化等被视为某种"在一起现象"而被构成的，而是"自行"统一的。它们具有一种统一体形式，此形式是整体上在一现实的统一体因素方式中，因此在一种现实的规定关系中可知觉的。此可知觉性的意义正如同任何被连接的分节项及其内在的规定性所具有的可知觉性一样。

对于范畴形式来说情况完全不同。范畴形式形成的新对象不是初级的和原初的意义上的对象。范畴形式并不将诸部分黏合、编结、组合在一起，由此形成一现实的、感性上可直观的整体。它们并非像陶器工形成〈器皿〉那样形成〈整体〉。否则的话，感性知觉的原初所与物就会在其自身对象性中被变样，形成关系的和结合性的思想和认知就不再是如其所应是，而是改变为其他形态了。反之，范畴形式保持着初级对象不受影响，而且范畴形式也不可能触及对象，不可能改变其本身的存在，因为那样的话结果就会是在初级的和现实的意义上成为一新对象。而显然范畴行为的结果（如集合性的或关系性的结果）存在于对初级直观物的一种客观把握〈Fassung〉内，此把握只可能在这样一种有根基的行为中被给予，以至于关于被形式化者〈Geformten〉的一种简单知觉的思想，或者关于在其他简单直观中的所与者思想，都是〈意义上〉自相矛盾的。

187

§62 前所与素材的范畴形成方式中的自由性及其限度：纯粹范畴的法则（"真正的"思想的法则）

外感性或内感性的现实的统一形式是由应连接的诸部分的本质性质而按照法则规定的，而且也是在这些部分的完全个别化方式中被绝对地规定的。一切统一性都指涉着法则性，现实的统一性都指涉着现实的法则性。现实地一致者，必定也是现实地被统一的。当我们谈到统一化的或非统一化的自由时，我们并不是在其完全的现实性中说及内容，此现实性当然包括时空规定性。意识，以及特别是现实内容的简单直观，虽然在此方式中自然为其现实的连接或形式之意识，而对于范畴形式来说情况完全不同了。对于现实的内容来说，没有任何与其适应的范畴形式是必然给予的，在连接与关系作用中，在一般化和归入化〈Subsumieren〉中等等，存在有极大的自由。我们可以随意地并以多种多样方式将一感性统一的组群分解为诸部分组群；我们可以随意地将多种多样可区分的部分组群加以排列并在同一层阶上将其彼此连接，或者也将它们在第二、第三等等层阶上形成有结构的集合体。于是在同一感性素材基础上产生了形成集合体的多种可能性。同样的，我们能够把同一感性复合体的任何组成项与这种那种其他组成项进行比较，或与其分离；我们在此可使每一组成项成为主词项，或者通过将相关关系的随意逆转使其成为宾词项。于是我们可以使这些关系本身彼此发生关系，使其连接为集合体，使其彼此分类，如此等等。

但是尽管范畴的统一化和形成作用的自由如此之大，它们仍然受到规律性限制。在此统一化和法则彼此也是不可分离的。范畴形式在有根基的行为特性中而且只在其中被构成一事，已经包含着一种必然的联系。否则如何可能谈到范畴性知觉和直观，如果任何素材均可被纳入任何形式内，因此根基性的简单直观即被允许与范畴特性任意结合在一起的话。例如，当我们直观地使整体与部分发生关系时，虽然可按通常方式将此关系逆转，但不是以这样的方式：在现实内容不变的情况下，可以将部分直观作整体，将整体直观作部分。我们也不能自由地把此关系理解作这样一种整体的同一性或整体的排除性，如此等等。当然我们能够"想象"任何关系点之间的任何关系以及基于每一素材的任何一般形式——即在纯象征意指作用的意义上进行设想。但是我们实际上不能根据每一基础实行根基化，我们不能在任何范畴形式中直观感性素材，尤其是不能进行知觉，首先不能充分适当地知觉。

在扩大的知觉概念的意义中当然显示出某种必然性联系。似乎不再是知觉特征与感性内容的实在结合。从来不是这样；因为这意味着，没有什么是存在着而不被知觉的或者应该不被知觉的。然而当然没有任何对象可能存在而不被知觉。但是这意味着：根据此素材，或准确说根据此简单的直观，实际实行的行为，在观念的意义上是可能的。而且正像一般观念的可能性一样，此可能性按其规则是有限制的，只要某些不可能性、观念的不相容性按照规则与其并列。

188

主导着此可能性与不可能性间关系的观念性法则〈Idealgesetze〉属
于作为"种"的范畴形式，因此属于客观意义上的范畴。它们决定着，
在任意选择的确定素材之同一性前提下，在任何前所与的范畴形式中，
什么变异性是可能的；它们根据始终同一的素材界定着范畴形式之观念
上限定的多种多样的重组和变形。素材在此被考虑，只要它们必须是意
向性上维持着自身同一性的。但只要素材的"种"是完全自由可变的，
而且只服从显明可见的观念性条件——能够承担任何在先存在的形式，那
么所谈的法则就具有完全纯粹的与分析的法则特性，法则就是完全独立于
素材的特殊性的。因此法则的一般表达不包含任何素材的种因素，反之它
只利用代数符号作为某些一般素材的"非确定之一般性"的观念呈现之支
撑者，这些素材虽然在其他方面具任意性但始终保持着自身同一性条件。

为了对此法则获得明见并不需要实际进行一种范畴直观，后者使其
素材实际上进入直观；只要有任何这样一种范畴直观就足够了：它可使
我们看到相关范畴形成的可能性。在全部可能性的导致一般化的抽象内
实行着对该法则的统一性直观的"明见"，而且此明见按照我们的理论具
有充分适当的知觉特征。自所与的一般性对象，就是范畴性法则。我们
应该说：一般范畴直观可能性的观念性条件，相应地就是范畴直观对象
可能性的条件，以及范畴对象本身可能性的条件。一种范畴上如此如此
形式化的对象性是可能的，这就是说它实际上与以下事实具有本质上的
相关关系：一范畴直观——一纯想象——可能使我们看到这样一种完全
适当的对象性；换言之，以相关的根基性直观（即使是想象）为基础的
相关的范畴综合和其他的范畴行为，实际上是可实现的。

关于何种范畴形成方式事实上容许任何一种（不论知觉的还是想象
的）前所与的素材成立的问题，即关于何种以构成它的感性直观为基础
的范畴行为事实上可实现的问题，作为此处谈及的观念性条件的分析性
法则对其未予解答。我们前面的例子指出，在此并不存在无限制变异的
随意性，而且"实际的"可实现性并不具有经验的事实性特征，而是具
有观念的可能性。而且这些例子也显示，界定此可能性的就是素材的每
一特殊性，以至于我们（例如）可能说，"G实际上是由诸g组成的整
体"或者"y实际上是G的一种性质"，如此等等。在这里范畴形式，与

现实的形式相反，当然不受 G、g、y 等<u>内容种类</u>上的限制，它似乎根本无关于其他种类的内容。反之显然，<u>一切种类的内容均可通过一切范畴被形式化</u>。范畴形式恰恰并非以素材内容为根基，如我们前面已经指出的。[①] 该纯粹法则因此不可能规定一<u>所与的素材</u>可能采取何种形式，而只是指出，当此素材，以及任何一般素材，采取了或能够采取某一形式，一种严格界定范围的其他形式即可供此同一素材选择；或者，<u>存在一观念上范围封闭的可能变形系列，后者由具有不断更新形式的每一所与形式组成</u>。以相同素材为基础的新形式在观念上的可能性，在此先天性条件下，获得了所谓"分析的"法则的保证。

これ些就是"真正思想行为"的纯粹法则，它们<u>按照其纯粹范畴形式</u>被理解为<u>范畴直观</u>法则。范畴直观正是在理论性思维中起着现实的或可能的意义充实化或意义预期证误的作用，并确实按照其功能赋予陈述以逻辑性真值或逻辑性伪值。思维的正常调节，不论是纯粹符号性的还是混合着符号性的，都依存于刚才讨论过的法则。

为了更准确地呈现此事态以及为了阐明"真正的"思维法则的不同说法，我们因此需要进一步研究意义或意义意向领域。

§63　符号性的与混合有符号性的行为之新的有效性法则（非真正的思想法则）

我们在迄今为止的讨论中把范畴行为设想成免除了一切象征意指的附加物，因此被实行着，却并未为任何认知行为和称名行为提供根基。而且一切无偏见的分析将肯定承认，我们（例如）能够对整体或对多种初级事态进行直观，而不须对其进行名称的或命题的表达。我们现在使纯直观例与纯象征意指例相互对立，我们注意到，一切范畴直观行为连同其范畴上结构化的对象能够与纯粹象征意指行为相互符合。这显然是一种先天的可能性。没有任何与此相关的行为形式不与一可能的意义形式相互符合，而且每一意义都可设想被实行而确实无相关性的直观。逻

191

---

① 参见§57，174 页。

辑上适当的语言的理想是这样一种语言的理想，此语言可对一切可能的素材和一切可能的范畴形式提供一致性的表达。于是以一致的方式属于其语词的是某些象征意指的意向，后者在"对应的"（即自然是充实化的）直观欠缺时也能够积极发挥作用。类似的，因此一切可能的初级的和有根基的直观，和对其进行（可能）表达的初级的和有根基的意义，彼此也是相互对应的。

但是，意义领域比直观领域，即比可能充实化的全部领域，范围广阔得多。因为在意义侧此外还存在那些无限的多种多样的复合性意义，后者欠缺"现实性"或"可能性"；它们是意义合成物，虽然被结合为一致性意义，但并无任何可能的"一致性充实化相关项"可能与它们对应。

结果，在范畴类型或范畴直观类型与意义类型之间并不存在完全的平行关系。与每一低阶与高阶范畴类型对应的为一意义类型，但是尽管存在我们按照象征意指方式连接复合类型的自由，对于如此获得的每一类型并无一范畴对象与其对应。我们来看分析性矛盾的类型，如"一不是 A 的 A"，"一切 A 是 B 和任何 A 都不是 B"，如此等等。只有相关于初级类型时才可能与必然存在平行性，因为一般而言一切初级意义都在相关的直观充实性中有其"根源"；或者，为了更清晰地表达可以说：因为关于相容性和不相容性的语词只适用于"被组合者"或"可组合者"领域，于是作为一简单项之表达的简单意义，永远不可能是"想象的"，而且此结论也适合于每一简单的意义形式。虽然"一同时为 A 及为非 A 的存在者"是不可能的，但"一个 A 和 B"是可能的，"和-形式"作为简单形式具有一"真实的"意义。

让我们将术语"范畴的"转换到意义领域，那么每一真正的范畴形式——不论是在对象的意义上还是在直观的相关范畴形式上（即在其中范畴的对象性是在知觉的或想象的方式上被构成的）——都对应着一特殊的象征意指形式，或者也对应着一特殊的作为"种"的意义形式。在此象征意指形式中实现着以下诸类型的象征意指的意念〈Meinen〉：集合体或析合体，同一体或非同一体，如此等等。如果人们谈到真正的和非真正的观念呈现间的对立，那么人们习惯上就会想到直观的和象征意指的之间的对立（虽然偶尔也会想到在充分适当的和非充分适当的之间的对立）。结果，目前所见的事例为：在"非真正的"意义上的集合作用、析合作用、同一化、抽象等等。

如果人们在思想行为标题下理解一切这类范畴行为，那么我们就应该在真正的和非真正的思想行为之间加以区分，判断（作为述谓的象征意指作用）就是借助范畴行为获得其充实性并最终获得其全部认知价值的。非真正的思想行为是陈述的意义意向，并按照自然扩大的理解，是一切这样的象征意指行为，它们能够起这种述谓意向部分的作用，但自然地一切象征意指行为都能起这样的作用。真正的思想行为就可能是相应的充实化；于是事态直观和一切直观都能够起事态直观的可能部分的作用，而且一般来说一切直观也能够如此，尤其是不存在这样的范畴直观，它们可能不成为一事态形式的组成部分。关于象征判断形式的（陈述意义的）一般理论包含着关于一般意义形式（关于纯粹逻辑-语法的形式）的理论；同样，关于事态直观的纯粹形式的（或者关于纯粹事态形式的）一般理论包含着关于一般直观的范畴形式的（或者关于客观范畴形式的）一般理论。

194

如果人们，像通常发生的那样，将思想与判断等同，那么就应该区分真正的和非真正的判断。判断的概念于是由以下因素规定：陈述意向和陈述充实的共同因素，因此即作为性质和意向性质料统一体的意向性本质。于是自然应当不仅把判断行为而且把判断的一切可能的部分行为，都看作广义的思想行为，以至于我们将返归一种与思想行为概念的先前界定相等的界定。

在非真正的思想领域，在单纯象征意指领域，我们摆脱了范畴法则的一切限制。在该领域中一切的一切都可被构成统一体。然而进一步观察，此种摆脱仍然受到一定限制。我们在《第四逻辑研究》中谈过这个问题：我们谈到"纯粹逻辑-语法的"法则，此法则作为复杂化和变样化的法则区分了意义领域和无意义领域。在非真正的范畴的形成方式和变形中我们是自由的，只要我们没有将诸意义加以谬误的聚集。但是如果我们要进而避免形式的和现实的矛盾，那么非真正思想的以及象征意指的可连接物的最广范围，就被大大窄化了。于是问题就有关于复合性意义的客观可能性，因此有关于其相符于一种直观的可能性，此直观将其作为整体予以统一地充实化。意义有效性的纯粹法则，意义的适当直观化说明之观念可能性的纯粹法则，显然平行于调节着真正的范畴形式之连接和变化的纯粹法则。

195　　在意义有效性的纯粹法则中，问题不再相关于任何前所与的意义可在其中被把握的法则，而是相关于意义连接和意义变化在纯粹范畴上被规定的可能性。意义连接和意义变化在任何随意前所与的情况下都可"不失真地"被采取，即不具有任何损及意义充实化的可能性，只要其一般来说一开始即已存在的话。例如，陈述"g 是 G 的一部分"有效，那么"G 是由诸 g 组成的一个整体"的陈述也有效。如果"存在有一 a，它是 b"正确，那么"某一 a 是 b"或"并非一切 a 都不是 b"也正确。在这类命题中素材是可无限变化的，因此我们用间接的并完全不确定意指的代数符号取代所有素材的意义。但是这些命题因此具有了分析性特征。在此情境下，问题仍然无关于素材是在知觉中还是在想象中被构成的。可能性与不可能性相关于使意义形式适当直观化的行为在任何素材的基础上的产生；简言之，相关于完全适当的一般象征意指的可能性的纯粹条件，此条件本身则指涉着一般范畴直观可能性的纯粹条件。因此意义有效性的这些法则其本身当然不等同于真正的范畴法则，但它们根据那种调节着意义意向和意义充实间关系的法则性忠实地遵行着后者。

　　我们刚才进行的全部讨论都需要加以自然而当然的扩大理解。我们把该情境简单化了，因为我们只考虑了两种极端，我们使以下二者相互对立：一者是彻底直观的，因此实际实行的范畴行为类型；另一者是纯粹符号性的，因此并未被真正实行的和尚处于进行可能充实化的行为类196　型。但是通常的情况是混合型的：思想在很多时刻是直观的，在很多时刻是符号性的，在一处实际实行的是一范畴综合、一述谓判断、一一般化等等，在另一处仅只是这样一种范畴综合的符号性意向附着于其组成项，后者或直观或通过语言被呈现于观念。由此产生的复合行为，作为整体看时具有非真正的范畴直观特征，其全部对象的相关项不是实际地而仅只是"非真正地"被呈现于观念，其"可能性"或其相关项的客观可能性并非获得了保障。"非真正的思想"领域因此必定被如此广泛地把握，以至于能够采取这些混合的行为形式。于是，我们所讨论的一切，稍加变通，在此扩大理解前提下都适用于此情况。于是我们不谈纯意义、纯象征式判断的有效性法则，而是谈混合符号性的观念呈现或判断的有效性法则。当人们说纯象征性思维时，大多数情况下所想到的是此类混合性思维。

§64　纯粹逻辑-语法的法则，作为一切理智的法则而非仅作为一般人的理智法则。它们的心理学意义以及它们的相关于非充分适当思想的正常功能

不言而喻，这两种法则都是<u>观念性质</u>的。以下〈三条〉论断均不依存于意识过程的经验偶然性，甚至也不依存于我们的思想组织和一般人的组织：一种感性质料仅只在某种形式内被把握，并只可按照某种形式被连接；这些形式的可能变化服从纯粹法则，在其中素材部分自由地变异着；因此表达性的意义也仅只采纳某种形式，或者其形式仅只能按照预先规定的类型变化，如果它们不致失去其真正的表达力的话。反之，这些论断依存于<u>相关"行为种"</u>的特殊性质，依存于其意向性的和认知性的本质，这些论断不是相关我们的（个别人的或一般人的）感性，或相关于我们的理智性质，而是相关于<u>感性之观念和一般理智之观念</u>。一种具有不同于纯粹逻辑法则的法则之理智就相当于无理智的理智；如果我们把理智相对于感性定义为范畴行为之机能，并进而无论如何定义为朝向于此行为的并因而为"正确的"表达或意指的机能，那么根基于此行为之种的一般法则就从属于理智之本质的<u>定义</u>。其他生命物可能在其他"世界"进行观察，他们可能配有与我们不同的"机能"；如果他们也大致为心理性生命物并一般地具有意向性体验——后者带有一切与此处所谈各种相关的两项之间的区别，如：知觉和想象，简单直观和范畴直观，意指行为和直观行为，充分适当的和非充分适当的认知行为——那么他们也就既有感性也有理智并"服从"相关的法则。

当然，真正的思想法则，也一起属于人类意识的组成内容，属于一般人类的"心理组织"。但另一方面，他们并不具有此组织特有的<u>种特</u>

197

征。我们说过，这些法则是以某种行为的纯粹种<u>特性</u>为基础的。这意味着：它们不只是相关于这些行为，因为这些行为正是被结合在一种人的组织之内；反之，它们属于一切由这类行为所构成的可能的一般组织。一种心理组织的每一类型的区分性之特殊性，一切（例如）把<u>人</u>的意识在一种自然史类型方式中如此界定者，都不受如思想法则那样的<u>纯粹法则</u>的影响。

198　　　与"我们的"心理组织或与"一般意识"（理解作意识的一般的人）的关系，并不为一种纯粹的和真正的"先天性"进行定义，而只为一种严重歪曲的"先天性"进行定义。然而，一般心理组织概念，正像物理组织概念一样，具有一纯"经验的"意义，一纯 matter of fact〈事实性〉的意义。但是纯粹法则正是免除了〈rein von〉事实性因素的，它不涉及任何一般应用的现实领域内的内容，而是绝对摆脱了一切应用和现实领域内一切界域的，而且之所以如此乃因为它属于存在者的本质性的配置〈Ausstattung〉。因此真正的<u>逻辑先天性</u>相关于一切属于一般理智的观念性本质，属于其行为种类和行为形式的本质，因此属于不可能被删除者，只要理智或定义理智的行为如其所是的话，即<u>如此如此地被构成</u>并保持着其概念本质的同一性的话。

　　　结果，至于在什么程度上逻辑法则和首先是"真正"思想的观念法则也需要一种心理学意义，以及在何种程度上它们也支配着心理事实和事件过程，这些问题是显而易见的。每一表达着以某些种的性质为基础的相容性和不相容性的真正的"纯粹"法则都受到限制，如果它相关于心理上可实现的内容的种，相关于心理学的（现象学的）共在和相续的经验可能性的话。凡是在种层次上被看作不相容者，在经验的个例中也不可能被统一，因此不可能是相容的。只要经验性的逻辑思想在极大部分领域内是以非充分适当方式并以符号性方式实行的，我们所思考和假定的很多事物，实际上，即在真正的思想方式上以及在单纯假定的综合之实际实行的方式上，都是根本不可能统一的。而且正因为如此，<u>真正的思想和真正的表达的先天性法则成为单纯假定的及非真正的思想或表</u>

199　<u>达的规范</u>。或者换一个说法：在"真正的"思想法则上建立着新的，也可表述为实践性规范的法则，此法则以一种适合于符号性的或混合符号性的观念呈现行为表达着一种可能的一般真理（即一般<u>正确性</u>〈Richtigkeit〉）的观念性条件，即在此混合符号性的假定行为范围内的"逻辑的"（因相关于可能的充分适当性）相容性之观念性条件。在心理学上，"非真正的"思想法则不应再被视为这类思想的经验性发展及演变的法则，而应视为相应于真正的思想行为而言的非真正的思想的、具有如此如此形式化行为的、"充分适当性"的、具有纯粹观念性根基的可能性之有无的法则。

§65　逻辑学的现实意义之谬误问题

现在我们也充分理解：有关世界进程可能拒斥逻辑性法则——真正的思想的那些分析性法则或建立在其上的非真正的思想的那些规范——的想法，或者有关经验、感性的"事实"（matter of fact）应该并可能首先作为这些法则的基础并为其有效性进行界定的想法，为什么均属荒谬之论了。我们忽略了：甚至以事实为根据的概率，其基础本身也须服从观念性法则，此法则（如我们所预期的）就其特殊的内容构成和作为一般性法则而言是以"真正的"概率性体验为根基的。在此我们应该宁肯强调指出，所谓事实的"事实性"是相关于感官性的，以及借助于感官性为范畴法则——此法则按其意义即排除了一切感官性和事实性，而且形成了关于作为可能正确性形式或一般真理的范畴形式的纯粹本质陈述——确立基础的想法，呈现了最明显的 μετάβασις εἰς ἄλλο γένος〈类别混淆〉。并不意指任何事实的法则不可能经由事实确定或否定。由许多大哲学家们如此严肃及深思熟虑研究的<u>"逻辑性之现实的或形式的意义"</u>问题因此是一谬误性问题。<u>人们并不需要任何形上学的和其他的理论来说明自然过程和"理智内在的"法则性之一致性</u>，不需要"说明"〈Erklärung〉而只需要对意指行为、思想行为、认知行为以及与其相应的观念和法则进行纯现象学的"阐明"〈Aufklärung〉即可。

世界被构成一感性统一体，按其意义，它是实际的和可能的简单知觉的统一体。但如按其真实存在看待，它从来不会在已完成的知觉过程中毫无限制地或甚至充分适当地给予我们。任何时候对于我们它只是一个以完全不充分适当的，部分上通过简单直观和范畴直观，部分上通过象征意指方式假定的理论研究统一体。我们的知识越进步，世界的观念就越获得更好的、更丰富的确定，不相容的事物也就越被分离出去。怀疑世界是否真的是如其对我们显示的那样，或者真的像是任何理论科学所假定的那样以及其信念是确有根据的，这些问题都是有重要意义的。因为归纳科学永远不可能充分适当地形成和呈现世界观念，不论其带领我们走了多远。但是，怀疑现实世界过程、世界本身的现实相互关系〈Zussamenhang〉是否不可能与思维形式相互冲突，是荒谬的。因为这意味着：一种确定的、由假设支持的感官性——此感官性（在一观念上完成的无限知觉过程的复多体内）会使得世界本身达至充分适当的自呈现——虽然能够采取范畴形式，但会将这些形式强加于这些结合体〈Vereinigungen〉上，后者则会被这些同一形式的普遍本质加以一般的排除。然而这些结合体被排除，范畴的法则被视为将一切感性素材加以抽离的纯粹法则，因此不可能受到这些素材的无限制变异的任何影响，这些事实我们不仅认为其如此，而且我们对其具有明见的直观，它们是在完全的充分适当性中被给予我们

201 的。明见性当然是在任何偶然的经验直观基础上主观地实现的，但是它是一般性的、纯粹相关于形式的明见性；抽象性基础在此以及在任何他处都并未显示出对于从其抽象出来的观念之可能性及有效性具有任何前提作用。

　　此外我们还可指出如下情况的谬误性：一方面，人们以符号性思维想象一种逻辑上矛盾的世界进程的可能性并因此申言此可能性是成立的；而另一方面，可谓转瞬间又取消了赋予任何一般可能性以有效性的该法则。我们还可进一步指出，可能被知觉、可能被直观、可能被意指、可能被认知的相互关系是与存在的意义不可分离的，而且因此属于此"作为种的"可能性的观念法则是永远不可能被任何存在者本身的偶然性内容所消除的。然而我们的论证到此已经足够多了，此种论证归根结底只是同一情境的若干不同表述而已，而且它已在《导论》中为我们提供了指引。

§66　在"直观"与"思想"之间通常对立中所混入的最重要差别之区分

通过目前的研究，对于如此大量使用却如此少有阐明的<u>思想行为</u>与<u>直观行为</u>间的关系，现已一般地获得了令人满意的阐明。以下我们分组列举了一些对立类型，它们的混合给认识理论研究带来了特别的困扰，而它们彼此的区分在我们看来是完全清晰的。

1. <u>直观</u>和<u>象征意指</u>间的对立。作为知觉或想象之直观（不论是范畴的还是感觉的，不论是充分适当的还是非充分适当的）与作为<u>纯象征意指的意念</u>之纯思想是对立的。括弧内举出的区别通常当然是被忽略的，我们认为此区别非常重要，故现在特别提及。

2. <u>感觉性直观</u>和<u>范畴性直观</u>间的对立。我们因此提出以下对立：<u>感性直观</u>和<u>范畴直观</u>，前者是通常简单意义上的直观，后者是在扩大意义上的直观。后者特有的有根基的行为现在被视作将感性直观予以理智化的"思想"。

3. <u>非充分适当的直观</u>和<u>充分适当的直观</u>间的对立，或者一般而言，充分适当的和非充分适当的<u>观念呈现</u>间的对立，因为我们将直观的观念呈现和象征意指的观念呈现共同考虑。在非充分适当的观念呈现中我们只<u>思考</u>如其所是者（看起来如其所是者），在充分适当的观念呈现中我们<u>直观情境</u>本身并只在其完全的<u>自身</u>中对<u>其直观</u>。

4. <u>个别性直观行为</u>（在通常的并显然无根据的狭义上被理解为感性直观）和<u>一般性直观行为</u>间的对立。此对立标准规定了一种新的直观概念，此概念对立于一般化概念，并进而对立于含蕴着一般化的范畴行为，还由于模糊的混合作用也因此对立于范畴行为的象征意指的相对方。现在所说的"<u>直观行为</u>"只给予我们纯单一者，"思想"则指涉着借助"概念"实现的一般项。人们在此通常说"<u>直观和概念</u>"之间的对立。

我们从康德的认知理论批评中看出，导致<u>这些</u>对立相互混合的倾向是非常严重的，该理论全部以欠缺对这些对立进行准确界定为特征。在康德的思想中范畴的（逻辑的）功能虽然起着很大的作用，但他没有越

202

203　过范畴领域得以拓广知觉和直观概念；而这是因为他未能重视直观和象征意指间的重要区别，以及二者间可能的分离以及习惯性的混合存在，并因此未能对从意指行为到直观行为的非充分适当相符性和充分适当相符性进行分析。因此他也没有区分以下三种概念：作为一般词义的概念，作为<u>真正</u>一般的观念呈现之种的概念，以及作为一般对象的概念。后者即作为一般观念呈现之意向性相关关系的概念。康德从一开始就陷入了形上学的认识论航道，因为在其使知识本身，即使前逻辑的客观化行为和逻辑思想在其中实行的全部行为领域，服从于一种阐释性的本质分析与批判之前，以及在他将原初逻辑概念和法则诉诸其现象学根源之前，他已企图对数学、自然科学和形上学加以批评性"拯救"了。不幸的是，康德（尽管如此，我们感觉立场与其非常靠近）以为他以如下这样的评述就已处理完了狭义的纯粹逻辑领域问题：逻辑须服从矛盾律。他不仅没有注意到，逻辑法则，在他自己规定的意义上，只具有多少少的分析性命题的特性；他也未看到，对于阐明分析性思想的功能来说，诉诸一种分析性命题的明见性原则是极少助益的。

【附论】康德的理性批判中的一切主要不清晰处，归根结底均相关于这样的事实，即康德从未明了如下这些概念的特性：纯粹"观念化"，概念本质的充分适当的直观，以及本质法则的一般有效性。因此他欠缺对有关真正现象学的先天性概念的认识。所以他未能认识到：一种严格科学的理性批判的唯一可能目的就是研究纯粹本质法则，此法则以如下方式支配着作为意向性体验的行为，即按照其一切客观化意义赋予的样式和"真正存在"的充实化构成的样式。只有通过此本质法则的明见的认知，关于"知识可能性"如何能够有意义地提出的可理解性问题，才能获得绝对令人满意的解答。

第三部分
引导性问题的阐明

第九章　非客观化行为作为意义的看似充实化

§67　并非一切意指行为都包含一种认知行为

在我们有关诸多一般性问题中充分深入研究了意义和相应的直观间的关系以及因此研究了真正的表达行为和非真正的表达行为的本质后，我们现在得以完全阐明在本研究开始时困扰着我们的问题，这些问题也曾经为我们提供了最初的研究动力。

我们首先不再可能受到诱惑，把表达的意指行为在某种意义上必须设想为一种认知行为，以及甚至必须看作一种分类行为，此种有诱惑力的思想方式前面①已经谈及，它并一再凸显于重要的认识论领域内。人们说：一种表达应该对某种说话者的行为给予表达；然而此行为如要发现其适当的话语形式，它应该以一种适当的方式被统觉、被认知，更严格说，观念呈现、限定、否定等等都应如其所是地被统觉和被认识。

我们的回答是：关于认知的话语相关于思想行为和充实化直观间的一种关系。但是思想行为并不因其再次被设想和被认识而被表达于陈述和陈述部分中，例如名字中。否则的话，这些新的思想行为就成为意义的支撑者〈Träger〉，它们首先需要被表达，因此再次需要新的思想行为，以至于无穷无尽。如果我称此直观的物件为"钟"，那么我就在此称

---

① 参见§1，8页。

名行为中实行着一思想行为和认知行为，但是我知道钟是什么，并非在进行认知行为。对于一切意义赋予行为情形也是一样。当我在进行话语表达的语境中说"或"时，那么我就是在实行一析取，但该思想行为（其部分为该析取行为）并不相关于析取行为，而是相关于该析取项，于是这一切都属于相关事态统一体。此析取项被认知并在对象层次上被标志。因此，小词"或"不是名字，也不是析取行为的独立标志，它只是显示出了此行为。这对于全部判断来说也一样。如果我进行陈述，那么我就是在思考事物；如果事物如此如此这般，我就在表达，而且最终我也认知它。但是我并未思考及认知该判断行为，好像我也在使其成为对象并甚至将其分类为判断并通过此表达形式对其称名似的。

但是表达与表达性行为的语法相符性不就是在指涉一种此相符性在其中被实现的认知行为吗？在一定的意义上或在某些情况下的确如此，即在一切这样的情况下，即当我们在本研究的开头所讨论的"表达"一词的意义对其适用的情况下。但不是在这样的情况下，即当表达相关于纯显示〈Kundgeben〉时，因此任何意义赋予行为都被视为由词语——词音——所表达者；而且更不是在这样的情况下，即当表达行为就意味着意指行为时，以及当被表达者就是同一的意义时。在最后两种意义上，每一陈述，不论是象征意指的还是被直观充实的，都表达着某物，即判断（信念）或"判断内容"（同一的命题意义）。但是在最先指出的意义上，只有被直观充实的或可能被充实的陈述才表达着某物，在此情况下不是词音而是已被意义激活的语词才呈现着相应的直观的"表达"。意义赋予的功能首先并处处对诸依赖于语词的符号性意向进行统一化的复杂组合。这些意向构成了纯符号性判断，当这些意向欠缺任何充实化直观时；符号性的意向全体"表达"的（或声言要表达的）一致性和不一致性的综合，在此并未"真正地"被实行，而只是以符号性方式被意指着。如果反之，所说的综合是真正地被实行的，那么"真正的"综合就与非真正的综合（象征意指中的综合）相互符合了：二者在同一的意向性本质中合二为一，此本质呈现着同一的意义、同一的判断，不论此判断是以符号的方式还是以直观的方式实行的。显然，对于只有某些语词意向具有直观充实性的情况也完全一样。符号性行为包含着与直观的行为相同的意念但无后者的充实性，它们仅只对此意念进行"表达"，而且此比喻，即使在直观行为消失后，也会更适当，因为符号性行为同样为我们保持着直观意义，有如一无直观性内核的空躯壳。在直观性判断的情况下，此相符统一体现在确实为认知统一体（如果不是关系性认知的统一体的话），但是我们知道，在一般地认知统一体内，我们所认知者并非充实化行为（因此，在此就是"真正的"判断综合），而是其事态之客观相关项。在事物的直观中我们实行着一种判断性的综合，一种直观性的行为："它是如此"或"它不是如此"。由于此事态的直观性行为适应于带有相联系的语词声音（或者语法性表达）的表达性意向，被直观的事态的认知获得了实现。

§68　有关非客观化行为之表达的特殊语法形式解释的争论 207

我们现在再回过来最后思考那个看起来无关紧要而经进一步分析则既重要又难解的争论问题①：关于愿望、问题、意志意向的语言——一般来说，关于不属于客观化行为类的行为的语言——所形成的熟知语法形式，是应当被看作关于这些行为的判断，还是这些行为本身，以及不仅是客观化行为，也能够承担"被表达的"作用，即承担意义赋予的或意义充实的作用。因此问题关系到这样的一类命题："π 是一超越数吗？""天能帮助我们吗？"如此等等。

问题的棘手处显示于：自亚里士多德以来的重要逻辑学家们均不可能对这类问题有一致的解答。我们已知，亚里士多德反对将此类命题等同于陈述。陈述就是关于某物是或不是的表达，即它们主张着什么，判断着什么。只是对于陈述才有真与假的问题。一个愿望、一个问题并不主张什么。对此人们不可能反对说话人："你说错了。"他对于我们的异议甚至不理解。

鲍尔扎诺不会容忍这类争论。他说："一个问题，例如，'圆的直径与其圆周的比例是什么？'关于它所问者当然什么也未说，然而它对此还

———————————

① 参见前面 §1 及以下。

是说了什么：我们的愿望，即关于我们所问问题获得某种了解。问题可能既为真又为假。如果愿望以不正确方式给出，问题即为假。"①

然而人们怀疑，鲍尔扎诺在此是否混淆了两件事：表达对于思想的适当性或不适当性——在此即词语——问题和思想与其和对象的适当性所相关的真与假问题。关于一表达（作为词语）与思想的非适当性〈unangemessenheit〉有两种说法：或者在非适合性〈unpassende〉词语的意义上，说话人为表达充实化思想所选择的语词，其通常语言意义与该思想相冲突；或者在非真实性〈unwahrhaftigen〉词语的意义上，即指那些意图上欺骗性的、谎言性的词语：说话者根本不想表达实际充实心间的思想，而是表达某种其他的、与其真实思想冲突的、并只由其在观念上加以呈现的思想，也就是他想要以貌似充实于心间的方式进行表达。关于真理的话语与此毫无关系。一种适合的与真实的表达，按照它通过其意义所表达者是什么或不是什么也可陈述真和假；或者这意味着，按照其意义，可经由可能的充分适当的知觉，被充分适当地加以充实〈证实〉或揭伪。

人们于是可以反驳鲍尔扎诺说：每一表达式均可同样用于表示真诚性或非真诚性，以及一般地表示适当性和非适当性。但只有陈述式可用于表达真和非真。因此，对于陈述者其人，人们可以用各种方式反驳说："你说的不是真的"——这是一种事实性反驳；以及说："你说话不诚实"，或者也可说："你在以不适合的方式进行表达"——这是有关对不诚实话语和不适合话语的反驳。对于质疑者，人们认为他只能对后者予以反驳。他或者在装假或者使用语言不恰当，以至于说出的不同于他实际上想说的。但是人们不可能对其进行事实性反驳，正因为他并未对实质性事物进行肯定。如果人们想将与表达的非适当性相关的反驳看作在证明着：问题句表达着一判断，即这样的判断，它完整地表达于这样的形式中——"我询问，是否……"。这样的话，人们必须合乎逻辑地以同样的方式来处理每一表达式，因而也须对任何陈述式赋予其一种作为其真实意义的这样的意义，它可在如下语式中获得其适当之表达，即"我陈

① 鲍尔扎诺：《科学理论》，卷一，§22，88 页。

述……"。但这个推断对于变形的话语也是适用的，这样我们就陷入无穷无尽的倒退；对此我们不难理解，永远更新的陈述流并非仅是语词流，而不如说是产生了变样的陈述，它们并不等同于原来的陈述，更不要说意义相同了。这样的谬误结果不会因此而迫使我们承认在两种命题形式之间存在本质性的区别吗？①

但是，人们在此仍然可能采取双重立场。人们或者说：关于真诚性问题适用于一切话语，因此属于一切话语，如一判断，即相关于说话者显示讯息之体验的判断。某人说话，显示关于某物的讯息，相应地此即显示讯息之判断。然而某物被显示或被表达是在不同的变化中的：在疑问句中是问题，在命令句中是命令，在陈述句中是判断。因此，每一陈述句都含有一双重判断，即一关于某事态的判断和一说话者本身关于作为其体验的此判断之判断。

这似乎就是 Sigwart 的立场。我们读到②："命令句当然也包括一断定句，即说话者现在正是想着他所要求的行为，一种希求句式：他愿望着所表达者。但此断言存在于说话行为的事实，而非在于被表达者的内容：每一'A 是 B'形式的陈述句都同样含有断定句说话行为的事实，说话人想着和相信着自己所说的。这些关于说话者主观状态的断定句，存在于其说话行为的事实中并在其真诚性假定下，它们同样地伴随着一切说话行为并因此不能够作为不同句子间区分的基础。"

但是另外一种反驳的理解是，人们把显示讯息的判断以及因此把陈述句情况下的判断双重性称之为一种偶然的、仅只例外地产生作用的语句复合化，此外后者也是通过描述性反思才介入的。此种理解反过来主张：在一切适当的、非偶尔被简化的语句情况下，被表达者本质上都是一体的，即在疑问句中为问题，在愿望句中为愿望，在陈述句中为判断。在进行本研究之前，我自己也曾认为此种立场是必然如此的，虽然它似乎与其他现象学的事实不相符合。我曾受到下节中讨论的那些论证的束缚，现在对其讨论时我将附加上适当的批评。

210

---

① 关于应当如何正确理解此区别，我们将在下一节讲解。（参见最后的附录）
② Sigwart：《逻辑学》卷一，第二版，17 页注解。

§69 赞成和反对亚里士多德理解的论点

1. 按照反对亚里士多德的理论，某人（例如）陈述一问题，即将对另一人表达其想要被告知相关事态的愿望。人们说，此一相关于说话者的实际体验的通告行为，正像一切通告行为一样，是一种陈述。然而在问题形式本身中自然并未明确表达着："我询问，是否……"；这个问题形式只是表明"问题就是问题"的特征。该语句只是一种偶尔被简化了的语句。陈述的情境的确使人立即明了，说话人本人正是提出问题者。因此命题的全部意义并不存在于他本人按其语句所意指者，而是由偶然状况，即由与当下说话者的关系决定的。

赞成亚里士多德理解的人对此可能提出种种不同的反驳。

a）然而该论点同样适用于陈述句，因此我们应该将表达式"S是P"解释为新表达式"我判断S是P"的偶然的简化表达式，如此以至无穷。

b）此论点基于这样的事实：问题句的表达性意义不同于其实际的意义。因为人们确实不可能否认，在问题句和愿望句内，愿望与提出愿望者的关系并不必然被表达出来，正如在陈述句中判断与进行判断者的关系也不必然被表达出来一样。但是如果此关系不存在于语句的表达性意义内而是只存在于偶然包含着的意义内，那么已经是在充分承认着人们所想要表达的了。表达性意义不时会发生变样，但也将出现这样的情境，在其中表达性意义正好是所意念的意义。于是该问题本身（而且类似的，该请求本身、命令本身等等）正好表达于完全适当的方式中。

c）与通常陈述句的更严格比较表达了对亚里士多德理解的支持。在交流话语中这样一个句子显示为一判断，而且陈述句的语法形式表达着这样的判断。因此关于这样的语法形式的话语的陈述立即产生了这样的效果：受话者将说话者理解为判断者。但是此效果不可能构成表达式的意义，因为此表达式在单一的话语中仍然意指着它在交流的话语中相同的东西。不如说意义存在于作为同一的判断内容的判断行为中。

现在对于问题句来说也是一样。问题句的意义始终如一，不论它是相关于一个对自身提出的内在性问题还是一个对他人提出的外在问题。

说话者与受话者的关系，正如在比较研究情况下一样，在此相关于纯交流性功能。而且就像在前述"判断内容"情况下一样，因此即就内容上如此如此被确定的判断的某种特殊性质而言，问题内容于是在此即构成了问题句的意义。在两种情况下通常的意义都可能经受有时会发生的变样。我们可能表达一陈述句，虽然我们的主要意图并非要传达相关的事态，而是要传达这样的事实：我们具有此信念并打算加以提出。此意图或许可能由语法外的手段（声调、姿势）加以支撑并获得理解。在此暗示存在着一种与表达性判断相关的判断。类似的，在一问题句或愿望句情况下的第一意图可能并不存在于单纯愿望本身，而是反之存在于这样的事实上：我们想要将愿望表达于受话者。当然此解释并不可能处处适用，例如不可能适用于如下情况：当一种热烈愿望自发地从心间迸发出时。那时表达即与愿望内在地合一，表达与愿望直接地相互一致。

【批评】如果我们进一步思考就会看到，这些论证只表明，在每一命题的意义中都不可能出现与交流关系相关的思想。相反的论据是基于如下错误假定的：每一表达都是一〈思想〉传达〈Mitteilung〉，而且每一传达都是一关于说话人内在的（被显示的〈kundgegebenen〉）体验之判断，此一相反的论据被否定了。但被否定的不是其论点，至少不是就适当的变样例而言。没有被排除的可能性是：论辩中的语句如愿望句、乞求句、命令句等因此仍然是关于相关体验的判断，相关于愿望行为、请求行为、意志行为的判断的，而且正因如此，这些判断才能够赋予这些体验以适当的表达。如果没有在述谓判断狭义上的判断（亚里士多德当然将这些论辩中的命题视为述谓判断）存在之可能，那么恐怕一般而言就会出现关于设定性客观化的广义判断之可能。

对于观点 a）我们还注意到，陈述的情况与（例如）问题的情况并不相同。在将语句"S 是 P"转换为"我判断 S 是 P"时，或者转换为任何尚如此不确定地表达着与一判断者关系的类似的语句时，我们不仅获得了变化了的意义，而且保持着最初并非相等的意义；因为简单的语句可能为真，主观化变样的语句可能为假，反之亦然。在比较的情况下完全不同。在此情况下人们即使拒绝说出真或假，人们将仍然永远发现一种陈述，它"意味着本质上同一的东西"，如同原初的问题形式、愿望形式

212

213

等等，例如："S 是 P 吗?"等于"我希望或人们希望获知'S 是否是
P'"，如此等等。在这种语句形式中是否因此不包含一种与受话者的关系
呢，即使是一种不确定的或仅只被共同意指的关系？在陈述句的转换中，
保持"本质性意念"是否不是在指出这样的事实：意义赋予的行为至少
应该属于和判断相同的类别？而且因此由 b) 提出的问题也可获得解决：
不只是愿望体验或意志体验，而且这些体验的那种直观（以及与此直观
相符的象征意指）都获得了相关的意义。然而正是这种理解涉及下面的
论据：

2. 人们仍然可能以另一种方式企图解释作为判断的相关表达形式。
当我们陈述一愿望时，即使在自言自语中，我们都通过语词对它以及它
所愿望的内容进行把握，因此将它及对它构成者呈现于观念。但是此愿
望并非仅只是某种被任意呈现于观念的愿望，而正是被知觉的、活生生
的愿望。而且对此愿望我们正想如其所是的那样予以显示。结果，获得
表达的不是纯观念呈现而是内知觉——因此实际上即是一判断。这当然
不是通常陈述类型的一种判断，后者以述谓方式陈述着某物。在愿望表
达中问题仅只相关于在简单设定中以可理解的方式（等于以有意义的方
式）把握被内知觉的体验，以及表达其简单的存在；但问题不是相关于
实行一有关于体验的述谓判断，不是相关于进行体验的主体。

对此理解的反驳可以是，被陈述的判断的情况与一切表达性的体验
情况完全一样。当我们陈述时就是在判断，我们在语词中（即在陈述的
形式中）并非只把握为判断提供基础的观念呈现，而且也把握判断本身。
于是我们应该也在此总结：判断是被内知觉的，而且陈述的意义存在于
相关此被知觉者的（即相关该判断的）、直接设定性的判断。如果在陈述
例中无人发现此理解是可接受的，那么在其他独立语句例中此理解也不
会被严肃看待。我们记得上一节中的讨论。与被表达的体验紧密相连的
表达式，不可能以名称或类似于名称的方式与这些体验相互关联：就像
是，体验先是在对象的层次上被观念呈现，然后又被归入概念，结果就
像是，随着每一新的语词的进入也会出现一种归属作用及述谓判断。某
人判断"金子是黄色的"时，并非在判断"某人在其中使用的'金子'
一词的观念是由金子做的"；他没有判断说，他在使用虚词"是"时的判

断方式是属于"是"概念的，如此等等。实际上，"是"并不是该判断的语词记号，而是属于事态的存在之记号。因此，"金子"也不是一观念呈现体验之名称，而是一金属之名称。只有在这样的情况下表达才是体验的名称，即当体验在反思中成为观念呈现的对象或判断行为的对象时。这对于相关于对象物的一切语词，甚至对于虚词类〈synkategorematischen〉语词均如此，语词以其方式标记对象物，即使未用名字进行称名。

因此表达并不是以一种名词性标志的方式附加到行为上的，此行为 *215*时时刻刻充实于我们，我们生存于行为中却并不以反思方式对其进行判断；反之，表达并不属于行为本身的具体内容组成。明确表达判断就是进行判断，表达愿望就是提出愿望。对一判断或一愿望称名，并不是进行判断或提出愿望，而只是称名而已。被称名的判断不需要被称名者判断，被称名的愿望不需要被称名者愿望。在相反的情况下也一样，称名并不是判断或愿望之表达，而是一种与其相关的观念呈现之表达。

【批评】此一反驳也揭示了先前提出的、初看起来颇有吸引力的论证。如我们先前的讨论中已肯定的，按其反驳所言，并非每一表达本身都假定着一判断或假定着一其他的、使被显示的体验成为对象的行为。但是，这仍然不是在反驳论点本身，并未指出，正是讨论中的语句形式并非正好是关于每一愿望体验、问题体验、乞求体验的判断，或者是它们在说话者身上的直接存在的表达。当然，对一愿望称名，并不<u>因此</u>就是在愿望；但如果体验一愿望并与此行为一致地对其称名，<u>仍然也</u>不是在愿望吗？因此即使明确表达愿望〈wünschen〉<u>必然</u>地是称名的或陈述的愿望行为〈Wünschen〉，下面的命题仍然有效：明确表达愿望正是愿望行为，而不只是称名行为。

3. 争议中的表达具有语句形式并有时也有带有主词和谓词的范畴语句。由此已看出，人们可能也从内容角度将其把握为述谓判断，即并非只是被把握为相关于永远同一的、虽未明言的主词<u>我</u>的述谓判断。例如，"愿〈möge〉上帝保佑国王"，"弗兰兹要〈'应当'，sollte〉保重"，"马车夫〈'应当'，soll〉套马车去"。一种祈愿或要求被陈述着，相关的主词被理解为受限于一种要求或责任。

人们在此可能反驳：如果"应当"被看作一客体侧谓词，并事实上

216　如此被插入，那么"应当句"〈Sollensatz〉就不具有一愿望或命令的意义，或者不仅具有此意义。一客观的义务可以被陈述为有效的而不需要陈述者本身体验那样一种构成着实际的义务意识的行为。如果我们知道一人的意志与其责任态度、习惯和道德相联系，那么我就可判断，他应当并必定做些什么事。但是我并未因此表达已被实际体验的愿望、欲念或应当。当然关于应当的陈述偶尔也可起到表达这种行为的作用，例如，"约翰应该套马！"显然，在此被表达的不仅是客观的义务，而且也是我的意志。被表达者不是通过语词本身而是通过语气和语境实行的。毫无疑问，在这样的情况下谓词形式往往代替了愿望形式或命令形式，即存在于语词中的"应当述谓判断"，后者未被实行或者仅成为无关紧要者。最后，不可否认，此种述谓性解释在某些句例下似乎可能成立，却肯定不可能在"问题句"例子下成立：正如 B. Erdmann 所做的那样，他在其他句式中倾向于采取这样的解释，但在问题句情况下则否。①

【批评】这一反驳的理由是否充分也是有问题的。无可怀疑，"应当谓词"通常具有一客观意义和价值；但是并未证明的是，当情况不如是时，没有什么作为谓词被断言或一般情况下被判断。人们可以说：当我们向某人下命令时，例如对马夫约翰说他应当去套马，那时我们认为他应当服从我们的意志，他被我们如是理解并因此在此表达形式中被说出。我们说："约翰，去套马！"他在此作为"应当套马者"成为谓词的主词，而且他自然地期待着相应实践的结果，而不会以为这只是在陈述"他被

217　看作应当如是"的事实。命令陈述是相对性陈述。我们不可能将任何人设想为受命令者，如果不以无论是确定的还是不确定的方式同时设想着命令者的话。当我们命令自己时，我们把自己理解为命令者。但并不需要对此明确表达，因为是自明之理。我们将使用简化的显示着互动关系的命令形式来取代复杂的"我命令……"形式。"应当"（及必须）的语言形式最初并不在命令者实际面对受命令者时使用，而是一般地使用于更为客观地表达自己或他人的意志意图的场合，例如，当被发出命令的第三者使用时，或者当作为法律中的立法意志时。在持有命令者和接受

① 　参见 B. Erdmann：《逻辑学》，卷一，第一版，§45，271 页及以下。

命令者之间的互动之外，符合前者意识状态的命令句并无可运用性。此一理解可适用于一切情境。人们会说：在祈愿句中，"被愿望着的〈wünschent〉被愿望者〈Wünschen〉"，被设想着，被称名着，并之后无论如何都是被表达着。正是在乞求形式中被乞求者被乞求着，在疑问形式中被问询者被问询着，如此等等。这些行为在观念呈现中与其意向性对象发生关系，并作为反思谓词成为其对象。

在互动关系中很多其他相关的表达式也像命令句一样具有这样的功能，即通过本质上偶然的表达方式对聆听者说：说话者在与聆听者的意向性关系中对聆听者所实行的信息传达行为（乞求、祝愿、哀悼等）。因为一切表达均可由对他人传达的愿望以及使他人了解自己的信念、怀疑、希望等等所承载，它们或许都伴随有对这些内在体验的反思行为，以及更准确说，伴随有使内在体验相关于我及我的对话者的直观行为。因此这一结论也适用于互动交流式陈述。为此这些反思行为和关系行为一般来说仍然不属于陈述和一切其他表达的意义，但却可用于描述我们所讨论的那类有争议的、完全相关于说话者内在体验的表达。

218

在自我心灵体验中（对自谈话、自询问、愿望、命令等特殊情况不予考虑），与对话者的关系不存在而此时仍然可运用的相关主体表达，使其成为与自我或多或少具有关系的内在体验之简单存在的表达。此独白式询问或者是"我问（自己）是否……"，或者是与自我的关联完全缺失；此询问表达成为简单的名字，或者根本上连名字都不是。因为名字的功能要在一谓词的或定语的语境中为名字指示一位置，在此例中这是谈不到的。当表达在一认知方式中与被直观的内在体验合一时，就产生了一复合式，它具有一自我封闭现象的特征。只要在此复合式里"询问"是一种我们倾向存在于其中的行为，尽管该表达式只是作为对其陈述和清晰表达者而与其紧密相连，我们仍称该全部复合式为一询问式。认知在此并非具有一理论的功能（只有在述谓判断中才如此），在此并无谓词陈述，该询问虽然被认知和表达，但未被主词化，未成为述谓行为的主词或宾语。显然，问题句的此一直接表达性的意义是谓词性问题句的组成部分〈有助于构成述谓性问题句〉，或者是对应于不同情况的意义之组成部分〈有助于形成相对于变化了了的情况的意义〉。

§70 决 定

如果我们把判断理解为述谓判断，那么在此考虑之后所争议的句子<u>在一切情况下都不是判断的表达式</u>。然而即使在此情况下，我们与亚里士多德式的逻辑学家之间也存在着不可逾越的鸿沟。按照他们的观点，名字、陈述、愿望句、问题句、命令句等等，都是<u>同级次的表达形式</u>，其意思是：名字赋予观念以表达，陈述赋予判断以表达，愿望句赋予愿望以表达，如此等等。观念、判断、愿望、问题等等，简言之各种行为，都以完全相同的方式起着赋予意义的行为的功能；因为"赋予行为以表达"的说法在此处处意味着同一物，即在这些行为中发现其意义。反之，我们在将名字和陈述与所讨论的那些表达进行比较后发现，<u>根本的区别在于</u>，在名字和陈述中"被表达的"观念呈现行为或判断行为，虽然是意义赋予的（意义充实的），但并不因此意味着：它们在称名行为和述谓行为中不是对象而是<u>构成对象者</u>。另一方面，与此正相对立，我们在一切有争议的表达式中发现，"被表达的"行为——虽然它们是所谓赋予意义的——成了我们的<u>对象</u>。但是，如我们已知，这种情况的发生，一方面由于在反思中朝向此行为的内在直观以及主要在这些直观中起作用的相关性行为；另一方面由于某种或许只是部分被表达的意指作用，后者在认知行为方式中与内在直观及与内在关系密切相连，以至于其对象，因此即提问行为、愿望行为、命令行为等等，都成为被称名的及以某种方式被陈述的对象，或者成为被述谓的情境的组成部分。所讨论的表达的真正意义现在就存在于此客观化行为中。就此而言，问题根本无关于基本上新的属之意义赋予行为，而是相关于作为属的唯一"意义意向"的偶然特性。同样的，意义充实化行为并不属于不同的属，而是属于作为唯一属的直观。愿望、命令等等<u>本身</u>并不是由语法结构及其意指作用表达的，而是这些行为的<u>直观</u>起着充实的作用。在对陈述句和愿望句进行比较时，我们不应当将<u>判断</u>与愿望，而是应当将事态与愿望，并列于同一级次上。

之后产生的结果是：

219

220

非客观化行为的所谓表达，是陈述的或其他客观化行为表达的特殊化表现，后者在实践上，尤其在互动交流中，极为重要，此外也是具有偶然性的。

然而我们处理的有争议的问题的基本重要性在于，它取决于这样的决定：人们是否能够支持一种理论，在意向和充实化中的一切意指行为都来自唯一的属，即来自这样的客观化行为属，它具有在象征意指行为和直观行为间的基本分别性；或者人们是否反之应该决定承认一切属之行为都是意义赋予性的或意义充实化的。而且此一争议性问题的重要性还在于，它首先使我们注意到关于"被表达的行为"这一含混词语具有的基本三重性，我们在本研究开始时[①]即加以分析过。我们实际上可将"被表达的行为"理解为：

1. 象征意指的行为：它一般地赋予表达以意义并以其象征意指的方式意指着某对象物。

2. 直观的行为：它经常充实着表达的象征意指的意义，因此直观地并特别在一种相同的直观"意义"上，准现前着被象征意指的对象。

3. 这样的行为：它们在一表达式表达着说话人自身的当下体验的一切场合（即第"2"种意义上）都是象征意指的对象并同时是直观。这些行为不属于客观化行为，所以它们按其性质不具有"1"与"2"类行为的功能。

然而一切困难的根源在于这样的事实：在将表达或表达性行为直接应用于直观把握的内在体验时，象征意指的行为是完全由属于它们的内在直观充实的，因此二者最紧密地融合在一起，而同时此内在的直观融入了被意指行为之直接呈现〈Präsentation〉内。

最后我们还要注意，以上用于反对鲍尔扎诺的区别性——是只能提出主观上的反对（相关于表达的真实性或适当性），还是也可提出实质性的反对（相关于客观的真理和虚假）——仔细思考后发现，基本上无关于此处争议性问题。因为它非常一般性地相关于表达式间的区别，一种表达相关于自身直观把握的行为体验，另一种表达则无关于此。然而在

221

---

① 参见§2，10页及以下。

第一类中多数是完全无争议的述谓判断。如一切具有这样形式的陈述："我询问是否……"，"我命令或愿望……"，如此等等。而且我们清楚注意到：即使在这样表述的主观判断中也不可能提出任何实质性异议。它们虽然有真或伪之分，<u>但真理〈Wahrheit〉在此与真实性〈Wahrhaft-igkeit〉是合而为一的</u>。按照另一种陈述，即当相关于"客观侧"时（即不相关于自我言说的主体及其体验时），实质性的问题就与意义相关了；但是真实性问题与似真陈述的可能性问题相关，在似真陈述中不具有真正的及正常的意指行为。在此确实并不存在判断，而是在一虚假意图语境中所呈现出的陈述意义。

222

附录

外知觉与内知觉。物理现象与心理现象

（1）"外知觉和自我知觉"，"感性知觉和内知觉"，对于常人而言，具有下述内容。外知觉是关于外物及其性质、关系、改变及相互作用的知觉。自我知觉是每一人关于其自身之自我及其性质、状态、活动具有的知觉。对于谁因此可能是此被知觉的自我的问题，常人会通过指出其身体显象，通过历数其过去和现在的体验来回答。对于有关自我知觉中是否一切均被连同知觉的进一步问题，其自然的回答是：正如被知觉的外物具有众多性质并处于变化流动中因此并不时时刻刻"落入知觉"一样，相应的情况也适用于被知觉的自我。在自我知觉的变化的行为中，自我会随境而异地产生某种观念、情绪、愿望、身体活动等等，正如房屋在外知觉中有时会呈现外部或内部，有时会呈现这一侧那一侧、这一部分那一部分一样。显然，被知觉的对象在前者是自我，在后者是房屋。

对于常人，第二对概念，感性知觉和内知觉，并不完全相符于刚才讨论的另一对概念：外知觉和自我知觉。被感性知觉者是通过眼和耳、嗅觉和味觉，简言之，是通过感觉器官被知觉的。对于每一个人来说，不仅有外物而且也有自己的躯体和躯体活动，如走路和吃东西，看和听，都属于此领域。另一方面，称作内知觉者主要是"精神性"体验，如思想、感觉、意愿，当然也同样包括一切位于身体之内但不相关于外器官者。

在哲学用语中两对术语——通常人们偏好用"内知觉和外知

觉"——只是表达着相同的概念组。在笛卡尔生硬地将 men〈精神〉和 corpus〈物体〉分离后,洛克通过术语 sensation〈感觉〉和 reflexion 〈反思〉将两个对应的知觉类引入近代哲学。此一划分至今仍然是确定的。在洛克之后,外知觉就是我们关于身体的知觉,内知觉就是占有我们的有关自身活动(此即笛卡尔意义上的 cogitationes〈我思作用〉)的"精神"或"心灵"的知觉。于是知觉的一种划分就决定于知觉对象的划分了。在此划分之外同时附加上了一种有关"发生方式"的区分。在前一情况中,知觉产生于一种作用,此作用是物质物借助感觉器官加于精神的;在另一情况下,知觉产生于对活动的反思,此反思是精神根据已经由感觉获得的"观念"〈Ideen〉所实行的。

(2)晚近以来,人们积极于对洛克的显然粗糙和模糊的那些概念定义予以适当的修订及深化。

一方面,这是受到一般认识论兴趣的激发之故。我们记得对于两类知觉的相对认知价值的传统辨析:外知觉是具有欺骗性的,内知觉是具有自明性的。在此,自明性中存在一种怀疑论无法撼动的认知基柱。内知觉也是唯一的知觉,在其中其对象与知觉行为真正地相符,确实内在于其中。因此,严格来说,内知觉也是唯一值得以此名称标识者。从知觉理论角度看,与外知觉不同的内知觉的本质因此应加以仔细研究。

另一方面,还有根据心理学的兴趣进行的思考。所涉及的是极具争议性的经验心理学领域的确定性问题,尤其是涉及这样的问题:经验心理学相对于自然科学而言其自身的正当性如何通过其特有的现象领域之界定来加以证明。对此,人们偏好于赋予作为哲学基本学科之心理学以认识论地位,已经要求对其客体加以定义,此定义应当在认识论上尽可能地减少承诺,因此经验心理学不应讨论超越性现实,尤其是不应讨论如此具有争议性的却被视之为当然所与物的心灵和身体。洛克的知觉分类法正是建立在此前提之上的,因此显然既不适合于(当然也非为此设定的)作为一种心理学定义之基础,也不能满足所提到的心理学兴趣。此外十分明显:如果在物体物和精神物之间假定的区别基础上建立诸知觉间的区别,此区别本身也不可能用于为物体现象科学和精神现象科学之间的区别提供基础。如果能够在保持这些类别外延的情况下成功获得

知觉分划的或与其相应的身体现象与心灵现象分划的<u>纯描述性特征</u>，情 *225*
况将完全不同；因此这些特征绝不要求任何认识论的前提。

在此问题上笛卡尔的怀疑论似乎展开了一条可行之路，因为他指出
内知觉具有认识论上决定性的特性。我们前面已经对此谈过。在此展开
的思路如下：

不论我的认识论批评中的怀疑可能展开得多么深远，我不可能怀疑
的事实是：我存在着而且我怀疑着，而且我设想、判断、感觉着，或者
我体验着我能以任何其他内知觉显象加以称呼者。在此情况下提出一种
怀疑是显然违反理性的。因此，对于内知觉对象的存在我们具有"<u>明证
性</u>"，具有那种最清晰的认知，具有那种最严格的知识所特有的不容置疑
的确定性。对于外知觉而言，情况正相反。它们欠缺明证性，而且事实
上基于此特点的陈述中的多种多样的矛盾性也显示出，它们能够对我们
进行欺骗。因此我们一开始就无权利相信，外知觉的对象是如其对我们
显现的那样真实地及实际存在的。我们甚至确实有诸多理由假定，它们
事实上根本并不存在，因此至多只能要求一种现象的存在或"意向性的"
存在。如果人们以为被知觉客体的真实性属于知觉概念，那么在此严格
意义上的外知觉就根本不是知觉。无论如何<u>明证性</u>特性已经为我们提供
了一种描述性特征，此特征区分了不同的知觉并使我们免除了有关形上
学实在之假定。此特征随同知觉体验本身一起被给予或不被给予，该特
征的出现与否就成为我们区分知觉类别的唯一决定者。 *226*

如果我们现在也考虑在某一知觉中呈现于我们的<u>现象</u>，就会发现它
们都必然构成<u>本质上不同的类别</u>。这并不是说，对象本身，即我们不管
正确与否所假定与其对应者，即心灵和身体，是本质上不同的；但是，
从纯描述的观点看，抛开一切超越性因素，我们可证实，这些现象之间
存在不可逾越的区别。一方面我们发现有感性性质，它们已经形成了描
述上封闭的统一体，不论是否存在如感性和感官这样的东西。存在严格
的亚里士多德意义上的一个属。此外必然存在与个别性质范围（仍然是
在严格亚里士多德意义上的）相联系的要素，或者反之有这样的要素，
它们必然以性质为前提，而且只能与性质合一后成为具体的存在。我们
在此看到著名的命题，例如，"一切直观空间必有性质"。不少人也会反

过来说："任何性质必有空间。"另一些人在此只承认某些特殊事例："一切颜色，一切触觉性质，必有空间。"如此等等。其他同类的命题有："一切音质都有强度"，"一切音色都有音质"，如此等等。①

另一方面我们发现这类现象：观念呈现行为、判断行为、假想行为、愿望行为、希望行为等等。在此我们好像进入了另一世界。这些现象可能与感性物具有关系，但它们本身与感性物是"不可比的"，准确说，它们不在同一（真正的）属内。一旦人们通过举例最初看清了此类别的描述的统一性时，只需稍加注意就发现了一个标志它们特点的肯定特征，即"意向性的不存在"之特征。

上面描述的有关内知觉和外知觉的区别性从此当然能够用于在这两类现象间做类似的区分。现在一个适当的定义是：心理现象是内知觉现象，物理现象是外知觉现象。②

按此方式对于两种知觉的更精确观察不仅引向对知觉本身进行的一种描述的和认识论上重要的特征表达，而且也引向对心理与物理两类现象的一种基本的和再次是描述性的区分。而且似乎同时达到了这样的心理学和物理科学定义的目的，此定义不需形上学的承诺，也不须通过超越性世界的假定所与性而是仅通过现象的真正所与性就可加以规定。

物理现象现在不再作为这样的显象加以定义，该显象是从身体通过感性器官加于我们心灵的作用产生的；心理现象不再作为这样的显象被定义，该显象是我们在我们心灵活动的知觉内发现的。对二者而言，唯一的标准就是我们所体验到的那种描述性现象特征。结果，自此之后心理学即可定义为关于心理显象的科学，而自然科学就可定义为关于物理显象的科学。

但是这些定义需要加以某种限制，以便实际符合这些科学的状况，

---

① 值得注意的是，人们从未企图将"物质现象"的一种实证性规定建基于此直观的关联域内。当我提到它们时，我当然不免离开了报告人角色。为了认真运用它们，人们就必须适当地对待"物质现象"一词的歧义性，我们马上要对此加以讨论。

② 布伦塔诺（《心理学》，卷一，118 页及以下）这样描述一切心理现象的"区别性特征"："它们只在内意识中被知觉，而对于物理现象来说只有外知觉是可能的。"该书第 119 页上清楚写道，此一规定"充分刻画了"心理现象。在此，内意识只是内知觉的另一说法。

此限制相关于说明性的形上学假设；虽然仅只是作为说明性假设，在其描述性区别内的现象仍然永远似乎是真正的出发点和加以说明的对象。*

"首先，自然科学的定义需要限制性的规定。因为它并非在处理一切物质现象；它并不处理想象类现象，而只处理出现于感觉中的现象。而对于后者而言，它也只为与感觉器官刺激联系的现象确立法则。人们可能这样来表达自然科学的科学任务：自然科学是这样的科学，它根据有关一个在三维空间内展布和在一维时间内发生的世界对我们感觉器官作用这样的假定，来探求对于正常、纯粹感觉到的（在不受特殊心理状态和事件影响的条件下）物质现象之秩序进行说明。它无意于断言此世界的绝对性质，而是满足于赋予世界以这样的力量，此力量产生着感觉并在其作用中相互发生影响，此外也为这些力量确立共存和相续的法则。按此，自然科学于是间接地提出了有关感觉中的物质现象秩序之法则，这些法则，在以科学态度排除了伴随的心理条件之后，被设想为纯粹的，并被设想为永远发生于不变的感觉能力之中的。因此人们不得不按此不免复杂化的方式来解释'物质现象的科学'一词，如果要将此词设定为'自然科学'的同义语的话。"①

229

"就心理学的概念规定而言人们似乎可能认为，心理现象概念，如要对其加以扩大不如对其加以缩小，因为关于想象的心理现象正与在先前规定的意义上的心理现象一样，完全相关于心理学思考本身，而且也因为在感觉中出现者不应在有关感觉的理论中被忽略。但是显然，它们作为心理现象的内容只能在心理现象特性描述中被加以思考。而且这一结论也适用于具有纯现象存在的一切心理现象。我们只能把在实际状态意义上的心理现象看作心理学的真正对象。只是在我们所说的意义上，心理学才是关于心理现象的科学。"②

（3）我刚才说明的有趣的思想过程，如从两段长引文中清晰可见的，

---

* 注意：以下两长段为布伦塔诺论述的引文。——中译者注
① 布伦塔诺：《心理学》，卷一，127、128 页。
② 布伦塔诺：《心理学》，卷一，129 页及以下。

代表着布伦塔诺的观点①，也代表着许多在学术上与其接近的学者的观点。此外，如我们所知，内知觉在布伦塔诺心理学的其他领域中也起着重要作用。我在此只提到他的有关内意识理论。每一心理现象并不只是意识，其本身也是一意识的<u>内容</u>，即也是在知觉的狭义上被意识的。因此内体验流也是连续的内知觉流，而后者与相关的心理体验以特别紧密的方式合而为一。内知觉尤其不是附加于相关的心理现象上的第二种独立的行为，此心理现象除相关于第一对象外也包含着（例如）一外知觉的内容，后者"是按其整体被设想的和被认知的"②。就行为直接朝向其客体而言，它也同时是朝向自身的。于是人们要避免陷入此无限的复杂性中，这似乎是伴随着一切心理现象的意识（复多性的意识，按其〈布伦塔诺心理学的〉三种基本分类，都包含着一种内知觉）强加于我们的。于是内知觉的明证性和无误性也因此得以成立。③ 此外，布伦塔诺在此按其主要观点，即将意识解释为连续性的内知觉，是与以往伟大思想家一致的。甚至洛克，一位忠实的经验派学者，也将意识定义为有关在人的自身精神内发生者之知觉。④

布伦塔诺理论遭遇到不少反对。这些反对不仅针对我们最后提到的如此精细构建的内意识理论（但无论如何其复杂性尚有待建立其现象学基础），而且也针对其在知觉和现象之间的区分，尤其是针对在其之上建立的心理学和自然科学任务的规定。⑤ 过去十年来相关的问题不断成为认真讨论的对象，而令人遗憾的是，虽然这些讨论对于心理学和认识论具

---

① 直到前面第 226 页上指出的物质现象的实证特征为止。此外我希望我正确地复述了一种主导性的观点，此观点对于我如此高度评价的思想家的理论可能是具有决定性意义的。

② 布伦塔诺：《心理学》，卷一，182 页。

③ 同上书，第二部分，第 3 章，182 页及以下。

④ 洛克：《人类理解论》，第二卷，第一章，19 页。当然洛克自己并非完全前后一致，因为他明确地将<u>知觉</u>称作对观念的统握，但是又把心理活动的观念之统握依存于特殊的反思行为，此反思只是偶尔才介入心理活动。这显然相关于 idea 这个不幸的歧义概念，它含混不分地既指关于可体验内容的观念〈Vorstellung〉，然后又指被体验的内容本身。参见《第二逻辑研究》，§10，127 页。

⑤ 令我惊讶的是，批评习惯于停留在布伦塔诺最初临时性的论述——作为心理现象科学的心理学，作为关于物理现象科学的自然科学——而不考虑布伦塔诺本人以其特有的清晰性和准确性加以说明的"潜在限制"。我因此特别要在上述详细引文中提醒人们对此注意。

有基本的重要性，却不可能达成一致。

　　总而言之，人们应该判断，批评尚未足够深入，以便达至关键之点并将布伦塔诺思想动机中的无可怀疑的重要因素与其论述中的错误加以分离。其原因在于，在此范围内所争论的心理学和认识论的基本问题尚未被充分阐明，此即欠缺现象学分析的一种自然后果。在两方面人们运用的概念仍然是歧义性的，在两方面人们因此都陷入误导性的混淆。这一点从以下对布伦塔诺的富有教益的观点的批评中可以看出。

　　（4）按照布伦塔诺的理论，内知觉不同于外知觉，乃因：

　　1）具有明证性和无误性。

　　2）为本质上不同的现象。在内知觉中我们只经验心理现象，在外知觉中只经验物质现象。由于此精确区分的平行关系，首先提到的明证性区别也可作为可知觉现象的特有区分特征。

　　反之在我看来，内外知觉，就人们对此词自然的理解而言，具有完全相同的认识论特性。再进一步说：明证性的和非明证性的知觉之间以及无误性的和有误性的知觉之间确实存在极其合理的区别。但是如果人们将外知觉理解为（如人们以及布伦塔诺通常所做的那样）对物质性的物、性质、过程等等的知觉而将内知觉理解为一切其他知觉的话，那么此分划法将与先前的分划法根本不同了。因为并非每一自我知觉或每一与自我有关的心理状态的知觉都一定是明证性的，如果我们将自我理解为每个人用此词理解的那样的话，以及每个人认为在自我知觉中所知觉的那样（即自身经验的个性）的话。同样明显的是，大多数心理状态的知觉都不可能是明证性的，因为它们都是经由躯体上定位才被知觉的。忧虑使喉咙发紧，痛感进入牙齿，悲伤侵蚀心脏，我知觉到这些情况，在意义上完全相似于：风摇动树，这个箱子是方的和棕色的，等等。在此内知觉和外知觉当然同时发生着，但是这完全不影响如下事实：被知觉的心理现象，如其被知觉的那样，并不存在。并不清楚的是：心理现象能够以超越性方式被知觉到吗？如果更进一步考察，一切以自然的和经验科学的态度被经验的心理现象都是以超越性方式被统觉的。而纯粹体验所与者则都是以纯粹现象学态度为前提的，此态度禁止了一切超越性设定。

我清楚了解，人们会对此处所谈反驳说，我们忘记了知觉和统觉之间的区别。内知觉意味着直接被意识的心理行为体验，它们在此被视为其所是者〈存在者〉，而非被视为被统握者、被统觉者。然而人们应该想一下，凡对于内知觉为正确者也必定是对外知觉有效的。如果知觉的本质不在统觉之内，那么关于外物如山、林、房舍等知觉的一切语词都是谬误的，而且"知觉"一词的通常意义（此意义在此情况下十分显明）即须抛弃。外知觉就是统觉，因此概念的统一性要求内知觉也应当如此。知觉包含着其中显现者；但是统觉构成着我们称作显现者，不论其正确与否，不论其与直接所与者范围相符与适应，还是以预期方式似乎超越到了未来的知觉。房屋对我显现——这就是指我以某种方式统觉到实际上被体验的感性内容。我听见一手风琴声音——我将被感觉到的声音就解释为手风琴声音。同样的，当我在统觉中知觉到我的心理显象时，幸福感使"我"激动，悲伤在心中颤动，如此等等。它们都被称作"显象"，或最好说，作为统觉之内容的"显现的内容"。

（5）"显象"一词当然具有意义含混性，此歧义性在此颇为有害。我们在此将其歧义性明确列举于下并非没有益处，对此歧义性我们在先前诸研究的讨论中已经提到过。"显象"一词主要被运用于直观观念呈现行为中，因此一方面用于知觉行为，另一方面用于准现前行为，例如记忆行为、想象观念呈现行为或通常意义上的（与知觉混合一起）形象观念呈现行为。于是显象是指：

1）直观的具体体验（具有某一对象的直观现前或准现前）；因此例如，这样的具体体验，当我们知觉到摆在我们面前的台灯时。因为在此情况下行为的性质特点，不论我们视此对象存在与否，都不发挥作用，我们可以完全将其忽略不计，于是"显象"〈Erscheinung〉就与我们在《第六逻辑研究》中①定义为"再现"〈Repräsentation〉者相符了。

2）被直观到的（显现着的）对象，即作为此时此地显现者；例如，作为被此一刚刚被实行的知觉所认定者。

但是误导性方式也指第一个意义上的显象之实在的组成部分，即具

---

① 参见该书§26，90页。

体显现行为或直观行为的实在组成部分，甚至就指"显象"。首先，显象指呈现中的感觉，因此即被体验的颜色、形式等要素，它们与和其对应的并在对其"解释"的行为中显现的（有色的、有形式的）对象之性质没有区别。我们经常强调，重要的是在二者之间进行区分，不应把颜色感觉和显现着的物体颜色混淆，不应把形式感觉和物体的形式加以混淆，如此等等。当然，非批评性的认知理论总是忽略此区别。但是甚至那些拒绝认同叔本华所说的"世界是我的观念呈现"* 的人也习惯于说：显现的物似乎就是感觉内容之复合。人们当然可以说，显现的物本身，感觉物本身，是由这样的材料构成的，它们类似于我们视为意识内容的感觉。但是，这一说法并未改变如下事实：显现的物的性质并非感觉本身，而只是类似地显现为感觉。因为它们并不像感觉一样存在于意识内，而是反之如同显现的性质一样仅只呈现于意识内，以超越的方式被假定着。按此，被知觉的外物也不是感觉的复合；反之它们是显象之对象，此对象显现为性质的复合，其属别在一特别的意义上类似于感觉中存在因素之属别。我们可以换一种方式将以上所说者这样表示：我们将"感觉"一词理解为一意识统一体之体验的某一属，该体验之内容是以某种方式被确定的。如果现在出现这样的情况：在一意识统一体内类似属的实际性质显现为外在于、超越于感觉，那么人们就可以按照相应的属对其称名，但是它们也就不再是感觉了。我们强调的这个词"外在的"，当然不应按照空间的意义理解。不论现象上外在物的存在与不存在问题如何被决定，毫无疑问的是，一切被知觉物的实在性不应被理解为在进行知觉的意识中被知觉的感觉复合体之实质性。因为显然，通过任何事例的现象学分析均可证明，知觉物，此类所谓的感觉复合体，不论是按其个别的性质要素还是按其整体来看，在一切情况下都不同于在相应知觉中事实上被体验的感觉复合体，后者的客观统觉首先在意向性方式上构成了知觉意义，因此即构成了显现性的物。

人们确实可以说，显象的原初概念是以上第二条提出的，因此即显现者或可能显现者概念，直观物本身之概念。如果考虑到一切体验（其

235

---

* Vorstellung 通常在此译为"表象"。——中译者注

中也包括外直观的体验，那么其对象可称作外显象）也可能成为反思的、内在的直观之对象，那么一自我体验统一体内的一切体验都可称作"现象"：按此，现象学就意味着有关一般体验的理论，而且其中也包括体验中明证地显示的一切所与者，不只是实在的而且也是意向的。<u>纯粹</u>现象学于是就是关于"<u>纯粹现象</u>"的本质理论，即关于"<u>纯粹自我</u>"之"<u>纯粹意识</u>"的本质理论。换言之，纯粹现象学就不是建立在通过超越性统觉所与的那种物质性的、动物性的因此即心理物理性的自然基础之上的，它不实行与超越意识的对象有关的任何经验设定和判断设定。因此它不判定任何物理性的及心理性的自然现实（因此不判定任何历史意义上的心理学真理），也不从中采取任何真理作为其前提或原则。反之，它将一切所谓超出充分适当的、纯粹的内在直观（因此即超出纯粹体验）之所与者的推进和判断设定都纯粹视作体验，它将这些体验本身纳入一种纯粹内在的、纯粹"描述的"本质研究之内。纯粹现象学的本质研究在此也是一种纯粹在第二种意义上的即在"观念化"意义上的研究，这是真正意义上的先天性研究。经此理解，本著作中的各部"研究"都是纯粹现象学的，因为它们不具有本体论的主题——因为它们，正如《第二逻辑研究》和《第三逻辑研究》中那样，并不企图对于可能意识的<u>对象</u>进行先天性论断。这类研究并不讨论任何心理学事实和"客观的"自然法则，而是讨论纯粹可能性和必然性，二者都属于任何形式的纯粹"我思"：所讨论的是其实在的和意向性的内容，或是其与一观念上可能的意识关联体本身内其他类似形式的先天性可能关联域。

正像"显象"一词一样，因此必然的，"知觉"一词，以及其他相关于知觉所使用的词，都具有歧义性。这些歧义性由于其所引生的含混性错误贯穿于知觉理论。例如，<u>知觉</u>被称作知觉中"显现的"东西，因此即其对象（房屋），而且还是其中被体验的感觉内容，即呈现着的内容总体，这些内容在其复合体中被"统握为"房屋和具体地被统握为其性质。

（6）布伦塔诺按照明证性特性和现象类别划分原则在内知觉和外知觉之间确立区别的理论显示出，此一歧义性具有多么大的误导性。

外知觉不是明证性的，甚至是会发生错误的，这是毋庸置疑的，如果我们以外知觉所知觉到的"物质现象"一词来理解物质物或其性质、变化等等的话。现在当布伦塔诺将"被知觉者"一词的此一正当的和唯一可容许的意义与其非正当的意义相混同，而后者于是不是相关于外部对象而是反之相关于实在地属于知觉并呈现着知觉的内容时，以及当他因此必然地用"物质现象"一词不仅指该外部对象而且也指这些内容时，这些内容似乎因此也受到外知觉的可发生错误特性之影响。我倾向于相信人们在此问题上应该采取更严格地区分法。如果一外部对象被知觉（如房屋），那么在此知觉中呈现着的感觉被体验着，但未被知觉着。当我们对房屋的存在发生错觉时，我们并未因此对被体验的感觉内容的存在发生错觉，因为我们对该内容根本未曾进行判断或在此知觉中对其知觉。如果我们之后注意到此内容——我们对此（即在一定限度内）具有关注能力是不容否认的，以及如果我们排除了我们刚才以及通常通过该内容所意指者，而将该内容简单地视为其所是的话，那时我们当然是对其进行着知觉，不过此时并非是通过其内容来知觉该外在对象了。此新知觉显然同样具有无误性和明证性的资格，正像任何"内"知觉一样。对内在地存在者和如此被意指者加以怀疑显然是不合理的。我会怀疑，一外在对象是否存在，以及任何与此对象相关的知觉是否正确，但是我不可能怀疑此知觉的任何<u>被体验的感性内容</u>。自然是在这样的条件下，我对其"反思"和对其<u>如其所是</u>的那样直接进行直观。因此既存在"物质"内容的明证性知觉，也存在"心理"内容的明证性知觉。

　　如果人们反驳说，感性内容始终和必然可作为对象被统握，它们永远是外在直观的载体，而且我们要想能够对其注意，只能将其作为这样一种直观的内容加以注意才成：对此我们不需要争论，相关结果并未改变。此内容存在的明证性如前一样无可争辩，而且仍然绝不是在行为意义上的"心理现象"之明证性。虽然全部心理现象的存在明证性包含着其每一部分的明证性，但部分之知觉具有一新明证性的新知觉，此明证性并不是全部现象的明证性。

　　物质现象概念带有的一种类似的歧义性，按照对此概念的一致性理解，必定也存在于心理现象概念中。布伦塔诺却不这样认为。他用"心理现象"一词仅只指一种实际上出现的行为体验，而用"内知觉"一词

238

指直接把握此体验的知觉，如其在此体验中存在着那样。但是布伦塔诺忽略了这样的事实：他通过"内知觉"一词仅只确认了一类心理现象的知觉，而且因此现在无关于通过内外两类知觉来划分一切知觉。他也忽略了这样的事实：他赋予其内知觉以明证性这样的优越性，仅只相关于他在内知觉情况下基本上歪曲了知觉概念，而非相关于被内在知觉的"现象"具有之特殊性。即使他借助"物质现象"一词一开始只将这类针对对象的统握行为和把握行为（二者可充分适当地直观其对象）理解为真正的知觉，那么他就也须将被其归于外知觉的感性体验的知觉称作具有明证性，那么他就不能够说在其意义上的内知觉是"的的确确该词真正意义上的唯一知觉"①。

　　一般而言可以肯定，这两对概念——内知觉与外知觉、明证知觉与非明证知觉，不可能相互符合。第一对是由物质概念和心理概念规定的，不论人们如何对其加以区分；第二对表达出了我们在《第六逻辑研究》中已经研究过的基本的认识论对立：这就是**充分适当**的知觉（或严格意义上的直观）和单纯假定中的、非充分适当的知觉之间的对立，前者的知觉性直观只相关于在其之上实际出现的内容，后者的直观并不在出现的内容中获得其充实，而是通过内容构成着一种超越物之于肌体上的所与者〈leibhafte Gegebenheit〉，后者永远是单侧的和在假定中呈现的。对前一情况而言，被感觉的<u>内容</u>同时就是知觉的<u>对象</u>。内容并不意指其他，它只指涉自身。对后一情况而言，内容和对象是相互分离的。内容表示着它本身内并不存在者，而是表示着在其自身内"呈现"者，并因此（当我们保持直接直观时）是在某种意义上与其类似者，就像是颜色感觉类似于有色问题一样。

　　在此区分中存在**认识论**区别之本质，人们在内知觉和外知觉之间探索着此本质。此本质在笛卡尔的怀疑论中已经起着关键性作用。我可以怀疑非充分适当的、纯侧显的知觉之真实性；被意念的对象，或者也可以说，意向性的对象并非内在于显现的行为内；意向〈意念〉存在着，但对象本身并不与其合一，此对象最终应对其予以充实。它存在与否如

---

　　①　布伦塔诺：《心理学》，卷一，119 页。

何能够对我加以明证呢？另一方面，我不可能怀疑充分适当的、纯粹内在的知觉，正因为其中并无余存意向必须加以充实。一切意向或者相关于其各要素的意向都是被充实的。或者换言之，在知觉中客体不仅是被假定为存在的，而且同时也是在其中亲身地、实际地被给予的，正如它被假定的那样。如果充分适当的知觉之本质意味着，被直观的对象本身真实地、实在地内在于它，那么其另外一种说法是：只有真正实在的体验之知觉是无可怀疑的、明证性的。并非一切这类知觉都是明证性的。例如，在牙痛知觉中一种实际的体验会被知觉到，但此知觉同时往往也具有认知错误性：疼痛可能因钻孔而发生于健康牙上。预期证误的可能性不言自明。被知觉的对象不是被体验的疼痛，而是以超越性方式被解释的，即被归于牙齿的疼痛。但是充分适当的知觉意味着，其中被知觉者是这样被体验的，即有如其被知觉时那样（有如知觉对其意指着、统握着那样）被体验的。在此意义上我们当然只具有一种关于我们自身体验的明证性知觉，而且只在这样的条件下，即我们以纯粹方式接受此体验，而不是以统觉的方式超越此体验。

（7）但是人们现在可能反驳：由于体验与心理现象肯定仍然是相同的，那么所争论的是什么呢？我回答：如果把心理现象理解为我们的意识的真实组成部分，体验本身时时存在着，而且如果此外人们把心理现象的知觉或内知觉理解为充分适当的知觉，其意向在相关体验内获得了内在性的充实，那么内知觉的范围当然与充分适当的知觉的范围相符。但是，重要的是应注意：

1）在此意义上心理现象并非等同于布伦塔诺意义上的心理现象，也不等同于笛卡尔的我思作用或洛克的心的行为或运作，因为全部感性内容和感觉也属于一般体验领域。

2）于是非内在的知觉（扩大的知觉类）并不与通常意义上的外在的知觉相符，而是与超越性的、不充分适当的知觉的更广阔的范围相符。如果一感性内容、一感性的复合物或一感性内容过程，被统握为一存在物、一组群、一多种物的分节组合，或被统握为一物的变化、一外部事件等，这样就出现了通常意义上的外知觉。但是，一非感性内容也可能属于一超越性知觉的代表性内容，尤其是在与感性内容相联系时。我们的被知觉对象于是可以是具有被知觉的心理性质的一外部对象（这发生于将"人"统握为自己或他人的躯体物的不同情况下），或者（如在心理物理统觉中），是一内在对象，一主观体验，它具有在其中被知觉到的物理性质。

3）在作为关于动物心灵生命的心理学内，当我们把心理现象知觉或内知觉，理解为关于自身体验的知觉，知觉者把此体验统握为他的、这个人的自身体验，那么一切内知觉就和外知觉一样成为超越性的统觉。在此情况下，此统觉中当然也存在某些（经由某种抽象）可视为充分适当者，只要它们在其纯粹本身〈Selbstheit〉中受取相应的自体验；但是只要这种"充分适当的"内知觉也把在其中被把握的体验统觉为进行知觉的心理物理的"人-自我"（因此即与所与的客观世界相关的）之体验，那么在此情况下它们本质上就具有了一种非充分适当性。另一方面，在内知觉中，完全像在外知觉中一样，包括有这样的知觉，其被知觉的对象，在知觉中赋予它的意义上，并不存在。甚至对心理学而言具有基本性的、在充分适当的和非充分适当的知觉间的区别——心理学的充分适当性在此应按前述抽象方式来理解——与内知觉和外知觉间的区别是相互交错的，并因此也遍涉内知觉领域。

（8）"现象"一词的歧义性导致其有时可指显现的对象和性质，有时可指构成显现行为的体验（尤其是感觉意义上的内容），而最后可指作为现象的一切体验。此一歧义性相当地说明了为什么人们倾向于混淆两种本质上不同的有关"现象"的心理学划分方式：

1）体验的划分：例如，区分为行为和非行为。这样的分类当然适用于全部心理学领域，作为心理学它应当处理一切体验问题——此体验在心理学中当然是像动物界的体验一样被统觉的。

2）现象性的对象的划分：例如，显现为属于一自我意识的对象和并非如此的对象，换言之，在心理对象和物理对象（内容、性质、关系等）之间的划分。

布伦塔诺实际上将两种分类法相混淆。他使物理现象和心理现象直接地相互对立，并显然将其规定为行为和非行为内的有关体验之划分。

但是当他用"物理现象"一词将感觉内容①和显现的外部对象或其现象的性质相混淆，以至于此划分法立即呈现为物理的现象性对象和心理的现象性对象的划分（在一般的或类似的意义上）。按此划分法，后者甚至被赋予了名称。

　　与此混淆性划分密切相关的是一种由布伦塔诺也用于区分两类现象的规定，即物理现象"仅只以现象的和意向性的方式"存在，而心理现象"在意向性的存在之外还有一种现实的存在"②。如果我们把物理现象理解为现象物，那么至少可以肯定，它们是不需要存在的。生产性的想象之结构，在绘画、雕塑、诗歌等等中的艺术性呈现的大多数对象，幻想的和虚幻的客体，只是以现象的和意向性的方式存在着，即严格说来它们并不存在，而只是具有其实在的和意向性的内容的相关显现行为。而对于被理解为被感觉的内容的物理现象来说，情况完全不同。被感觉的（被体验的）颜色内容、形态内容等等，是当我们在连续变化中直观伯科林〈Böcklin〉的题为"极乐世界"的绘画时产生的，以及在想象的行为特性激发下被转化为形象客体意识的，它们都是此意识的实在组成部分。而且在此情况下它们绝非仅只是现象性地和意向性地存在着（作为显现的以及仅只被假定的内容），而是现实地存在着。人们当然不应忘记："现实地"并非相当于"在意识之外地"，而是相当于"不是只被假定的"。

244

---

　　①　布伦塔诺把感觉〈Empfindeunen〉理解为感觉〈Empfindens〉行为，使其对立于被感觉的内容。我们说过，按照我们的话语方式，这样的区分并不成立。我们称"感觉"〈Empfinden〉仅只是这样的事实：一种感性内容以及此外一种一般的非行为出现于体验复合体中。在与显现相关或对立时，"感觉"一词只用于指其内容的统觉功能（即它们起着一种统握之承载者的功能，在统握中实现着作为知觉或想象的相关显现）。

　　②　参见布伦塔诺：《心理学》，卷一，§7，120页。例如他说："认知、快乐、欲望现实地存在着，颜色、声音、温暖只是以现象的和意向性的方式存在着。"同书，104页，他举出了物理现象的例子，"我看见一图形、一风景……我感觉暖、冷、气味"。

回忆我与《逻辑研究》的一段"书缘"

20 世纪 60 年代我在北京内部书店偶然购到的《逻辑研究》第一卷和第二卷的《第六逻辑研究》单行本，成为促使我在基本哲学理论大方向寻索中从维也纳小组的"物实证论"转向胡塞尔的"心实证论"（按照我的非西方正统解释）的一个直接激发因素。此后胡塞尔现象学成了我毕生主要研习的领域之一，即使几十年来我也从来没有过成为现象学专家的兴趣和计划。如今，在"文化大革命"十年间伴随着我的这部唯一现象学藏书，在最后由我自己完成了对其选译的工作时，也自然不无一番感怀。不时浮现在眼前的是：在宁波，冬季我在妻子的寒冷宿舍里，借助于词典拥被啃读此书的情景。朦朦胧胧间，我似乎在其理论推演的吸引力之外，还感触到了胡塞尔"坚硬逻辑"背后透露出来的一层价值学"底色"。的确，胡塞尔的逻辑性文字似乎含蕴着一种可激发理性信仰的精神力量。相比之下，在先吸引我的罗素作品中无处不在的"理性思想"因素，则只能停留在思想的表层了。为了纪念自己通过此书之"媒介"日后走上了毕生关注胡塞尔学的历程，所以将自己收藏的这部《第六研究》扉页图片也插附于书前。读者可以看到，在此书的扉页上印有家父的私章。"文化大革命"伊始，为了防备红卫兵如来骚扰时可能发现我的中外社会科学类藏书，我遂将理论性藏书都盖上了家父的章印，打算到时解释说这些都是父亲的图书。他因有内部图书购书证件，存留社会科学书籍应该是合法的。（而我则属于当时大街小巷到处贴出的红卫兵通令上列出的必须迁出北京的一类人。）在我当时努力搜集到的各种中外社会科学类图书中，这两册 1921 年版的、书页泛黄的《逻辑研究》，应该说是我的有限藏书中的珍品了。当然，那时根本不可能想象到有朝一日会将其亲自翻译出版。

　　我们知道，作为分析派逻辑学大家的罗素，曾经许诺过要为他曾经加以称赞的《逻辑研究》写一书评，却始终未曾实践诺言。写出《数学原理》和《心的分析》的大分析家罗素与写出《逻辑研究》和《纯粹现象学通论》的大分析家胡塞尔，在相关于"哲学分析"的领域、课题、目标、方法等方面，彼此颇多差异。如果说罗素大体"朝向着"自然科学派的理论思维方向，胡塞尔则是真正地"朝向着"人文科学派的理论思维方向，尽管两人都同样出身于数学和逻辑学教育领域。同理，罗素的"心学"和胡塞尔的"心学"在根源与目的上也互不相同：一者基本上是实验心理学-生理心理学方向的，另一者基本上是内省心理学-逻辑语义学方向的，虽然后者也是在德国19世纪实验心理学显著成就的激发下来重新反思意识和心物关系问题的。他们在讨论心理现象和逻辑概念问题的共同性部分时，却各自牵扯着非常不同的知识背景和知识兴趣，尽管他们都属现代著名西方哲学家之列。扩大来看，今日英美分析哲学中极为重要的"mind"的研究，看似可以成为分析哲学与现象学两大派共同的学科领域，何况双方思想也均可上溯于笛卡尔-洛克以来的近代哲学史背景，而实际上二者并非可如分析派现象学家们期待的那样，促成一个统一的关于"心"之学的共同研究领域。这不仅缘于上述方法和方向上的根本差异性，而且彼此所说的"心"的概念，也并非完全一致，甚或具有本质上的区别。

　　但是，"逻辑分析课题"或广义"逻辑语义学分析课题"，的确更宜于成为现象学和分析哲学的共同工作场地。《逻辑研究》其后即因此成为此一共同学术对象之一。胡塞尔个人哲学思想的来源包括：数学逻辑学的训练背景，布伦塔诺的心理哲学转向，与逻辑学家弗莱格等的逻辑学界互动，与解释学和新康德主义在价值学和伦理学等课题方面的深刻兴趣交叉，等等。最重要的一个特点是：胡塞尔作为哲学家不是"出身于"德国古典哲学的，但在其后通过新康德主义发现自身思想在精神方向上仍与康德理性批判一致后，却在其新认识论-方法论思考中仍然始终坚持其某种意义上"反传统哲学"的立场。这个立场导致了他后来在德国古典哲学两高峰——康德和黑格尔——之间进一步划清了认识论上的亲疏界限。如今不少西方胡塞尔学专家却硬要寻索胡塞尔晚年表现出靠近了黑格尔的迹象一事，暴露了西方人文专科训练和"哲学学科本位主义"是如何容易造成理论辨析上的误区的。应该看到，胡塞尔向新康德主义和"精神科学运动"思潮靠拢的倾向，也是缘于共同身处的思想环境之故：自然科学正在有效地"独霸"着人类科学知识世界的局势。为了探索有关人的生存（而非仅物的世界）研究方面更切当的科学理性方法，必须首先开辟在自然、精神、心理、意义、价值等异质性领域研究中寻求"逻辑一致性的"互动理解之途。与新康德主义和生命哲学不同，为了有效实践其理解的"逻辑一致性"思考，胡塞尔必须严格限定其研究对象和论域，也就是努力维持其工作领域选择的纯一性（现代理论思想与各种古典理论思想的一个显著不同正在于：增强了对研究对象领域本身构成一致性的选择意识）。罗素的哲学思维"纯一性"主要限定于其数学逻辑领域，胡塞尔则企图将此"纯一性"扩大到心理世界。对于逻辑学家胡塞尔和逻辑学家罗素之间的哲学认识论比较，当然也为我们提供了在提升理论方向辨析方面的重要启示。

我经常谈到胡塞尔与罗素这两位同时代的西方哲学家之间的比较问题，因为两人都是我自 20 世纪 50 年代末开始倾心于现代西方哲学时最令我感到兴奋的思想家。虽然那时在学力和外语两方面还远远谈不到能消化胡塞尔的艰涩理论，而对于罗素的一般哲学和社会思想倒是早已通过大量翻译作品有所了解。然而我在哲学方向探寻过程中，在最初接触胡塞尔之后不久，即开始降低对罗素-卡尔纳普提出的"自然科学理性"方向的偏好，而认定了未来应该朝以胡塞尔现象学为基础的欧陆理性主义哲学方向努力，事后证明是确有理性判断根据的。此一转变的"技术性因素"，今日回顾，即因胡塞尔的"论述"在场域和推理方式两方面具有的这种追求"论证一致性"的特点。"逻辑一致性"才是"认知确定性"的技术性基础。我青年时代的哲学兴趣也是首先聚焦于价值方向性、知识基础性、理解一致性本身方面的，而不是满足于（实须另行探索其理论根据的）有关社会、文化、历史、政治等各种泛泛之论的。在追求知识扩大的目的方面，我本人虽然亦属杂家之类，不仅近乎"无书不读"，而且尤其不会放过中外各种"禁书"。例如，在能够初读英文小说不久，就急于通读了《查特莱夫人的情人》和《第三帝国衰亡史》。（直到"文化大革命"之前，北图的西文社会科学类著作基本上是对外开放的。这恐怕是苏联时期不能相比的一种隐而未显的双方文化政策上的差异性。）读者也可以了解为什么外语天分较差的我会花这么多时间学外语，因为外语是通向知识世界的"必要工具"，仅此而已（除此之外，可以说我根本不可能对外语本身发生兴趣）。但是，在长期自学过程中，在"泛"与"专"两方面，我始终怀有一种本能的区分性意识。虽然人们都宣称要追求理性、科学性、确定性，而这些规范性标准的"质量"只能验证于论述过程本身。在比较杜威和罗素时，青年时期知识不足如我，也立即能够舍杜威而就罗素（所以我于 1985 年陪同罗蒂访问期间，当我了解其对杜威的崇拜之情时，甚至产生遗憾之感）；而在比较罗素与胡塞尔之时，尽管对罗素等的了解比对胡塞尔多得多，并已在维也纳小组精神感召下努力多年，却在借助词典粗粗略读《逻辑研究》第一卷后我立即自信发现了另一种更有价值的"认知确定性"领域：首先，这就是我所朦朦胧胧感觉到的一种"心理实证主义"的新思考方向的存在。正是这样的"问题感觉"本身，而还不是"知识论上的判断"，成为我其后（特别是在"文化大革命"不能入馆读书期间）对于未来在基础性知识领域的大方向上进行选择的依归。在朝向此一所谓心理实证主义方向上，我那时能够感觉到罗素的"心学"讨论似乎"并不到位"，因为他似乎是在用物的"外学"来治心的"内学"；而胡塞尔的所谓"心理主义批评"，反而是从反方向引导我瞥见了真正的"心的问题"是什么。而且我已能感觉到，此一心理解析方式是直接通向意义问题和价值问题的。在早先对于"心、价值、意义"这个三联域的总体引导下，在知道胡塞尔之前，我一直是把罗素、前期维特根斯坦、卡尔纳普等作为追求关于"意义性知识"的主要途径的。正是初识现象学性质和风格后，我遂在意义思考的问题上增加了对"场域、课题、方法"及其相关关系的合理选择性意识。将胡塞尔取代卡尔纳普作为我那时的有关未来"基本理论方向之标志"的心理转变（可以说是在相关知识性准备远未完成之前仅凭"理论感觉"进行的选择），在有条件开始真正研究之前，一直贯穿于我的"文化大革命"岁月（或者说，与我无关的那段"文化大革命"岁月）的精神生活。因为，不知为何，胡塞尔的文本的风格本身似乎暗含着一种深邃的理性价值吸引力。（与曾经强烈影响我的维也纳小组理念具有的纯科学性不同，胡塞尔的文本中似乎蕴藏着一种"价值学力度"。这大概也是初期现象学运动易于造成直接吸引力的原因之一。）直到 1974 年前后，在我的现象学理论方向信仰之外，才出现了另一个兴奋点：也同样是"自远方"遥遥瞥见了符号学的身影。我从在余姚新华书店买到的关于"自然辩证法"的刊物上知道了完全另一类"意义问题"研究的大方向，即列维-斯特劳斯代表的结构主义符号学。虽然该译介资料粗简，我竟从字里行间立即感觉到了另一柱"理性之光"。仅只因此一线之光，我在 1977 年下半年重新进入北图后遂能将资料搜寻的方向集中于结构主义和符号学。后来进一步知道，应该将结构主义定位为一种"社会文化性实证主义"。（我当然也不会想到，仅只五年后我的平生第一封寄往西方的信件的收信人就是这位结构主义者，而我五年后完成的第一部西方现代理论经典翻译作品就是他的哲学名著《野性的思维》。）我那时的感觉是，按其重要性评估，结构主义与现象学似乎占据着平行同等的重要地位，各自所治理的分别为人类生存之外域与人类生存之内域。从此我的"理论理想树"就不应只是一株，而是成了两株：胡塞尔的内在性"心理学的意义论"方向和结构主义的外在性"社会学的意义方向"。而两种意义论方向又均可归入广义实证主义。这个实证主义与维也纳小组的"物的实证主义"不同，是直接相关于人与社会的一种实证主义，它不仅在科学性上超出了法国古典实证主义，也超出了现代逻辑实证主义。与自然科学以宇宙和地球为对象的实证主义不同，在其以人、社会、历史为对象的"人文科学理论"中，这个实证主义同时包含着：理性主义、经验主义、现实主义。

理论认知上这样的顿悟，当然与我此前十几年的多元化的思想探索感觉在方向上是一致的。我那时也确能感觉到：来自德法两国的内在-外在意义论方向，与我在中国学界环境里一向接触较多的美国文化与学术理论大为不同，当然也进一步由此觉察到，此前五十年来中国现代化前期引进的西方理论，竟然都显然与此现代欧陆意义论思考的理论方向——

在心理学场域和社会学场域内进行的——甚少关联。这样的认识论辨析是西化派胡适和新儒家哲学一代根本没有知识条件加以认知的。正是缘于此一判断，那时的我更加认识到，必须摆脱半个世纪来的职场学科环境，通过强化外语学习直接独立探索现当代欧陆意义论思想理论的根源。意义与价值这样的最为基础性的人文哲学问题领域，显然应该包括两个内外不同的"界域"："心理与意志"和"社会与历史"。二者缺一不可。然而相对于我内心最深关注的伦理学基础性问题，胡塞尔的现象学（那时就感觉到它明显不同于我了解的更多一些的德法存在主义）仍然更具有基本性。随着研习的深入和扩大，后来也进一步意识到，我所偶然购置的《逻辑研究》一书，不仅是胡塞尔学概念系统之基础，而且也可视之为胡塞尔现象学之精神标志。

英美式的广义社会哲学论述当然更容易理解，但正像我那时读一般中外现代人文社会科学一类书时的感觉一样，其中的思想内容当然更相关于现实，更容易引起兴味，但那类泛论哲理的经验之谈并不能成为"基础性认知"的用功对象。罗素的数理逻辑等专门研究为另一事，而其曾经在中国知识界产生过重要影响的有关哲学、社会、历史、政治方面的论述，之所以对于那时研学西方理论不久的我来说也会被视为"不够深刻"和"不够切题"，大概主要因为感觉到这类谈述方式欠缺话语内在的"道理一致性"。或者简单说，他们在科学与人文两界的相关思考，表现出了一种实用主义的、就事论事的特征；这类混谈式的思维方式（今日大概均可归入广义的新闻式观察和思考）大致来说都属于"粗线条"的风格（对于各种不同论题之间的意义关系和逻辑关系不甚讲究的思维习惯）。其实，我从 20 世纪 60 年代初在大量阅读北图的 1949 年前的社会科学类书后就已发现一个中国现代文教史上的特大问题：这么多留学生都是受到这样的"粗线条"思维方式训练的，这一事实是不是也直接相关于中国现代史和中国思想史后来的发展方向呢？一种实用主义式的"思维粗线条"！当这个西方社会、文化、历史思维的粗线条风格，再与中国传统儒家思维另一种传统式粗线条风格融合在一起后，中国文化与人文学术现代化的发展岂非要在根本的方向上维持其各式各样的"实用主义方法论"之特色？这样的粗线条式的文科思维方式能够成为新人文科学建设的理论基础吗？我于 20 世纪 60 年代初起对此反思后，遂认识到必须深化对此思想现代化发展合理方向的探究，至少应该按照"人弃我取"的独立治学态度致力于未来对欧陆人文理论新思潮研究的准备（在那时这当然只是一种空泛的期待而已）。我在离开北图后的"文化大革命"十年的自学史，因此也可以说成是相当自觉地为日后可能的"深研"进行准备的个人思想史。今日回顾，这岂非正是在为中国"新时期"的到来进行着个人尽其在我的学术思想准备！日后突然到来的新时期人文学术复兴机会，遂使我有条件陆续实践着此一在中华文明地区引介如下新知新学新理的工作：现象学、解释学、符号学。

罗素在其将《逻辑研究》携入监狱短期服刑间企图深读后写一书评的想法终未能实现，在我看来，以他的思维方式当然难以写出适当的书评来。此一故事也可用来间接说明，两大思潮尽管共同涉及了许多"公共知识领域"，却因目标、认识论和方法论上的明显差异而难以充分有效对话。智慧超强的罗素不能"顺读胡塞尔"（而非胡塞尔不能顺读罗素）一事说明，此间没有能力与知识高低深浅的问题，而是缘于个人心理气质和思维方式上的区别。此一推测也适用于大多数分析哲学家与胡塞尔哲学的关系。（同理，利科能够充分读解英美分析哲学，后者则未必能读解前者。）但是思想家的思想方式的特征相关于现代人文社会科学中领域与课题按性质加以合理分划的必要性问题，这才是我们辨析学人的思维性和适用性领域的目的所在。扩大而言，数学、自然科学、社会科学、人文科学、理论科学、应用科学等等一级学术领域范畴，彼此都是在最高"理性主义"大帽子下的异质性领域，不能笼统地统一运作。（五四时代对于此类理论形态的区分问题根本没有处理的知识条件，日后海峡两岸暨香港、澳门的自然科学与社会科学的成功发展也与此人文科学理论问题关系甚微。不要说"数理化"，就是"政经法"，也与"文史哲"隔着厚厚一大层，哪里能以为都属"文科"就可统一处理？）按此认知，当新时期开始获得研究条件后，我的后"文化大革命"时期的学术实践大方向，就是想将两岸学界均少关注的现、当代主要欧陆人文理论引入，以作为对大半个世纪以来中华文明各地区过多引入英美派自然科学方向的人文理论倾向的一种平衡。其中自然以胡塞尔学为最重要（而不是与分析哲学之间易于"实用主义式地共存"的存在主义。注意：当代分析哲学家丹托和当代实用主义哲学家罗蒂对现象学派的研究都是限于存在主义范围的）。但这是一个朝向长远学术目标努力的一个最初部分之最初阶段。在此最初阶段，最需加以关注者还不是相关知识的高低深浅方面的问题，而是学术思想大方向上的正误问题。这样的担心就在我于新时期国外游学期间深入了解了当前西方人文科学理论界现状后进一步加重了。

　　毫无疑问，即使在胡塞尔过去与现在的许多理性派的（暂不谈非理性派的）赞同者和同情者中间，很少人是全部理解、接受和继承其哲学思想的。不要说胡塞尔的先验现象学思考的总目标至今无人继承（甚至乏人重视），而且其提出的许多看似极其具有理智吸引力的局部分析结论，学人也是普遍地对其存在着不解和质疑的，如关于范畴直观、本质还原、观念性意义等的理论。就我研读所及，似乎大家都是为其各种具体心理-逻辑概念的细致解析风格本身强烈吸引着（虽然不一定深信，却极其尊重其分析的深刻性与细腻性，后者导致人们成为其研究专家，而前者却促使他们须另寻信仰归宿。今日许多兼治胡塞尔和海德格尔的西方哲学家多属此类）。至于我本人，对胡塞尔哲学虽特别重视，对胡塞尔作为哲学家的人格虽然极其尊重，却从无意愿专研现象学，或以现象学为"专业"。相关的理由，前已多次解释，其原因中还涉及超出西方哲学家们可能理解的方面（缘于我的中国文化背景以及相关于中国学术发展的特殊目标），因此就远不限于早年美国现象学家之一的法伯所说的：作为率先引入美国和毕生研究胡塞尔的专家，他从来（包括亲身追随胡塞尔之时）也不可能接受其形上学目标。事后反省可知，我作为纯粹独立哲学实践者的身份，而非"哲学职场从业者"的身份，从一开始所关注和真实追求者，根本不是什么职业化"专业"或任何学术体制内的"学科性目标"，而是各种"与人生与社会的思考有关的"理论理性因素中选择性的、协同一致的知识性"储积"本身。哲学文本（包括现象学）不过是各种理性资源之一而已。而哲学的和其他人文理论的"思想"都是以"学科作品"形式留存和传播的，因此作为一向的独立学人（而非履行体制内学科制度程序的"规范与程序遵行者"），仅凭个人的"理论感觉"选择性研读的习惯，就会实际上将焦点散落在"整体作品"中的各种"有趣课题片段"上，而非一定是朝向对其作品整体把握和对原作者本人意图的认同上。换言之，从一开始，西方哲学家对于我而言，就只是各类"理论资源的提供者"而已。在此意义上，围绕着胡塞尔的貌似中世纪经院哲学现代翻版的各种艰涩论述，对我个人的思想追求目的来说，并不构成什么"矛盾"，因为我从来也没有将任何哲学家、理论家的作品系列作为一个整体"承包下来"的俗常专家的抱负。（例如，对于列维-斯特劳斯和罗兰-巴尔特这样的始终心仪的大理论家的研究，我也一直持此态度。譬如，怎么可能接受前者的结构逻辑主义和后者的"新小说"理念呢？）在此意义上，正是在胡塞尔的作品中我发现了较其他重要哲学家作品中更多更重要的论点、结论和远景，它们可成为我们今后建设跨学科、跨文化新人文科学理性的重要"砖石"之一。

但是，在对他人学术成果进行学习与研究的过程中，我们必须同时维持两种读解态度，在此过程中应该辩证地区分两个相互重叠的理智运作的心理路线：按照学习的态度，我们应该努力对其进行全面深入的把握；按照反思的态度，我们则应该根据自身的认识论-价值学框架对其进行有关论点重要性的"辨析"和"选择"，并通过定向的"系统性认知重组"，将后者纳入自身的学术理论建构整体中去。这也是我对于一般读者的期待和我长期从事译介西方理论工作的意图所在。我反复说过，最后真正成为胡塞尔学专家者只可能是极少数人（根据对当前西方哲学界生态的观察，哲学"专家"的特点是精于技术性细节和文本整体性把握，却可能无关于专家本身独立思想力的提升：单纯地在大脑中努力"复制"他人的思维遗迹，不等于会有助于促进自身创造性思维的发展。当然，对专门课题的技术性精深掌握本身也可形成重要的学术实践刺激力）。有此志愿和资质者，必然只应将中译作品作为最初的台阶，接着必须在不仅要掌握德语的基础上（仅只英语是不够的，至少专门术语的德文词才能作为真正的概念把握根据，不可能仅根据各种翻译文中的对等词进行深入的现象学理论性思考），而且要准备关于西方哲学史、逻辑学史的各种专门学习，甚至要在掌握一定的自然科学知识条件下，才可能对其进行深入研究。（所以绝对不是在掌握外语后而是在对其他相关学术领域仅浅尝辄止的条件下即可进行西学理论的深入研究，虽然这样的条件也可能对理论话语进行字面上大体合格的翻译工作。）但是另一方面，胡塞尔学的许多具体概念和分析细节则是几乎一切人文科学理论家和理论爱好者都应该并可能加以了解和研习的。因此，对于大多数读者来说，各种理论翻译作品自然还是非常有用的研读资料。我们可以集中于关注胡塞尔的理论思维细节的展示，以期从中获得间接的理论思维方法方面的启发。大概这就是我反复译介现象学和胡塞尔原始作品的主要目的所在：不只是为了促成多少中国的现象学或胡塞尔专家的出现而进行理论性作品引介的（这类有意专深于现象学事业的学人，自己不久之后就会知道该如何按部就班地参与国内外学科内的专门实践），而是为一般关心人文科学理论问题的学人提供思维方式的激发力和借鉴材料。就此目的而言，《逻辑研究》提供的各种基础性的概念界定和分析样例自然是最重要的现象学研读材料之一。

我于 20 世纪 80 年代末旅德期间的第二年转至波鸿大学哲学所，有待继续完成的"理论符号学"研究计划的名义上的"主持人"是基金会委托的霍伦斯坦教授。他正好是《胡塞尔全集》编辑计划中《逻辑研究》第一卷的编者，兴趣兼跨分析哲学和大陆哲学。我正是因为他的"三学"（现象学、符号学、解释学）背景与我表面上难得的相合而主动要求基金会同意我由西柏林工大的符号学中心转至波鸿哲学所的。我们知道，霍伦斯坦在其主要相关于《逻辑研究》形成史及其影响的"发生学"背景下撰写了一长篇杰出的"编辑导言"。在该导言中，他曾经称《逻辑研究》是胡塞尔著作中"最伟大的"一部。而我当时却是以《纯粹现象学通论》中译者的身份到其名下"挂单"的。尽管我于 20 世纪 60 年代最初接触的胡塞尔作品就是这一部，但在 80 年代初欧美访学两年间，经过反复查考和反思，最后选中的回国后翻译选题则是《通论》（那时的理论读物出版条件甚差，差不多自己的每次选题都是按照可能为唯一一次出版机会设想，所以在选题取舍上特别认真）。同时我也认为，胡塞尔作品中"最伟大者"当属最初不为其同时代的人理解的《通论》（《观念 I》）一书。记得我曾经向《通论》的法文译者利科征求过意见，亦获得其赞同。20 世纪 90 年代初的一次波鸿大学中国学者、学生的节庆聚会，霍氏亦曾获邀参加，一位中国学者事后告我，霍氏曾经对他提道：作为现象学家，他从未真正顺读过《通论》一书（从现象学运动初期大多数跟随者和今日许多西方哲学家的类似情况可知，这一情况非常正常）。作为其后苏黎世理工大学校级教授和瑞士最著名的哲学家之一，也作为雅克布森符号学的著名专家，霍伦斯坦的学术特点提供了一个典型的例子：学术水平的高低是相关于其本人气质和选题的，并非可以简单化地据以轩轾学术理论上的高低；另一方面，我们也不能按照学人的学历、级别来随意比较学术水平的高低深浅（不能顺读《通论》的美国哲学思想家罗蒂是另一个例子。记得1982年5月他在普林斯顿教师餐厅招待我后一同在小花园散步时了解到我有在美积极联系若干现象学家的想法后对我说：那些现象学家们其实欠缺的是思想创造力。他的坦率评论给我印象很深，至于其意义，则是在日后学术经验丰富后才对此看法的正反两方面含义有了进一步理解的）。作为欧陆哲学家，霍氏倾向于科学派思维，其兼治大陆哲学和分析哲学的说法的实质仍然在于他所持的科学派中心立场。这就是为什么其符号学方向也是雅克布森科学派的，甚至是迁美后理论转向的后期雅克布森学派的。坚持狭义实在论的霍氏曾经对我在符号学写作计划中纳入列姆斯列夫理论一节极为反对，但在我希望和他专门就此进行一次讨论时，最初应允的他，最后放弃此议了。等到他后来在苏黎世接获我的《理论符号学导论》看到其中的英文目录时，他遂了解了我所谓的"符号学"比他的相当狭义的符号学概念要广阔多了。（自然因为我撰写有关西方符号学理论的动机和目的，和西方符号学专家们的研究动机和目的根本不同。）由于《逻辑研究》第一卷尚未包括多少现象学的专门名词，其内容大体类似于当时的哲学心理学，故不难理解。这样的情况，我认为普遍存在于现代西方哲学家中。反观同为瑞士现象学家的耿宁（与霍氏同龄），学术地位远不如霍氏，却对于胡塞尔学的精神、方向、方法、意义在二十多岁时就具有了较充分、较深入把握。（作为《胡塞尔与康德》名著的作者，以及作为《胡塞尔全集》中关于"主体间性"手稿三大卷的编者，后来他却放弃了继续专深于现象学研究而改治中印哲学和佛教哲学了。）

此例可促使我们进一步意识到，人类理论思考实践是多元的、多维面的、多方向的。同一事实也间接证明现代西方人文理论文教制度的局限性：以为对于千百个不同的专业路线上的任何一个，只要循阶完成某一"单线"训练程序，即在某个别教授指导下获得了某专业"博士"资格后，似乎即可有能力对各种复杂的、自己可能接触甚少的人文学理问题，任意加以点评和议论。（跨学科的方向是指，实践者必须先在其他学科内获得一定的知识补充后才能够参加相关讨论，这是另一回事。）此一误解是造成今日不少西方人文理论教授们自以为是、不自反省的主因。此种幼稚型功利主义导致他们实际上以为自己在极其片面地、狭窄地获得了一科之"博士"头衔后，即可想当然地顿时成为有资格无所不论者！今日西方学界内，由于此制度化的"教授产生训练程序"之故，有学而乏思的"文科理论教授"真是颇不少见。为此，我们岂非应该深刻反思这一来自西方的文科理论培养制度的优劣问题？由此导致的所谓学术思想的"多彩多姿"现象中岂非充斥着"随意发挥"的危险？摆脱西方人文学术中心主义的立场，不是为了泛泛争取什么各民族间的平等"话语权"（这个话语权应该相关于说话者的实际学术思想能力，而不是相关于文化人类学的血缘类型的优劣评比），而是为了追求更合理的、更完备的学术理性主义的发展。我曾经不断指出一个"辩证性研习原则"：既需要认真研习掌握西学理论，又须明确摆脱制度性的西学中心主义。对于胡塞尔学的研究态度也完全如是。因此我可大胆断言：想在西学理论方面有创造性的发展者，决不能按照随便哪位西方教授的固定路子亦步亦趋走下去。一个人的学术生涯，别人"带领"的部分应该不过是十分之一，十分之九都是要靠自己的。因此，怎么能够把其后"十分之九"的未来发展都建筑在最初的"十分之一"上面呢？此一适用于学者个人的意见，岂非也可扩大适用于所有人文科学学者？因此我们也绝对不能实用主义地把任何今日在西方学界"流行中的"哲学思想和理论思想及其方向和方式都当成今后中国哲学和理论发展的典范。我也多次指出，不仅在西方理论的各个领域内充斥着纯粹由于概念语义的几千年传统混乱性、随意性带来的思想方式分歧，甚至在任何学科和流派内部也充斥着这类分歧。这些被西方学界视为正常、正面而积极的学界现象背后，在我看来，掩盖了人文科学理论本身的幼稚性或不成熟性。文化商业化、职场制度化的全球化展开，更是正在逻辑性地、结构性地不断加剧着人文科学理论学界内这种混论思维态势。因为理论家们只是把自身学术理论话语看作遂行职场实践的"媒介和手段"，其唯一的学术标准就成了学术市场运作中的可行性高低问题（"市场"使用价值的高低问题），而非客观科学的真理标准检验问题。因此，不仅在现象学内部出现了同样的思想方式分歧，就是在胡塞尔学内部也是充斥着"话语权的争夺战"。（如同今日乱成一团的西方符号学理论界和历史理论界卷入的各种"名号争夺战"一样。因社会文化职业化发展带来的文化学术活动的"丰富性"本身，根本无关于学术水平的进步。丰富性不等于科学性!）除了我指出的学术外动机的影响外，所谓学术内的负面因素其实也是以学术外的因素为基础的：正是死板的学术分科制度和近代以来的个人主义人生观，加强了学人训练、工作、著述等等方面的"按界、按区竞争"的格局。"资本主义竞争学"如果在商业界有其正当合理性，在人文学术界则绝无任何合理性；如果学人把社会层面的竞争式生存合理性，与人文学术界的某种"学术势力垄断式竞争"的"合理性"混为一谈，就是犯了认知对象"类别性混淆"的错误。人类思想史规划者应该注意到一个事实：在人文学术领域内会不会存在着"专家"越多"思想家"反而越少的风险呢？（反过来也是一样，例如，按照媒体式思维，"有思乏学"却因此而"点击率"特多者，更是比比皆是。对此而言，我们岂非仍然应该溯本穷源，牢记孔子关于"学与思"的相关关系之至理格言呢？）

当然，我们更须注意的是现代西方理论界的"思想类型学"的复杂性问题。让我们再来看我近年来多次提到的另一个重要的哲学甚至现象学哲学内部的混乱现象：理性主义和非理性主义的界域不清和相互混同。结果，胡塞尔和海德格尔的"共生关系"已经成为胡塞尔学理性主义健康发展的重要阻碍之一。此一思维混杂现象普遍地出现在当前西方现象学界，可见西方学人的分析清晰性要求远远抵不过其功利主义和片面主义的误导力量。非理性主义成为西方理论界更具有生命力和影响力的思潮（因为它直接论述"信仰问题"，易于打动人的认知能力上的"软肋"），我们的现象学运动中的"第二代表"海德格尔不仅直接作为现代西方哲学非理性主义的第一代表，而且还因成功介入现象学流派，而成为从内部瓦解胡塞尔理性主义的主要思想力量。他通过系统借用胡塞尔创造的概念词语，再利用胡塞尔学自身未能及时提出"宏观图景"的理论实践中的欠缺，以及进而利用德国社会突然到来的反犹政治环境，遂在胡塞尔初步创立有成的"现象学思潮"名号下，一举"取而代之"；尤为高明者在于，在战后经受"政治甄别"后，在一个战胜国和一个战败国的两大学术思想界，又一举被许多人"共推为"20世纪"最伟大哲学家"！（正如西人将拿破仑称为"最伟大的历史人物"一样。）此一历程说明了什么？不，真正的问题是：学界内如此多人的几乎"共同反应方式"说明了什么？这说明了：如无真正适切的有关人生和社会的科学性、批评性的治学态度和方法，就真的最后变成了"书读得越多越欠缺关于意义和价值的思维判断能力了！"对此，科学理性派的分析哲学其"单维理性主义"路线无从介入"现象学内部之争"。（极端的事例为：精于自然科学式思维者，不应自认为自己的"理智能力"可以适用于任何需要"理智"的领域。因为，理智和理智是不同的，理性和理性也是不同的！）

让我们再举一个联系到霍氏的例子。我多次论及2012年南京国际符号学大会上提出的多元、多维理性主义原则主张，其目的之一也是缘于今已渗入符号学运动的海德格尔的非理性主义之后果问题。为此，我作为大会议程设计者，选择了"胡塞尔和海德格尔的思想对比"作为大会中一个分组会的标题，用以凸显西方理论界中理性与非理性对峙的情状。在我最后找到爱尔兰现象学家莫兰主持此专题会之前，本来打算邀请我所熟悉的霍伦斯坦前来主持此一全球思想界最尖锐的人文学术认识论冲突问题之一的。这个问题由于西方功利主义和思维混乱而难以被聚焦处理。西方学界戏剧性触及的是关于海氏纳粹经历问题，我则企图借机凸显西方哲学界"不敢触及"的真正要害：相关哲学性问题。为什么"不敢"？因为大家都要"珍惜"他的哲学"智慧资产"！虽未充分调查，但印象所及，西方学界似乎尚无将两人作为理论性对立面加以对比性集中讨论的研讨会。当我和长期与其日裔妻子居住在日本的霍氏联系后，曾向其坦陈相关问题的严肃性和重要性。不料先已答应受邀参会的霍氏（南京大会主持方慷慨地提供了全程招待的30个外宾名额）发来一封坦率而谦虚的放弃参会的抱歉信。《逻辑研究》第一卷的这位著名编者，声言他对这个复杂敏感问题的最新现象学进展早已不能跟踪，在学术上难以参加讨论会了。其实我的信中所要求的不过是主持一下小组发言而已。为了判断霍氏婉拒表示的虚实，我将此信转发已应邀参加大会并将做开幕式主题发言的瓦登菲尔德教授（曾任德国现象学会会长）。他俩曾经是波鸿哲学所同事，彼此十分熟悉（霍氏在离职返瑞前推荐瓦氏主持我的新研究计划，我因此在其名义主持下而继续在该研究所研学长达7年之久。以至于现象学史家莫兰最初以为我是"跟随"瓦氏研习现象学的）。瓦氏看信后，判断与我一致，认为所言为霍氏真意，并因此在复我信中赞赏了霍氏的谦逊与诚恳态度。事后想来，其中或许掺杂着我尚无足够经验判断的心理性原因：除了霍氏觉得此行实无助于宣表其个人的符号学思想外，或许更因西方学人"爱惜羽毛"，不愿"卷入任何争端"，特别是涉及这位曾博得"20世纪最伟大的西方哲学家"令名的名誉问题！（例如，如果他参与了在中国与己实无关系的对西方第一伟哲的"批判"，这算怎么回事呢？如果这位因曾经能够任教德国大学哲学系而为国人称誉者参与"批判"了德国"最伟大的哲学家"，其"形象效果"为何呢？）我顺便在此提出这段"逸事"，就不仅是针对哲学思维方向异同的问题了，而是提请学术理论界注意：现象学和胡塞尔学，看似纯粹学理之争的问题，却也可能牵扯到其他方面的"思想坦诚交流中的"多方面障碍问题。其现象学学术上的"导火线"当然不在于大家（包括海氏）都接受的《逻辑研究》一书，而在于"以《逻辑研究》为开端的""后'逻辑研究'的现象学思想发展"了。当然，最为根本性的原因还是在于不同学者对于理论问题的重要性判断不同：在今日西方学界我们看到太多的纯粹从学术论述的技术性方面评断高低的倾向，而人们并不轻易涉及价值学判断问题。而我们亚洲人研究西学理论，如果不是为了借以深化包括我们自己文明遗产在内的人类伦理价值学再造事业的话，为什么要花费如此大力气研读西学理论呢？在中国研究西学理论仅只是为了"把玩"其推理的精细性吗？

我向大会主持方推荐邀请莫兰与会的主要理由是他的《现象学导论》中对各家多有批评性的点评，这和大多数类似著作中多含正面论述者有所不同。然而不无讽刺的是，这位较具批评性态度的著名学者，这位在书中也稍微提到了海氏在纳粹时期的表现的现象学史家，作为今日国际著名的胡塞尔学专家之一，却仍然也是一位海氏哲学的尊奉者，对于胡塞尔和海德格尔的学术上的分歧部分仍然涉入有限，更不可能在理性主义和非理性主义截然对峙的高度上来看待两人理论之间的关系问题。可以说，现象学"两大师"在哲学上的对立关系至今遭到西方哲学界的漠视和掩饰，至于分析哲学派和法兰克福学派等对海氏的严厉批判，或者是针对其政治操守，或者直接缘于哲学立场的不同，所以对今日现象学界影响有限。这样的西方理论学术界现状，也反映了西方人文学术理论界今日的非科学性的功利主义学术实践态度之顽固。如今这一态度也传及非西方学术理论界，这对于两岸几十年来有如此大批人士受训练于西方校园的学人来说，其后果有可能加深了新世纪中国新人文科学建设事业发展进程的复杂性，如果中国人文理论家们机械地追随西方学界的潮流前进的话。"哲学"，任何类型的"哲学话语"，结果都可仅成为职场内实用主义、功利主义运作的工具和渠道，这一人文学术倾向使其难以成为追求真正的人文科学建设的资源，反而可成为阻碍人文科学理论建立的积极因素。

我们在此提到现代西方哲学和人文理论的复杂现实，一是要提醒：我们根本不可能将这些思想史上的各种"个人性结论"都视为可靠的推理依据；二是要注意到：虽然如此，正是此一混乱思想理论局面为我们提供了重要而有用的研究与思考对象或材料，因此我们仍然应该由此切入对之加以客观解剖；三是在方法论上，如前所述，我们应该采取新世纪多元或多维理性主义观来借助不同学术理论资源综合地进行新理性主义、新人文科学的构建。从这样的深度和高度看待我们的现象学和胡塞尔学研究，一方面可避免陷入因循守旧的西方制度化哲学教条主义窠臼，另一方面可重新审视和捡择历史上的重要人文理论思想成就。就此而言，胡塞尔学当然始终也是最重要的人文科学理论资源之一。

德、法、英、中现象学用语对照表

（李幼蒸　编制）

　　本对照表参照《胡塞尔全集》（卢汶）、《现象学研究丛书》（卢汶）、英文《胡塞尔著作集》（Kluwer）及相关德、英、法研究著作中有关术语的说明和注释制订，并特别参照了以下著作：

Paul Ricoeur：GLOSSAIRE，*Idées directrices pour une Phénoménologie*

Dorion Cairns：*Guide for Translating Husserl*

A. de Manralt：Analytical Index，*The Idea of Phenomenology*

H. Spiegelberg：Index of Subjects，*The Phenomenological Movement*

B. Gibson（tr.）：*General Introduction to Pure Phenomenology*

F. Kersten（tr.）：*Ideas Pertaining to a Pure Phenomenology and to a Phenomenological Philosophy*

　　以上参考著作列举于 1986—1987 年。现增加以下关于胡塞尔学和相关哲学词语解释的参考书如下：

木田元、野家启一、村田纯一、鹫田清一：《现象学事典》，弘文堂，1994

J. Ritter，K. Gründer，G. Gabriel：*Historisches Wörterbuch der Philoso-phie*，B. 1-B. 12 Schwaber & Co，1971 - 2004

S. Auroux：*Les Notions Philosophiques*，T. 1-T. 2，PUF，1990

J. P. Zarader：*Le Vocabulaire des Philosophes*，T. 1-T. 4，Ellipses，2002

J. J. Drummond：*The A to Z of Husserl's Philosophy*，The Scarecrow Press，2010

D. Moran，J. Cohen：*The Husserl Dictionary*，Continuum，2012

以下对照表中，德、法、英三种词汇内的一些希腊语、拉丁语或具希腊语、拉丁语词根的语词，因大致相同故只列出德语部分。

abbilden/depeindre，copier/depict/映象、描绘

Abbildung/copie/depiction/映象、描绘

Abgehobenheit/relief/saliency/突出、突显部分

abgeschlossen/clos/self-contained/封闭的、完结的

Ablehnung/refus/refusal/拒绝

Ableitung/dérivation/derivation/派生（项）、偏离

abschatten/s'esquisser/adumbrate/侧显

Abschattung/esquisse/adumbration/侧显（物）

Abstraktum/abstrait/abstractum/抽象物

Abstufung/gradation/different levels/层次（组）、分级

Abwandlung/mutation/variation/变异、变体、派生项

abweisen（sich）/（se）démentir/reject/中断

achten/observe/heed/注意、注视

Achtung/observation/respect，attention/注意、注视

Adäquatheit/adéquation/adequateness/充分性、相符性、相应性

Adäquation/ adéquation/adequating/相符、相符作用、相应、充分

Affektion/affection/affection/触发

Affirmation/affirmation/affirmation/肯定

Aktive/activè/active/ 主动的、积极的、活动的

Akt/acte/act/行为、作用

Aktivität/activité/activity/主动性、活动

Aktualität/actualité/actuality/实显性、实际、现实性

Aktualisierung/actualisation/actualization/实显化、现实化

Allgemeinheit/généralité/universality/普遍性、一般性

Animalia/être animés/psychophysical being/生命存在、有生命物

Anknüpfung/liason/connexion/联结

anmuten/supputer/deem possible/推测

Anmutung/supputation/deeming possible/推测

Annahme/supposition/assumption/假定

annehmen/admettre/assume/假定

Ansatz/supposition/supposed statement，starting/假定、开端

Anschaulichkeit/intuitivite/intuitiveness/直观性

Anschaung/intuition/intuition/直观

ansetzen/supposer/suppose，start/假定、开端

Anweisung/directive/directive/ 指示

Anzeich/signe/indication/标志、指示

Apodiktizität/apodicité/apodicticity/确真性

Apophansis/命题判断

Apophansistik/apophansistique/apophantics/命题逻辑、命题学

Apperzeption/apperception/apperception/统觉

Appräsenz/ apprétation/appresentation/连同现前、连同呈现

Appräsentation/apprétation/appresentation/现前化、连同现前化

apriopri/先天地

Art/espèce，sorte，maniere/sort，species，manner，character/种、种类、方
式、特性

Artikulation/articulation/articulation/（分节）联结、联结作用

Assoziation/联想（作用）

Attention/attention/attention/注意

Attribution/attribution/attribution/属性归于、赋予

Auffassung/apprehension，conception/apprehension，conception/统握、
理解

Aufhebung/suspension/suspension，abolition/终止

Aufmerksamkeit/attention/attention/注意

Ausbreitung/étendue/spread/扩大

Ausdehnung/extension/extension/扩展、广袤、广延

Ausdruck/expression/expression/词语、表达

ausdrücklich/expressive/expressive/表达的、明确的

Ausfüllung/remplissement/filling/充实（化）

Aussagesatz/énoncé，proposition enonciative/statement，predicative
sentence/陈述

ausschalten/mettre hors circuit/suspend，exclude/排除、中断

Ausweisung/légitimation/showing，demonstration/证明、明示

Bau/structure/structure/结构

Beachten/vermarquer/heed/审视

bedeuten/signifier/signify/意指、意味

Bedeutung/signification/significance，meaning/意义、意指、意味

Begehrung/desir/desire/欲望

Begründung/fondation/grounding/基础

Behauptung/assertion/assertion/断言、主张

Bejahung/affirmation/affirmation/肯定

bekraftigen/confirmer/confirm/断言、证实、加强

bekunden（sick）/s'annoncer/evince/显示

bemerken/remarquer/notice/注意、指出

Beschaffenheit/propriété/quality/性质

Beschlossensein/l'ĕtre-impliqué/includedness/蕴涵

Beschreibung/description/description/描述

beseelen/animer/animate/使活跃、赋予活力、激活

Besinnung/médiation/contemplation/深思

Besonderung/particularisation/particularity，particularization/特殊化、
特殊性

（das）besondere/le particulier/the particular/特殊项、特殊物

Bestand/composition/composition/内容、组成（成分）、性质

Bestände/composantes/components/组成成分

Bestandstück/composantes/component/组成成分

bestätigen/confirmer/corroborate/证实

Bestimmtheit/détermination/determination/规定、规定性

Beurkundung/s'y annonce/primordial manifestation/ 元显示、证实

Bewährung/vérification/verification/证实

Bewusstsein/conscience/consciousness/意识

bewusst/dont on a conscience/conscious/有意识的

bewusstseinsmässig/en rapport avecla conscience/relative to consciousness/相关于意识的

beziehen/mettre en relation/relate/使相关

Beziehung/relation/relation/关系

beziehend/relationnel/relating to/（有）关系的、使相关的

Bezogenheit/reference/relatedness/相关性

Bezeichnung/désignation/designaion，denotation/标记、名称

Bild/portrait/image，picture/形象、图像

bildlich/en portrait/pictorial/形象的

bilden/construire/form/形成

Bildung/construction/formation/形成、形成物

Blick/regard/regard，glance/目光

Blickstrahl/rayon du regard/ray of regard/目光射线

bloss/simple/mere，bare/简单的、仅仅、纯

Bürgschaft/garantie/guarantee/保证

Charakter/caractere/character/特性

Charakteisirung/caracterisation/characteristic/（表明）特性

Cogitatio（nes）/我思思维、我思行为

Cogitatum/我思对象、被思者

Cogito/我思

darstellen/figurer/present/呈现、描述

Darstellung/figuration/presentation/呈现、描述

Dasein/existence/factual existence/事实存在、定在

decken（sich）/coincider/coincide/符合、相互符合、一致

Deckung/coincidence/coincidence/符合、符合作用

Denkstellungnahme/position adoptee par 1a pensee/cogitative positiontaking/思想设定

Description/description/description/描述

Deutlichkeit/distinction/distinctness/清晰性

Dies-da/ceci-la/this-there/此处、这个

Diesheit/eccéité/thisness/此、此性、此物性

Differenz/difference/difference/差异

（niederste）Differenz/difference ultime/ultimate difference/种差

Ding/chose/thing/物、事物

Dinggegebenheit/donne de chose/physical thing data/所与物、物所与性

Dinglichkeit/chose/physical affairs，thingness/物性、物质事物

Dingwelt/monde des choses/world of physical things/物世界、物质世界

disjunkt/disjonctif/disjuctive，mutually exclusive/相互排斥的、析取的

Doxa/信念

doxisch/doxique/doxic/信念的

durchstreichen/biffer/cancel/抹消

echt/authentique/genunine/真正的

Echtheit/authenticité/genuineness/真正（性）

Eidos/艾多斯、本质

eidetisch/eidétique/eidetic/本质的、艾多斯的

Eidetik/eidetique/eidetics/本质学、艾多斯学

eigen/propre/own/特有的、固有的

Eigenheit/spécificité/ownness/特殊性

Eigenschaft/proprieté/property/特性

Eigentumlichkeit/trait caracteristique/peculiarity/特性、固有性、真正性

Einbilden/feindre/imagine/虚构、想象

Einbildung/fiction/imagination/虚构、想象

eindeutig/univoque/univocal/单义的

Eindeutung/indication/indication，meaning into/（解释性）指示、把握

Einfühlung/intropathie/empathy/移情作用

Einheit/unité/unity/统一体、统一性、单一体、单元

einheitlich/unitaire/unitary/统一的

Einklammerung/mise entre parentheses/parenthesizing/置入括号

einsehen/voir avec evidence/have insight into/明见、洞见、领会

einseitig/unilateral/one-sidedly/单面的

Einsicht/évidence intellectuelle/insight/明见、洞见、领会

Einstellung/attitude/attitude/态度、观点

Einstimmigkeit/concordance/accordance/一致（性）、和谐性、协同性

Einzelheit/cas individuel/single case，singleness/单一（体）

Empfindnis/impression/sensing/感觉状态

Empfindungsdata/data de sensation/data of sensation/感觉材料

Entkräftigung/infirmation/refutation/使无效

Entrechnung/invalidation/invalidation/（使）无效

Entschluss/decision/decision/决定、决断

Entstehung/genèse/origin/产生

Epoché/悬置

erblicken/regarder/regard/注视

Erfahrung/expérience/experience/经验

erfassen/saisir/grasp/把握

Erfassung/saisie/grasping/把握

Erfüllung/remplissement/fulfilling，fulfilment/充实（化）、履行、实现

Erinnerung/souvenir/memory/记忆

Erkenntnis/connaissance/cognition/认识、知识

erkenntnismassig/cognitif/cognitional/认识的

erkentnis-theoretisch/epistemologique/epistemological/认识论的

Erlebnis/le vécu/lived experience，mental process/体验、心理经验

Erlebnis-strom/flux du vécu/stream of experience/体验流

erscheinen/apparaitre/appear/显现

Erscheinung/apparence/appearance/显现、显相（象）

ershauen/voir/see/看

erzeugen/produire/produce/产生、生产〔行为〕

Erzeugung/production/production/产生、生产〔性、作用〕

Essenz/essence/essence/本质

Evidenz/évidence/evidence/明证（性）

exakt/exact/exact/精确的

Extension/extension/extension/广延

faktisch/de fait/de facto/事实性的

Faktizität/facticité/factualness/事实性、事实因素

Faktum/fait/fact/事实

fern/remote/distant/离远的

Fiktion/fiction/fiction/虚构、假想

Fiktum/fictum/figment/虚构

fingieren/feindre/phantasy/虚构、想象

fingiert/fictif/phantasied/虚构的

fingierende Phantasie/imagination creatrice/inventive figment/虚构的想象

Folge/consequence/consequence/后果

Folgerung/consecution/deduction/推论

Form/forme/form/形式

Formalisierung/passage au formal/formalization/形式化

Formung/formation/forming/形成

Formenlehre/morphologie/theory of forms/形式理论

fortdauern/perdurer/last/持续

fraglich/problematique/questionable/成问题的

Fülle/le plein/fullness/充实（性）

fundierend/fondatrice/founding/根基性的

fundierte Akt/actes fondés/founded act/有根基的行为

funktionellen Problemen/problems fonctionnels/functional problems/功能
的问题

Gattung/genre/genus/属、种属、类、类型

gebende Akt/acte donateur/giving（presentive）act/给与的行为

（originär）gebende Anschauung/intuition donatrice originaire/original
giving intuition/（原初）给与的直观

Gebiet/domaine/province/（领）域

Gebilde/formation/formation，structure/形成物、构成、构造

Gefallen/plaisir/pleasure/喜悦

Gefühl/sentiment/feeling/感情、情绪

Gegebenheit/donnée/givenness，something given，data/所与性、所与物

Gegennoema/contre-noéme/conternoema/对应诺耶玛

Gegenstand/object/object/对象

Gegenstand schlechthin/objet per se/object pure and simple/对象本身、
    纯对象

gegenständlich/objectif/objective/对象的

Gegenstandlichkeit/objectivité/objectivity，something objective/对象（性）

Gegenwärt/présence/present/现在、现前

gegenwärtig/present/present/现在的

Gegenwärtigung/presentation/presentation/呈现、现前化

Gegenwesen/contre-essence/conternessence/对应本质

gegliedert/articulé/articulated/有分段的、分节的

Gehalt/contenu/content/内容、内包

Geltung（Gultigkeit）/validité/legitimacy/有效（性）、妥当、正当

Gemüt/affectivité/emotion/情绪

Generalthese/thèse general/general thesis/总设定

Generalität/généralisation/generality/一般、一般性、一般项

Generalisierung/généralisation/generalization/一般化

Genesis/genèse/genesis/发生（作用）

Genetische/genètique/genetic/发生的

Gerichtetsein（auf）/dirigé sur/directedness to/指向

Geschlossenheit/consistance/consistency/自足一致性

Gestalt/forme，figure/formation，structure/构形、形态

Gestaltung/configuration/configuration/形成物、形成

gewahren/s'apercevoir/perceive attentively/觉察

gewährleisten/garantir/guarantee/保证

Gewicht/poids/weight/重（量）

Gewissheit/certitude/certaity/确定性

Glaubensmodalität/modalité de la croyance/doxic modality/信念样态

gleichsam/quasi/quasi/准（的）

Glied/membre/member/组成项、肢

Gliederung/articulation/articulation/分节、分段

Grenze/limite/limit/界限

Grenzepunkt/point limite/limit/限制

Grund/fondement/ground/根基、基础

gültig/valable/valid/有效的

Habe/possession/possession/具有（物）

Habitulität（Habitus）/habitus/habitus/习性、习态

handeln/agir/act/行动

Handelung/action/action/行动

Hintergrund/arriere-plan/background/背景

hinweisen/renvoyer a/point to/指示、指出

Hof/aire/halo/光晕、场地

Horizont/horizon/horizon/视域、边缘域、视界（野）、界域、伸缩域、延展域

Hylé/质素、素材

Hyletik/hyletique/hyletics/质素学、素材学

Ich（ego）/je（moi）/I，ego/我、自我

Ichpol/ ego pol/ego pole/自我极

Ichsubjekt/sujet personnel/ego subject/主体我

Ideal/理想、观念

Idee/idee/idea/观念

ideal/ideal/ideal/观念的

ideel/ideel/ideal/观念的

Ideation/ideation/ideation/观念化、观念化作用

Identifikationssynthesen/syntheses d'identification/identifying synthesis/

同一化综合

Immanenz/immanence/immanence/内在（性）、内在物

Impression/impression/impression/印象

Inaktualität/inactualité/non-actionality/非实显性、非活动性

individuel/individuel/individuel/个体的

Individuum/individu/individual/个体

Inhalt/contenu/content/内容

Intention/intention/intention/意向

intentional/intentionnel/intentional/意向的、意向性的

Intentionalität/intentionalité/intentionality/意向性、意向关系、意向体、
　意向界

Intersubjektivität/intersubjectivité/intersubjectivity/主体间性、主体间关系

Introjektion/introjection/introjection/摄入、投射

Intuition/intuition/intuition/直觉

Iteration/redoublement/reiteration/重复

jetzt/present/present/现在

Kategorie/catégorie/category/范畴

Kern/noyau/core/核（心）

Klarheit/clarté/clarity/明晰（性）

Klärung/clarification/clarification/阐明、澄清

Kollektion/collection/collection/集合、集聚

Kolligation/colligation/collecting/汇集

kolligieren/colliger/collect/汇集

Komponent/composante/component/组成成分

Konkretum/concret/concretum/具体项

Konkretion/concretion/concretion/具体化

Konstitution/constitution/constitution/构成

Körper/corps/body/身体、物体

Körperlichkeit/corporeité/corporeity/身体性、物体性

Korrelat/correlat/correlate/相关项、对应项

Korrelation/correlation/correlation/相关（关系）

lebendig/vivant/living/活生生的、生动性的

Leerform/forme vide/empty form/空形式

Leervorstellung/representation vide/empty objectivation/空表象

leibhaft（ig）/corporel/in person/躯体的、身体的

Leistung/effectuation/production/成就、施行、施作、施行成就、成效、
实行、运作（同一意思随语境不同而可有不同的"意素"搭配）

Mannigfaltigkeit/le divers，multiplicite/multiplicity，manifoldness/复多
体、多样性、多种多样

Materie/matiere/material，matter/质料、实质

meinen/viser/mean/意念、意指、意欲

Meinung/la visée/meaning/意念、意指

Menge/groupe/set/集合

Mengenlehre/theorie des groupes/theory of set/集合论

Modalität/modalité/modality/样态、模态

Modalisierung/modalisation/modalization/样态化、样态作用

Modifikation/modification/modification/变样、改变

Modus/mode/mode/样式

Möglichkeit/possibilité/possibility/可能性

Moment/moment/moment/因素、机因、要素

monothetisch/monothetique/monothetic/单设定的

Morphe/形态

Motivation/motivation/motivation/动机化、动机作用、动机、激动作用

Nachverstehen/compréhension/comprehension/解释性理解

Nähe/proximité/nearness/靠近、近距

Neutralisation/neutralisation/neutralization/中性化

Neutralität/neutralité/neutrality/中性（体）

Neutralitatsmodifikation/modification de neutralite/neutral modification/
中性变样

nichtig/nul/null/无效的、极微的

Noema/noéme/noema/诺耶玛、意向对象

noematisch/noematique/noematic/诺耶玛的、意向对象的

Noesis/noèse/noesis/诺耶思、意向作用、意向行为、意向过程

Noetik/noetique/noetics/诺耶思学、意向行为学

noetisch/noetique/noetic/诺耶思的、意向行为的

Nominalisierung/nominalisation/nominalization/名词化

Objekt/objet/object/客体

Objektivität/objectivité/Objectivity/客体（性）

Objektivation/objectivation/objectivation/客体化、对象化

ontisch/ontique/ontic/存在的

Ontologie/ontologie/ontology/本体论

Operation/operation/operation/实行、运作、程序

Ordnung/ordre/order/秩序、级次

originär/originaire/original/原初的

Originär gebende Erfahrung/experience donatrice originaire/original giving
  experience/原初给与的（呈现的）经验

Parallelism/parallelisme/parallelism/平行关系、类似性

Passivität/passivité/passivity/被动性

Person/personne/person/个人、人格人

Persönlich/personnel/personal/个人人性（的）、人格性的

Personalität/personnalité/personality/个人性、人格（性）

Phänomen/phenomene/phenomenon/现象

Phantasie/image/phantasy/想象

phantasierend/imageant/phantasying/想象着的

phantasiert/imaginaire/phantasied/想象的

Phantasma/phantasme/phantasma/幻影

Phantome/幻象

Plural/plural/plural/多数的

polythetisch/polythetique/polythetic/多设定的

Position/position/position/设定

Positionalität/positionalité/positionality/设定性

positionnal/positionnel/positional/设定的

potential/potentiel/potential/潜在的

Potentialität/potentialité/potentiality/潜在性

Prädikat/prédicate/predicate/谓词、谓项、属性

Prädikation/predication/predication/述谓（作用）

prädizieren/prediquer/predicate/述谓化、论断

prinzipiell/de principe/essential/本质的、必然的、原则的

Production/production/production/产生、实行

Protention/protention/protention/预存

Qualität/qualité/quality/性质

Rationalisierung/rationalisation/rationalization/理性化、合理化

Rationalität/rationalité/rationality/合理性

real/réel/real/实在的

Realität/realité/reality/实在（性）、现实

Rechtsprechung/juridiction/legitimation/判定

Reduktion/réduction/reduction/还原

reell/réel/real，genuine/真实的

Referent/objet de reference/referent/所指者

Reflexion/réflexion/reflection/反思

Regel/régle/rule/规则

Regellung/regulation/regulation/调节

Regung/amorce/stirring/引动（者）

Representation/représentation/representation/表象、代表、再现

Reproduktion/reproduction/reproduction/再生、复现

Retention/rétention/retention/持存

richten（sich）/se diriger/direct to/指向

Richtung/direction/direction/方向

Rückbeziechung/rétro-reférence/backward relation/自反关涉

Rückerinnerung/rétro-souvenir/reminiscence/回忆

Sache/chose/matter，matter in question/事物、实质、问题本身、有关问题、真正问题

sachhaltig/ayant un contenu/having material content/质实的、实质的

Sachlage/situation/state of affairs/状态、事况、所谈事项

sachlich/objective，concret/material/事物的、实质的、质料的、事实上的

Sachlichkeit/ensemble de choses/materiality/全体事情、事物性、实质性

Sachverhalt/état de chose/state of affairs/事态

Satz/proposition/proposition/命题

Schachtelung/emboitement/encasement/套接

Schatten/ombre/shadow/影子

Schauen/voir/see/看、注视

Schein/simulacre/illusion/假象

Schichte/couche/stratum/层

Schichtungen/stratification/stratification/分层

sehen/voir/see/看

Sein/être/being/存在

Seinscharakter/caractere d'etre/character of being/存在特性

Selbst/soi-meme/it itself/自身

selbständig/independant/independent/独立的

Selbstbeobachtung/introspection/self-observation/自省

Setzung/position/position，positing/设定

Sichtighaben/avoir un apercu/sighting/察看

Singularität/singularite/singularity/单个性、单个体

Sinn/sens/sense/意义、意思

Sinnesdaten/data sensuels/sense data/感觉材料

Sinngebung/donnation de sens/sense-bestowing/意义给与

Sinnlichkeit/sensibilité/sensuality/感性

Spezialität/specification/specificity/特殊性

Spezies/espéce/species/种

Spontaneität/spontanéité/spontaneite/自发性

Steigerung/accroissement/enhancement/增加

Stellungnahme/prise de position/position-taking/采取设定

Stoff/matiére/material/质料、素材、材料

Strahl/rayon/ray/射线

Struktur/struacture/structure/结构

Stück/fragment/piece/片段、部分

Stufe/niveau/level，degree/层阶、段、度

Stufenbildung/hierarchie/hierarchical formation/层阶系统

Subjekt/sujet/subject/主体

Subjektivität/subjectivité/subjectivity/主体（性）

Substrat/substrat/substrat/基底

Synkategorematika/syncategorematiques/syncategorems/互依词、非独
　立词

Syntax/syntaxe/syntax/句法

Synthesis/synthese/synthesis/综合（设定）

Tatsache/fait/fact/事实

Teil/partie/component/部分

Thema/thème/theme/主题、论题

Thematisierung/thematisation/thematization/主题化

These/thèse/theses/命题、论点、论断

Thesis/these/thesis/设定、论题、论断

thetisch/thetique/thetic/设定的

Transzendenz/transcendance/transcendence/超验（者）、超越

transzendental/transcendantal/transcendental/先验的

treu/fidel/true/忠实的

Triebe/impulsion/impulse/冲动

triftig/valide/valid/有效的

Triftigkeit/validite/validity/有效性

tun/agir/do/做、行动

Typik/typologie/set of types/类型分化

Übertragung/transfert/transfer/转换、转移

Umfang/extension/sphere，extension/范围、外延

Umformung/transformation/transformation/变形、转换

unselbständig/dependant/dependant/从属的、非独立的

Unterschicht/intrastructure/lower stratum/基层、基础结构

Unverträglichkeit/incompatibilité/incompatibility/不相容性

Ur-aktualität/proto-actualité/protoactuality/元实显（性）

Urdoxa/croyance-mere/proto-doxa/元信念、原信念

Urform/forme-mere/primitive form/元形式、原形式

Urmodus/mode-primitif/primitive mode/元样式、原样式

Urpräsenz/ archi-présence/ primal presence/元现前、元呈现

Ursprung/origine/origin/起始、始源、原初性

Urstiftung/fondation original/originary foundation/元设立

Urteil/jugement/judgment/判断

Verallgemeinerung/generalisation/universalization/普遍化

Verdunkelung/obscurcissement/darkening/暗化

Vereinzelung/individuation/singularzation/单一化

Verflechtung/entrelacement/combination/联结体、介入、交织

Vergegenständlichung/objectivation/objectification/准现前（化）、再现

Vergegenwärtigen/présenter，représenter /presentify/再现、使现前化、准现前（化）

Vergegenwärtigung/presentification/presentiation，re-presentation/准现前（化）、现前化、再现、准现前物

Verhalt/état de chose/state of affairs/事态

Verknüpfung/liaison/connexion/联结（体）

vermeinen/viser/mean/意指、意念、意向

vermutung/conjecture/deeming likely/推测

Vernichtung/aneantissement/annihilation/消除

Vernunft/raison/reason/理性

Vernunftigkeit/rationalité/rationality/理性、合理性

Verworrenheit/confusion/confusion/含混

Vorerinnerung/pro-souvenir/anticipation/预期记忆

Vorfindlichkeit/faits decouverts/facts/呈现物、事物

Vermeinte/visé/meant/（被）意念者

vollständig/integral/complete/完全的

vorschwebend/flotte en suspens/hover before us/〔心中〕浮动的

Vorstellung/représentation/objectivation，representation/观念、表象、
   呈现、再现

vorzeichnen/prescrire/prescribe/指示

vollziehen/opérer/effect/实行、运行

Vollzug/opération/operation/实行、运行

waches Ich/moi vigi1ant/waking ego/醒觉自我

wahr/vrai/true/真的

wahrnehmbar/perceptible/perceivable/可知觉的

Wahrnehmung/perception/perception/知觉

Wandlung/mutation/change/改变

Weise/mode/manner/方式

Wert（sach）verhalt/etat de valeur/value-complex/价值事态

Wertung/evaluation/evaluation/评价

Wesen/essence/essence/本质

Wesensbestand/fonds eidetique/essential composition/本质内容、本质构
   成因素

Wesenserschauung/intuition de I'essence/seeing essences/本质看

Wesensverhalt/relation essentielle/eidetic relationship/本质事态

Wesenszusammenhänge/connexions essentielles/essential interconnections/本
   质关联、本质关系、本质关联体、本质关联域

Widersinn/absurdité/absurdity/悖谬

Wiedererinnerung/re-souvenir/recollection/重忆、再忆

wirklich/reel/actual/现实的、真实的、实在的

Wirklichkeit/realité/actuality/现实、真实、实在

wissen/savoir/know/知道

wollen/vouloir/will/意愿

Wortlaut/mot prononcé/sound of words/字音

Wunsch/souhait/wish/愿望

Zeichen/signe/sign/记号

Zeit/temps/time/时间

Zeitbewusstsein/conscience de temps/consciousness of time/时间意识

zufällig/contingent/accidental/偶然的

Zusammengehörigkeit/appartenance/belongingness together/关联性、相
关性

Zusammenhang/connexion/connexion，interconnexion/关联体、关联域、
联结体、〔相关、相互〕关系

zusammenhöngend/coherent/coherent/一致的

zusammenschliessen（sich）/s'agréger/join together/聚合

Zustand/etat/state/状态

Zustimmung/assentiment/assent/同意

zuwenden（sich）/se tourner/turn to/朝向

Zuwendung/conversion/turning towards/朝向

Zweifel/doute/doubt/怀疑

胡塞尔著作集（李幼蒸 译）
Edmund Husserls Werke (übersetzt von Li Youzheng)

图书在版编目（CIP）数据

第五、第六逻辑研究 /（德）胡塞尔著；李幼蒸译.
—北京：中国人民大学出版社，2018.7
（胡塞尔著作集：第 7 卷）
ISBN 978-7-300-25352-7

Ⅰ.①第… Ⅱ.①胡… ②李… Ⅲ.①逻辑-研究
Ⅳ.①B81

中国版本图书馆 CIP 数据核字（2018）第 002604 号

胡塞尔著作集　第 7 卷
李幼蒸　编

第五、第六逻辑研究
李幼蒸　译
Di-wu、Di-liu Luoji Yanjiu

出版发行	中国人民大学出版社		
社　址	北京中关村大街 31 号	**邮政编码**	100080
电　话	010 - 62511242（总编室）	010 - 62511770（质管部）	
	010 - 82501766（邮购部）	010 - 62514770（门市部）	
	010 - 62515195（发行公司）	010 - 62515275（盗版举报）	
网　址	http://www.crup.com.cn		
	http://www.ttrnet.com（人大教研网）		
经　销	新华书店		
印　刷	涿州市星河印刷有限公司		
规　格	160 mm×230 mm　16 开本	**版　次**	2018 年 7 月第 1 版
印　张	24 插页 3	**印　次**	2018 年 7 月第 1 次印刷
字　数	311 000	**定　价**	78.00 元